广东省本科高校教学质量与教学改革工程建设项目
运动心理学虚拟教研室配套教材

SPORT PSYCHOLOGY

运动心理学

赵大亮　主编

中山大学出版社
SUN YAT-SEN UNIVERSITY PRESS

·广州·

版权所有　翻印必究

图书在版编目（CIP）数据

运动心理学/赵大亮主编． -- 广州：中山大学出版社，2025.8.
ISBN 978 - 7 - 306 - 08441 - 5

Ⅰ. G804.8

中国国家版本馆 CIP 数据核字第 2025DP1322 号

YUNDONG XINLIXUE

出　版　人：王天琪
策划编辑：王旭红
责任编辑：王旭红
封面设计：曾　斌
责任校对：高津君
责任技编：靳晓虹
出版发行：中山大学出版社
电　　话：编辑部 020 - 84110776，84113349，84111997，84110779
　　　　　发行部 020 - 84111998，84111981，84111160
地　　址：广州市新港西路 135 号
邮　　编：510275　　传　　真：020 - 84036565
网　　址：http://www.zsup.com.cn　E-mail：zdcbs@mail.sysu.edu.cn
印　刷　者：佛山市浩文彩色印刷有限公司
规　　格：787mm×1092mm　1/16　20 印张　486 千字
版次印次：2025 年 8 月第 1 版　2025 年 8 月第 1 次印刷
定　　价：72.00 元

如发现本书因印装质量影响阅读，请与出版社发行部联系调换

前　言

本教材的核心特色在于理论与实践的紧密结合：主要章节均由长期从事高水平运动员运动心理服务的高校教师撰写，这些编写人员不仅具有扎实的学术背景，还积累了丰富的实践经验。教材的内容体系既涵盖运动心理学的基本理论，又融入大量实际案例，便于读者在掌握理论知识的同时，理解其在运动心理实践中的应用方式和方法。

为了增强教材的实践指导性，每章均精选了与内容相关的真实案例，并点明了与案例相关的理论框架和心理学原理。同时，教材提供了科学的实践方法和应用思路，以帮助读者更好地将理论知识转化为实际操作，提高对运动心理学知识的应用能力。

本教材的主要参与者包括：广州体育学院赵大亮（第一章、第三章、第五章、第六章、第七章、第十一章、第十二章、第十三章）、方俊燕（第四章、第十四章）、周玉（第八章）和张兰兰（第十五章），中山大学刘靖东（第二章），重庆大学章崇会（第九章），香港体育学院蒋小波（第十章），湖北大学卜丹冉（第十六章），河北体育学院尚博睿（第十七章），深圳大学梁崴（第十八章）。此外，广州体育学院研究生丁英敏、王丽芹、冯远分别参与了第三章、第十一章和第十二章的编写。自由执业心理咨询师刘洁洁为本教材的部分章节提供了案例支持。

本教材适用于体育院校运动心理学专业的学生、教练员、运动员，以及所有对运动心理学感兴趣的读者。希望本教材能够为体育心理学的教学与实践提供有益的参考和指导。然而，由于编者能力有限，书中难免存在疏漏与不足，恳请各位专家和读者批评指正，以促进本书的进一步完善。

赵大亮
广州体育学院
2025 年 4 月

目 录

第一章　绪论 ……………………………………………………… 1
　　第一节　运动心理学简介 ……………………………………… 1
　　第二节　为什么要学习运动心理学 …………………………… 4

第二章　运动动机 ………………………………………………… 10
　　第一节　成就目标理论 ………………………………………… 10
　　第二节　归因理论 ……………………………………………… 15
　　第三节　自我决定理论动机观点 ……………………………… 18

第三章　教练员执教风格 ………………………………………… 27
　　第一节　教练员执教风格概述 ………………………………… 27
　　第二节　执教风格的心理前因与心理结果 …………………… 32

第四章　运动员的人格 …………………………………………… 37
　　第一节　人格概述 ……………………………………………… 38
　　第二节　人格的理论与测量 …………………………………… 40
　　第三节　运动领域的人格 ……………………………………… 44

第五章　运动中的唤醒与焦虑 …………………………………… 47
　　第一节　唤醒与运动表现 ……………………………………… 47
　　第二节　多维度焦虑理论 ……………………………………… 49
　　第三节　突变理论 ……………………………………………… 51
　　第四节　逆转理论 ……………………………………………… 54

第六章　运动员情绪与情绪调节 ………………………………… 59
　　第一节　情绪的概述 …………………………………………… 59

第二节　运动员情绪调节的手段和方法 ··· 63

第七章　最佳运动表现的心理特征 ·· 66

　　第一节　个人最佳功能区模型 ·· 66
　　第二节　流畅状态与关键时刻状态 ·· 71

第八章　运动中的注意 ·· 79

　　第一节　注意的概述 ·· 79
　　第二节　运动领域有关注意的研究 ·· 85
　　第三节　训练运动员注意力控制的具体策略和方法 ······························· 93

第九章　运动中的自信 ·· 100

　　第一节　自信的概述 ·· 101
　　第二节　自信心理论的实践应用 ··· 108
　　第三节　培养运动自信的阶段 ··· 120

第十章　运动中的决策 ·· 123

　　第一节　决策的概述 ·· 124
　　第二节　运动中的决策 ·· 128

第十一章　传统心理技能训练 ·· 136

　　第一节　呼吸控制技术 ·· 136
　　第二节　表象训练 ·· 138
　　第三节　自我谈话 ·· 149
　　第四节　目标设置 ·· 158
　　第五节　行为程序 ·· 163

第十二章　认知行为训练 ·· 170

　　第一节　认知行为训练概述 ·· 170
　　第二节　理性情绪行为疗法的案例分析 ·· 175

第十三章　正念训练 ·· 180

　　第一节　正念训练概述 ·· 180

第二节　运动领域的正念训练 ··· 191

第十四章　团体凝聚力　198

　　第一节　团体凝聚力概述 ··· 198
　　第二节　团体凝聚力的心理前因与结果 ··· 200
　　第三节　团体凝聚力发展的模型 ··· 202
　　第四节　团体凝聚力的提升 ··· 203

第十五章　运动员心理疲劳　206

　　第一节　运动员心理疲劳的概述 ··· 207
　　第二节　运动员心理疲劳的诊断与恢复 ··· 212

第十六章　运动员心理健康　215

　　第一节　心理健康的概念及理论 ··· 215
　　第二节　运动员心理健康的常见症状、诱发因素和保护因素 ································ 218

第十七章　身体活动的心理效益　230

　　第一节　核心概念界定与活动标准 ··· 231
　　第二节　身体活动与情绪 ··· 237
　　第三节　身体活动与认知功能 ··· 239
　　第四节　身体活动与心理健康 ··· 243
　　第五节　身体活动的其他心理效益 ··· 246
　　第六节　身体活动的心理效益机制 ··· 247
　　第七节　锻炼成瘾 ··· 249

第十八章　促进身体活动的心理学方法　253

　　第一节　身体活动的心理学理论基础 ··· 253
　　第二节　身体活动促进策略的实践应用 ··· 264

参考文献　270

第一章　绪论

2016年的欧洲杯四分之一决赛中，德国队对阵意大利队，比赛在常规时间和加时赛后以1-1战平，进入点球大战。在前5轮点球阶段，双方都只踢进了两个点球。其中，意大利队的扎扎在加时赛最后1分钟才被派上场，就是希望能够在点球大战中为意大利队赢得1分，结果他在罚球前采取了夸张的小碎步助跑，最终将球踢飞；德国队的队长施魏因施泰格最后一个出场，在比分2-2的情况下也将球踢飞，错失锁定胜局的机会。进入"突然死亡"轮后，第9轮意大利队达米安的点球被德国门将诺伊尔扑出，而德国队赫克托将点球踢进，最终德国队进入四强。

点球是足球比赛中最容易得分的方式，在重大国际赛事如世界杯和欧洲杯足球赛中，点球大战的平均进球率约为70%（网络数据），但在这场德国队对阵意大利队的点球大战中，前5轮点球阶段，双方进球率都只有40%，远低于整场比赛的平均进球率。即使没有接触过运动心理学的人也可能会凭直觉认为，心理因素在其中起到了重要作用。事实上，心理因素在运动中的作用远比想象中重要。本章将在介绍运动心理学的研究领域、学科性质、研究内容、影响运动表现的心理因素基础上，回答"为什么要学习运动心理学？"这一问题。

第一节　运动心理学简介

一、运动心理学研究的三个领域

自格里菲思（Griffith）于1923年在美国伊利诺伊大学开设第一门运动心理学课程以来，运动心理学经历了长足发展，如今，这一学科主要涵盖运动心理学、体育教育心理学和锻炼心理学三个领域。

运动心理学侧重研究与运动表现相关的心理现象和规律，包括使用心理学方法提升运动表现、提高训练质量、管理运动损伤及保障心理健康等；体育教育心理学侧重研究体育教学过程中的心理现象和规律，包括体育教育教学过程对学生心理成长和发展的影响，以及如何根据心理学依据选择合适的教学内容、教学方法等；锻炼心理学侧重研究体育锻炼过程中的心理现象和规律，包括体育锻炼的心理效益，以及促进体育锻炼参与和坚持性的心理学方法等。

尽管运动心理学、体育教育心理学和锻炼心理学在研究目的、研究对象与研究内容上的侧重点不同，但三者存在着明显的交叉与重叠（表1-1）。本教材更侧重于竞技领域，更关注训练或比赛过程的心理现象和规律及其在实践领域的应用。

表1-1 运动心理学、体育教育心理学和锻炼心理学的区别

研究范畴	运动心理学	体育教育心理学	锻炼心理学
目的	提高训练效果和比赛成绩	提高教与学的效果	参与体育锻炼的前因及心理效应
对象	运动员或教练员	学生或教师	大众健身者
主要内容	人格、动机、心理技能、焦虑与唤醒、团体互动与人际关系、领导、倦怠、运动损伤心理、运动辅导与咨询、竞技运动与心理发展等	学生参与体育学习的动机、提高学生体育学习效果的方法、体育课堂教学心理、体育对学生良好心理品质形成的促进作用等	参与锻炼的动机、锻炼与抑郁的关系、焦虑或压力与身体活动、人格与态度对锻炼习惯的影响、锻炼与心境或认知的关系、社会心理因素对健身者参与锻炼的影响、锻炼对健康的促进作用等

资料来源：胡桂英、黄新红和赵娟（2023）。

二、运动心理学的学科性质

运动心理学是一门应用学科，是心理学的分支学科，如果说心理学是研究人的行为和心理过程的科学，那么运动心理学就是研究运动背景下人的行为和心理过程的科学。尽管运动心理学家一直都在借鉴和应用普通心理学或临床心理学的心理治疗原理与理论，但运动心理学与普通心理学或临床心理学在目标层面存在着明显的区别。普通心理学或临床心理学主要关注人的病理心理，通过"补救"的方式改善心理状况，提高幸福感；而运动心理学则关注运动员的运动表现，通过"最优化"的方式来提高运动员在高压力情境下的运动表现。

无论是在西方还是我国的教育体系内，运动心理学都归属于体育科学体系，而非心理科学体系，主要是因为其与运动表现关联紧密。从心理学的角度来提高运动表现需要独特的知识体系，如了解运动项目的特征、焦虑与运动表现之间的关系、哪些心理因素影响高压力下的运动表现等，但是临床心理咨询师不管是为运动员咨询还是为其他群体咨询，都不需要专门针对运动员准备特殊的知识体系。

三、运动心理学的研究内容

运动心理学领域的核心期刊包括《体育运动心理学》（*Psychology of Sport and Exercise*）、《运动与锻炼心理学杂志》（*Journal of Sport and Exercise Psychology*）、《应用运动心理学杂志》（*Journal of Applied Sport Psychology*）、《运动心理学家》（*The Sport Psychologist*）和《国际运动心理学杂志》（*International Journal of Sport Psychology*）。以运动心理学五大核心期刊为基础，有研究者通过文献计量学方法，总结了2008—2011年间运动心理领域的知识基础（被引用的文献）（表1-2）。尽管该研究统计的是十年前的数据，但其中提到的研究主题仍然涵盖了当今运动心理学领域主要的研究内容（Lindahl et al.,

2015）。当然，近些年运动心理学领域也涌现出新的主题，如正念训练、静眼等。

表 1-2 2008—2011 年运动心理学研究的重要主题、作者数量及引用次数

研究主题	作者数量	引用次数
动机：自我决定理论	26	3000
运动表现、焦虑和"choking"①	17	1474
动机：成就动机理论	16	1861
压力、应对和情绪	15	1262
潜能发展与专门技能	9	961
完美主义和心理疲劳	8	646
领导力和教练与运动员的关系	7	713
表象、自我谈话和自我效能	7	482
道德	3	148

资料来源：Lindahl 等（2015）。

四、影响运动表现的心理因素

加拿大的研究者基于现有的文献，采用参与式行动研究（participatory action research，PAR）方法，由研究人员、从业人员和政策制定者共同参与，制定了能够支持运动员在职业生涯中获得奥运会冠军的运动心理学金牌档案（The Gold Medal Profile for Sport Psychology）（Durand-Bush et al.，2023）。金牌档案是一个全面的、基于证据的框架，整合了运动员实现巅峰运动表现所需的心理能力，包括基础能力、自我调节能力和人际能力三个部分（图 1-1）。

基础能力包括动机、自信和心理弹性（resilience）。基础能力是最重要的能力，运动员应该保持对高水平运动表现的追求（动机），相信自己有能力取得成功（自信），并且能够坚持并从不可避免的挫折和逆境中恢复过来（韧性）。没有基础能力，运动员可能缺乏进行有效自我调节（自我调节能力）的关键要素（即强大的自我激励信念）。

自我调节能力包括自我觉察、压力管理、焦虑调节和注意力控制。自我觉察为运动员提供了管理自己和适应不断变化的环境所需的知识。在追求目标的过程中，运动员需要通过努力控制和自动化目标导向行为来调整与运动表现相关的注意力、情绪和兴奋状态。此外，高水平运动员往往面临复杂且相互冲突的需求和期望，而这些需求和期望通常与有限的资源相矛盾。因此，他们需要具备有效的压力管理能力。

人际能力包括教练员与运动员关系、领导力、团队合作和沟通。基础能力和自我调节能力有助于促进人际能力。强大的基础能力与自我调节能力可以激励运动员奋发努力、

---

① 最早对"choking"现象进行描述的是丹尼尔（Daniel，1981）。他将"choking"定义为个体没能表现出原有的水平。但是，他并没有对导致这种情况的原因进行说明。之后，鲍迈斯特（Baumeister，1984）完善了该定义，认为"choking"指压力情境下个体成绩的衰退，尤指运动领域中，在重大比赛或比赛关键时刻，运动员的自动化动作技能发生衰退的现象。中文或称为克拉克现象。——编者注

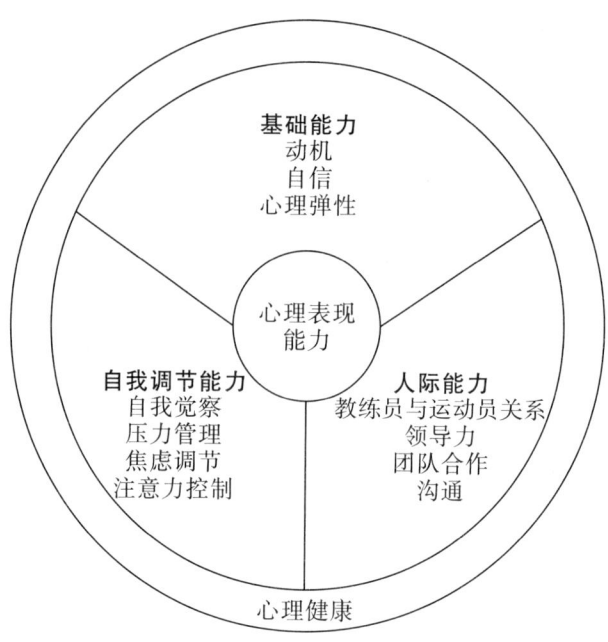

图 1-1　运动心理学金牌档案框架（Durand-Bush et al., 2023）

强化目标和提升毅力，使他们能够更好地参与有效的团队合作或共同调节。在追求卓越的过程中，运动员应发展强大的人际能力，尤其是与同他们在训练和比赛中相处时间最多的教练员建立高质量的关系（运动员与教练员的关系）。为了优化共同调节，他们还应能够有效沟通（沟通），不论团队规模的大小都能进行团队合作（团队合作），并以积极和支持的方式发挥领导作用（领导力）。

第二节　为什么要学习运动心理学

在了解了运动心理学的研究领域、学科性质和研究内容以及支持高水平运动表现的心理因素后，我们从直觉上会认识到运动心理学对运动表现的重要作用。然而，仍然有相当比例的教练员和运动员不会主动寻求运动心理学专业人士的帮助，甚至有人认为心理干预只适用于有心理问题或表现不佳的运动员，运动员只要技能水平高就不需要运动心理学的支持。这种误解导致许多人低估了运动心理学在提升竞技水平中的价值，从而影响了其广泛应用。

一、绝对实力与相对实力

心理学界普遍认为，人的心理状态会直接影响身体状态（Bradley & Lang，2000）和行为反应（Leith & Baumeister，1996），竞技过程中运动员的心理状态同样会影响运动员发挥竞技实力。运动员的竞技实力可以分为绝对实力和相对实力。绝对实力是运动员在理想情况下或理论上能够100%发挥出来的实力。相对实力是运动员在比赛过程中发挥出来的实力。比赛情境不是理想世界，比赛过程中可能会有很多心理因素对运动员的相对实力产生影响，导致他们的实际表现可能高于或低于理论上的绝对实力。如图1-2所示，如果我们把黑色矩形当作运动员的赛场表现，E的绝对实力最高，A的绝对实力最低，B、C、D介于A和E之间。相对实力会随环境、身体状态、心理状态而波动，如果B的状态极好，就可能打败状态不佳的E。实际上，B、C、D都存在打败E的可能性。那么，为了提高运动员的相对实力，运动心理学可以提供哪些帮助？

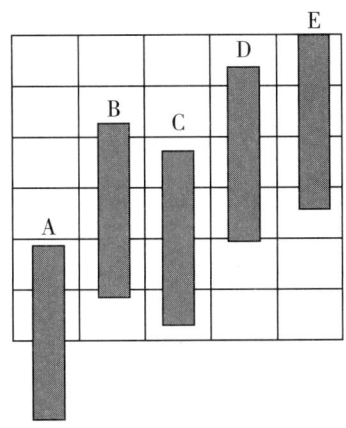

图1-2 运动员相对实力对比

二、运动心理学的作用

运动心理学的核心目的是运用心理学理论与方法，提升运动员在竞技环境中的"相对实力"，从而促进其运动表现提升。在这一过程中，尽管教练员和运动员常常根据自身的经验和直觉在训练与比赛中运用心理学知识，但这些经验并非总是准确或有效的。举例来说，许多人认为过度的紧张不利于运动表现。然而，近年来的运动心理学研究表明，赛前高度紧张并不总表现为障碍，反而在某些情况下，它可能有助于提升运动表现。相反，一些教练员在比赛前告诉运动员只要完成比赛就能获得冠军，这种表面上减轻压力的激励性言辞，实际上可能会增加不必要的心理负担，导致运动员在比赛中发挥失常。

运动心理学研究者通过科学实验与实证研究，探索与竞技表现相关的各种心理现象，进而发展或验证有关运动表现的原理、规律和理论。原理主要用于解释因素之间的关系，规律是被充分证明并广泛适用于多种情境中的原理，而理论则用于解释广泛领域中的一组有关联的原理和规律。运动心理领域有关原理、规律和理论的研究成果可以为运动实践提供切实可行的建议，帮助教练员和运动员更科学地应对竞技中的心理挑战，优化运动员的运动表现。其具体包括描述运动中的心理现象，探索与运动表现相关的心理因素、应用心理学的原理或理论解释运动过程中的心理现象和行为，通过心理干预提高运动员的运动表现，为促进运动表现提升提供科学的意见或建议。

（一）描述运动中的心理现象

描述运动中的心理现象，通常通过描述性研究描述人口统计学变量的基本信息，或从心理学的角度描述感兴趣的心理现象。例如，对于点球这一运动领域中特有的现象，研究者开展了大量的描述性研究，帮助人们了解与点球相关的心理现象。一项对英格兰8个城市的红衣和非红衣球队进行的配对分析显示，在长达55年的时间里，红衣球队的表现明显优于非红衣球队（Attrill et al., 2008）；另一项关于点球主罚人对守门员影响的研究表明，当点球主罚人身穿红色球衣（与身穿白色球衣相比）时，在点球主罚人只与守门员进行少量目光接触（仅占试验时间的10%）的情况下，英国守门员估计他们扑出点球的概率更低（Greenlees et al., 2008）。此外，一项有关球员球衣颜色对裁判员判罚影响的研究表明，对规则理解程度较高的裁判员对穿红色球衣的球员背后抢截的判罚更为严厉（Krenn, 2014）。

描述运动中心理现象的另一种方式是调查或访谈。例如，一项研究通过访谈的方式调查了16名曾在1985年至1990年期间获得美国全国花样滑冰冠军的运动员，确认了运动员在比赛过程中的流畅状态体验，并明确了推动运动员进入流畅状态的影响因素，以及阻碍或打断流畅状态的心理因素（Jackson, 1992）。

（二）探索与运动表现相关的心理因素

探索与运动表现相关的心理因素，通常通过相关性研究设计寻找变量之间的关系，并使用统计学上的估计值来表述相关系数。相关系数介于-0.1到+0.1之间，相关系数越高，代表两个变量的相关程度越高。符号（正负）代表了两个变量之间关系的类型。例如，认知焦虑与运动表现是负相关，意味着运动员认知焦虑水平越高，运动表现越差；自信心与运动表现是正相关，则意味着运动员自信心水平越高，运动表现越好。

有关点球的相关研究中，有学者探索了身份地位对点球命中率的影响，结果表明，具有高身份地位的球星，在点球大战中确实更容易罚失点球（Jordet, 2009）。另一项研究探索了特质焦虑、状态焦虑与运动表现之间的关系，结果表明，更高的特质焦虑倾向于导致更高的状态焦虑，而更高的状态焦虑会干扰射门表现（Wilson et al., 2009）。此外，还有研究使用专家-新手范式探索了预判时机对射门方向的影响，结果表明，相对于在触球前40毫秒、触球和触球后40毫秒，在触球前120毫秒的条件下，经验丰富的运动员比新手表现得更好（Williams & Burwitz, 2003）。

（三）解释运动过程中的心理现象和行为

为了从心理学角度更科学地解释运动领域中的行为，除需要了解心理变量与运动表现之间的关系外，还需要进一步探讨这种关系存在的原因。通过随机对照实验或纵向研究，在确立因果关系的基础上构建相关的理论模型，是解释行为原因的重要途径。例如，自我决定理论明确指出了心理需求、动机和幸福感之间的因果关系。当运动员在训练中表现出动机不足时，可以依据自我决定理论，分析其基本心理需求是否未得到满足，从而找到改善动机的具体方法。

运动心理学领域有多种理论解释心理因素与运动表现之间的关系，如与焦虑有关的突变理论和逆变理论等，与"choking"相关的注意干扰理论和自我关注理论等。在本章前文提到的案例中，为什么意大利队最后1分钟被派上场的扎扎会将点球踢飞？从突变理论的角度解释，可能是在高认知焦虑状态下，高唤醒水平导致其运动表现发生突变。从自我关注理论的角度解释，可能是过度控制自动化的技能执行过程导致"choking"。

（四）通过心理干预提高运动员的运动表现

在了解影响运动表现的关键心理因素后，研究者可以设计有针对性的干预方案，帮助运动员在比赛中发挥出最佳竞技水平。为了全面评估运动员的需求、深入案例概念化的策略以及系统制定最适宜的心理干预方案，加德纳和摩尔（Gardner & Moore，2004b）提出运动心理学的多水平分类系统（the multi-level classification system for sport psychology，MCS-SP）。MCS-SP 明确了运动心理干预的四个主题——运动表现发展（performance development，PD）、运动表现失调（performance dysfunction，Pdy）、运动表现损害（performance impairment，PI）和运动表现终结（performance termination，PT），以及各主题的干预目标和干预类型（表1-3）。

表1-3　各类别的干预目标和干预类型

类别	主要干预目标	次要干预目标	干预类型
运动表现发展	表现问题（运动表现提高）	社会心理问题	心理技能训练
运动表现失调	发展问题、过渡性、反应性、对重要生活事件的调节心理障碍	成绩问题	心理咨询（辅助心理技能训练）
运动表现损害	心理、行为困难和功能失调	成绩问题	心理咨询或心理治疗（辅助使用药物）
运动表现终结	对生涯终结的心理反应	未来规划（生涯/财务）	心理咨询

资料来源：Gardner 和 Moore（2004b）。

运动表现发展干预的对象是那些身心健康，没有临床问题、发展性问题、人际关系问题和/或过渡因素问题等的运动员。其主要目的是，通过心理干预保持高质量训练、提高心理准备和专注力、培养控制情感反应和/或认知过程的能力、保持正确的视角以及设定适当的目标，进而提升运动表现。例如，某运动员在平时的队内测验和国内比赛中表现良好，希望在奥运会中也能够有高水平的运动表现。

运动表现失调干预的对象是那些由发展性问题、过渡性问题或人际关系/个人因素导致的持续的（但可能是短期的）运动表现下降的运动员。其主要的目的是，通过心理干预改变发展性的、过渡性的、人际性的或外源性的生活事件引发心理反应从而导致功能失调表现的情况；或者通过心理干预改善内源性的心理因素，比如核心认知模式或持久的行为特征，包括极端完美主义、过度害怕失败、不合理的认可需求和/或低挫折容忍度，被任务表现相关的提示和/或竞争环境所触发从而导致功能失调表现的情况。例如，某运动员的教练员严厉、专制，他害怕让自己的教练员失望，自己在场上比赛时会顾及教练员的反应。又如，该运动员是个完美主义者，整体人际交往能力没问题，但经常感到极度焦虑，容易过度担忧，而且很容易分心。

运动表现损害干预的对象是那些有明显临床心理疾病的运动员。其主要目的是，通过心理干预解决成瘾障碍、重度焦虑障碍、双相情感障碍和重度情感障碍、愤怒冲动控制障碍、饮食障碍、注意缺陷障碍以及严重应激/创伤性相关障碍等问题。例如，某运动员经诊断存在明显的抑郁症状，需要转介给临床心理医生进行治疗。

运动表现终结干预的对象是那些预期或非自愿结束职业生涯的运动员。其主要目的是，通过心理干预，解决运动员职业生涯转换过程中经历的各种心理问题。例如，某运动员意外严重受伤，他感到愤怒、沮丧，且不愿与人交往，不得不考虑提前退役以及退役后的就业问题。

通过心理干预提高运动员的点球进球率属于运动表现发展这一类别，可以通过传统的心理技能训练，包括放松、表象、目标设置、自我谈话等，或正念训练，提高其在高压力情境下的运动表现。在有关点球的研究中，研究者认为，系统的行为程序（routine）、认知重建（Jordet et al., 2007）、静眼训练（Wood & Wilson, 2010）等心理训练有助于提升点球表现。

（五）为运动实践提供建议

运动心理学还可以为运动实践提供科学的建议，帮助教练员和运动员优化训练和比赛策略。通过对运动员心理特征的评估，心理学家可以为运动提供具体的建议，例如，如何管理压力、建立有效的目标、增强自信心，以及培养积极的自我谈话。此外，运动心理学研究揭示了团队动力、沟通方式和领导风格在集体运动项目中的重要性，因此它也为团队管理提供了宝贵指导。这些建议不仅帮助运动员更好地应对高压情境，还提高了团队合作的质量，确保运动员能够在不同的竞技情境中保持心理优势。

在有关点球的研究中，有研究者在综合现有实证研究的基础上为运动员如何在点球大战中提高进球率提供了具体的建议（Memmert et al., 2013）（表1-4）。

表1-4 有关点球的建议

阶段	建议	参考文献
球员选择	——选择长期预防倾向的运动员 ——左脚 ——有使用行为程序的习惯 ——穿红色球衣	——Plessner 等（2009） ——Baumann 等（2011）；Dohmen（2008）；Loffing 等（2010）；McMorris 和 Colenso（1996） ——Jackson 和 Becker（2001）；Jordet 和 Hartman（2008）；Jordet 等（2009） ——Attrill 等（2008）；Greenless 等（2008）；Hagemann 等（2008）；Hill 和 Barton（2005）
助跑	——选择最直或最斜的助跑角度 ——提前选择射门目标 ——直视守门员，准备助跑时面对守门员向后退 ——花足够的时间为射门做准备	——Loffing 等（2010） ——Noël 和 van der Kamp（2012）；van der Kamp（2011）；Wood 和 Wilson（2010） ——Jordet（2009a, b） ——Binsch 等（2010）；Furley 等（2012）；Jordet 等（2009）；Wilson 等（2009）；Wood 和 Wilson（2010）

续表 1-4

阶段	建议	参考文献
射门	——如果技术允许,将球踢到横梁附近,但要低于横梁 ——射门时,紧盯目标 ——避免将支撑脚的脚明确指向水平踢球方向	——Bar-Eli 和 Azar（2009）；Bar-Eli、Azar 和 Lurie（2009） ——van der Kamp（2011）；Wilson 等（2009）；Wood 和 Wilson（2010） ——Lees 和 Owens（2011）
射门后	——尽可能夸张地庆祝进球	——Moll 等（2010）

资料来源：Memmert 等（2013）。

本章要点

1. 运动心理学是研究运动背景下人的行为和心理过程的科学。
2. 运动心理学包括运动心理学、体育教育心理学和锻炼心理学三大领域。
3. 运动心理学的金牌档案包括基础能力、自我调节能力和人际能力三个部分。
4. 相对实力决定了运动员在比赛中的运动表现。
5. 运动心理学的作用包括描述运动中的心理现象、探索与运动表现相关的心理因素、应用心理学的原理或理论解释运动过程中的心理现象和行为、通过心理干预提高运动员的运动表现、为促进运动表现提升提供科学的意见或建议。

本章思考题

1. 与运动表现相关的重要心理因素有哪些？
2. 为什么要学习运动心理学？
3. 2016 年欧洲杯四分之一决赛，德国队对阵意大利队的点球大战中，为什么第 5 轮后的点球进球率提高了？

第二章　运动动机

动机是激发和维持个体行为的动力因素。在运动情景中，运动员的运动动机是激发与维持运动员从事运动训练和比赛相关行为的动力。运动动机不仅直接影响运动员训练和比赛的投入程度，也间接对运动员的竞技表现产生重要影响。已有研究和实践总结表明，以掌握-趋近取向为主的运动员，在训练过程中更可能关注训练任务；而以表现-回避取向为主的运动员，在比赛中更可能受到任务以外刺激的影响。将比赛成功归因于自身努力和投入的运动员，在后续的训练中会更加努力和投入；而将比赛失利归因于自身天赋或能力不足的运动员，在后续的训练中可能出现动力不足的情况。另外，以自主型动机为主的运动员，在面对长期高强度、大运动量的训练和比赛任务时，更可能持久坚持和积极投入；以控制型动机为主的运动员，在面对前述情景时，更可能出现放弃的想法和倦怠症状。

那么，运动动机具体是如何对运动员训练行为、竞技表现产生影响的呢？运动员的运动动机又是如何发展形成的呢？本章重点介绍成就目标理论、归因理论和自我决定理论有关动机的观点，以期为解释运动员运动动机状态、培养良性运动动机、防范不良动机等提供理论和实践参考。

第一节　成就目标理论

在一次训练课中，教练员对一名跆拳道运动员 S 的同一个技术动作连续做出了两次纠正指导。S 又尝试了几次，但在尝试的过程中，总是时不时地望向其他队友。S 面露急躁，但仍然无法完全按照教练员的要求完成这一技术动作。训练结束后，S 被教练员叫到一旁训斥了一番。之后，S 垂头丧气地走进更衣室，冲洗并更换衣服后，失落地坐在场地边发呆。心理咨询师 C 在场边看到了整个过程，来到 S 身边，开展了以下对话。

C 询问：具体发生了什么事？

S 回答：我又惹教练员生气了，因为那个技术我总做不好。今天训练效果很不好，离比赛不到一个月了，其他人的训练效果好像都比我好。

C 询问：为什么觉得其他人的训练效果都比你好呢？

S 回答：大家都在练这个技术，他们做得都挺好，但我做不好。

C 询问：你之前接触过这技术吗？

S 回答：这是个老问题了，很早教练员就提醒我，如果我能把这个技术做好，对我比赛会是一个很好的补充。

C询问：你在训练的过程中想什么？我看你好像有点急，好像总是东张西望。

S回答：是有点急了。开始做时，想到是个老问题，想赶快做好。但做不好。教练员连续说了我两次，并且感觉其他队员好像教练员一说，直接就做到了。有些小队员，好像说两次也基本上差不多了。但我就总是感觉发力不对，导致动作总脱节。

C询问：发力跟你的注意指向有关吗？

S想了想回答：好像有关。（长停顿，思考了几秒）前面的动作好像完成的质量都不好，在做前面的动作时我的注意都放在下一个动作了，做完之后身体重心太靠后了，所以才导致下一个动作的发力不对。

S站起来重新尝试了几次，竟然做出了那个动作。S很开心。

…………

C询问：惹教练员生气了，会有什么后果吗？

S快速回答：当然有了。本来教练员就在犹豫要不要让我打这个级别（全运会级别），我要是表现没有其他人好，我可能就得降级别了（非全运会级别）。

…………

该个案涉及多个运动心理相关议题，其中一个重要的议题是："运动员为什么训练？训练是为了掌握并提升训练相关技能，还是为了将自己的表现或能力与他人进行比较？"本节将从成就目标理论视角，探讨运动员在完成任务时的目标取向及其对行为表现可能产生的影响。

一、成就目标理论

在20世纪初，莫里（Murray，1938）提出，个体对成就需求程度表现出的差异性，会影响个体对追求成功的倾向以及对自身表现的评价。之后，麦克格兰德（McClelland，1961）通过主题统觉测试（TAT）揭示人类存在成就需求（need for achievement，n-Ach），并发现成就需求可以预测个体的成就表现。后续研究者（Nicholls，1984；Dweck，1986；Elliot，1999）基于早期成就需求观点，结合个体对自身能力感知程度和对成就定义的不同，提出了成就目标理论（achievement goal theory，AGT）。

（一）二分成就目标假设

尼科尔斯（Nicholls，1984）的二分成就目标假设认为，个体对自身能力的感知与其过去相关行为表现或与他人能力的比较结果密切相关，具体对应两种成就目标状态，即任务卷入（task involvement）和自我卷入（ego involvement）[①]。个体在具体情景中的成就目标取向受到个体自身的目标取向（intrapersonal level）和所在情景的激励氛围（situational level）之间复杂的交互作用的影响。在个体层面，当个体的能力感知主要来自对任务的掌握和自身能力的改善时（以自身为参照），个体的成就目标取向为任务卷入；当个体的能力感知主要来自证明比他人能力或表现更好时（以他人或规范标准为参照），个体的成就目标取向为自我卷入。大量研究表明，高任务取向目标与一系列积极认知、

[①] 有学者将两者称为掌握取向（mastery orientation）和表现取向（performance orientation）。

情感和行为结果密切相关；而高自我取向目标与中性或不良结果密切相关，特别是当个体能力感知偏低和任务取向不足时，上述关系尤为突出（Harwood，2008）。在情景层面，情景中被营造的两类激励氛围（motivational climate）会对个体的成就目标状态产生影响（Ames，1992）。当个体所在情景（教练员、队友、父母等）更加关注任务掌握，强调个体努力、自我完善与团队合作的重要性，即被描述为掌握/任务卷入氛围（mastery/task-involving climate）时，此类氛围中的个体更可能形成任务取向目标，会以任务本身（执行或学习）和能力提升为关注重点，注重通过努力来提升或改善任务表现和个人能力。当个体所处情景更加关注胜负，强调获胜、竞争和强于他人的重要性，即被描述为表现/自我卷入氛围（performance/ego-involving climate）时，此类氛围中的个体更可能发展出自我取向目标，会以任务的结果（输赢或是否表现优于他人）为关注重点，注重如何取得胜利（Duda & Balaguer，1999；Newton，Duda & Yin，2000；Bardach et al.，2020）。已有大量研究结果表明，掌握/任务卷入氛围有助于运动员形成良性心理和行为表现，表现/自我卷入氛围可能导致运动员产生不良心理和行为表现。例如，教练员鼓励掌握目标，对运动员努力程度、改善程度和合作学习具有促进作用，并且对运动员的目标取向、自信、自尊、能力感、内部动机、积极情感、亲社会行为和训练投入等具有积极影响（Harwood，2008）。同伴鼓励掌握目标的环境氛围有助于运动员目标取向、积极躯体概念、愉悦感、积极情感、运动员承诺、亲社会态度等的发展（Vazou，Ntoumanis & Duda，2006；Jõesaar，Hein & Hagger，2011；Davies et al.，2016；Smith，Gustafsson & Hassmén，2010）。教练员鼓励表现目标与运动员负面情感、反社会行为和低训练投入等正相关（Curran et al.，2015）。而同伴鼓励表现目标的环境氛围将导致运动员形成表现目标取向、欺骗行为以及出现倦怠症状等（Ntoumanis，Taylor & Thøgersen-Ntoumani，2012；Davies et al.，2016）。

（二）2×2 成就目标假设

后续研究者结合有关个体存在追求成功和避免失败倾向观点的启发，进一步提出成就目标的趋近－回避维度（approach endarh avoidance）（Elliot，1999；Elliot & McGregor，2001）。结合掌握－表现（任务－自我）维度，形成了 2×2 成就目标假设，认为个体成就目标取向可分为掌握－趋近（mastery－approach）和掌握－回避（mastery－avoidance），表现－趋近（performance－approach）和表现－回避（performance－avoidance）四类（表 2－1）。掌握－趋近取向是指个体关注提升对任务的学习、理解和掌握能力，掌握－回避取向是指个体倾向于避免在任务学习和技能掌握过程中退步或犯错，表现－趋近取向是指个体倾向于证明自身表现或能力优于他人，表现－回避取向是指个体倾向于避免自身表现或能力弱于他人。大量研究发现，不同成就目标取向与个体行为、认知和情感之间呈现不同关系。例如，掌握－趋近取向与内部动机、生活满意度、自尊、低焦虑以及任务投入具有显著正相关（Adie，Duda & Ntoumanis，2008）；掌握－回避取向与威胁评价和无动机水平呈显著正相关（Adie，Duda & Ntoumanis，2008；Nien & Duda，2008）。表现－趋近取向与内部动机、能力感、生活满意度、任务投入等呈显著正相关（Roberts，Treasure & Conroy，2007；Curran et al.，2015），与外部动机、害怕失败以及威胁评价呈显著负相关（Adie，Duda & Ntoumanis，2008）；表现－回避取向与高焦虑水平、低内部动机、高无动机和低自尊水平呈显著正相关（Roberts，Treasure & Corney，2007；

Nien & Duda, 2008)。同样，上述四类目标取向受到情景因素的影响。例如，强调努力与掌握、关注自身能力发展、进步与提升的环境氛围，更有利于个体形成掌握-趋近取向；强调努力与掌握，但压力过大的情景，容易导致自信不足的个体形成掌握-回避取向。强调以展现能力和胜于他人为主要目标的环境氛围，可能导致个体形成表现-趋近取向；过度强调能力和表现优异的环境氛围，可能导致缺乏自信的个体形成表现-回避取向。值得注意的是，虽然成就目标理论经常被作为动机理论提及，但其主要关注的是个体在成就情景中对自身目标和能力的认知评价。

表 2-1 2×2 成就目标框架

维度	掌握（任务）	表现（自我）
趋近	掌握-趋近 ——个体关注提升对任务的学习、理解和掌握能力	表现-趋近 ——个体倾向于证明自身表现或能力优于他人
回避	掌握-回避 ——个体倾向于避免在任务学习和技能掌握过程中退步或犯错	表现-回避 ——个体倾向于避免自身表现或能力弱于他人

二、实践应用

竞技体育的高竞争属性导致运动员更可能发展形成表现取向（表现-趋近或表现-回避）。例如，运动员在面对训练任务时频繁出现的情况是，过于关注与他人的比较（掌握任务的速度与质量）而弱化对任务特点和自身任务完成的关注与思考。值得注意的是，这种倾向在压力情境下（教练员的指导方式或其决策、队内竞争、比赛竞争等）会被放大。解决此类问题，可以尝试从运动员和运动情景两个层面入手。

（一）运动员层面

运动员需要了解不同目标取向的特点及相应可能产生的影响。在此基础上，通过对自身目标取向的准确评估，以及将自身目标取向与个体认知、行为和情感体验进行联系分析，在找到可能联系后积极、有意识地对自身目标取向进行调整，进而实现对自身动机状态的合理掌控。因此，运动员需要强化对自身目标取向的评估意识，建立强信念："我虽然身处评估性环境中，但自己要建立符合自身情况的成功标准，避免盲目与他人比较而让自己失去专注的焦点。"例如，处于伤病康复期的运动员，因为身体局限无法从事正常专项训练，如果频繁地将自己的竞技水平或能力水平与他人（特别是潜在竞争队友）进行比较，一方面可能影响自身对康复训练任务的投入，另一方面可能出现持续的焦虑状态。此类情况在表现取向为主导的运动员群体中尤为突出。另外，成就目标理论强调了个体能力感知对动机过程和相关行为质量的影响。尼科尔斯（Nicholls，1984）认为，随着年龄增加，儿童（7～11岁）逐渐开始区分能力和努力，意识到有些任务有些人可以完成而有些人无法完成，并开始通过与他人比较来看待自己的能力；发展至青少年阶段（12～14岁），他们基本可以完全区分能力和努力，此阶段个体对自身能力的判

断很可能对其后续体育参与行为产生负面影响。因此,运动员应掌握更多对自身能力进行有效评估的方法,增加对自身优势和不足的准确了解程度。该举措将有助于促进运动员生涯发展过程中(训练和比赛相关)目标设置和目标调整的效率。因此,在具备上述意识、知识和技能基础上,运动员可通过有效协调和匹配行为目标要求与自身能力水平,达到保持或促进提高自身动机水平的目的。

(二)运动情景层面

基于成就目标理论相关研究成果,掌握 - 趋近取向更有助于个体积极行为表现;掌握 - 回避取向可能偶尔会产生积极行为结果,但多数情况与不良行为结果密切相关;表现 - 趋近取向在产生积极行为结果的同时,也可能产生副作用(努力停止或自我绑架);表现 - 回避取向通常对个体行为表现产生不良影响。教练员作为运动情景的重要影响因素,应在其执教过程中强调掌握 - 趋近目标,引导运动员关注任务本身,强调提升学习、掌握技能的能力等目标相关内容,而非鼓励队内竞争、社会比较以及避免退步等目标相关内容。来自教育领域的研究者提出了促进掌握 - 趋近目标的 TARGET 计划(TARGET 为计划各项内容的英文首字母缩写)(Epstein,1988),并发现 TARGET 计划的实施可以有效改善学生的认知、情感和行为结果(Bardach et al.,2020)。有关 TARGET 计划运动训练情景应用的研究发现,计划可有效提高运动员的愉悦感、内部动机、能力感、努力程度和运动技能水平(Theeboom,de Knop & Weiss,1995;Cecchini et al.,2014)。已有研究和实践工作表明,在特定情景下同时强调积极的人际关系氛围,更加有助于个体掌握取向的发展(Patrick,Kaplan & Ryan,2011;Miller,Ramirez & Murdock,2017;Ryan & Deci,2017)。因此,后续有研究者提议将社会关系(social relationships)纳入 TARGET 计划,形成 TARGETS 计划(Chazan,Pelletier & Daniels,2022),该计划的具体内容见表 2-2。

表 2-2 TARGETS 计划

计划维度	内容
任务(Task)	教练员在制订训练计划和任务安排时,应该强调技能掌握与完善、个体努力的重要性,弱化竞争和社会比较
授权(Authority)	教练员可考虑邀请运动员参与决策制定过程,增加运动员对训练任务的参与感和自我决定感
认可(Recognize)	教练员可增加对个体运动员以及整个团队的努力、进步、提升给予及时承认和认可的频次
团队(Group)	教练员应鼓励运动员的多样性,引导不同能力水平的运动员之间的团队合作,协力共同应对困难、面对挑战以及解决问题,弱化运动员间不计代价的竞争
评估(Evaluation)	教练员在整个执教过程中应以提升训练质量为目的,为个人和团队表现提供评估性反馈
时间(Time)	教练员需有耐心,为运动员提供足够的时间去掌握技能和完成任务,并给予及时有效的反馈

续表 2-2

计划维度	内容
社会关系（Social relationships）	教练员应注重对队内积极人际关系氛围的营造，鼓励运动员彼此间互相支持、互相尊重和相互促进

资料来源：Ames（1992）。

第二节　归因理论

跆拳道运动员 Z 在赛后总结："这场比赛虽然赢了，但我感觉主要是运气好。几次都是轻轻一撩，就上分了，我都有点不适应了。对手今天状态不好。以前跟他打过几次，感觉都挺难的。不知道今天怎么了，可能就是我运气好吧。"

网球运动员 C 在半决赛比赛失利后接受采访时说："虽然未能进入决赛，有些遗憾，但我已经尽力了，这场比赛我打出了自己的风格和特点。虽然最后输掉了比赛，但我对比赛过程很满意，特别是几个关键球我处理得不错。对手的发挥非常出色，祝贺她！通过这次比赛，我也发现了一些需要在后续训练中进一步解决的问题和改善的方向，我相信在未来的比赛中我会克服这些问题，走得更远。"

羽毛球运动员 W 在赛后总结说："今天的比赛打得很困难，一直在打逆风球。我感觉那两个关键球的判罚有些莫名其妙。而且我的运气也不好，几个球都是差那么一点点。"

篮球运动员 F 在赛后总结道："今天队伍整体都发挥得很好，大家都很专注，在比分胶着的时候大家都咬住了，没有松，所以比赛后半程逐渐把比分拉开了。虽然过程中的几次判罚有争议，但没有影响到团队的士气。今天比赛的胜利反映了我们赛前训练的效果，失误比较少，关键时候顶住了。大家都非常努力，打出了我们的气势和应有的实力。"

上述案例的赛后总结或访谈内容，包括了运动员对比赛结果的几种典型解释。个体对成就结果（输或赢）的解释可能对其后续表现产生不同影响。本节将主要从归因理论视角，探讨运动员对成就结果的归因分析及其特点，以及这种归因可能产生的影响。

一、归因理论

海德（Heider，1958）提出，个体在人际事件（interpersonal event）中对自己和他人感受的评价可能对个体行为产生影响。海德在有关个体及环境影响行为的论述中，提及一个对后续动机理论具有重要影响的概念——因果控制点（perceived locus of causality，PLOC），认为行为及其结果可能被知觉为有意向的（intentional）和无意向的（nonintentional）。前者受个人因素（personal）影响（例如，个体能力和努力等因素），而后者受非个人因素（impersonal）影响（例如，不受个人能力、努力和意愿控制的因素）。因此，海德提出，个体将事件或行为归因为个人因素或非个人因素分别会对后续行为产生不同影响。例如，你与朋友约定的见面时间是晚上7点，但你的朋友迟到了一个小时。如果你将朋友的迟到归因为你在他心中不重要、他对你不重视（因为如果他重视并用心提前做好计划的话，不应该迟到这么久），你可能对朋友的迟到反应为失望、有怨言，甚至生气。相反，面对相同的情景，如果你将朋友的迟到归因为他可能是遇到了不受他个人努力和能力控制的非个人因素（如突发事件、堵车、下大雨、意外等），你对朋友迟到的反应可能会是理解、体谅甚至是给予安慰等。由此可见，个体对人际事件的归因方向，对个体决策或后续行为表现具有重要影响。

德·查姆斯（de Charms，1968）认为，意向行为并不总由个人控制、决定和选择，意向行为有时可能受迫于外部规则或压力。例如，对于运动员来说，执行训练任务属于意向行为（通过自身努力、投入等），但并不代表所有的运动员都想要或愿意执行训练任务，可能是因为只有完成了这些训练任务，才能不受处罚。所以，为了区分以自愿为基础的意向行为和基于外部压力的意向行为，德·查姆斯提出了内部因果控制点（internal PLOC，I-PLOC）和外部因果控制点（external PLOC，E-PLOC）。前者涉及的意向行为是个体主动的、自愿做的行为；后者涉及的意向行为是个体被迫的、不得不做的行为。例如，对于运动员A来说，每天都会按时、按量完成教练员布置的训练任务，但他可能对训练任务内容是排斥的、郁闷的、不得不做的，因为他不想被罚或者被教练员责备（E-PLOC）。然而，对于运动员B来说，同样每天都会按时、按量完成教练员布置的训练任务，但他可能是出于对运动项目的热爱和承诺，自愿而且主动的完成训练，因为他在训练过程中能够看到自己的进步和体验到成就感（I-PLOC）。虽然运动员B也不想被罚或责备，但他更倾向于以训练活动的发起者角色去面对训练任务，所以他的自主性和自愿程度更高；运动员A则更倾向于以训练的被动执行者角色去面对训练。因此，相对而言，运动员A可能更加被动，自主性和自愿程度更低。

海德与德·查姆斯有关因果控制点的论述对个体行为发生的原因进行了细化，提出以主体姿态为主要特点的自主性原因（I want to do，我想做）和以受体姿态为主要特点的受控性原因（I have to do，我不得不做）。后续研究者基于原因控制点归类，提出或许可以通过改变环境因素，进而改变个体对行为的原因控制点归类倾向，进而影响个体行为及行为效果。例如，当环境以压力和控制为主要特点时，个体的原因控制点可能会以外部为主或从内部向外部转换；当环境以选择和自主为主要特点时，个体的原因控制点可能以内部为主或从外部向内部转换。

维纳（Weiner，1986）进一步提出，个体对成就行为表现（成功或失败）的归因主要涉及三方面内容：因果控制点、稳定性和可控性。因果控制点包含内部和外部属性（个人因素或非个人因素）；稳定性包括稳定与不稳定（持续稳定或动态变化）；可控性包括可控与不可控（是否在个体控制范围之内）（图2-1）。不同归因类别和属性内容，会对个体后续行为表现（趋近或回避）、认知（期望和选择）和情感体验（积极或消极）产生不同影响。一般而言，在成功情景下，如果将成功主要归因为稳定的（如有天赋）、可控的（如足够努力）和内部的（如积极应对）因素，更有助于个体在未来面对相似行为或情景时，表现出高期望、高自信、高意愿和高投入等积极心理和行为；如果将成功主要归因为不稳定的（如运气）、不可控的（如天气）和外部的（如裁判判定）因素，个体在未来面对相似行为或情景时，更可能表现出低自信水平、高度紧张、高无助感和逃避等消极心理和行为。在失败情景下，如果将失败归因为稳定的（如能力差）、可控的（如已尽力）和内部的（如高焦虑）因素，个体在未来面对相似行为或情景时，可能会表现为低自信水平、高度紧张、无价值感、愤怒和逃避等消极心理和行为；如果将失败归因为不稳定的（如运气差）、不可控的（如裁判误判）和外部的（如对手超常发挥）因素，个体在未来面对相似行为或情景时，可能表现出愤怒、无力感和低自信等消极心理和行为。需要注意的是，已有研究表明个体因素（例如，人格特质、完美主义倾向、自尊水平等）对归因倾向具有重要影响（Watkins & Stilla, 1980；Flett et al., 1998；Gordon, 2008；Levine et al., 2017）。

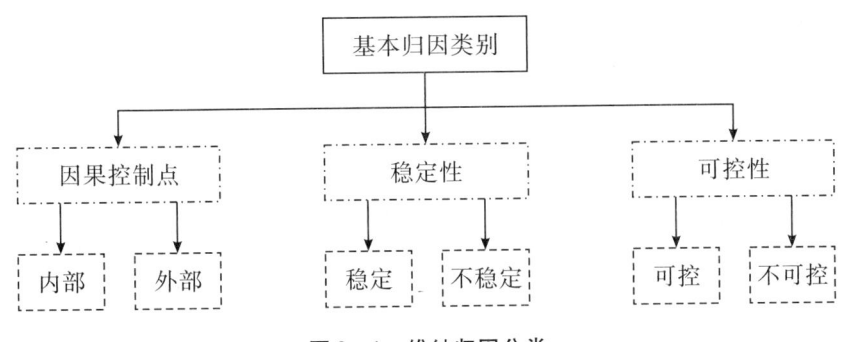

图 2-1　维纳归因分类

归因理论为理解行为或事件结果提供了新的视角，但在竞技体育领域，成功与失败并非绝对的客观事件，也不完全以输与赢作为评价标准，具有较大的主观性和情境性（Biddle, Hanrahan & Sellars, 2001；Rees, Ingledew & Hardy, 2005）。另外，个体用于描述归因的词语未必能够被准确表达或正确理解。例如，不同运动员在赛后可能均会提到"我已经尽力了"（内部、可控、不稳定因素），但其含义可能截然不同。可能一位运动员想表达的是失望和无力感，而另一位运动员想表达的是释然与无憾。同时，归因具有时效性。例如，某位运动员在赛后即刻对自己和团队的表现给出的评价可能是"虽然我/我们输掉了比赛，但我/我们团队每个人都发挥了应有的水平"。而经过一段时间或观看了比赛录像后，这位运动员可能会给出截然不同的评价，例如，"如果在那个关键球我们处理得更好些，比赛的走向可能会完全不同"。虽然，归因理论存在上述不足，但归因理论（特别是维纳归因分类）为运动心理学实践工作提供了重要的应用思路和操作指引。

二、实践应用

在本节案例中，呈现了运动员在输赢情景下做出的不同类型的归因。基于这些归因倾向，结合本节介绍的不同归因倾向可能产生的结果，我们在一定程度上可以预测案例中不同运动员后续在面对类似情景时可能出现的行为反应。为了充分利用良性归因的积极影响，或预防不良归因可能带来的危害，可以尝试从运动员和运动情景两个层面入手应对。

（一）运动员层面

根据归因理论假设及相关研究成果，当个体将成功经验归因为内部、稳定和可控因素时（相对于外部、不稳定和不可控因素），更有助于个体发展出更高的自信水平、控制感和能力感，产生更加积极的情绪体验和良性适应行为；当个体将失败经验归因为内部、稳定和不可控因素时（相对于外部、不稳定和可控因素），个体更可能表现出低自信水平、无助感和无力感，产生更加消极的情绪体验和不良适应行为。因此，运动员可以通过对自身习惯性归因方式进行评估和反思，有目的地调整自身对成功和失败的理解方式和归因模式。在此基础上，运动员应学会区分可控因素和不可控因素、内部因素和外部因素、稳定因素和不稳定因素，并了解其可能对运动员行为表现和心理状态产生的影响，进而择优执行。例如，在面对成功情景时，运动员应主动关注自身投入了多少努力、付出了多少心血、克服了哪些困难等。此类归因模式有助于强化可控和内部因素与自身取得成就的联系，进而帮助运动员提升自信水平，推动继续努力训练的动机，以及产生从容面对未来相似情景的积极心态。在面对失败情景时，运动员应减少对裁判误判、对手发挥、不利天气等外部因素的关注，弱化将失败归因为自身能力不足、天赋不够等因素的倾向，增加对可改善、可控制因素的关注（如更加努力训练、学习更多解决问题的方法、寻求更多教练的建议等）。此类归因方式，有助于弱化失败结果对自信的打击、减少无助感和消极情绪感受，有利于发展出问题解决思维并提升解决问题的能力。一般而言，运动员针对训练和比赛应更加关注可控因素（如自己、过程、当下），而非不可控因素（如他人、结果及过去/未来）（表2-3）。上述工作均可通过知识技能传授的方式为开始，由运动员个体具体学习和练习得以实现。

表2-3 归因指向

项目	可控因素	不可控因素
指向	自己（行为、努力和目标等）	他人（对手、教练、裁判、父母等）
事件	过程（任务、技术、动作等）	结果（胜负、输赢、名次等）
时间	当下（此时此刻）	过去/未来（以往成绩、赛后事情等）

（二）运动情景层面

教练员的言传和身教对运动员会产生直接而深刻的影响。因此，教练员可以尝试从两个方面提升运动员合理归因的能力。一方面，教练员可以通过言传的方式，向运动员灌输和强调对成败进行正确归因的重要性。具体可以从运动员的训练日记或比赛总结入手，以运动员提及的具体错误归因指向及可能产生的消极影响为例，将可能存在的错误归因具象化和客观化，这有利于运动员对教练员言传内容的接受与理解。另一方面，教练员可以通过调整自身归因倾向，在对事物或成败进行归因时，力行合理归因。例如，教练员在对运动员表现进行反馈和总结时，充分利用合理归因原则，做出正确归因引导。将言传与身教有机结合，进而能够产生更加积极的效果。

第三节 自我决定理论动机观点

马拉松运动员A坚持每天训练，因为他热爱跑步时风吹过脸庞的感觉，享受挑战自我极限的过程。从事马拉松运动对他来说是一种乐趣和挑战，而不是为了外部奖励。

游泳运动员 B 每天坚持训练，因为他的教练员承诺，如果他在比赛中取得好成绩，就会给予他一定的奖励。他的动力主要来自外部的物质奖励。

体操运动员 C 每天刻苦训练，因为他觉得如果不努力，就会令家人和教练员失望，或者觉得自己不够优秀。他的动力来自内心的压力和责任感。

篮球运动员 D 每天练习投篮和体能训练，因为他清楚地知道这些训练能帮助他提高技术，从而在比赛中表现得更好。尽管训练很辛苦，但他认为这是实现自己目标的重要部分。

足球运动员 E 不仅为了赢得比赛而训练，还因为足球运动已经成为他生活中不可或缺的一部分。他认为训练和比赛能够帮助他成为一个更坚韧、更有团队精神的人，这与他的核心价值观完全一致。

击剑运动员 F 对训练和比赛失去了兴趣，感到迷茫和疲惫。他不再有明确的目标，只是机械地完成训练任务，甚至开始考虑退出运动生涯。

一、自我决定理论

自我决定理论（self determination theory，SDT）（Deci & Ryan，1985，2000）是一个有关人类动机和人格的宏观理论，包括六个分支理论（认知评价理论、有机整合理论、基本心理需求理论、目标内容理论、原因定向理论和关系动机理论），分别用于解释不同的心理及行为现象［具体理论内容参见 Ryan 和 Deci（2017）］。其中，认知评价理论（cognitive evaluation theory，CET）和有机整合理论（organismic integration theory，OIT）阐述了自我决定理论有关动机的大部分观点。自我决定理论动机观点强调人类行为受不同类型动机的调节（behavioral regulation），并系统阐释了不同类型动机形成的过程及可能产生的影响。认知评价理论主要关注影响内部动机的因素及作用机制，有机整合理论主要关注不同类型外部动机的影响因素及其作用机制。

自我决定理论认为，驱动人类目标指向行为的原因可概括为无动机（amotivation）、外部动机（extrinsic motivation）、内部动机（intrinsic motivation）三种动机类型（图 2-2）。不同动机类型根据其自我决定程度的不同分布在一个自我决定连续体上（self-determination continuum），反映了个体对行为的调节过程（behavioral regulatory process）。无动机是一种非自我决定状态，位于自我决定连续体的最左端，指个体无意向从事相关行为活动，因此属于无调节（non-regulation）。但无动机状态所反映的目标指向性可能趋于弱化。例如，有些运动员虽然仍在从事运动训练，但怀疑其价值和意义，觉得训练是浪费时间（无目标或实现目标无望），因此训练的意愿极低。内部动机的自我决定程度最高，位于自我决定连续体的最右端，指个体从事行为活动的原因主要来自行为活动本身（兴趣、愉悦感和满足感），属于内部调节（intrinsic regulation）。例如，有些运动员从事竞技体育主要是出于对项目的喜爱、兴趣和从中获得满足感、刺激感和挑战性等，此类运动员的运动训练行为主要由内部驱动。外部动机的自我决定程度弱于内部动机，在自我决定连续体上的位置介于无动机和内部动机之间，指个体从事行为活动的原因或多或少与行为活动可能带来的结果和产生的影响密切相关（认同感、重要性、愧疚感、奖励、规则要求或避免处罚等）。具体又由自我决定程度从低到高的四种行为调节形式构成，即外部调节（external regulation）、内摄调节（introjected regulation）、认同调节（identified regulation）和整合调节（integrated regulation）。外部调节是指行为活动由外部要求和压力驱动（规则要求、迫于外部压力、获得奖励或者免于受到惩罚等）。例如，有些运动员执行训练任务是因为被要求服从教练员安排，或为了获得物质奖励，或为了避免受到惩罚。内摄调节是指行为活动由个体内部要求和压力驱动（一种对外部要求和压力的内化）。例如，有些运动员刻苦训练主要是为了不令父母或教练员失望，不想被别人看不起，或是向别人证明自己的能力和价值。认同调节是指行为活动的发生是因为个体对行为结果的认同与重视（行为活动可能产生的结果对其自身极为重要）。例如，有些运动员坚持训练是因为他们知道从事专项训练对于取得好的竞技表现不可或缺，对未来发展有重要影响，是未来发展的出路。整合调节是指个体在认同调节基础上，意识到行为活动带来的结果对其至关重要，同时将这一看法整合至个体价值信念体系和自我结构之中。例如，有些运动员坚信训练对提升竞技表现和未来发展有决定性作用，并符合其对目标追求的意愿。整合调节的自我决定程度与内部动机最为接近，是一种个体对行为结果的高度内化（internalization）但未被完全内化的状态。整合调节仍然属于外部动机，因为其关注的重点仍然是行为带来的结果，而不是行为本身（内部动机）。上述隶属于三种动机类型的六种行为调节方式，从无动机、四种调节方式的外部动机到内部动机所反映的自我决定程度依次升高。值得注意的是，已有研究发现整合调节维度与认同调节维度或内部动机维度的区分效度不理想，这一现象在儿童及青少年人群中更为突出。

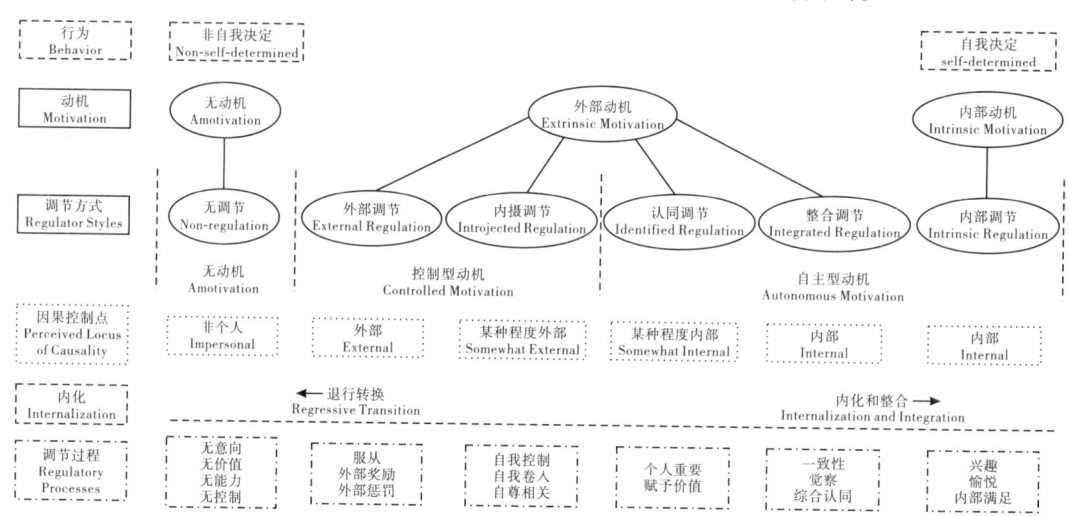

图2-2 自我决定理论动机分类

根据因果控制点的内外部特点，外部调节和内摄调节在因果控制点以外部为主，被称为控制型动机（controlled motivation）；而认同调节、整合调节和内部调节在因果控制点以内部为主，被称为自主型动机（autonomous motivation）。自我决定理论动机观点认为，自主型动机有助于个体发展适应性认知、行为和情感结果，而控制型动机可能导致个体发展非适应性认知、行为和情感结果。自我决定理论动机观点认为社会环境因素通过对基本心理需求（basic psychological needs）的满足或阻滞对个体不同类型动机的形成和发展产生影响。已有大量来自不同领域的研究指出，个体的健康成长和发展均需以基本生理需求（如氧气、干净的水源、足够的营养以及躲避伤害的自由等）为基础。当基本生理需求得到满足时，个体更可能积极健康地成长与发展；当基本生理需求无法得到满足时，个体可能出现疾病或发展不良。自我决定理论沿用上述逻辑提出，个体安全成长、健康发展、人格完整和幸福感发展等需要以基本心理需求（暂时提出存在三种基本心理需求：自主性、能力感和关联感）为基础。自主性需求（need for autonomy）是个体有对自身经验与活动进行选择和决定的需求，被定义为个体所从事行为或活动符合其自身意愿和意志的程度感，主要与个体意愿、同一性和自我整合等功能有关；能力感需求（need for competence）是个体有对自身行为有效性和掌控感的需求，被定义为个体与社会环境互动过程中的行为表现和能力的有效感，主要与个体在环境内是否有机会体验到能力和展示天赋有关；关联感需求（need for relatedness）是个体有与他人互动联系的需求，被定义为个体与他人之间的联系、投入以及归属感程度，主要与个体受到他人关心以及关心他人的程度有关。自我决定理论假设上述基本心理需求受到环境的直接影响，当基本心理需求得到满足时，个体会朝向积极健康方向发展；当基本心理需求受到阻滞时，个体会朝向消极不良方向发展（Ryan & Deci，2017）。

认知评价理论认为，个体体验到的自主性需求和能力感需求的满足程度是内部动机发展与维持的核心要素。具体而言，当社会环境因素支持自主性需求和能力感需求满足时，有助于提升内部动机；相反，当社会环境因素对自主性需求和能力感需求产生阻碍时，将损害内部动机。已有研究表明，当社会环境因素具有信息性支持和自主支持等属性时，有助于个体自主性需求和能力感需求的满足，进而提升内部动机；当社会环境氛围具有控制性奖励、威胁性惩罚、强加性目标、竞争性评价和监督等属性时，对个体自主性需求和能力感需求产生负面影响，进而削弱内部动机。值得注意的是，认知评价理论提及个体关联感需求的满足有助于内部动机的发展，但并非提升或发展内部动机的核心要素。例如，很多内部动机驱动的个体行为（如内部动机驱动的长距离游泳、越野跑、艺术创作等）受关联感需求满足的影响较小。

有机整合理论认为，社会环境因素可能有助于较低程度的行为调节方式通过内化和整合（integration）的方式向自我决定程度较高的行为调节方式转化（图2-2）。例如，对于以外部调节为主的个体，当处于具备自主支持和选择、承认个体感受与困难、及时提供积极反馈等特点的环境时，可能会向自我决定程度更高的认同调节和整合调节方向发展；相反，社会环境因素也可能导致具有较高自我决定程度的行为调节形式通过退行转换的方式向自我决定程度较低的行为调节方式转化。例如，以内部调节为主的个体，在处于高压力和高要求、过度关注奖罚和社会比较氛围浓厚的环境中时，很可能逐渐失去对行为活动的兴趣和热爱，退行产生其他较低自我决定程度的行为调节方式（具体取决于个体和环境特点）。上述转化的发生主要与社会环境因素对个体基本心理需求的满足或阻碍有关，进而产生不同类型的行为调节方式或多行为调节方式的组合。有机整合理论认为，个体某一行为活动可能同时受多种动机类型共同影响，可根据具体动机类型的强度探讨行为活动和相关结果质量，亦可以通过相对自主系数（relative autonomy index，RAI）探讨行为活动动机强度及其相关结果质量［具体计分方法及优劣势分析可参考Howard等（2020）］。

二、实践应用

（一）运动员层面

根据自我决定理论动机观点，个体持有的动机状态对其行为、认知和情感产生直接影响。具体而言，运动员的训练行为以自主型动机为主，更可能在三个方面发展出适应性结果；而运动员的训练行为以控制型动机为主，则更容易在三个方面出现不良适应结果。因此，运动员可以从自身认知、行为和情感状态反观自身动机状态。例如，如果运动员在训练活动或任务过程中表现出缺乏认知投入、怀有抵触情绪、行为坚持性不足等情况，可能表明运动员对这些训练活动或任务持有以控制型动机为主的动机状态。所以，如果运动员只是从注意调动、情绪调整和行为坚持的角度入手，可能会有短期效果，但调整的效率和效果的长远性可能并不理想。运动员需要对自身从事运动训练及相关活动的意义和目的进行再次思考，进而从根源上采取相应的措施。需要特别指出的是，对于相当一部分以目标为导向的行为而言，内部动机虽然是理想状态，但并不应该成为普遍追求的动机状态。因为内部动机以行为活动或任务本身为关注点，对于竞技体育，运动训练和竞技比赛所延伸的其他结果极为广泛（物质奖励、名誉地位、未来发展等）。因此，除了内部动机，认同调节和整合调节（重要性和价值养成）两类自主型动机类型或许也是运动员需要重点追求的动机状态。此外，对于在比赛过程中关键时间节点可能出现心理起伏（想赢怕输、注意失控）的运动员而言，需要特别留意自身的内摄调节状态。内摄调节是运动员将外部规则和压力内化的产物，以此类动机类型为主的运动员通常会过度关注外在评价和"重要他人"期望，极可能在关键时刻出现焦虑和无关想法。此类运动员可尝试反思自身对他人评价与期望的反应合理性以及是否存在不合理信念等问题。如果存在此类问题，主要与运动员身边"重要他人"和运动员的人际行为方式（高压、控制、强调社会比较等）密切相关。

（二）运动情景层面

根据自我决定理论及相关研究工作，教练员作为运动员训练比赛情景的重要角色，其与运动员的人际行为（interpersonal behaviors）通过对运动员基本心理需求的影响（满足或阻碍），进而对运动员的运动动机、训练投入和幸福感产生重要影响。根据自我决定理论，教练员人际行为可分为需求支持型（need-supportive style）和需求阻滞型（need-thwarting style），分别促进运动员基本心理需求的满足（need satisfaction）或引发运动员基本心理需求的受挫（need frustration）。需求支持型人际行为包括自主性支持（autonomy-support）、能力感支持（competence-support）和关联感支持（relatedness-support）。三者分别对应促进自主性需求、能力感需求和关联感需求的满足，但同时也对非对应基本心理需求的满足具有交叉促进作用。需求阻滞型人际行为是指教练员在与运动员互动过程中有意通过不同行为手段方法对运动员三种基本心理需求造成阻碍，包括自主性阻滞（或控制，autonomy-thwarting/autonomy control）、能力感阻滞（competence-thwarting）和关联感阻滞（relatedness-thwarting）。三者分别对应导致自主性需求、能力感需求和关联感需求的受挫，但同时也对非对应基本心理需求具有一定的阻滞作用。另外，新近研究（Bhavsar et al., 2019）提出了区别于需求支持型和需求阻滞型的第三种人际行为，即需求不关心型（indifferent style），是指教练员在与运动员互动过程中将自身事务作为重心，不将运动员福祉和基本心理需求放在心上，包括自主性不关心（autonomy-indifferent）、能力感不关心（competence-indifferent）和关联感不关心（relatedness-indifferent）。三种人际行为类型、内涵及示例见表2-4。

表2-4 教练员人际行为类型、内涵及示例

人际行为类型	子类型	内涵	示例
需求支持型	自主性支持	教练员以运动员内部激励资源为关注重点，考虑运动员的想法和观点	①在合理边界内提供选择；②理解和承认运动员的感受与观点；③提供说明和解释；④将运动员纳入决策过程；⑤提供自主行为机会
需求支持型	能力感支持	教练员关注运动员的能力感受，注重对运动员在不同情境中（挑战和压力）能力感的培养	①提供明确期望和标准；②提供有效信息解决困难和问题；③认可运动员的努力和付出；④提供积极反馈；⑤鼓励学习和技能改善
需求支持型	关联感支持	教练员关心运动员，注重对与运动员关系和联系的培养	①关心运动员发展；②关注运动员情绪状态；③构建和谐的教练员与运动员关系；④提供关爱和无条件支持
需求阻滞型	自主性阻滞	教练员有意通过施加压力使运动员按照教练员期望的方式思考和行为，贬低运动员的想法和观点	①施加过度个人控制；②恫吓；③威胁；④奖励；⑤惩罚；⑥侮辱性及批判性语言
需求阻滞型	能力感阻滞	教练员打压甚至否定运动员的进步和改善，过度关注运动员的失误与不足	①质疑运动员能力和改善空间；②反复强调运动员的失误和不足；③过度批评和否定；④持续性消极评价和反馈
需求阻滞型	关联感阻滞	教练员对运动员充满敌意和排斥	①对运动员存在敌意；②表露对运动员的不喜欢；③有针对性排斥；④有意回避和不理睬；⑤有意疏离和拒绝
需求不关心型	自主性不关心	教练员不关心运动员的内部激励资源、想法和观点	①对运动员的观点不感兴趣；②对运动员的意愿不关注；③对运动员的意见和看法不回应
需求不关心型	能力感不关心	教练员忽视或不关注运动员的能力感，未提供足够的指导和反馈	①训练组织结构混乱；②布置的任务与运动员技术能力水平不匹配；③任务要求和标准不清
需求不关心型	关联感不关心	教练员忽视与运动员关系感的建立和培养	①忽视运动员的关联感需求；②不关注与运动员关系的培养

已有研究发现，当教练员采用需求支持型人际行为方式时，运动员更可能发展出自主型动机、体验到更加积极的情感，并更加积极、努力地投入训练比赛之中（Delrue et al., 2017; Reynders et al., 2019）。例如，教练员在制定训练任务和安排过程中，在条件允许情况下，可邀请运动员提出有助于训练任务高效执行和训练目标有效实现的建设性意见和想法，增加和提升运动员对安排制定训练任务的参与程度和决策机会（自主性需求满足）。运动员作为训练执行的主体，其对训练任务的认同度越高越有助于运动员的执行和投入。同时，教练员对运动员在训练过程中面对的困难与挑战以及消极情感体验予以接受和理解，给予积极反馈和鼓励，有助于运动员以更加积极的情绪状态和态度面对训练任务（能力感需求满足）。另外，将运动员作为有尊严的个体予以尊重和关爱，使其在训练过程中体验到教练员的关心和体谅，有助于运动员与教练员之间的有效沟通，进而促进训练过程的推进（关联感需求满足）。虽然需求支持型人际行为有助于运动员基本心理需求满足，并对运动员训练行为和情感体验具有积极影响，但在实践工作中，很多教练员更倾向于采用需求阻滞型人际行为（如控制）。主要原因包括三个方面。第一，有些教练员认为需求支持型人际行为太过"柔和"，不适用于强调坚强和意志的体育情景，甚至可能将需求支持型行为特点与放任状态画等号。值得注意的是，需求支持型人际行为强调在增加运动员参与感、提供运动员选择、尊重和承认运动员感受与观点（自主性支持）的同时，需要提供明确的解释说明，与任务相关的合理期望、标准、要求、规则，以及及时且足够的反馈与指导（能力感支持）。因此，需求支持型互动方式并不等同于放任状态。三类需求支持型人际行为的有效整合和实施，不但不会影响训练任务的有效组织和安排，同时还有助于训练氛围的营造以及运动队内部关系的协调发展（运动员心理健康和训练动机相关的核心问题之一是教练员与运动员的关系和沟通）。第二，一些运动员出身的教练员和具备丰富实践经验的教练员，可能对需求支持型行为的重要性和效果持抵触态度。他们基于自己作为运动员时被对待的方式（例如，他的教练员可能是需求阻滞型，但他的成绩依然出色）以及自身的执教经验，可能更加倾向于维护自身执教权威感，进而可能降低其对新的理念和方法的接受程度。权威型教练更可能使用自主性阻滞型互动方式（如控制），并坚信该方法在短期内更容易见到效果且将运动员的改善和进步归因于该方法的使用，进而使该方法得到强化使用，形成循环效应。第三，有些教练员更关注并擅长技巧战术和体能训练，对于运动员动机的激励和目标培养等方面关注不足，可能导致将相关知识和方法转化为实践的能力与经验不足。即使有些教练员总结出自己的一套激励运动员的方法，但在实际操作过程中可能因未考虑个体特点而效果不佳或逐渐失去耐心。

本章要点

1. 人类存在成就需求。个体在成就需求上表现出的差异性会对个体对成就追求的倾向和成就表现产生直接影响。

2. 个体自身能力感知与其过去相关行为表现或与他人能力比较结果密切相关，进而导致个体可能形成掌握取向或表现取向。

3. 个体存在追求成功和避免失败的倾向，结合掌握-表现维度，个体成就目标取向可分为掌握－趋近、掌握－回避、表现－趋近和表现－回避取向。

4. 掌握－趋近取向更有助于个体积极行为表现；掌握－回避取向可能偶尔会产生积极行为结果，但多数情况与不良行为结果密切相关；表现－趋近取向在产生积极行为结果的同时，也可能产生副作用（停止努力或自我绑架）；表现－回避取向通常对个体行为表现产生不良影响。

5. 环境因素对个体目标取向具有直接影响。教练员应积极营造有利于掌握－趋近取向的环境氛围。

6. 个体对成就行为表现（成功或失败）的归因主要涉及因果控制点、稳定性和可控性三方面内容。因果控制点包含内部和外部属性（个人因素或非个人因素），稳定性包括稳定与不稳定（持续稳定或动态变化），可控性包括可控与不可控（是否在个体控制范围之内）。

7. 不同归因类别和属性内容，会对个体后续行为表现（趋近或回避）、认知（期望和选择）和情感体验（积极或消极）产生不同影响。

8. 当个体将成功经验归因为内部、稳定和可控因素时（相对于外部、不稳定和不可控），更有助于个体发展出更高的自信水平、控制感和能力感，体验到更加积极的情绪体验和良性适应行为。

9. 当个体将失败经验归因为内部、稳定和不可控因素时（相对于外部、不稳定和可控），个体更可能表现出低自信水平、无助感和无力感，产生更加消极的情绪体验和不良适应行为。

10. 归因理论指出，运动员在面对训练和比赛时，应更加关注自己、过程和当下等可控因素，而非他人、结果和过去或未来等不可控因素。

11. 自我决定理论动机观点强调人类行为受不同类型动机的调节，并系统阐释了不同类型动机形成的过程及可能产生的影响。

12. 自我决定理论认为，驱动人类目标指向行为的原因可概括为无动机、外部动机和内部动机三种动机类型。外部动机分为外部调节、内摄调节、认同调节和整合调节。不同动机类型根据其自我决定程度的不同分布在一个自我决定连续体上，反映了个体对行为的调节过程。

13. 按照因果控制点观点，外部调节和内摄调节被称为控制型动机，认同调节、整合调节和内部动机被称为自主型动机。

14. 认知评价理论主要关注影响内部动机的因素及作用机制，有机整合理论主要关注不同类型外部动机的影响因素及其作用机制。

15. 需求支持型执教方式有助于运动员自主型动机的发展，需求阻滞型执教方式更可能导致运动员控制型动机的形成。

本章思考题

1. 运动员目标取向包含哪些类别？
2. 运动员目标取向的形成主要受到哪些因素的影响？
3. 如何基于成就目标理论激励运动员的训练投入？

4. 海德与德·查姆斯有关因果控制点的观点分别是什么？
5. 维纳提出的基本归因类别有哪些？具体包含哪些内容？
6. 在实践应用中，如何使用归因理论为运动员提供帮助？
7. 举例说明运动员从事运动训练时可能持有哪些动机类型及各自特点。
8. 运动员训练动机的形成与发展可能受到哪些因素的影响？
9. 在自我决定理论动机框架下，如何激励运动员？

第三章 教练员执教风格

2016年里约奥运会排球比赛半决赛，中国队对阵荷兰队。第一局比分中国队24∶22时郎平教练叫了暂停。队员围在她身边，她跟队员说："保护要快，打不死的话大家马上上网，好不好。"在她讲完后，队员徐云丽、朱婷等都与队友有交流。在这次暂停期间，郎平对接下来比赛的战术给出了明确的指导（打不死的话大家马上上网），而且在给出战术指导后用了商量的语气"好不好"。另外，在暂停期间队员并没有只听教练讲，队员之间也有交流。

第二局中国队17∶17暂停期间，虽然郎平指出了张常宁的失误，但并不是严厉的批评语气，而是以平和的语气指出问题："你那个球你往后跑了，很清楚那个球……"

前两局两队比分为1∶1。在第三局中国队14∶17暂停期间，郎平对一名运动员表达了期望："我现在没有人换你了，看你了……"，然后跟大家说："打得非常好啊……"

在这场比赛的三次暂停期间，郎平体现出了与运动员的人际互动特点，包括直接的指导、允许运动员发表意见和沟通、使用商量的语气、使用期望和鼓励的语言等。那么，这种人际互动的方式对运动员会有何影响？除了这种人际互动方式，教练员是否还有其他的人际互动方式？又会对运动员产生哪些影响？本章将介绍教练员与运动员人际互动的方式即执教风格的相关概念、分类，影响执教风格的心理前因，以及执教风格对心理结果的影响。

第一节 教练员执教风格概述

很多教练员认为，运动员缺少训练动机、比赛中表现欠佳以及心理健康不良等问题主要与运动员自身有关。例如，缺少训练动机是因为上进心不强，比赛中表现欠佳是因为心理素质不好，心理健康不良是因为心理承受能力差等。这种观点虽然在一定程度上揭示了运动员自身因素对其动机、表现和健康的影响，但忽视了教练员因素尤其是教练员的执教风格对运动员发展的深远影响。根据自我决定理论，社会环境在满足个体心理需求方面发挥着重要作用，而心理需求的满足则直接影响人的动机、心理健康水平以及行为表现。在运动员的情境中，教练员的执教风格作为其重要的社会环境因素，扮演着关键角色。当这种社会环境因素是自主支持型（即支持选择、主动性和理解，同时尽量减少按既定方式行事需求的社会环境）时有助于激发运动员的自主动机、提高参与度、促进更好的内化和整合，并有助于实现最佳的心理功能（Deci & Ryan，2008）；反之，当教练员的执教风格偏向控制型（如过度评价、施压或专制型管理方式）时，可能会阻碍这些积极结果，甚至对运动员的动机、心理健康和表现产生负面影响。

一、执教风格的概念

人际风格（interpersonal styles）是指在直接的人际交往中，个体采用的典型的言语及非言语互动方式，用以传递信息和意义（Miyamoto，1986）。执教风格（coaching interpersonal styles）是指教练员在与运动员互动过程中体现的人际风格。在运动心理学领域，执教行为（coaching behavior）与执教风格同义。

二、执教风格的类型

（一）自主支持型执教风格

自主支持型执教风格是指教练员为营造出支持、关怀和理解的氛围所采取的一系列行为（Reeve，2015）。自主支持意味着教练员考虑运动员的观点，承认其他人的感受，促进选择和决策，提供完成任务的理由，同时最大程度地减少外部要求（Mageau & Vallerand，2003）。自主支持型执教风格的潜台词是："我是你的盟友，我在此支持你以及你的努力。"

（二）控制型执教风格

控制型执教风格是指施加心理和行为压力，迫使某人改变其思考、感受或行为方式（Bartholomew，Ntoumains & Thøgersen-Ntoumani，2010）。控制意味着教练员会以强制、施压和专制的方式，将自己的特定且先入为主的想法和行为方式强加给运动员。控制型执教风格的潜台词是："我是你的教练员，我就是来改变你的。"

（三）渐进式执教风格

有研究者在自我决定理论的基础之上进一步对执教风格的分类进行了细化，将教练员执教风格分为自主支持型执教风格、结构型执教风格、控制型执教风格和混乱型执教风格，此外四种教练员执教风格可以细分为八种更具体的风格，即参与、认可、指导、澄清、苛求、专横、放弃和等待，并将这八种执教风格构建为渐进式执教风格模型（Delrue et al., 2019）（图3-1）。

水平维度（即x轴）反映了教练员的需求支持与需求阻滞，自主支持和结构面向需求支持方向，控制和混乱面向需求阻滞方向；垂直维度（即y轴）涉及教练的指导程度，结构和控制朝向高指导性的方向，混乱和自主支持朝向低指导性的方向。其中，自主支持型执教风格包括参与和认可，结构型执教风格包括指导和澄清，控制型执教风格包括专横和苛求，混乱型执教风格包括等待和放弃。

1. 自主支持型执教风格

自主支持型执教风格的教练员寻求最大程度地识别和培养运动员的兴趣、观点与感受，使他们能自愿地从事活动，对运动行为保持好奇和接受的态度。自主支持型执教风

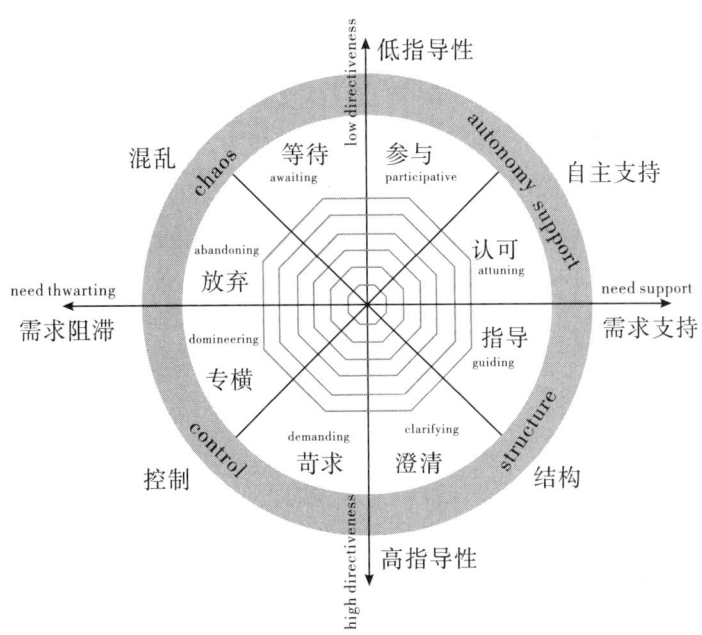

图3-1 渐进式执教风格模型（Delrue et al., 2019）

格包括参与型执教风格和认可型执教风格。

（1）参与型执教风格是指教练员通过与运动员对话并邀请他们提供意见和建议来确定运动员的个人兴趣。此外，在可能的情况下，教练员试图提供运动员如何处理活动的（有意义的）选择。参与型执教风格的教练员询问运动员的建议和想法，给运动员的个人喜好留有余地。

（2）认可型执教风格是指教练员培养运动员的个人兴趣，试图找到使训练更加有趣和愉快的方法，接受运动员负面情绪的表达，并试图理解运动员的观点。教练员提供在运动员眼中有意义的解释理由。

2. 结构型执教风格

当教练员使用结构型执教风格时，通常从运动员的能力和才能出发，为运动员提供帮助和协助，使运动员感到有能力掌握运动技能，也就是说教练员的目标是培养运动员通过面向过程而获得对技能的掌控感。结构型执教风格包括指导型执教风格和澄清型执教风格。

（1）指导型执教风格是指教练员通过在需要时提供适当的帮助和协助来促进运动员的进步，教练员会带领运动员经历完成一项任务所必需的步骤，这样运动员就可以独立地继续，如果有必要，还可以提问。

（2）澄清型执教风格是指教练员以清晰透明的方式向运动员传达期望，教练员监控运动员在满足期望的进展。

3. 控制型执教风格

控制型执教风格的教练员以运动员的感觉为代价，强迫运动员按照特定的方式思考、感受和行动，限制他们的行为意志和心理自由，并把自己的意志和要求强加给运动员。控制型执教风格包括苛求型执教风格和专横型执教风格。

（1）苛求型执教风格是指教练员通过使用强有力的命令性语言来令运动员遵守纪律。教练员向运动员指出他们的义务，不容忍任何反驳，并威胁说如果运动员不遵守就进行制裁。

（2）专横型执教风格是指教练员向运动员施加权力，让他们服从教练员的要求。教练员通过诱导负罪感、羞耻感和焦虑感来压制运动员。

4. 混乱型执教风格

当教练员采用混乱型执教风格时，其行为是不可预测的、不一致的或漠不关心的，教练员让运动员自行其是，从而使运动员困惑他们应该做什么、如何表现以及如何发展运动技能，以至于阻碍了运动员技能的发展。混乱型执教风格包括放弃型执教风格和等待型执教风格。

（1）放弃型执教风格是指教练员放弃了对运动员的干预行为，教练员允许运动员做自己的事情，不再督促运动员努力，运动员必须为自己的行为负责。

（2）等待型执教风格是指教练员提供了自由放任的氛围，主动权完全掌握在运动员手中，教练员倾向于等着看事情如何发展，不会计划太多，而是让事情顺其自然。

三、提供自主支持的方法

教练员可以从四个方面为运动员提供自主支持：①在特定的规则和限制内提供选择；②为任务和限制提供理由；③承认对方的感受和观点；④为运动员提供主动和独立工作的机会。①（Mageau & Vallerand，2003）

（一）在特定的规则和限制内提供选择

拥有选择权或参与感对于促进内部动机具有重要作用。在一项研究中，参加有氧舞蹈课程的成年女性被随机分配到"选择"或"无选择"条件组（Dwyer，1995）。在"选择"条件组中，参与者被询问其音乐偏好，然后被引导相信课程期间播放的音乐代表了她们的选择；在"无选择"条件下，参与者听同样的音乐，但未被询问其音乐偏好。结果表明，与"无选择"条件下的参与者相比，"选择"条件下的参与者报告了更高的内在动机。

高水平技术训练具有高度的结构化和系统性，教练员需要设定明确的训练标准（包括训练量和训练强度等）、规则或限制，以确保训练的效果。在这些规则和限制框架内，可以给予运动员一定的选择自由。例如，一名足球教练员希望提升运动员的传球技巧。在规则和限制内，教练员可以让运动员在训练中选择使用不同的传球方式（如短传、长传或斜传）来完成传球任务，但每种传球方式必须符合传球精确度和时机的要求。运动员有选择的自由，但这些选择都需在教练员设定的技术框架内进行，确保技能训练的有效性。

---

① 马圭奥和瓦伦兰（Mageau & Vallerand，2003）的研究包括七种提供自主支持的方法。考虑到中国教练员的特点，本教材只介绍了其中四种方法，另外三种（按照原文排序）是：⑤传递非控制能力反馈；⑥避免身体和心理的控制行为；⑦防止运动员自我卷入。

（二）为任务和限制提供理由

为任务和限制提供理由有助于将参与活动的原因内化。实际上，当一项任务看起来有意义时，其内在价值就更容易被整合和接受。一项研究表明，当要求本科生校对文件时，如果告知他们校对工作是为了帮助图书出版商，并要求他们对每篇故事发表意见，那么这些学生所报告的内在动机要高于那些未被告知任何理由的学生（Freedman & Phillips，1985）。

在训练情境中，教练员需要让运动员明白任务的意义，理解任务的潜在价值，将遵守任务的限制和规则与自身能力的整合起来，提高运动员对某些任务的接受度。当运动员认为教练员的管教是适当的，是符合自己的期望的，而不是过度的或者是不公平的时候，可以提高其自主性动机（Deci et al.，1994）。例如，教练员可以向运动员解释训练和比赛方面的总体规划，也可以为运动员解释安排特定训练内容的理由。例如，一名篮球运动员正在进行投篮训练，教练员要求他完成一定数量的三分球投篮，并在投篮后进行短时间的高强度跑步训练。教练员可以解释："三分球训练是为了提升你的远距离投篮命中率，这对于比赛中的得分能力至关重要。如果你能够在高强度训练下完成三分球投篮，你将在比赛中遇到高强度防守时更加冷静自信。"而对于短时间高强度跑步训练的限制，教练员可以解释："跑步训练的目的是提高你的心肺耐力，使你在比赛中的体能更充沛。虽然这种训练很累，但它能让你在比赛的第四节依然保持高效运动表现。"

（三）承认对方的感受和观点

承认意味着教练员需要设身处地地考虑问题，并将运动员视为有特定需求和感受的个体，而非单纯的可指挥对象（de Charms，2013）。在一项研究中检验了三种自主支持性行为对枯燥任务中动机的影响（Deci et al.，1994）。实验要求参与者在不同情境下（即一个、两个或三个自主支持行为的条件下）完成一项枯燥的任务——检测电脑屏幕上的光点。实验者不仅解释了完成该任务对提高敏锐感知力的潜在益处，还承认了参与者可能感到任务枯燥。结果表明，自主支持行为越多，人们在外部动机方面就越能够自我决定。

在训练情境中，教练员需要阐明其总体策略，并且要承认运动员可能对某些规则或要求心怀不满，以此来激发运动员内在的和自我决定的外在动机。例如，在高强度训练中，运动员可能会感到身体疲劳或者不适。教练员可以通过承认这些感受来帮助运动员克服困难完成训练计划。例如，教练员可以说："我知道今天的训练对你来说非常辛苦，但正是这种挑战性训练才能帮助你提升水平。我相信你有能力坚持下来，完成今天的训练任务。"

（四）为运动员提供主动和独立工作的机会

如果教练员只告诉运动员做什么以及如何做，并要求运动员严格执行训练任务，但不给运动员提供主动和独立工作的机会，会损害运动员的内部动机。一项研究要求参与者在自主支持型或控制型的条件下解决分析推理问题（Boggiano et al.，1993）。在自主支持的条件下，老师建议有助于解决问题的策略，但鼓励学生使用自己选择的策略；在控制条件下，老师告诉学生，他们所学的策略将确保更好的表现。结果表明，在自主支持的条件下，学生在分析问题上的表现优于控制条件下的学生。

在训练情境中，教练员需要认识到，强迫运动员遵循指导，即使指导确实能够提高运动员的技能水平，也会削弱运动员的内在动机。教练员仍然需要在指导的基础上允许运动员有机会进行自我发起的行为。例如，教练员可以引导运动员根据自身的情况和能力，设定个人目标，而不是完全依赖教练员的指令。例如，教练员可以让运动员设定一个目标，如提高某项技能的熟练度或在训练中实现特定的表现标准，然后鼓励运动员自己规划达成目标的策略。教练员也可以安排一个灵活的时间，让运动员自主训练对自己有帮助的训练项目，如在集体训练结束后安排半个小时的自主训练时间。

第二节 执教风格的心理前因与心理结果

了解哪些因素会影响到教练员使用特定的执教风格，以及这种执教风格会对哪些心理因素产生影响，对于改善教练员的执教风格，提高执教水平非常重要。本节将重点介绍执教风格的心理前因与心理结果。

执教风格的心理前因包括教练员感知的工作压力（负面）、教练员自主取向的感知（正面）、教练员的个性和经验、教练员对运动员动机和行为的看法。执教风格的心理结果包括运动员的动机（内部动机、外部动机、无动机）、运动员的运动表现和运动成绩、运动员的基本心理需求（自主性、能力和关系需求）、运动员的身体和心理健康（过度训练和倦怠的感觉、身体形象问题和饮食紊乱等）、运动员的心理健康状况［心理健康（well-being）和心理健康不良（ill-being）］（图3-2）。

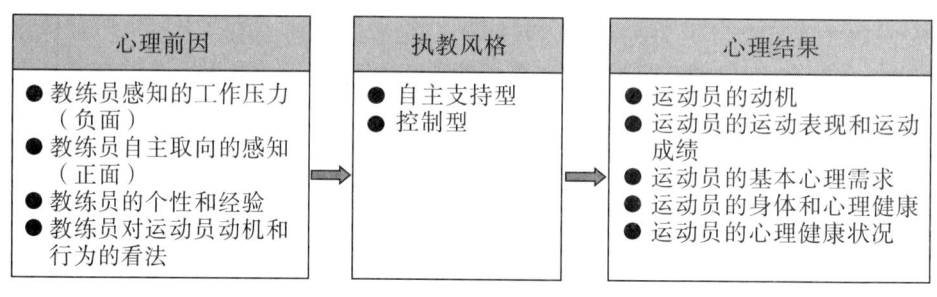

图3-2 执教风格的心理前因与心理结果

一、执教风格的心理前因

当前竞技环境过分强调运动员的运动表现和运动成绩，网络上充斥着出场运动员必须拿金牌，以及教练员与运动员绑定或是教练员与运动员疑似不和的言论。教练员不仅要面对沉重的社会压力，更要对运动员的行为和结果负责（Reeve，2009），因此教练员感知的工作压力使得教练员在与运动员互动的过程中更倾向于采用控制型的执教风格。

教练员对自主取向的感知影响着教练员执教风格的选择（Ntoumanis，Taylor &

Standage，2010）。体育界常有人认为，控制型的教练员比自主支持型的教练员有能力（Reeve，2009）；与运动员面对的权威人士类似，教练员也要面对权威人士的控制和责备行为，控制行为是强迫教练员完成特定的高标准目标（Coatsworth & Conroy，2009）；责备行为是因为运动员的行为结果责备教练员，最终诱导教练员对运动员进行控制（Vansteenkiste et al.，2009）；因此，当教练员在整体的教练氛围中感知的自主取向较低时，他更倾向于对运动员采用控制型执教风格。

教练员的个性和经验影响着教练员执教风格的选择（Bartholomew et al.，2010）。有部分教练员具有控制型风格的个性倾向，教练员在与他人（运动员或其他教练员等）的互动过程中采取的一直是控制型执教风格；还有部分教练员认为对运动员使用控制策略比使用自主策略更有效（Reeve，2009），这类教练员有更多地从控制型执教风格取得成功的经验或者因错误使用自主性的方法导致失败的案例，即相比于在互动过程中给予运动员更多的自主性，直接采取控制行为更有利于运动员运动技术的发展和运动技能的发挥。因此，有控制型风格个性的教练员或者有控制型执教风格成功经验的教练员会更多地与运动员进行控制型互动，形成控制型执教风格。

运动员的动机水平会影响教练员的执教风格，即教练员对运动员动机和行为的看法或期望决定了前者使用何种执教风格。例如，教练员认为自我决定能力低的运动员可能接受的适应性策略较少，需要采取更少的自主性来应对，这种情况下教练员就会采取控制型执教风格。或者当一些运动员表现出缺乏运动或技能的相关经验时，教练员可能会误认为这些运动员更喜欢被指导要做什么，如何进行训练，而不重视他们的选择和个人意志（Pelletier et al.，2002）。因此当运动员的动机较低或者运动员的行为表现出缺乏经验时，教练员会变得更具有控制性。

综合教练员执教风格的心理前因变量的研究，教练员与运动员的互动环境、教练员自身以及教练员互动的对象（即运动员或者权威人士）共同决定了教练员执教风格的选择（Ntoumanis，Taylor & Standage，2010）。

二、执教风格对心理结果的影响

教练员的执教风格在运动员的动机、运动表现以及运动员在体育环境中的心理体验质量方面（运动员的基本心理需求和身体、心理健康）发挥着重要作用（Reeve，2009）。

（一）自主支持型执教风格对运动员心理需求和动机的影响

教练员的自主支持行为与自主动机包括内在动机、整合动机和认同调节具有较强的正相关性，相比之下，除了内摄调节外，教练员的自主支持行为与控制动机之间的相关关系接近于零或不显著，与无动机存在微弱的负相关关系（Mossman et al.，2024）。

自主支持型执教风格与基本心理需求（包括运动员的自主性和归属感需求）的满足之间具有强烈的正相关关系，而与能力满足感的相关性则处于中等偏上范围。相比之下，自主性、能力和归属感阻滞与之存在中等到强烈的负相关关系（Mossman et al.，2024）。

（二）自主支持型执教风格对心理健康与心理健康不良及运动表现的影响

教练员的自主支持行为与运动员总体幸福感、积极情绪和主观活力等指标显示出很

强的正相关关系，而与生活满意度和自尊则显示出中等程度的正相关关系；相反，教练员的自主支持行为与除总体不适感和焦虑外的所有不适感指标之间存在中等程度的负相关关系，而与总体心理健康不良和焦虑则表现出较小的负相关效应。总体而言，与心理健康指标的相关性通常强于与心理健康不良指标的相关性。自主支持行为对于运动员的表现，包括投入度、努力程度、团队合作和身体活动等具有中等到强烈的正相关关系，与运动员表现之间的关联则处于较小的范围内（Mossman et al., 2024）。

（三）控制型执教方式对心理结果的影响

控制型执教风格可能在短期内获得期望的行为和表现结果，但从长远看，这类方法最终可能会阻碍运动员的内在动机、自我调节能力和幸福感。

1. 有形奖励

有形奖励（tangible rewards），如金钱和奖牌等，往往会削弱内部动机，尤其是当任务本身已经具有内在吸引力时，这种负面效应更加显著。在运动情景中，体育活动本身就蕴含着内在的回报，如个人成就感、乐趣和享受等。然而，当教练员将有形奖励作为促使运动员达成期望目标的手段时，这种外部奖励往往会削弱运动员对运动本身的内在兴趣和动力。过度强调奖励的教练员可能会导致运动员将注意力集中在外在奖励上，忽视了参与体育活动的内在满足感，也减弱了最初吸引其投身运动的内在动力。

2. 控制性反馈

反馈不仅包含关于能力的信息性成分，还可能具有控制性的一面，传达出对个人行为的期望与愿望，从而促使个体重复或改变其行为。例如，当教练员说"做得不错，希望你下次也能做得这么好"时，这句话不仅体现了对运动员当前表现的肯定，同时也暗含了对其未来行为的期望。这种反馈中包含的期望可能给运动员带来压力，迫使运动员在今后的表现中迎合教练员的期望，而非基于其内在兴趣和动力。这种情况可能导致运动员仅仅为了取悦教练员而选择那些曾被表扬过的行为，从而削弱了其参与运动的内在动机。

此外，批评，尤其是"贴标签"式的否定性批评，会对内在动机产生更为显著的负面影响。比如，教练员如果对运动员所犯的某个错误进行直接否定，并将其标签化为"你就是太笨"或"你总是这样"，这种批评不仅令运动员感到挫败，还可能导致其对自己的能力产生怀疑，从而降低自信心。更重要的是，这种批评可能使运动员将注意力集中在避免失败和迎合外部期望上，而非专注于自身的成长和享受运动的过程。

3. 过度个人控制

过度个人控制是指教练员以命令、监督的形式迫使运动员遵循教练员认为正确的价值观或行为方式行事。例如，"你按我说的做就能拿成绩"是典型的过度个人控制。教练员的过度个人控制表现为全面控制和监督训练过程、过度侵入运动员生活等。这会破坏运动员的内在动机，导致其心理需求阻滞，甚至产生严重的心理健康问题。

4. 威迫行为

威迫是指展示权力的压制策略，如言语辱骂、大声叫嚷、使用和威胁实施体罚，以及对个人发起旨在羞辱和贬低的攻击。在体育领域，教练员可能会采用诸如恐吓、制造恐惧和/或对运动员大喊大叫等心理策略来激励运动员取得更高水平的表现。这种控制型执教方式会导致运动员在比赛中体验到更高水平的竞赛焦虑，长期可能引发心理健康问题。

5. 自我卷入

自我卷入指的是通过与他人比较来评估自己的能力和表现，而非依据自我参照标准。当自我卷入时，个人认为自己的自我价值取决于与他人比较的结果，其自尊心会不断受到威胁，行为动机在于保护或提升自尊水平。自我卷入会对内在动机产生负面影响，对自尊水平的降低、饮食失调和抑郁的发展有显著影响。

6. 条件性关注

有条件的关注指的是处于权威地位的人在下属表现出期望的特质或行为时给予关爱、关注和喜爱（积极关注），而在下属缺乏这些特质和行为时则不给予关爱、关注和喜爱（消极关注）。在体育领域，条件性关注可能表现为当运动员输掉比赛后教练员对他们表现出完全的冷漠，以期提高运动员未来的努力，并督促他们取得更高的成绩。教练员也可能使用带有负面情绪的表达（如"你真的让我失望了"）以及其他引发内疚感的陈述，来表达他们的失望，并在运动员未表现出期望的行为时收回关爱。教练员的消极关注会使运动员产生内疚感或导致其自我价值感降低。

本章要点

1. 执教风格是指教练员在与运动员互动过程中表现出来的，具有一定的内部一致性和稳定性的观念、态度与方式。

2. 自主支持意味着教练员站在运动员的角度承认运动员的感受，即将运动员视为有能力的个体，并为运动员从行动、决策和监督的角度提供相关的信息与选择的机会。采用自主支持型执教风格的教练员会为运动员创造条件，使运动员体验到自主性、能力和关系上的满足感。

3. 控制被定义为以特定形式思考，忽视他人的需要和感受，即教练员忽略运动员有独立思考的意志，使用处于权威性地位的特权迫使运动员服从命令，并将自己的意志强加给运动员，无视或者不听取运动员的意见和建议。采用控制型执教风格的教练员采用一种强制和施压的方式，让运动员感到自主性、能力和关系需求受到了阻滞。

4. 渐进式执教风格模型将教练员执教风格分为自主支持型执教风格、控制型执教风格、结构型执教风格和混乱型执教风格，而这四种教练员执教风格可以细分为八种更具体的风格，即参与、认可、指导、澄清、苛求、专横、放弃和等待。

5. 执教风格的心理前因包括教练员感知的工作压力、教练员自主取向的感知、教练员的个性和经验、教练员对运动员动机和行为的看法。

6. 执教风格的心理结果包括运动员的动机、运动员的运动表现和运动成绩、运动员的基本心理需求、运动员的身体和心理健康、运动员的心理健康状态。

本章思考题

1. 思考国内外教练员执教风格的异同点。
2. 举例说明如何营造自主支持型执教氛围。
3. 控制型执教风格有哪些弊端?

第四章　运动员的人格

美国职业网球运动员安德烈·阿加西，幼年就在严厉的父亲安排下开始网球训练，父亲告诉他，如果每天击球 2500 次，每周就会击球 17500 次，这样一年结束时，击球的次数就将接近 100 万。于是他不停地打球，不停地击球，每个早上，每天下午。在这样的环境中，安德烈很小就表现出完美主义的特征。他在自传《上场》中写道：我会为精妙绝伦的一击而欣喜，那是我唯一的平静时刻。只有当我完美地完成某事时，才能享受到片刻的清醒和平静。

这种对完美和细节的追求，深深融入了他的日常生活和职业生涯。他总是把网球包收拾得整齐，把 8 把球拍严格按照时间顺序排列在球包里，最新穿线的球拍放在最底下，穿线最久的球拍放在最上面。他对自己的球包了如指掌，自信地认为即便有人悄悄往包里塞双袜子，他也能察觉。在赛场上，这一特征推动着他不停地追求胜利。在伤痛缠身的职业晚期，安德烈不顾止痛剂对肝脏的副作用，一年内打了 3 针可的松止痛剂，当药效过去后，为完成比赛，他又一次性吞下 8 片镇痛药。极致的追求完美，让他在 21 年的职业生涯中拿到了 8 次大满贯冠军，成为男子网坛第一位金满贯选手。

通过这个案例可以看出，运动员的人格对其训练和比赛结果影响深远，同时人格与环境也存在交互作用。安德烈·阿加西的完美主义人格驱使他不断追求卓越，从日常训练中的细节把控到赛场上的极致表现，这种人格特质贯穿了他的整个职业生涯。正是这种人格特质，使他在 21 年的职业生涯中取得了辉煌的成就。与此同时，安德烈的人格特质与他所处的环境密不可分。父亲从小对他进行严格的训练，制订了高强度的训练计划，这种环境强化了他的完美主义倾向，而他逐渐内化了这种高标准，并将其转化为自我要求。这种人格与环境的交互作用，不仅塑造了他的职业态度，也影响了他的行为模式和应对挑战的方式。

可见，运动员的人格不仅直接影响其训练和比赛结果，还会与环境相互作用，进一步强化或改变其行为模式。理解这种交互作用，有助于我们更全面地认识运动员表现背后的心理机制，为运动员的训练和比赛提供更有针对性的支持。

第一节 人格概述

一、人格的概念

人格（personality）一词来源于面具（persona）。古希腊和古罗马的演员在演出时会戴上不同的面具，在舞台上的演员所表现的行为要与所扮演的角色相称，面具规定和限制了演员的行为。类似地，中国京剧的脸谱也展现了不同的人物性格，观众从演员的脸谱上就可以知道他所扮演的是什么角色。

经过概念的不断发展和丰富，现在所谈论的人格，不仅仅指一个人戴上面具或脸谱后的角色，还包括他卸下面具之后的本来面目。综合国内外的观点，人格可以被定义为：在遗传和环境的交互作用下，个体所具有的典型而独特的心理品质组合系统（许燕，2017）。

人格在社会科学的不同领域中被广泛使用。例如，在教育学中，人格发展被视为教育过程的核心组成部分，学者们尤其关注青少年的性格培养、情感发展以及社会适应能力的提升；在社会学中，人格被视为社会角色和行为的内在基础，学者们深入探究人格如何影响个体在社会结构中的行为表现；在心理学中，无论是运动心理学还是临床心理学等分支，学者们都对人格进行了深入而系统的研究。例如，运动员的人格特质与压力应对之间的关系一直是运动心理学中的热点主题。

在日常生活中，人们容易将人格与一些类似的概念混淆，如个性（individual difference）和性格（character）。有观点认为，人格、个性和性格是可以替换使用的同义词，而也有学者认为，三者是含义不同的概念，需要加以区分（许燕，2017）。

相较于个性，人格的概念展现出更为深远且宽广的边界。人格研究不仅探讨个体在行为、情感和思维等多元化层面上的独特展示，而且深入挖掘这些多维特性的相互关系及其对个人行为模式的持续影响，从而揭示个体间差异的深层根源。相较之下，个性更多地聚焦于这些差异性的外在表现形式。

性格，可以被看作是人格的组成部分。通常认为，性格和气质共同构成了人格的重要内容：前者反映了个体在社会化过程中形成的独特风貌，即社会成分；而后者则主要体现了个体与生俱来的心理特征，即遗传或先天成分。

二、人格的特性

人格是个体在与自然和社会环境交互作用下逐渐形成的一组特征，这些特征的组合是一个系统。通常认为，人格具有以下基本特性：独特性、稳定性、统合性和功能性。

（一）人格的独特性

作为人格最为显著的特征，独特性（uniqueness）彰显了每个个体的不可替代性。正如世间没有两片完全相同的树叶，人类社会中亦不存在两个人具有完全相同的人格。在观察杰出运动员时，我们发现他们各自具有典型的人格光辉：乒乓球巨星马龙以其在赛场的沉稳冷静著称，而足球界的克里斯蒂亚诺·罗纳尔多则以其卓越的自律精神闻名遐迩。人格的独特性是在遗传、成长、环境和教育等多种因素的交互作用下形成的。它不仅赋予了个体鲜明的个性色彩，还使得每个人都能以独特的方式在世界上留下自己的印记。

然而，人格的独特性并不排斥共同性的存在，这种共同性体现在不同群体所共有的某些人格特征上。例如，在高水平运动员这一群体中，我们可以观察到他们共同拥有的一些人格特质，如坚韧不拔的意志力、对胜利的渴望以及面对挑战时的无畏精神。这些共同特征不仅是他们成功的基石，也是该群体共有的精神财富。

（二）人格的稳定性

唯有那些具有稳定性（stability）的心理品质才能成为人格的组成元素，人格特征就是一个人经常表现出来的稳定的心理与行为特点。

首先，从形成角度看，人格具有高度的稳定性。一旦某种人格特质在个体内部确立，它便倾向于保持相对固定，不轻易受外界因素的影响，即所谓的"江山易改，本性难移"。这种稳定性是人格特质的核心属性之一，也是个体行为一致性和心理连续性的重要保障。

其次，从表达层面看，人格特征同样展现出跨时空和跨情境的恒定性。无论个体处于何种环境或面对何种情境，其人格特质都会以相对一致的方式表现出来，使得个体的行为和心理反应具有可预测性。这种稳定性不仅有助于个体在社会交往中建立稳定的自我形象，也有助于他人对个体形成稳定的认知和评价。

然而，需要强调的是，人格的稳定性并不意味着其完全不可变。在特定条件下，如经历重大生活事件或接受心理治疗等，个体的人格特征有可能在一定程度上发生改变。值得注意的是，这种改变往往发生在人格的外围层面，而越是接近人格内核的特质（如焦虑特质等）改变的可能性就越小。

（三）人格的统合性

个体的人格体系是一个错综复杂的综合体，其内部元素并非无序堆砌，而是遵循特定的逻辑与规则，彼此间有机地交织融合。人格的统合性（integration）正展现为这样一种能力——将多样化的人格成分整合于一个协调统一的关系网络之中。

评估健康人格的一个重要指标便是不同人格成分间的良好匹配度与和谐共存状态。通常，心理健康的个体展现出统一且连贯的人格特征，这种内在的一致性对于维护心理稳定至关重要。一旦这种内在同一性受到侵蚀，便可能引发深刻的心理冲突，导致个体出现各种适应困难，极端情况下甚至可能诱发人格分裂。因此，保持人格的统合性对于个体的心理健康与良好社会功能具有不可忽视的作用。

（四）人格的功能性

人格的功能性（function）具体表现为它对个体思维方式和行为习惯的深刻塑造，是驱动个体行为表现的内在核心机制。人格决定了个体在面对挑战时的应对策略、做出决策的逻辑过程，以及在不同环境中所展现出的个性化行为模式。

例如，追求卓越、勇于拼搏的人格特征，会让运动员在日常训练中展现出非凡的毅力和自律，他们不畏艰辛，持续挑战自我极限，不断提升技能水平。这种人格特征同样会激励着运动员在赛场上无畏前行，即使面对逆境和强大的对手，也能保持冷静和坚定信念，勇于突破重围，不断超越自我，最终攀上运动生涯的巅峰。

第二节 人格的理论与测量

一、人格的经典理论

（一）精神分析理论

人格理论的起源可追溯至精神分析学派（psychoanalysis）的奠基人西格蒙德·弗洛伊德（Sigmund Freud）。弗洛伊德及其追随者不仅初步构建了人格理论的基本框架，还为后续人格心理学理论的蓬勃发展奠定了坚实的基础。在这一理论体系中，人格的结构、人格的适应机制以及人格的类型划分等都占据了举足轻重的地位，蕴含着深刻的理论价值与实践意义。

1. **人格的结构**

弗洛伊德将人格的结构分为本我、自我和超我，三者之间彼此联系且相互制约。

本我（id）是人格结构中最为原始且与生俱来的层次，代表了人类最原始、最直接且未经修饰的冲动与欲望。本我遵循"快乐原则"，本能地追求享乐，倾向于逃避一切痛苦与不适，其行为往往围绕着欲望的即时满足而展开，缺乏长远的考虑与约束。这种满足方式常常是非理性的。

自我（ego）是从本我中分化出来的部分，自我在人格结构中扮演着重要的桥梁角色。自我遵循"现实原则"，其主要任务是在个体的本能需要与现实环境之间做协调，它既要满足个体内在的需求与欲望，又要确保这些需求与欲望的满足方式符合外界的规则与限制，从而维护个体的生存与发展。

超我（superego）是人格结构中的最上层，是道德与伦理精神的化身，源于个体将社会的价值观、伦理规范以及崇高理想内化于心后所形成的一种自我约束与指导原则。超我严格遵循"道德原则"，其主要任务是监控并抑制本我中那些可能与社会规范相悖、不被社会所接纳的原始冲动与欲望。超我驱动个体不断地追求更高尚的行为标准与更为完善的自我境界。

在人格的"三我"架构中，超我与本我往往处于对抗状态之中，二者间的对抗看似不可调和，实则正是人格成长与成熟的催化剂。自我，作为这一动态平衡中的关键调节者，其力量与灵活性对于维持人格结构的稳定不可或缺。在健康的人格体系中，自我能够敏锐地感知并有效应对超我与本我之间的冲突，在二者之间架起一座桥梁，确保人格内部的和谐统一。然而，当超我与本我的冲突变得异常激烈，且自我无法充分发挥其调节功能时，人格结构便可能陷入失衡状态。这种失衡不仅会影响个体的情绪稳定与心理健康，还可能进一步引发各种心理障碍，如焦虑、抑郁或强迫症等。

弗洛伊德认为，在人格的"三我"结构中，当自我无法协调本我和超我之间的矛盾时，人格不适应的状况就会出现，其主要表现为焦虑。为了减轻焦虑，自我发展出了一系列的应对方式，称为防御机制（defense mechanisms）。常见的防御机制包括压抑、否认、反向形成、投射、合理化、退行、转移和升华等。

人格的"三我"结构无疑是经典精神分析理论的基石，而新精神分析理论的学者们在对其的继承与发展中，更加倾向于将人格视为一个复杂而统一的整体，尤其强调了自我作为人格核心的重要性。在这一背景下，卡伦·霍尼（Karen Horney）提出，人格是完整且动态的自我，可以细分为三种形态：现实自我、真实自我和理想自我。

现实自我（actual self）是指个体在当前环境中，通过自身行为与外界互动时所展现出来的自我形象，是他人能够直接观察并感知到的客观存在。

真实自我（real self）是指个体内心深处最本质和最真实的需求、愿望与情感的总和，是个体在不受外界干扰下，对自己最纯粹、最深刻的认知与体验。真实自我是个体发展的核心动力，它驱动着个体追求自我实现与内心满足。支持性的成长环境可以促进真实自我的发展，塑造健全人格；而不适宜的成长环境会导致真实自我的压抑，可能引发自卑等消极心理。

理想自我（ideal self）是内心构想中的完美自我意象，代表着个体对自我最理想化状态的追求。当真实自我在成长过程中受到阻碍，未能得到充分发展时，个体往往会感到焦虑与不满。为了缓解这种情绪，个体可能会构建出不切实际的期望，试图获得心理上的满足，并回避因现实与理想之间的差距所产生的冲突与痛苦。这种过度依赖理想自我来回避现实问题的做法，可能会使个体陷入虚幻的满足之中，忽视了真实自我的需求与成长。

2. 人格的类型

人格类型的划分是精神分析理论中对人格的重要论述。

卡尔·荣格（Carl Gustav Jung）基于两种倾向和四种心理机能划分了八种人格类型。

一方面，荣格认为心灵结构涵盖了两种基本倾向：外倾（extroversion）和内倾（introversion）。外倾，指个体倾向于将注意力、能量及兴趣导向外部环境，表现为热衷社交活动、性格开朗、善于表达和直率等；内倾，指个体将注意力集中于自我内部的主观世界，偏爱宁静的环境，热衷于思考与内省，展现出对事物进行深刻探索的渴望。这两种倾向并非互斥，任何人都同时具有这两种倾向，只是它们在个体身上展现的程度与侧重各不相同。

另一方面，荣格区分出了四种心理机能：思维（thinking）、情感（feeling）、感觉（sensing）和直觉（intuition）。其中，思维，侧重于客观性和逻辑性，倾向于通过推理和判断来理解世界；情感，反映了人的主观体验和价值判断，涉及对事物的好恶、喜忧等情感反应，强调个人感受和价值观在决策中的重要性；感觉，使人能够直接感知和体验外界的具体信息，关注当前的事实和细节，倾向于依赖直接经验；直觉，超越了感官经验和逻辑推理，能够洞察到潜在的可能性、未来的趋势或深层的意义，而非仅仅关注于眼前的细节或逻辑分析。

将两种倾向和四种心理机能进行组合，可以获得八种人格类型，分别是：①外倾思维型；②外倾情感型；③外倾感觉型；④外倾直觉型；⑤内倾思维型；⑥内倾情感型；⑦内倾感觉型；⑧内倾直觉型。

社会上流行的 MBTI 人格（Myers-Briggs type indicator），正是后人基于荣格的八种人格类型发展而来。

（二）特质理论

1. 人格特质

人格特质理论的先驱是戈登·奥尔波特（Gordon W. Allport）。他认为，特质（trait）是人格的结构单元，它是相对稳定的，可以通过个体的外在行为表现来推测其人格特质。

雷蒙德·卡特尔（Raymond B. Cattell）也在人格特质领域做出了卓越贡献。他将人格特质划分为共同特质（common trait）和个别特质（unique trait）两类。共同特质，指某一特定社会群体内成员所普遍共享的人格特征，体现了群体的共性；个别特质，则强调的是每个人所独有的、与众不同的特征，是人格中最为个性化的部分。在对个别特质的进一步探索中，卡特尔将其细化为表面特质（surface trait）和根源特质（source trait）。表面特质，顾名思义，是较为外显、易于被观察和识别的特质；根源特质则更为深刻，是个体行为的内在根源，一个根源特质能够对若干个表面特质产生影响。

卡特尔采用因素分析的统计方法，提炼出了 16 种具有普遍性和代表性的根源特质，分别为乐群性、聪慧性、稳定性、恃强性、兴奋性、有恒性、敢为性、敏感性、怀疑性、幻想性、世故性、忧虑性、实验性、独立性、自律性和紧张性。每一种特质都深刻影响着个体的行为模式和心理状态，在此基础上，卡特尔设计出了著名的 16 种人格因素问卷（16 personality factors questionnaire，16PF）。

2. 人格维度

卡特尔提取出了 16 种人格的根源特质，但他并未进一步将这些特质归类为更高级别的结构。相比之下，汉斯·艾森克（Hans J. Eysenck）在人格理论上的贡献则侧重于维度的提取与整合，他提出了著名的人格三维度模型。

艾森克的人格三维度模型包括外倾性（extraversion）、神经质（neuroticism）和精神质（psychoticism）。外倾性，描述了个体的社交活跃程度以及寻求刺激和冒险的倾向，在这一维度上得分较高的个体往往表现为开朗、活跃，有广泛的社交互动；神经质，关注个体情绪稳定性的差异，在这一维度上得分较高的个体通常表现为情绪易变、过度反应等；精神质，涉及一些较为极端或异常的人格特征，在此维度上得分较高的个体通常是自我中心的、有攻击性的和缺乏同情心的。

3. 大五人格理论

在众多的人格理论流派中，大五人格理论（the big five personality theory）无疑是当代最受瞩目的框架之一。在词汇学研究取向下，不少学者尝试通过分类描述人类行为的形容词来界定人格特征，例如，戈登·奥尔波特（Gordon Allport）曾经列举了 4000 个词汇来描述人格特质。经过来自不同国家的学者们的大量工作，大五人格理论逐渐成形。

大五人格理论将人格划分为下述五个基本因素。

（1）开放性（openness），也称为求新性，高开放性个体通常想象力丰富，富有创造力，乐于尝试并享受新奇事物。

（2）尽责性（conscientiousness），是评估组织能力、控制能力的指标，表现为有条理、有计划、组织能力强、做事严谨和追求卓越等。

（3）外倾性（extraversion），衡量的是个体心理活动的外向程度，表现为善于社交、充满活力、寻求刺激以及乐于成为群体中心的特点。

（4）宜人性（agreeableness），是人际互动的特征，表现为友善、合作、责任感以及对他人的信任与宽容等。

（5）神经质（neuroticism），也称为情绪稳定性，高神经质个体更容易体验到焦虑、抑郁等负面情绪，且情绪恢复较慢。

五个因素的首字母缩写组成了OCEAN，即"海洋"，因此大五人格因素也被称为"人格的海洋"。人格丰富而多样，就像浩瀚无垠的海洋一样，既广阔又深邃。

大五人格理论深刻而系统地将人格划分为五个核心维度，不仅深化了人们对个体心理特征的理解，也为心理学研究、个性评估、职业发展指导等多个领域提供了强有力的理论支撑和实践指导。

（三）情境交互作用理论

人格作为个体内在的稳定心理特征与行为倾向，无疑是影响个体行为的关键因素之一。然而，情境作为外在环境条件的总和，同样对个体行为有着不可忽视的影响。有学者曾经提出过这样的问题："决定行为的究竟是人格还是情境？个体这样做是因为所处的情境使然，还是因为你就是这样一种人呢？"（姜永志，2013）

针对这一系列问题的解读，目前认可度较高的综合性理论框架是情境交互作用理论（person-context interaction theory），它突破了传统单一因素决定论的局限，强调人格特质与情境因素在决定个体行为中的相互作用和动态平衡。该理论认为，心理事件的意义只有在个体与环境（包括他人、物理环境及具体事件）的交互作用中才得以显现（姜永志，2013）。换言之，个体行为是人格特质与情境因素相互交织、共同作用的结果，两者在相互适应与调整的过程中共同塑造了行为的多样性和复杂性。

大量的实证调查已经验证了人格与环境特征对个体行为的交互影响，如邓林园等（2014）、周浩和龙立荣（2017）。然而，尽管情境交互作用理论在多个领域得到了广泛应用和验证，其在体育运动领域的相关研究仍显不足。体育运动作为一个高度情境化的活动领域，其参与者的行为不仅受到个人人格特质的影响，还深受比赛环境、团队氛围和对手实力等多种情境因素的制约。因此，加强体育运动领域的人格与情境交互作用研究，不仅有助于揭示运动员行为背后的复杂机制，还能为运动训练、比赛策略的制定以及运动员的心理调适提供科学的理论依据和实践指导。

二、人格的测量

不同领域的学者们对人格心理学展开了广泛而深入的研究，并在此基础上开发出了多种类型的人格测量工具，这些工具主要可以归结为投射测验、问卷测验两类。

（1）投射测验，是一种间接评估个体人格特质的方法，通过呈现模糊或具有多重意义的刺激材料（如图画、未完成的句子等），引导被试自由表达自己的想法、感受或联想，从而揭示其深层的心理特征、情感倾向及人格结构。这种方法侧重于个体在无意识层面的反应，能够捕捉到较为隐晦和不易察觉的人格特质。有代表性的投射测验方法包括罗夏墨迹测验和主题统觉测验等。

（2）问卷测验是采用一系列精心设计的问题或陈述，要求被试根据自己的实际情况进行回答或选择，通过统计和分析这些回答来评估个体的人格特征。问卷测验具有操作简便、易于标准化和大规模施测的优点，因此在实践中得到了非常广泛的应用。常见的人格问卷包括"大五人格量表""卡特尔16种人格因素问卷"和"明尼苏达多相人格调查表"（MMPI）等，也有针对具体某种人格特质的专门问卷，如"完美主义量表"等。

第三节　运动领域的人格

一、人格与运动表现

运动心理学的核心目标之一是通过优化心理技能来提升个体的运动表现，而人格与运动表现之间的关系是该领域的重要议题（石岩和周浩，2017；Waleriańczyk & Stolarski，2020）。早期的一篇综述性研究指出，人格特质能够预测运动员的长期成就及短期行为，同时，人格测试能够有效区分运动员与非运动员，以及不同类型的运动员群体（Allen, Greenlees & Jones，2013）。然而，各人格维度在其中的具体影响程度尚未明确。为系统梳理人格特质在运动领域的研究现状，有学者对10本运动心理学领域的国际权威学术期刊（如 *International Journal of Sport and Exercise Psychology*、*International Review of Sport and Exercise Psychology* 等）进行检索，分析了2016年9月之前发表的5152篇相关论文。结果显示，研究者关注度较高的人格特质包括特质焦虑、自我效能感、完美主义、社交身体焦虑和抑郁（Laborde et al.，2019）。这些特质不仅与运动员的心理健康密切相关，还对其运动表现和适应能力有着深远影响。

完美主义（perfectionism）作为运动员群体中的一种特殊且复杂的人格特征，其与个体运动表现的关系受到广泛关注。具有较高完美主义倾向的个体往往会设定极高的自我期望和目标，追求在运动中的完美表现，这种追求可能激励他们投入更多的努力和时间进行训练，不断提升自己的技能水平。有学者（Waleriańczyk & Stolarski，2020）采用"运动员完美主义量表"等对332名长跑运动员和133名马拉松运动员进行了调查。他们发现，在控制了年龄、性别等人口学变量的影响后，完美主义的努力维度能显著预测个体的比赛成绩。也就是说，该维度得分越高，个体的运动表现往往越好。这一研究结果为完美主义对运动员表现具有显著影响的观点提供了实证支持。

然而，完美主义也可能带来负面影响。当运动员过于追求完美，对自己的表现持有不切实际的期望时，他们可能会因为微小的失误或未达到自我设定的标准而感到沮丧、自责甚至焦虑。这种心理状态可能会干扰他们的比赛表现，影响其决策和技术发挥。有学者调查了国内某高校的386名大学生运动员，结果发现，运动员的完美主义与其反复思考、关注错误、知觉父母压力和知觉教练员压力等呈现显著的正相关（张彦和尹少丰，2022）。这表明，拥有高度完美主义特质的大学生运动员更倾向于对自我表现进行深度剖析与严苛评判，他们的注意力更多地聚焦于自身的瑕疵与未尽之处，同时也更为敏锐地感知到来自父母与教练员的殷切期望所施加的无形压力。这种心理状态具有双重效应：一方面，它能激发运动员的潜能，推动其不懈追求训练与竞技的卓越；另一方面，过度的心理负荷与对完美的苛求却可能成为束缚，使运动员在关键时刻因过度焦虑或自我质疑而错失发挥最佳水平的机会。因此，对于教练员、家长以及运动员自身来说，都需要认识到运动员完美主义倾向及其伴生的心理动态。教练员可以通过采取科学合理的干预手段，如心理疏导、压力管理训练及正向激励策略，帮助运动员在保持追求卓越动力的同时，有效调整心态，减轻不必要的心理负担。此举对于促进运动员身心和谐，优化运动员竞技状态，进而提升其整体运动表现而言，具有显著的价值。

二、精英运动员人格分析

在精英运动员的身上，我们可以发现一系列共通的、引人注目的典型特征。

自信人格是运动心理学中探讨精英运动员心理特征的核心维度之一，它对运动员的训练投入、比赛决策及竞技表现有着不可忽视的影响，是理解精英运动员人格构成的重要切入点。有学者针对国内40名女子高尔夫运动员进行了深入研究，其中包括优秀运动员20名（国家一级运动员）和普通运动员20名。对比分析显示：相比于普通运动员，优秀女子高尔夫运动员在自信心和意志品质上的得分更为显著，更为突出（殷怀刚和韩冬，2019）。较高的自信不仅能调动起运动员应对竞赛焦虑的心理资源，还能够确保她们在比赛全程中持续、高效地调控自我与适应环境。同时，优秀的意志品质，以坚定的决断力和不屈不挠的毅力为特点，使运动员在面临抉择时能够迅速而准确地行动，在遭遇挫折时依然能够坚持初衷，最终攀登至竞技巅峰。在2024年巴黎奥运会中，游泳运动员张雨霏在赛后接受媒体采访时说："或许我不能像小潘（潘展乐）一样一鸣惊人，让他们心服口服。但我参加国际大赛基本上没有下过领奖台。希望我的表现让大家认可，中国运动员不是昙花一现，是可以持久的。说不定我能战斗到30多岁，洛杉矶（奥运会）说不定还会看到我呢！"同样，获得"超级全满贯"的乒乓球选手樊振东也分享道："一上来发挥不是特别理想，但我的信心没有动摇过，后面发挥得越来越好。"这些话语中，透露出精英运动员共有的强烈自信，而这正是他们成功背后独特人格特质的鲜明体现。

除了聚焦于单一人格特质，学界也倾向于从综合性理论模型切入，系统解析精英运动员的心理特征。其中，大五人格模型凭借其跨文化的普适性，成为该领域的主流分析框架。有学者对运动心理学权威学术期刊上关于人格特质的研究进行综述，提取出了64种人格特征，且大多数特质都能对应到大五人格的各个维度（Laborde et al., 2019）。有研究者使用"大五人格问卷"调查了从事20种不同个人运动项目（如击剑、举重等）的600名运动员，其中56人曾获冠军头衔，研究结果表明，相较于普通运动员，个人运动项目的冠军在神经质特质上得分较低，而在外倾性、宜人性和尽责性这三个维度上的得分则显著较高（Piepiora, 2021）。

值得注意的是，人格特质并非孤立存在，而是与个体的短期心境状态有动态的交互关系，并共同影响运动表现。心境状态的相关研究也为精英运动员的人格分析提供了重要视角。

运动心理学家摩根（Morgan）的团队使用"心境状态量表"（profile of mood state,

POMS）对不同领域的运动员展开了系列研究。他们发现，精英运动员的紧张、压抑、愤怒、疲劳和慌乱低于正常人的平均水平，而精力则高于平均水平（Morgan et al., 1987）。精英运动员的心境状态剖面图看上去像一座冰山，因此被称为"冰山剖面图"（iceberg profile）（图4-1），而普通运动员的心境状态剖面图则较为平坦（Morgan et al., 1987；祝蓓里，1995）。尽管冰山剖面图在运动心理学领域引发了持续关注，但其预测效度和普适性仍存在争议。罗利等（Rowley et al., 1995）的元分析探讨了33项比较不同竞技水平运动员POMS得分的研究，结果发现，不同水平运动员间的心理状态差异总体效应量仅为0.15，且模型解释的方差变异量不足1%。这表明，冰山剖面图的理论建构可能还需要进一步探索。

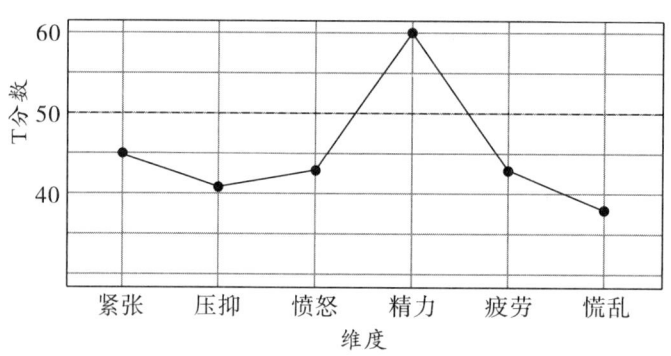

图4-1 冰山剖面图（Morgan et al., 1987）

在当前竞争日趋激烈的体育赛场上，心理因素往往是决定比赛胜负的关键所在。从心理的视角深入探索精英运动员的人格特征，并构建其心理画像，不仅有助于运动员更好地认知自我、调整心态和增强抗压能力，还有利于教练团队制订个性化的训练计划，进一步挖掘运动员的潜力，提升整体竞技水平，进而推动竞技体育事业的持续发展。

本章要点

1. 人格：在遗传和环境的交互作用下，个体所具有的典型而独特的心理品质组合系统。
2. 人格具有的基本特性包括独特性、稳定性、统合性和功能性。
3. 人格的经典理论包括精神分析理论、特质理论和情境交互作用理论。其中，特质理论中的大五人格理论是当前主流的分析框架之一。
4. 人格测量工具主要有投射测验、问卷测验。
5. 人格对运动员的表现具有重要的影响，精英运动员群体存在共通的典型特征。

本章思考题

1. 人格的基本特性有哪几种？
2. 新精神分析流派的霍尼认为人格是完整且动态的自我，她将自我分成哪几种形态？
3. 大五人格理论中的"神经质"因素反映的是人格的什么特征？
4. 相比于普通运动员，精英运动员通常具有哪些人格特征？

第五章　运动中的唤醒与焦虑

赛前紧张是运动员在比赛准备阶段普遍经历的心理状态，既是运动员面对比赛压力的自然反应，同时也是影响其赛场表现的重要因素。运动员在分析自己比赛失常的原因时，最常提到的因素是赛前（或赛中）紧张。然而，当运动员表现出色时，紧张情绪却很少被视为关键因素。实际上，许多运动员即便在紧张状态下，依然能够保持高水平的竞技表现，甚至超常发挥。那么，紧张到底会对运动表现产生怎么样的影响？

紧张是一个广义的概念，为了深入探讨赛前或赛中紧张对运动表现的影响，研究者通常从唤醒和焦虑两个方面进行分析。本章将详细介绍唤醒与焦虑的基本概念、相关理论以及它们对运动表现的影响，以期为运动员提升在紧张情境下的表现提供理论支持。

第一节　唤醒与运动表现

耶基斯和多德森（Yerkes & Dodson，1908）以跳舞老鼠（一种宠物鼠）为实验对象，让老鼠在不同的条件下进行辨别任务，具体是让老鼠学习分辨白色和黑色的盒子。这种任务对于老鼠来说具有一定的难度差异，可通过改变环境条件等因素来调整任务的难度级别。

研究人员以不同强度的电击作为老鼠错误反应的惩罚刺激。电击强度有不同的等级，从轻微电击到较强电击，以此来控制老鼠在完成任务过程中所受到的刺激程度和唤醒水平。例如，在一些实验条件下给予老鼠较弱的电击刺激，而在另一些条件下则给予较强的电击刺激。观察老鼠在不同电击强度下完成任务的表现，包括完成任务的速度、准确率等指标。研究人员会详细记录老鼠在各种实验条件下的行为反应和任务完成情况，并进行数据分析和比较。

耶基斯和多德森发现了在简单任务下（如实验环境中的光照等条件较好时），电击强度越大，老鼠的行为习得效率越高；而当任务较难时（如光照等条件较差时），中等强度的电击引发的老鼠行为表现最佳，轻微或高强度电击引发的行为表现则较差。

耶基斯和多德森的实验为研究唤醒水平如何影响运动表现提供了一个经典框架，并启发了运动心理学领域的大量研究。基于这一实验提出的倒 U 形假说（inverted U hypothesis），是最早阐明唤醒水平与运动表现关系的理论模型，也为之后关于唤醒、焦虑与运动表现的研究奠定了基础。

一、唤醒

唤醒是指有机体总的生理和心理激活状态,其范围处于深度睡眠到极度兴奋的连续体之间(Hardy,1996)。其表现为心跳加快、呼吸急促、血压升高、新陈代谢加快等。例如,当运动员处于睡眠中时唤醒水平较低,而处于重要的比赛情境时唤醒水平则较高。

二、唤醒与运动表现

倒 U 形假说是最早描述唤醒与运动表现关系的模型。这一假说的提出是基于耶基斯和多德森(Yerkes & Dodson,1908)的研究,该研究探索了老鼠在不同刺激情况下的习惯形成情况。研究结果发现,最佳表现应该出现在适度的兴奋水平上。当唤醒接近极端时(一端是昏迷状态,另一端是惊恐发作),表现就会相应下降,唤醒与表现之间的关系类似于倒 U 形(图 5-1)。

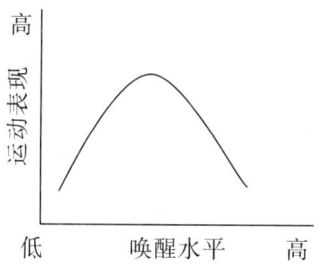

图 5-1　唤醒水平与运动表现的关系

虽然直觉上倒 U 形假说能够解释唤醒与运动表现之间的关系,但直到 2003 年,阿伦特与兰德斯(Arent & Landers,2003)才通过实验研究对该假说提供了部分支持。在压力情境下,104 名大学生参与者在骑自行车测力器时完成一个简单的反应时间任务。参与者被随机分配到 8 个小组(占最大心率储备的 20%～90%)中的一个。结果表明,与其他心理变量(认知焦虑和躯体焦虑)比较,唤醒水平解释了最大比例的方差(13.2%),并且最佳表现出现在最大唤醒的 60% 和 70%(图 5-2)。

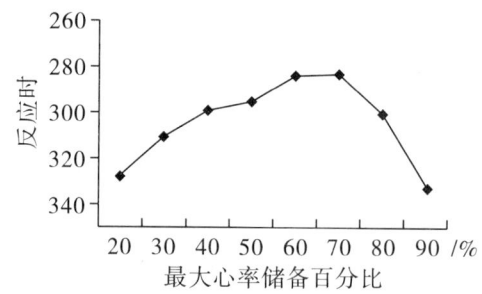

图 5-2　不同最大心率储备百分比对反应时的影响

倒 U 形假说应用于运动心理学领域时,曲线函数可以根据个人特征(即高技能或低技能、外向或内向)和任务类型(即简单或复杂)向左或向右移动。一般认为,所有运动任务,稍高于平均水平的唤醒水平比平均水平或低于平均水平的唤醒更合适;高唤醒水平有利于提高耐力、力量和速度性运动项目的运动表现；但高唤醒水平对复杂运动任务、精细肌肉活动及要求协调性、稳定性和一般注意力的活动会产生干扰（Oxendine，1970）。

三、实践应用

根据倒 U 形假说，唤醒水平与运动表现之间是倒 U 形关系，也就是说当运动员的唤醒水平没有超过临界点时，对运动表现是具有促进作用的。因为，唤醒水平提高意味着对身体机能的调动程度提高，包括跳得更高、注意力更集中等。当运动员只是感受并接受，而不是回避这种状态，唤醒水平提高就是运动表现的促进因素。

第二节 多维度焦虑理论

一名电子竞技团体项目（5 vs. 5）的选手，在训练赛的时候表现总是很好，很敢打，有很多精彩的操作和表现，但在重要比赛的时候却表现失常。

他觉得比赛非常重要，如果获胜，就可以拿到超级联赛的名额，可以名利兼收，甚至有机会得到百万元年薪等；一旦输掉，就会丧失超级联赛的名额，可能会直接被解约失业，坠入万丈深渊。他认为，名额对于他来说非常重要，是人生的分水岭，因此他非常怕输掉比赛，会想特别多。而在平时训练赛中，他当感觉可以开团（施放技能）的时候，就会立刻开团，比赛的时候，则会思来想去，不敢开团，错过最佳时机，也就是队友说的不敢打。另外技能也会空掉（没有施放到预期目标上）很多。

他表示在关键比赛中进入游戏以后，感受和平时不一样，心跳加快，像是进了一个新的游戏，虽然设备跟平时训练的时候是完全一样的，但是他仍感觉非常的陌生，甚至整个游戏地图的颜色，都觉得跟平时不一样。

谈到对后面关键局中自己表现的预期，他表现出很大的不确定，很怕会再发挥不好，而且时常感觉会发挥不好。想到后面要打另外一个全国赛道抢夺超级联赛的名额（这是最后的机会，而且竞争压力更大），他会有点想要退缩，不知道自己能不能打好。

这一案例描述了运动员赛前的状态焦虑，本节中的多维焦虑理论有助于分析该案例。本节将介绍焦虑的概念、焦虑的类型、多维焦虑理论以及该理论在实践中的应用。

一、焦虑的概念

焦虑是以担心、担忧和不确定的想法与感觉为主要特点的条件性激活状态（Martens，1990）。焦虑可以分为特质焦虑和状态焦虑。特质焦虑是一种稳定人格特质，在不同情境中都具有一致的焦虑水平。例如，某运动员不管在日常生活中还是不同的比赛中都有较高的焦虑反应，说明这名运动员的特质焦虑水平较高。状态焦虑是特定情境中的焦虑状态。例如，某运动员在与比自己水平低的对手比赛时焦虑水平高，但与比自己水平高的对手比赛时焦虑水平低，说明这名运动员只在与自己水平低的对手比赛时状态焦虑水平较高。

二、认知焦虑与躯体焦虑

状态焦虑又可分为认知焦虑和躯体焦虑。认知焦虑指以担忧为主要特征的认知或想法,如"我担心不能发挥自己的正常水平"。躯体焦虑是指负面的身体感觉,如"我感到手脚冰凉"。

躯体焦虑与唤醒是不同的概念。唤醒是生理反应,而焦虑是情绪。唤醒可以使用心跳、皮电等指标进行评估。例如,当运动员使用心率表检测到心跳为120次/分,代表这名运动员处于较高的唤醒水平。但是,如果这名运动员表述"我的心跳很快",则是该名运动员对心率为120次/分的主观感受,有可能是躯体焦虑。不同的运动员对相同的心率可能会有不同的感觉。例如,一名运动员可能把心率为120次/分的情况评估为心跳很快,但另一名运动员可能把心率为90次/分的情况评估为心跳很快。躯体焦虑是以唤醒为基础进行的主观评价,没有唤醒也就没有躯体焦虑,但需要注意的是,躯体焦虑是对唤醒的负面评价。如果是兴奋、精力充沛等正面评价,不能称为躯体焦虑。

三、多维焦虑理论

多维焦虑理论(Martens,1990)认为,赛前的状态焦虑可以分为认知焦虑、躯体焦虑和状态自信三种维度,不同维度对运动表现具有不同的影响(图5-3)。认知焦虑与运动表现呈负相关,随着认知焦虑水平的提高,运动表现呈下降趋势。躯体焦虑与运动表现呈倒U形关系,躯体焦虑水平提高会促进运动表现提升,但躯体焦虑水平超出中等水平这一临界值,运动表现反而下降。状态自信与运动表现呈正相关,状态自信水平越高越能够促进运动表现提升。

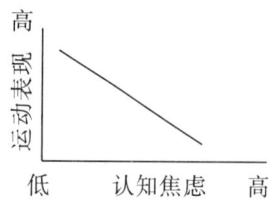
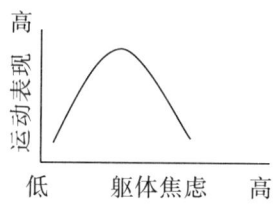
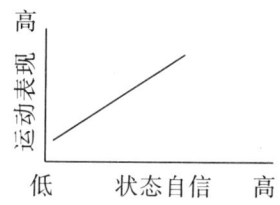

图5-3 认知焦虑、躯体焦虑、状态自信与运动表现的关系

基于多维度焦虑理论,马腾斯等开发了"赛前焦虑量表"(competitive state anxiety inventory-2,CSAI-2)用来评估运动员的赛前焦虑水平。该量表由27个条目组成,分为认知焦虑、躯体焦虑和状态自信三个维度。运动员需要针对每一个条目使用李克特4点评分(从"一点也不"到"正是这样")回答"你现在感觉如何?"。有关认知焦虑的典型描述为"我担心这次比赛",有关躯体焦虑的典型描述为"我感到胃部紧张",有关状态自信的典型描述为"我有信心迎接挑战"。

克拉夫特等(Craft et al.,2003)使用多元元分析技术对1999年10月以前有关焦虑与运动表现的研究进行了元分析,考察不同的运动类型(个人 vs. 团体)、技能类型(开放 vs. 封闭)、技能水平(精英运动员 vs. 俱乐部运动员)、焦虑测量时间(比赛前15分钟以内 vs. 比赛前16分钟以上)中焦虑对运动表现的预测效果。结果表明,状态自信可以正向预测运动表现,但总系数偏低(平均值 $r = 0.25$)。认知焦虑与运动表现之间并不是负相关关系而是趋向于正相关关系，且总的系数接近0。躯体焦虑与运动表现之间无线性相关关系。值得注意的是，尽管总的来说，焦虑与运动表现几乎不相关，但对于开放式项目和个人项目，认知焦虑、躯体焦虑和状态自信仍然与运动表现具有低到中等的相关性。另外，认知焦虑、躯体焦虑与状态自信之间的相关性较高，说明三者可能共同影响运动表现而不是独立地影响运动表现。

四、实践应用

根据多维焦虑理论，认知焦虑与运动表现是负相关关系，说明运动员赛前的担心程度越高，运动表现越差。赛前状态自信与运动表现是正相关关系，说明运动员赛前自信水平越高则运动表现越好。那么，运动员进行赛前心理调节时需要减少因担心而产生的心理负担，同时通过合适的方法提高自信心。

躯体焦虑与运动表现是倒U形关系，说明适宜的躯体焦虑水平有助于运动表现的提高。值得注意的是，躯体焦虑是负面的身体感受，也就是说，当运动员负面的身体感受适中时能够促进运动表现的提高。运动员需要知道，赛前的负面的身体感受并不等同于身体机能下降。例如，当运动员的赛前躯体焦虑体现为"腿沉"时，并不是因为身体机能下降导致的腿沉，当比赛开始时，运动员腿沉的感受可能会完全消失。一个有关躯体焦虑的极端例子是，某太极项目的运动员在全国冠军赛的赛前准备活动时干呕，吐了两次，身体发虚，大量出汗，但在比赛过程中仍然能够高质量完成难度动作，并取得良好的成绩。因此，根据多维焦虑理论，当运动员在赛前存在严重的负面身体感受时，仍然可能促进运动表现的提高。

第三节　突变理论

某位10米气步枪项目运动员，在奥运会之前的世界锦标赛、亚运会比赛中都获得冠军，被认为是里约奥运会的双保险之一。但在2016年8月9日的10米气步枪预赛中却发挥失常，未能进入决赛。

该运动员在该届奥运会的预选赛上仅位列第31名，距离第8名还有5环的差距。该运动员在试射时成绩还可以，但是一进入正式比赛表现就出现大幅度的下降：在第一组射击中，该运动员第一枪只打了9.7环，他的前4发只有40环，第一组只有101.6环。在赛后采访时记者问他："临近奥运会是不是对自己的期望比较高呢？"他说："期望倒还好吧，毕竟自己比较清楚自己的状态，然后赛前也做好了打艰苦战的准备。"

他在采访中说："来之后，技术状态稍微差一点，但来的时候已经调整到一个比较好的状态，然后来这训练几天，调动调动，情绪啊，气氛啊……很想打好。"又说："试射的时候感觉还可以，但是有点小问题，感觉不舒服，也是在调整吧，一边打一边调，记分的时候有点紧张，再加上对自己的动作啊，技术方面……就是一些小问题，一紧张以后，就放大化了。"

记者又问他："今天这个感觉就完全没有了是吗？"他说："感觉不舒服，也是在调整吧……感觉还是有,就是做得不是特别到位吧,稳定性啊,还有力量保持啊之类的(不到位)。"

在这一案例中,为什么运动员的表现会出现大幅度的下降?本节突变理论的相关知识有助于对该案例进行分析。本节将介绍突变理论及其在实践中的应用。

一、突变理论概述

国家手枪队的教练员曾做过一个实验,训练时要求运动员通过跑步提高心率后再进行射击,结果发现,运动员心率提高后的成绩并不会低于其正常水平。然而,同样是这些运动员,在比赛中的发挥普遍低于自己的训练水平。尽管从科学研究的角度看,这个例子并不严谨,但在某种程度上说明,除了唤醒水平对运动表现产生影响外,还有其他的心理因素可能会对运动表现产生影响,如认知焦虑。突变理论就是解释唤醒水平、认知焦虑与运动表现之间关系的理论。

突变理论最初是为了对通常连续的函数中的不连续变化进行建模而发展起来的,哈迪和帕菲特(Hardy & Parfitt,1991)把突变理论引入运动心理学领域,用以解释认知焦虑、唤醒水平和运动表现之间的非线性关系。突变理论假设焦虑反应由认知焦虑和生理唤醒两部分组成。认知焦虑决定了生理唤醒对运动表现的影响:或者小而平稳,或者大而灾难性,或者是介于这两个极端之间。

倒U形假说,假设1为唤醒水平的微小上升或下降将会导致运动成绩的微小上升或下降,假设2为中等程度的唤醒水平可以获得最佳的运动表现。但突变理论却认为,当认知焦虑水平较高时,唤醒水平的微小上升可能会导致运动成绩的微小上升,但当唤醒水平超过临界点时,运动表现并不会平缓地下降,而是会出现突然的下降,称为突变。当运动员的运动表现出现突然的下降后,运动员唤醒水平的微小降低并不能使运动表现回到突变前的水平,运动员若想将运动表现恢复到突变前的水平,在认知焦虑保持不变的情况下,需要大幅度地降低唤醒水平。

为了能够更好地理解突变理论,我们可以在不同认知焦虑水平的情况下分析唤醒水平与运动表现之间的关系。

如图5-4(a)所示,当认知焦虑水平较低时,运动表现与唤醒水平是均匀的倒U形关系。

如图5-4(b)所示,当认知焦虑处于中等水平时,运动表现与唤醒水平呈稍扭曲的倒U形关系。随着唤醒水平的提高,运动表现会相应提高,但当唤醒水平继续提高时,运动表现会出现突然的下降,而不是平滑的下降。运动表现在发生突变后,若要回到突变前的运动表现水平则需要大幅降低唤醒水平。

如图5-4(c)所示,当认知焦虑处于较高水平时,运动表现与唤醒水平呈极度扭曲的倒U形关系。随着唤醒水平的提高,运动表现会相应提高,但当唤醒水平继续提高时,运动表现会出现突然的大幅下降。运动表现在发生突变后,若要回到突变前的运动表现水平则降低唤醒水平的幅度要更大。

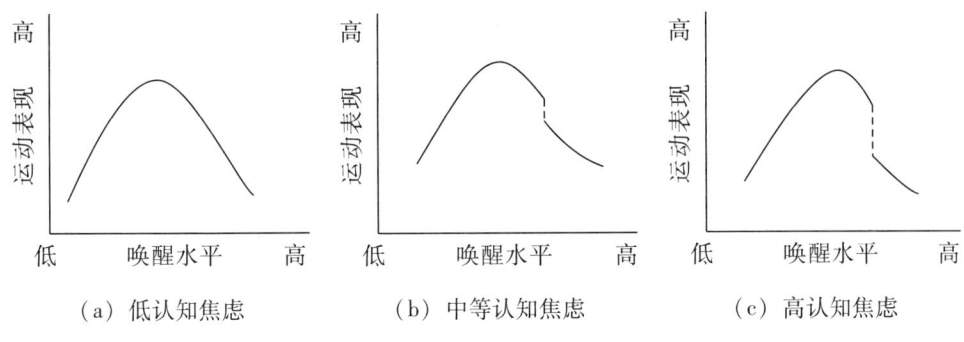

(a) 低认知焦虑　　　　　　(b) 中等认知焦虑　　　　　　(c) 高认知焦虑

图 5-4　不同认知焦虑水平下，唤醒水平与运动表现之间的关系

为了能够直观地理解中等认知焦虑的情况下，唤醒水平与运动表现之间的关系，以及突变理论与倒 U 形假说之间的差异，我们将以一个具体的例子来进行说明（此例子不具有实际意义，只为说明两者的区别）。

例如，根据倒 U 形假说，假设运动员的心率为 100 次/分时，运动表现为 100 分；心率再继续提高到 110 次/分时，运动表现下降到 90 分。但是，根据突变理论，假设运动员的心率为 100 次/分时，运动表现为 100 分；心率再继续提高到 110 次/分时，运动表现则可能会下降到 60 分（表 5-1）。当运动表现出现下降后，根据倒 U 形假说，唤醒水平与运动表现之间是平滑的曲线关系。假设运动员在心率 110 次/分时，运动表现下降到 90 分；那么，若要运动员的运动表现回到 100 分，只需要把心率降低到 100 次/分即可。但是，根据突变理论，假设运动员在心率 110 次/分时，运动表现下降到 60 分；若要运动员的运动表现回到 100 分，则需要大幅降低心率，如降低到 70 次/分。

表 5-1　倒 U 形假说与突变理论的比较

心率（次/分）	60	70	80	90	100	110	120	130
运动表现分值（倒 U）	60	70	80	90	100	90	80	70
运动表现分值（突变）	60	70	80	90	100	60	50	40

突变模型在一个三维空间中整合了运动表现、认知焦虑和唤醒水平之间的关系（图 5-5）。x 轴代表唤醒水平，y 轴代表认知焦虑，z 轴代表运动表现，x 轴、y 轴、z 轴三者两两垂直。模型中每一个 x 和 y 在成绩表面都有一个与之对应的点，并且这个点高于原点。

在突变模型中，当认知焦虑水平较低时，生理唤醒与运动表现之间是典型的倒 U 形关系，当认知焦虑水平较高时，运动表现会在 x_2 处产生突变，运动表现将会下降到成绩表现较低的位置。如果认知焦虑保持不变，那么要使运动表现回到突变之前的位置，则需要大幅度降低唤醒水平。也就是说，在认知焦虑水平较高的情况下，如果运动表现在 x_2 处发生突变，那么要使运动表现回到突变前的位置，则需要把唤醒水平降低到 x_1 处的水平，认知焦虑水平越高，x_1 和 x_2 之间的距离越大，两者在认知焦虑为 0 时重合为一点。

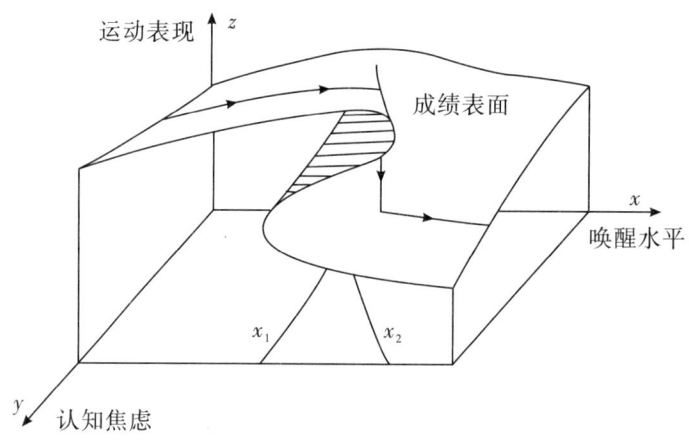

图 5-5　突变模型

在突变模型提出后，哈迪等（Hardy，Parfitt & Pates，1994）对该模型的主要观点进行了检验，结果发现，当认知焦虑保持在高水平，然后逐渐提高唤醒水平时，确实观察到运动表现的大幅降低。有研究者（Krane，Joyce & Rafeld，1994）使用躯体焦虑来代替唤醒水平，同样观察到了运动表现的突变现象。

二、实践应用

突变理论强调了认知焦虑对唤醒水平与运动表现之间关系的影响，为实践中分析运动表现下降的原因提供了重要的依据。第一，当认知焦虑较低时，即使唤醒水平较高，运动表现也不会出现大幅度的下降。这也是手枪运动员在训练中即使提高心率也不影响运动表现的原因。同时也可以解释，为什么很多运动员在赛前特别紧张却仍然在比赛中可以取得良好的成绩。第二，当认知焦虑水平较高时，高水平的唤醒水平或躯体焦虑会导致运动表现的大幅下降。前面例子中，气步枪运动员之所以在比赛中运动表现下降，可能是因为对环数或比赛结果担忧（认知焦虑），导致了运动员在高唤醒水平或躯体焦虑水平的情况下出现成绩的下降。第三，如果运动员的行为突变已经出现，则需要大幅度地降低唤醒水平或躯体焦虑才能够重新获得高水平的运动表现。很多运动员在比赛过程中出现运动表现下降后，很难再次恢复到突变前的运动水平，这是因为，运动员没有时间或没有条件大幅度降低唤醒水平。

第四节　逆转理论

受疫情影响，2020 年东京奥运会延期一年举行。某运动项目年轻运动员 Z（21 岁）有机会重新参加国家队选拔，与其他运动员共同角逐参加奥运的名额。Z 在多次选拔赛中的关键时刻均有出色表现，从激烈的竞争中脱颖而出，最终得以代表国家队参加奥运会。

对于 Z 来说，能够参加选拔赛是一个意料之外的机会，他并未想过自己能够获得参赛名额。谈到在选拔赛期间的表现时，他提到，他喜欢那种在高压力下紧张、刺激的感受并享受其中，也相信自己在关键时刻会比对手表现得更出色。

然而，在东京奥运会的赛场上，他却没有发挥出自己的正常水平，第一轮资格赛即被淘汰。在赛后总结时，Z提到，在奥运村里，他看到自己的队友获得了奥运会冠军，受到众人的拥戴，自己也想获得奥运会冠军。在比赛当天，他感受到了前所未有的紧张，虽然自己努力控制，但效果并不好，比赛开始后频频出现失误，最终止步于资格赛。

在这个案例中，尽管面临相同的高压力情境，为什么该运动员会有完全不同的表现？本节将介绍逆转理论的相关内容、基于逆转理论的认知干预策略以及逆转理论在实践中的应用。这些关于逆转理论的相关知识有助于对该案例进行分析。

一、逆转理论概述

逆转理论通常被认为是动机、情感和人格的结构现象学理论。结构现象学认为，人类的主观经验存在某些结构或模式，这些结构或模式与动机有关，被称为"元动机"。元动机不是动机，是以不同的方式对动机进行组织或解释的模式化经验。逆转理论提出了八种共四对元动机，分别为有目的的（telic）和超目的的（parpatic）、否定论的（negativistic）和墨守成规的（conformist）、掌控的（mastery）和同情的（sympathy）以及自我取向（autic）和他人取向（alloic）。前四种元动机主要与个体体验唤醒的方式有关，被称为"躯体状态"。其中，有目的和超目的元动机是运动心理学领域主要关注的一对元动机。后四种主要与和他人的互动有关，或者在某些情况下与和物体的互动有关，被称为"交易状态"（transactional state）。每种元动机的核心价值及特点见表5-2。

表5-2　八种元动机状态的核心价值和特点

	元动机状态	核心价值	特点
躯体状态	有目的的	成就	严肃的、目标指向的、未来相关的
	超目的的	愉悦	嬉戏的、感觉指向的、自发的
	否定论的	自由	反抗的、固执的、叛逆的
	墨守成规的	责任	服从的、同意的、合作的
交易状态	掌控的	权力	竞争的、好胜的、坚强的
	同情的	情感	同情的、和谐的、团结的
	自我取向	个人	个人取向、自我相关的
	他人取向	他人	他人取向、他人相关的

二、有目的的/超目的的元动机对唤醒的影响

在特定的情境中，只有一种元动机处于主导地位。正如，当我们看电视时，可能有很多个频道可供选择，但一个时间段内只能观看一个频道。以有目的的/超目的的元动机为例，如果运动员说"明年我的首要任务是赢得金牌，我还没有在奥运会上获得过金牌，

我很想获得奥运会冠军",这说明他有目的的元动机处于主导地位。如果运动员说"我真的很期待和Z的比赛,我喜欢和世界上最好的运动员打比赛,并享受其中",这说明他超目的的元动机处于主导地位。

处于不同主导地位的元动机对唤醒的体验不同(Kerr, 1993)。处于有目的的状态下的运动员更喜欢低的唤醒水平,而处于超目的的状态下的运动员更喜欢高的唤醒水平。处于有目的的元动机状态下的运动员在低唤醒时的体验是放松,在高唤醒时的体验是焦虑;处于超目的的元动机状态下的运动员在低唤醒时的体验是无聊,但高唤醒时的体验是兴奋。换句话说,运动员体验到相同的情绪状态,但其元动机却并不相同(图5-6)。

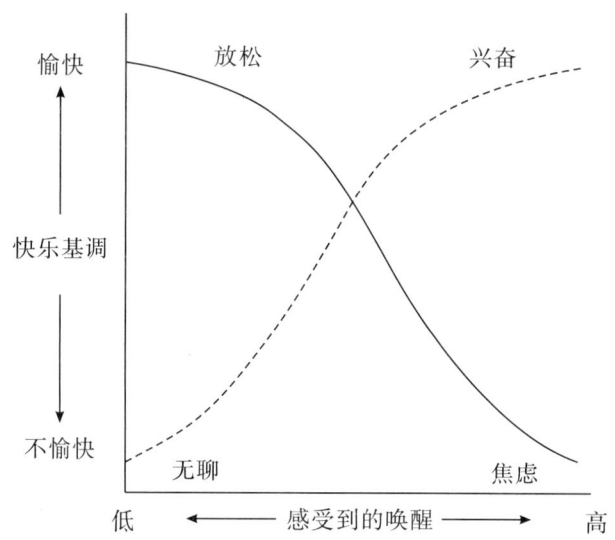

图5-6 处于不同主导地位的元动机对唤醒的体验差异(Kerr, 1993)
(注:实线代表有目的的元动机状态下唤醒与快乐基调的关系,虚线代表超目的的元动机状态下唤醒与快乐基调的关系)

三、影响逆转的因素

尽管某一种元动机占主导地位,但随着时间的推移,人可能会在无意识的情况下从一种元动机状态转换为另一种元动机状态,就像从一个电视频道转换为另一个电视频道。有三种情况会导致成对元动机之间发生逆转。

(1)偶发事件(contingency):个体或环境特征发生改变时会导致元动机反转(Walters Apter & Svebak, 1982)。例如,某武术套路运动员在后场做准备活动。对于这名运动员来说,他对即将到来的比赛并没有成绩方面的期待,只把这场比赛当作难得的锻炼机会。在做准备活动期间,广播中突然播报,本次比赛中央电视台将会现场直播,这名运动员在听到这一消息后,开始对比赛结果有所期待并希望自己能够在比赛中获得好成绩。在这一案例中,作为偶发事件出现的广播导致了运动员从超目的的元动机状态转换为有目的的元动机状态。

(2)挫折(frustration):当个体的需求在一种元动机状态下没有得到满足时,挫折感会加剧,直到出现逆转(Apter, Kerr & Murgatroyd, 1993)。例如,2016年里约奥运会羽毛球男子双打1/4决赛中,中国运动员傅海峰/张楠对阵韩国运动员金基正/金沙朗。

第一局结束后中国队暂时落后。在第二局比赛中，中国队在一度落后的情况下艰难地扳回一局。第三局一开始，韩国队就以比分5：0领先中国队。随后，韩国队进一步扩大了领先优势，以比分10：2领先中国队，直到以比分20：18获得赛点。然而，在多次面临韩国队赛点的情况下，中国队却能逆袭韩国队以比分24：22挺近4强，最终获得奥运会冠军。赛后采访时，记者问傅海峰："'逆袭'是怎么发生的？"傅海峰说："后半段，我就跟张楠说，我们当输着来打吧。"在这一案例中，整场比赛大部分时间，甚至决胜局，中国队都处于比分落后的状态，积累的挫折感突然导致了运动员从有目的的元动机转换为超目的的元动机。

（3）饱和（satiation）：随着个体在一种元动机状态中停留时间的增加，相反状态发生逆转的可能性也会增加（Lafreniere，Cowles & Apter，1988）。饱和可以以睡眠—清醒的循环来类比，一个人在充足的睡眠后会自然醒来。例如，一名网球运动员在训练课上重复着单一枯燥的技术练习，在处于超目的的元动机一段时间后，他会渴望与其他队员进行一场比赛。在这一案例中，持续的技术练习导致的饱和使运动员的元动机发生逆转。

四、基于逆转理论的认知干预

如图5-7所示，根据逆转理论，心理干预有四种可能的选择（Lafreniere，Cowles & Apter，1988）：一是运动员处于有目的的元动机状态下，体验到不愉快的焦虑时，唤醒调节技术（如放松）可以降低运动员的高唤醒水平；二是通过诱导有目的的元动机状态转变为超目的的元动机状态，使运动员将高度唤醒体验转变为愉快的兴奋；三是运动员处于超目的的元动机状态下，体验到不愉快的无聊时，唤醒增强技术可以提高运动员的唤醒水平；四是通过诱导超目的的元动机状态转变为有目的的元动机状态，使运动员将低唤醒体验转变为愉快的放松。

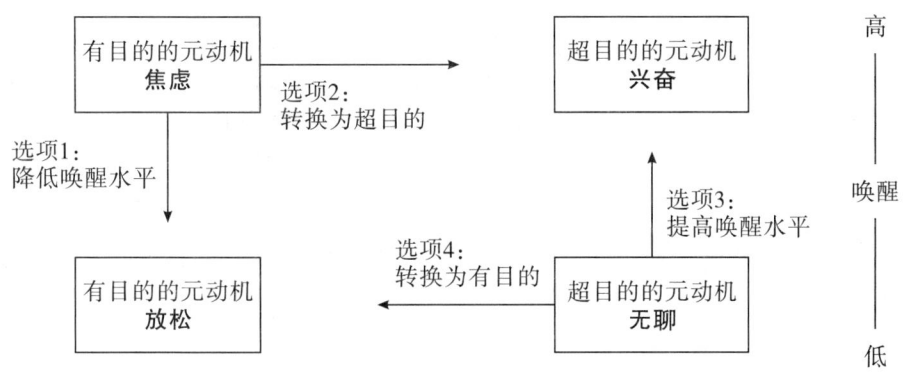

图5-7 影响唤醒的可能选项（Kerr，1993）

五、实践应用

元动机之间的逆转现象普遍存在于比赛过程中。例如，赫德森和沃克（Hudson & Walker，2002）通过对5名高尔夫运动员的调查，确认了运动员在比赛过程中普遍存在有目的的/超目的的元动机状态、元动机状态的逆转及影响逆转的因素。了解不同元动机状态下对唤醒体验的差异，以及导致逆转产生的三种方式，对于理解比赛中的心理过程及指导运动心理实践具有重要的意义。

根据逆转理论,不同的元动机对唤醒的感受不同。因此,在面临重要比赛时,并不是所有运动员都需要降低唤醒水平。对于那些元动机是超目的状态的运动员,高的唤醒水平可能会带来更好的运动表现。对于那些元动机是有目的状态的运动员,则需要使用心理技能降低唤醒水平。

教练员和运动心理学家对运动员进行赛前心理评估时,需要对有目的的元动机给予足够的重视。处于有目的的元动机状态的运动员会在高唤醒时感知为焦虑,而焦虑被认为是影响运动表现的阻碍因素。

教练员和运动心理学工作者需要重视比赛前及比赛中偶发事件、挫折、饱和对元动机逆转的影响。当影响逆转的因素出现时,教练员和运动心理学工作者需要及时对运动员进行干预。

本章要点

1. 唤醒是指有机体总的生理和心理激活状态,其范围处于深度睡眠到极度兴奋的连续体之间。

2. 唤醒水平与运动表现是倒 U 形关系。

3. 焦虑是以担心、担忧和不确定的想法与感觉为主要特点的条件性激活状态。根据多维焦虑理论,认知焦虑与运动表现呈负相关,躯体焦虑与运动表现呈倒 U 形关系,状态自信与运动表现呈正相关。

4. 突变理论假设焦虑反应由认知焦虑和生理唤醒两部分组成。认知焦虑决定了生理唤醒对运动表现的影响:或者小而平稳,或者大而灾难性,或者是介于这两个极端之间。

5. 元动机是以不同的方式对动机进行组织或解释的模式化经验。

6. 处于不同主导地位的元动机对唤醒的体验不同。处于有目的状态下的运动员更喜欢低的唤醒水平,而处于超目的状态下的运动员更喜欢高的唤醒水平。

7. 处于有目的的元动机下的运动员在低唤醒时的体验是放松,在高唤醒时的体验是焦虑;处于超目的的元动机下的运动员在低唤醒时的体验是无聊,但高唤醒时的体验是兴奋。

8. 影响逆转的因素包括偶发事件、挫折、饱和三种。

本章思考题

1. 倒 U 形假说的主要观点是什么?
2. 多维焦虑理论的主要观点是什么?
3. 突变理论的主要观点是什么?
4. 逆转理论的主要观点是什么?

第六章 运动员情绪与情绪调节

2018年9月9日，美国网球公开赛女单决赛中，美国名将小威廉姆斯（以下简称"小威"）以2-6/4-6爆冷不敌20岁的大坂直美，遗憾摘银。

第一局第三盘的大坂直美发球局中，主裁警告小威的教练有场外指导的动作，小威走到场地中间与裁判员理论称："我不是依靠欺骗来赢球的，否则我宁愿输掉比赛。"甚至在中场休息时，小威坚持不接受场外教练的指导，并对裁判员说："你欠我一个道歉！"

第二盘第五局，大坂直美破发将比分追近至2-3，愤怒的小威怒摔球拍，随即主裁第二次向小威提出了警告。小威因两次警告被罚失球1次，这导致大坂直美以15-0开打第六盘。之后小威将比分扳平为3-3。第七盘大坂直美再次破发，小威无法控制自己的情绪，指责主裁是骗子和小偷，偷走了她的胜利，随即收到了第三次警告，被判直接输掉一局，大坂直美以比分5-3领先。

在随后的小威发球局中，她在发球前眼含泪水，虽然完成保发，但大坂直美也在她的发球局中顽强保发并最终夺得冠军。

在这场比赛中，小威的情绪失控无疑是她失利的重要原因之一。事实上，情绪对比赛结果的影响在许多国际赛事中屡见不鲜。本章将介绍情绪的基本概念与理论，探讨情绪与心理结果及运动表现之间的关系，并讨论运动员情绪调节的手段与方法。

第一节 情绪的概述

一、情绪的定义

情绪是指在相对较短的时间内逐渐展开，并对特定的对象、事件或情境作出的反应（Gross，1998）。逐渐展开（unfolding）意味着情绪是动态的、持续变化的过程，而非一瞬间发生的反应。较短时间意味着情绪不同于心境（mood）和情感（affect）。心境是一种更高阶、具有弥散性和持续时间较长的情绪状态，如在一周内感觉情绪低落；情感则是在更长时间内具有情绪倾向的状态，如爱国主义情感。反应包括了主观体验、行为或行动倾向和生理激活模式。

主观体验是指个体在情绪事件期间所意识到的体验。例如，一名排球二传手由于传球失误导致队伍未能晋级，他会体验到对队友的内疚感。行为或行动倾向会调节并激发后续的行为。例如，一名足球运动员多次传球失误后会产生尴尬的情绪，并倾向于避免向队友要球。生理激活模式包括一系列的生理激活。例如，焦虑时心跳加快、害羞时脸红等。

二、与运动表现相关的情绪理论

情绪对运动表现具有重要的影响。在运动心理学领域，除了焦虑影响运动表现的相关理论外，一般情绪与运动表现的相关理论主要包括认知－动机－关系理论（cognitive-motivational-relational theory，CMR）（Lazarus，2000）、运动员挑战与威胁状态理论（theory of challenge and threat states in athletes，TCTSA）（Jones et al.，2009）和个人最佳功能区理论（individual zone of optimal functioning，IZOF）（Khanin，2000）。考虑到个人最佳功能区理论与最佳运动表现的心理特征关系密切，因此，与个人最佳功能区相关的内容将在本书第七章中详细阐述。

（一）认知－动机－关系理论

情绪的认知－动机－关系理论认为，情绪的产生是认知性的、动机性的、相互关系性的。认知性是指对生活适应性境遇的认识和评价。认识包括对事物如何运作的情境性信念和广义信念；评价包括对个人在与环境的接触中所发生事情的重要性评价。动机性指急性情绪和心境，它是对我们日常适应过程中目标状态和整个生活事件的反应。动机的概念帮助我们理解是什么使适应性境遇与个人相关，帮助我们理解损害或有利的来源。相互关系性是指情绪总是关于人与环境的关系，这种关系包括损害（对于消极情绪）和有利（对于积极情绪）两个方面。心理压力和情绪本身不是由环境因素或心理过程产生的，而是由人与环境的关系产生的，这种关系随着时间和环境的变化而变化。

认知－动机－关系理论认为，压力情境下的情绪性际遇永远不会相同，但压力情境通常具有类似的意义。因此，该理论提出了关系意义的双因素图式，并确定了两种类型与损失相关的意义（威胁和伤害）和两种类型与获得相关的意义（挑战和利益）。得失相关的意义可以是：已经发生的或预期可能发生的。例如，威胁是指未来可能发生的损失（预期的损失），伤害是指已经发生的损失（已发生的损失），挑战是指未来可能获得的收益（预期的收益），而利益是指已经发生的收益（已发生的收益）。这四个相关主题被用于压力评价，并进一步归类为与时间相关的得失（例如发生的与预期的对比）。因此，一个人经历的情绪是由他或她在面对压力时做出的评价所塑造的。压力评估为威胁和损失时会产生消极的情绪，如恐惧、焦虑，或愤怒，而挑战相关的意义会产生愉悦的情绪。

认知－动机－关系理论定义了16种离散（discrete）情绪，包含了9种消极的情绪（愤怒、焦虑、恐惧、内疚、羞耻、悲伤、羡妒、厌恶和嫉妒）和7种积极的情绪（幸福、自豪、解脱、希望、爱、感激和同情）。离散情绪的含义见表6-1。

表6-1 离散情绪的含义

类型	情绪	含义
消极的情绪	愤怒	针对我与所属群体的侮辱性冒犯
	焦虑	面临不确定的存在性威胁

续表 6-1

类型	情绪	含义
消极的情绪	恐惧	即刻的、具体存在且压倒性的身体威胁
	内疚	僭越了道德强制性规范
	羞耻	未达成自我理想（ego-ideal）
	悲伤	遭受了不可挽回的损失
	羡妒	渴望拥有他人之物，因自己未能获得而产生缺失感，同时认为自己理应得到它
	嫉妒	因第三方导致他人的情感或偏爱丧失/受到威胁而产生的怨恨
积极的情绪	幸福	在实现目标的过程中取得合理进展
	自豪	通过将重要事物或成就（无论是自身、他人还是所属群体的）归功于自己，从而提升自我认同感
	解脱	与个体目标冲突的困扰性状态发生积极转归（缓解或消退）
	希望	在恐惧最糟结果的同时，渴望向好转变且保持改善可能性的信念
	爱	寻求或投入情感交流，未必要求对方同等回应
	感激	因他人无私馈赠而受益时产生的感谢
	同情	对他人的痛苦感同身受，并希望给予帮助

资料来源：Lazarus（2000），文献只提供了 15 种情绪的含义。

在认知-动机-关系理论的框架下，情绪对运动表现的影响取决于由核心关系主题派生的行为倾向与任务需求之间的匹配程度。任何情绪的行为倾向，如果与当前任务需求相契合，便可能对运动表现起到促进作用；反之，如果两者不匹配，则可能对运动表现产生负面影响。以愤怒为例，其核心关系主题为"对自身或亲近群体的侮辱"，其行为倾向是强烈的反击冲动，旨在报复侮辱或修复受损的自尊。当反击的目标是竞争对手（如在橄榄球比赛中冲撞对手），而攻击对手正是当前任务的核心需求时，愤怒的情绪能够提升运动表现。然而，如果反击的目标是裁判（如对网球比赛中有误判的裁判），而当前任务需求是预判和应对对手的动作，则这种情绪反应将干扰任务的执行，从而削弱运动表现。

（二）运动员挑战与威胁状态理论

运动员挑战与威胁状态理论（Jones et al., 2009）是在挑战与威胁的生物心理社会模型（biopsychosocial model of challenge and threat）（Blascovich et al., 2004）基础上提出的。挑战与威胁的生物心理社会模型假设，在面对一项任务时，个体会评估任务的要求以及他们自身所拥有的应对这些要求的资源。当个体认为自己有足够的资源来应对任务的要求时，会出现挑战状态；而当个体认为自己没有足够的资源来满足任务的要求时，则会出现威胁状态。挑战与威胁状态会通过不同的神经内分泌和心血管反应模式客观地反映出来。在挑战状态下心输出量相对较高，而总外周阻力较低。与威胁状态相比，这种较高的心输出量与血管阻力降低相结合，使得向工作肌肉和大脑输送氧气的效率更高。

运动员挑战与威胁状态理论进一步明确了挑战与威胁状态下资源评估的具体性质，即资源评价包括三个相互关联的心理结构：自我效能感、控制感和目标取向。当自我效能感高、控制感高和掌握－趋近目标取向时更有可能将高要求与潜在压力的事件视为挑战；反之，当自我效能感低、控制感低和表现－回避目标取向时更有可能将高要求与潜在压力的事件视为威胁。

挑战与威胁评价不仅影响生理反应和情绪状态，还对运动员的决策过程、认知功能维持和任务投入产生深远影响。就情绪而言，挑战状态常伴随着积极情绪（如希望、感激等）或消极情绪（如焦虑、内疚等），但总体来说，挑战状态通常能激发运动员的最佳表现，因为积极情绪可以促进更高效的资源调动和更强的动力投入。尽管焦虑等消极情绪可能存在，但它们也可能在一定程度上促使运动员保持警觉性和专注，从而有助于任务的顺利完成；相反，威胁状态通常仅伴随着负面情绪（如恐惧、压力或不安），这些情绪不仅会干扰运动员的认知功能，还可能导致资源的过度消耗，从而影响运动表现的优化。

三、情绪对运动表现及相关变量的影响

大量的研究调查了情绪对运动表现，相关变量包括注意、认知干扰、肌肉力量、应对方式、生理指标、对手和队友的影响等。

（一）情绪对运动表现的影响

愉悦的情绪与最佳的运动表现相联系，而不愉悦的情绪与糟糕的运动表现相联系。莱恩等（Lane et al., 2010）以回顾的方式调查了田径、足球、英式橄榄球、曲棍球、篮球、排球、板球、无挡板篮球、长曲棍球、网球、羽毛球、武术、高尔夫、水球、拳击和长跑项目运动员。结果表明，最佳运动表现与活力、快乐和冷静情绪有较高显著相关，同时这些运动员的愤怒、困惑、抑郁、疲劳和紧张得分较低。

（二）情绪对注意的影响

高趋进的情感状态（如愤怒、兴奋）会导致注意范围的缩小，而低趋进的情感状态（如沮丧、悲伤、快乐）则会导致注意范围的扩大。与焦虑、沮丧和愤怒相比，高兴与注意力的关系更密切。积极情绪被认为更有可能促使运动员专注于表现相关的任务和自动化的肢体动作（Vast, Young & Thomas, 2010）。

（三）情绪对认知干扰的影响

情绪除了影响注意以外，还会对比赛中的认知干扰产生影响。斯坦杰等（Stanger et al., 2018）的研究发现，一方面，不愉悦的情绪，如焦虑与认知干扰呈正相关。具体来讲，赛前焦虑正向预测认知干扰的各个维度（表现担忧、与任务无关的想法、逃避的想法），赛中焦虑正向预测了表现担忧和逃避的想法。另一种不愉悦的情绪沮丧，正向预测认知干扰。具体来说，当运动员感到沮丧时，表现为更频繁地产生担心表现和逃避的想法。但是并未发现沮丧和与任务无关的想法具有相关性。这可能是因为，当运动员感到

沮丧时，他的注意范围会扩大，不是产生与任务无关的认知，而是被无法达到表现目标的担忧所消耗（担忧表现），产生不想继续或放弃的想法（即逃避的想法）。另一方面，愉悦的情绪，如兴奋与认知干扰呈负相关。具体来说，赛前和赛中的兴奋感跟与任务无关的想法和逃避的想法的频率降低有关，赛前的兴奋感也与表现担忧的频率降低有关。值得注意的是，赛中兴奋感和与任务无关的想法之间的负向关系受到认知再评价和赛前自信交互作用的调节。如果运动员能够在比赛中更加积极地重新评价比赛，那么他们就能够通过提高兴奋度来抵消自信心的下降。换句话说，在缺乏自信的情况下，兴奋可能会促进对达到目标或克服挑战环境能力的自信，从而减少无关信息的处理。另一种愉悦的情绪，快乐可以正向预测与任务无关的想法。这可能是因为快乐会扩大注意的范围，导致运动员的注意脱离当前任务。值得注意的是，快乐和与任务无关的想法之间的正相关关系也受到赛前自信和赛中重新评价之间交互作用的调节。这种关系在重评和信心都较低的运动员身上表现得更为明显。这表明，当运动员信心不足、不太可能重新评估情绪时，在比赛中体验快乐可能会干扰注意力。

（四）情绪对肌肉力量、应对方式、生理指标、对手和队友的影响

还有一些研究讨论了情绪对肌肉力量、应对方式、生理指标、对手和队友的影响。伍德曼等（Woodman et al., 2009）的研究表明：愤怒与肌肉峰值力表现的增强有关。愉悦的情绪会促进任务导向应对策略的即时增加和持续使用，从而导致运动员将注意力扩大到新的应对行为上。不愉悦情绪会减少任务导向应对策略的水平且具有持续性效果；愉悦的情绪可能会弥补过去不愉悦的情绪经历造成的认知资源损失，不愉悦的情绪和神经内分泌反应增强之间存在关联（Thompson et al., 2021）。弗利等（Furley, Moll & Memmert, 2015）讨论了点球大战中人际间的情感对对手和队友的影响。研究发现，与中性表情相比，观察到骄傲的表情会使对手预期到更多的负面情绪、认知，并降低对下一次表现的预期。而骄傲的表情比中性表情更能让队友对下一次的表现产生积极的情绪，提高认知能力和增加对表现的预期。

第二节　运动员情绪调节的手段和方法

一、情绪调节的概念及框架

情绪调节是指人们有意识地重新定向情绪自发流动的过程。在情绪调节过程中，人们可能会增加、维持或减少积极和消极的情绪。格罗斯（Gross, 2015）根据情绪产生的过程将情绪调节的进程分为情境选择（situation selection）、情境调整（situation modification）、注意分配（attentional deployment）、认知改变（cognitive change）、反应调整（response modulation）五个部分（图6-1）。

情境选择是指采取行动，使人更有可能（或更少）处于一种预计将会产生期望（或不期望）情绪的情境。例如，计划去看电影，或者避免遇到刻薄的同事。情境调整是指采取直接改变情境的行动，以改变其情绪影响。例如，作为一位老师，为了增加学生的

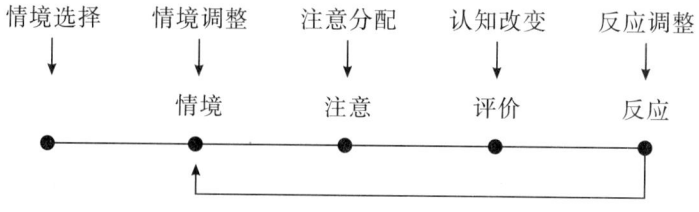

图6-1 情绪调节的过程模型（Gross，2015）

兴趣把学生分成若干小组，或者在课堂时间有限时轮流帮助每名学生，减少学生的挫折感。注意分配是指引导一个人的注意力，以影响其情绪反应。注意分配的一种重要形式是分心，例如，在沉闷的会议上想象自己的度假计划。认知改变是指通过改变一个人对某一情境的评价而改变情绪影响。例如，改变对外部情境的评价："这次面试不是行不行的问题，而是一个让我更了解这个行业的机会。"或者改变对内部情境的评价："我的心跳加速不是焦虑的标志，这意味着我的身体正在为比赛做准备。"反应调整是指情绪产生后，直接影响情绪反应的经验、行为或生理成分。例如，使用食物、酒精、香烟甚至毒品来改变一个人的感觉状态，或者通过体育锻炼和深呼吸来改变一个人的生理反应。反应调整中的一种最重要形式是表达抑制，它指的是不断努力抑制一个人的情绪表达行为。例如，为了保持与教练员的良好人际关系，努力克制自己的不满情绪。

二、情绪调节的方法

（一）情境选择与情境调整

在竞技比赛过程中，除非退出比赛，否则高压力情境是不可避免的（情境选择），但是运动员可以通过创造看起来不太有威胁性的新局面来改变现状（情境调整）。例如，在比赛前做好充分的准备以确保自己以最佳的身心状态进入比赛。或者，通过延长或缩短两次比分之间的时间调节竞赛焦虑。例如，音乐可以调节情绪状态，运动员可以在比赛前创建自己的音乐播放清单，这一清单由同一类型的音乐组成，运动员在挑选音乐的过程中实际上也是在反思比赛前自己需要建立哪种情绪状态。

（二）注意分配

分心是运动员常用的情绪调节方法之一，它通过引导注意力来改变内部环境（注意分配）。运动员可以将注意力从引发情绪的情境中移开，思考与引发情绪的情境无关的其他（积极的）事物或事件，或者在比赛期间通过屏蔽引发焦虑情境的想法来处理焦虑。例如，某项目国家队在备战东京奥运会期间，特别注意回避与比赛不相关的信息，包括：要求运动员使用新的手机卡减少与外界的接触；提前与媒体沟通，要求其赛前不采访参赛运动员；上场前，运动员只做好自己的赛前准备，不去关注其他运动员等。另外，一些有经验的教练员还会在赛前故意与运动员开玩笑以此来转移运动员的注意力。某体操奥运会冠军被问及赛前是否紧张时，他提到，实际上自己在比赛前并未感受到特别紧张，因为教练员在赛前给他们讲了个笑话，大家笑过之后，氛围变得轻松，反而没有感到很大的比赛压力。

（三）认知改变

运动员也可以把注意力集中在情境上，而不是转移注意力，并改变他对情境本身的思考方式或他能够处理它的不同方式（认知改变）。例如，以积极的方式重新评价威胁情境（"竞争可以被视为一种积极的挑战，而不是威胁"），或者强调情绪诱发情境的积极后果（"竞争可以被视为一个人扩大经验范围的机会"）。积极的自我谈话也是一种改变认知的重要方法。另外，计划未来的行动有助于改变认知，减少不确定性，并为可能发生的各种情况做好准备，从而降低负面情绪。例如，一位羽毛球运动员在比赛前已预设自己可能会在多拍僵持的情况下失分。若比赛中真的发生这种情形，他会对自己说："这在我的预料之中。"

（四）反应调整

如果情绪已经产生，就可以应用反应调整策略。这种策略旨在影响生理和体验，或行为情感反应。例如，通过使用放松技巧降低生理唤醒水平。表达抑制是一种重要的反应调节策略。例如，运动员会隐藏自己的焦虑或愤怒以避免让对手发现。基于情绪的过程调节模式，库比亚克等（Kubiak，Rother & Egloff，2019）调查了乒乓球运动员赛前情绪调节与运动表现的关系，结果表明：积极的认知改变策略与比赛的获胜正相关，而消极的认知改变策略与比赛的获胜负相关。此外，运动水平越高的运动员更经常使用情境调整策略、积极认知改变策略和反应调整策略。

本章要点

1. 情绪是指在相对较短的时间内逐渐展开，并对特定的对象、事件或情境作出的反应。
2. 在认知-动机-关系理论的框架下，情绪对运动表现的影响取决于由核心关系主题派生的行为倾向与任务需求之间的匹配程度。
3. 运动员挑战与威胁状态理论认为，在挑战状态下，积极情绪可以促进更高效的资源调动和更强的动力投入，促使运动员保持警觉性和专注。威胁状态下，负面情绪不仅会干扰运动员的认知功能，还可能导致资源的过度消耗，从而影响运动表现的优化。
4. 情绪会影响运动表现，相关变量，如注意、认知干扰、肌肉力量、应对方式、生理指标、对手和队友。
5. 运动员可以从情境选择、情境调整、注意分配、认知改变、反应调整五个方面调节情绪。

本章思考题

1. 根据认知-动机-关系理论和运动员挑战与威胁状态理论，解释情绪如何影响运动表现。
2. 情绪对哪些心理或生理因素产生影响？
3. 举例说明如何调节情绪。

第七章 最佳运动表现的心理特征

在一场高水平的羽毛球决赛中，世界排名前五的两位选手激烈对战。双方比分交替上升，场上的气氛紧张而激烈。

第一个回合开始，选手A迅速进入状态，他通过精准的发球和快速的跑动赢得了几分，这给他带来了极大的信心。每一个网前小球、后场高远球和扣杀动作都流畅自如，选手A几乎不需要多余的思考，感觉一切尽在掌握。随着比赛的进行，选手A越来越自信，甚至连小的失误也无法影响他对节奏的掌控。他没有过多关注比赛的得分，而是完全沉浸在各个回合中，享受比赛过程。

随着比赛进入后半段，比赛的紧张感骤然上升。比分已经来到19-19，胜负仍然悬而未决。此时，选手A突然感受到一股压力袭来——他明白，任何一次失误都可能导致比赛的失利。他意识到胜负只在毫厘之间，必须在这个关键时刻全力以赴。他认为自己具备取胜的能力，但需要更加精准和专注。他决定要拿下这关键的两分，赢得比赛！他的每一个反应都充满了决心，虽然他不再感到轻松自如，但他的专注力达到了顶峰。此时的他不再是"享受比赛"，而是"必须完成任务"。在最后的关键一拍中，他用力扣杀，球直击对手场地后角，锁定了比赛的胜利。

竞技环境，尤其是高水平的比赛和训练场景，为运动员的潜能激发提供了理想的条件。其独特的动态特征、持续的压力以及高强度的挑战，构成了运动员心理和生理适应的复杂背景。在高压力情境中哪些心理因素会影响运动员的最佳运动表现，是教练员、运动员以及研究者普遍关注的问题。通过了解竞技过程中最佳运动表现的心理特征，心理咨询师可以为运动员提供建议和干预措施，帮助其诱发或延长这些状态。本章将介绍最佳运动表现的心理特征，包括最佳功能区、流畅状态和关键时刻状态。

第一节 个人最佳功能区模型

当运动员处于高度紧张的情境中，注意力和肌肉的紧张/协调性会发生改变。一方面，高状态焦虑会导致运动员的感知范围变得狭窄（Landers & Boutcher, 1993），进而改变合适的注意模式（Nideffer, 1976），影响运动员存储和检索与任务相关的关键信息（Pariitt, Jones & Hardy, 1990）。另一方面，高焦虑状态下，状态焦虑的增加与肌肉紧张以及运动协调性和运动学的变化有关（Weinberg & Hunt, 1976; Beuter & Duda, 1985; Beuter, Duda & Widule, 1989）。例如，高度紧张状态下，运动员的无关肌群会协同参与主要肌群共同收缩，导致运动员表现下降（Weinberg & Hunt，1976）。

运动心理学家推测，运动员的心理状态可能存在一个区域，在这一区域内，执行运动技能时所需的注意范围和肌肉紧张度都处于最佳，运动员会获得最佳的运动表现，而心理状态处于区域外，稳态平衡被破坏时，运动表现下降（Gould & Tuffey，1996）。有关某一心理区域可能会促进最佳运动表现的理念最早由俄罗斯运动心理学家哈宁（Hanin）提出。他于1986年提出了焦虑的个人最佳功能区（individualized zone of optimal functioning，IZOF）模型，用于解释运动员的主观体验对运动表现的影响。早期的个人最佳功能区模型主要关注焦虑与运动表现的关系，随后的研究逐渐拓展到情绪对运动表现的影响。情绪的最佳功能区模型旨在识别出与运动员个人成功的运动表现相关的情绪模式。

一、焦虑的个人最佳功能区模型

早期有关焦虑与运动表现关系的研究主要借鉴了普通心理学领域的研究成果，使用单维度量表测量运动员的焦虑水平，并认为焦虑与运动表现之间是倒U形关系，即认为中等程度的焦虑水平更有利于提高运动表现。因为当时的焦虑量表不是针对运动情境编制的，所以很多运动心理学家认为，每个高水平运动员都是独特的个体，使用一般焦虑量表的测量并未考虑运动情境中个体的差异性。也就是说，并不是所有运动员都是在中等程度的焦虑水平的情境下才能够获得良好的运动表现。

哈宁（Hanin，1986）在实践工作中发现，不同的运动员在不同的焦虑水平上都可能会有成功的运动表现。他基于对顶尖俄罗斯运动员（包括跳水、体操、赛艇、游泳、排球和举重）的研究而建立了最佳功能区模型。该模型认为，每名运动员都有自己发挥最佳竞技水平的焦虑区域（图7-1）。最佳功能区假说认为，最佳状态是高度个性化的，一些运动员在高度焦虑状态下表现最佳，另一些人只有在适度焦虑状态下表现最佳，还有一些人在放松状态下表现最佳。

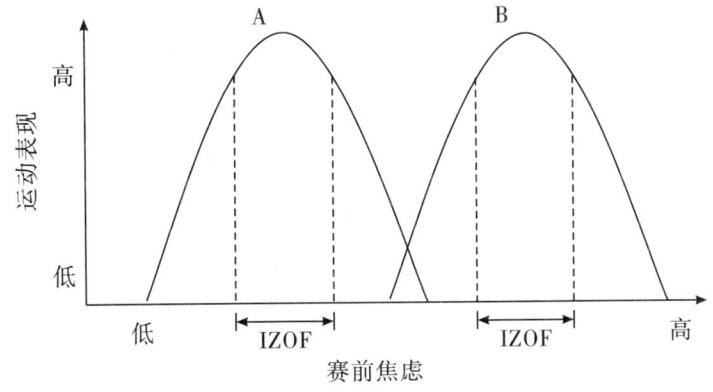

图7-1 不同的运动员（A和B）在不同的焦虑区域达到最佳的运动表现

二、个人最佳功能区的评估

在无法获得实际焦虑分值的情况下，运动员可以通过回忆来确定自己的最佳赛前焦虑水平。相关研究（Annesi，1997；Tenenbaum & Elran，2003）证实，比赛结束两天内获得的焦虑分数与实际的焦虑水平具有高度相关性（$r=0.95$）。在此基础上，确定个人最佳功能区的具体三个步骤包括：首先，运动员根据自己在最近个人最佳表现之前的感受完成 4 点计分的斯皮尔伯格的状态焦虑问卷（state-trait anxiety inventory，STAI）(Spielberger, Gorsuch & Lushene, 1970)。其次，经过连续多次纵向评估后（单次也可以），获得焦虑水平的分值。最后，通过最佳赛前焦虑水平加 4 和减 4 获得个人最佳功能区的上限和下限。在上限和下限之间即为该运动员的最佳功能区。该研究同时指出，4 个焦虑分值相当于 0.5 个标准差。

在多维焦虑理论提出后，后续的研究者开始尝试使用多维焦虑量表评估运动员的最佳功能区，研究结果基本上支持了最佳功能区的预测。例如，克兰（Krane, 1993）发现，当运动员处于认知和躯体焦虑最佳功能区以下或其间时，其表现最佳；而当运动员处于个人最佳认知和躯体状态焦虑区域之上时，其表现最差。高等（Gow et al., 1993）使用认知焦虑和躯体焦虑的交互分数检验了最佳功能区的有效性。结果发现，运动员的状态焦虑分数距离与主观表现之间存在相关，即距离运动员的最佳区域越远，则其表现越差。

三、 一般情绪的个人最佳功能区模型

考虑到单一的焦虑情绪并不能充分地预测运动表现（Gould & Tuffey, 1996），而焦虑又是情绪中的一种类别，哈宁（Hanin, 2000a）将最佳功能区模型扩展到焦虑的单一情绪状态之外，提出了一般情绪的最佳功能区模型。该模型旨在识别与个体运动员最佳运动表现相关的情绪模式，关注运动员在最佳和最差表现时的情绪体验，以识别跟成功和失败相关情绪体验的内容与强度。

一般情绪的最佳功能区模型在两个相互关联的因素框架内对情绪内容进行概念化：享乐基调（愉悦-不愉悦）和表现功能性（最佳-功能失调），并进一步组合成四种情绪状态：愉悦-最佳（P+）、不愉悦-最佳（N+）、不愉悦-功能失调（N-）和愉悦-功能失调（P-）。愉悦-最佳情绪包括兴奋、鼓舞、勇敢、坚定、自信、敏锐、积极等。不愉悦-最佳情绪包括紧张、关切、焦虑、烦躁、愤怒等。不愉悦-功能失调情绪包括疲劳、歉疚、倦怠、无助、怀疑、恐惧、气馁等。愉悦-功能失调情绪包括愉快、美好、高兴、快乐、平静、放松等。通常，最佳情绪体验（P+ 和 N+）伴随着成功的表现，而功能失调情绪体验（N- 和 P-）与糟糕的表现有关。

四、 情绪最佳功能区的评估

首先，建立情绪评估条目池。用来评估情绪的词语条目可以选自心境量表（POMS）、运动情绪量表（Jones et al., 2005）或其他用于评估情绪的量表（Robazza & Bortoli, 2003）。运动员也可以使用自己的表述并加入情绪评估条目池中。

其次，运动员在一般情绪类别中（P+、N+、P-、N-）分别选择 3～5 个他们在最成功的比赛中体验到的有益的愉悦和不愉悦的情绪，和他们在最糟糕的比赛前和比赛中体验到的无益的愉悦和不愉悦的情绪。

再次，运动员对最成功和最糟糕比赛期间体验到的每种情绪的强度及强度范围进行评分。每个项目描述的强度采用 CR-10 量表格式进行评分：0 表示"完全不存在"，0.5

表示"非常非常少",1表示"非常少",2表示"少",3表示"适度",5表示"很多",7表示"非常多",10表示"非常非常多",11表示"最大可能"(可以不使用4、6、8和9评价等级)(Borg,1998;Hanin,2000a;Cooper et al.,2021)。需要注意的是,运动员首次评估的最佳和非最佳范围可能不够准确,可以结合后续多次的评估进行调整(Hanin & Syrjä,1995)。

最后,根据情绪的强度和强度范围就可以得到运动员赛前和赛中的情绪最佳功能区的剖面图(图7-2)。

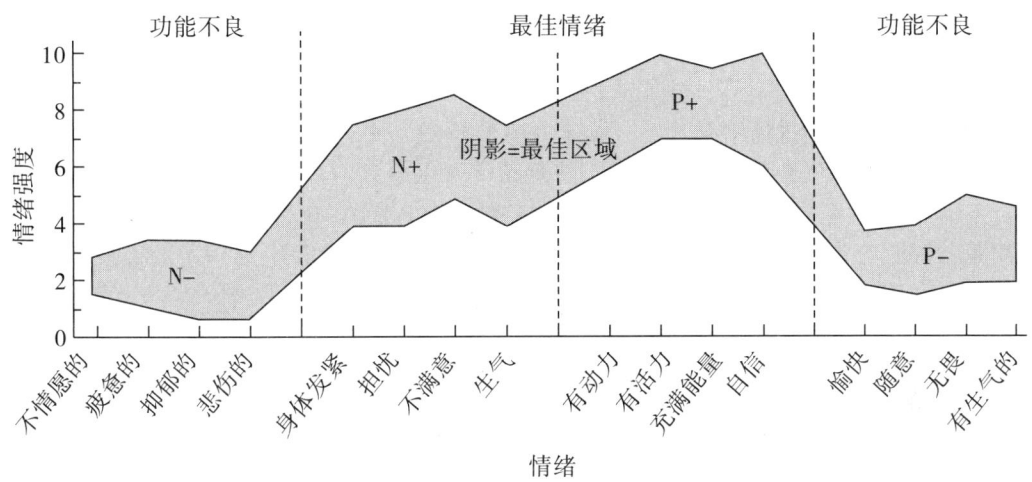

图7-2 情绪最佳功能区剖面示意(Hanin,2000b)

五、最佳功能区影响运动表现的原因

最佳功能区之所以能够预测最佳运动表现,可以用内外部资源的资源匹配假说和能量动员-能源利用假说来解释。资源保护模型(conservation of resources,COR)认为,人们会努力保留、保护和建立资源(自尊、掌控和幸福),而心理压力的产生是因为这些资源的潜在或实际损失而产生的威胁(Hobfoll,1989)。在竞技领域,资源是指决定运动员能否发挥出最大潜力并持续稳定表现的心理-社会-生物潜能。内外部资源的资源匹配假说认为,情绪体验反映人与环境的交互作用,是任务需求与运动员资源之间的相互作用(匹配或不匹配)而不是任务本身决定了情境性情绪体验的最佳/功能不良及其强度(Hanin,2004)。例如,对于一位拥有充足资源的运动员来说,一项复杂的任务可能很容易,因为当该运动员需要时,其所拥有的这些资源可以被募集并得到有效的利用;相反,对于一位无法募集可用资源或无法高效使用这些资源的运动员来说,通常被认为相对容易的任务可能会变得非常具有挑战性和困难。由于运动员在可用资源、调动资源和高效使用资源方面存在差异,不同个体在最佳情绪内容和强度上也存在差异。

最佳愉悦情绪(P+)状态代表"挑战区域",说明运动员已做好充分的准备(为比赛做好准备)并且他的可用资源充足,可以在需要时募集,并且可以有效地使用,能够很好地匹配任务要求。最佳不愉悦情绪(N+)代表运动员处于"紧急区域",说明运动员的正常资源不足以完成手头的任务或任务需求超过可用资源,对目标的实现产生威胁。此外,在募集或利用可用资源方面可能存在情境性(由环境造成)问题。因此,运动员没有完全准备好完成任务,需要补偿资源的缺乏或充分地利用资源。功能失调的愉悦情绪(P-)反映了运动员处于"舒适过度自满区域",此时运动员往往会低估任务需求,高估自己的资源。自满和过度自信会导致无法动员和使用所需资源(资源不足),因此运动员实际上并未做好比赛准备。功能失调的不愉悦情绪(N-)反映了运动员处于"沮丧区域",此时运动员由于某种原因高估了任务需求、低估了自己的资源,尤其在一系列不成功的表现、表现低迷或过度训练之后。在这种情况下,运动员明显缺乏资源,资源动员和利用也存在严重问题,因此无法应对情境变化。

哈宁(Hanin, 2000a)认为,从能量动员/能量耗散和能源利用/能量滥用的角度分析,最佳愉悦情绪(P+)意味着能量的有效动员和有效利用,最佳不愉悦情绪(N+)意味着对能量的利用和调节,功能失调的愉悦情绪(P-)意味着能量的滥用或放松管制,功能失调的不愉悦情绪(N-)意味着能量耗散。而运动表现的有效性通常与可用能量的数量及其利用有效性有关。不同的运动员可以通过使用不同的资源获得成功。运动员不但可以使用正常的资源[如最佳愉悦的情绪(P+)]获得最佳运动表现,也可以利用紧急资源[如最佳不愉悦的情绪(N+)]通过有效调节获得最佳运动表现;相反,功能失调的情绪[既包括不愉悦的情绪(N-),也包括愉悦的情绪(P-)]则无法有效利用可用资源或无法弥补情境性耗竭导致的糟糕运动表现。例如,尽管情绪是愉悦的,但过多的满足感可能会分散注意力导致运动表现下降。因此,无论是积极情绪还是消极情绪,都可能产生适应性和非适应性的结果,而整体效果则取决于混合情绪(即既包括愉悦情绪,也包括不愉悦情绪)及其比例(即积极情绪与消极情绪的比例)。

六、实践应用

个人最佳功能区模型为运动员在竞技过程中获得最佳运动表现提供了可借鉴的方法。

第一,个人最佳功能区模型认为,每位运动员都存在一个心理区域与竞技任务需求相匹配,当运动员"在区域"时,会获得最佳的运动表现,而在区域外时则表现较差。值得注意的是,在这个区域内既包括了积极的情绪,也可能包括消极的情绪。例如,相关的研究表明,愤怒的情绪对促进运动表现提升具有重要的作用(Brunelle, Janelle & Tennant, 1999; Lazarus, 2000)。根据最佳功能区模型,一方面,运动员需要建立心理状态匹配运动表现的意识,并主动调节自己的心理状态以获得最佳的运动表现;另一方面,运动员需要减少对消极情绪的担忧,如果在最佳运动表现时体验过消极情绪,那么,消极情绪对于该运动员来说就是提高运动表现的促进因素。

第二,运动员可以回想表现最好的一次经历,列出当时的感受和想法,以及身体感觉。然后,再回想表现很差的一次,列出当时的感受和想法,以及身体感觉。运动员可以比较两份清单,并根据最佳运动表现的心理状态特点,为自己的理想心态绘制一幅最佳运动表现的心理剖面图。

第三,考虑到情绪并不能全面评价运动员的赛前心理状态,哈宁和斯坦博洛娃(Hanin & Stambulova, 2002)提出,运动员可以使用一种隐喻的方法,评估运动员在赛前、赛中和赛后的独特体验。运动员可以完成以下描述:"在我最好的比赛表现之前,我觉得自己……"运动员补充的内容可以是以图像形式表征的动物、机械或任何对其有意义的东西。例如,有的运动员会说"我感觉自己像一支准备升空的火箭",或"我感觉自己像一只充满力量的老虎"等。

第二节 流畅状态与关键时刻状态

你是否曾经有过这样一种体验？完全沉浸在自己正在做的事情中，没有注意到周围的其他情况，结束后发现几个小时过去了。心理学家把这种体验称之为流畅状态。流畅状态最早由匈牙利裔美国心理学家契克森米哈伊（Csikszentmihalyi，1975，1979）提出，杰克逊和罗伯茨（Jackson & Roberts，1992）将其引入运动心理学领域。流畅状态被认为是与最佳运动表现密切相关的心理状态。

一、流畅状态的概念和维度

流畅状态是一种高度积极、内在奖励的心理状态，在这种状态下，个体完全沉浸于某项活动中，排除无关的情绪和想法，并感受到一切和谐地融合在一起（Czikszentmihalyi，1990）。自20世纪70年代提出这个概念以来，研究者已经确定了9个独立的维度，这些维度加在一起构成了完整的"心流"体验。

（一）挑战与技能平衡

挑战与技能平衡是指个体认为自己的技能水平能够匹配情境的需求，两者处于一种平衡状态。挑战与技能平衡既不取决于实际的技能水平，也不取决于实际的任务难度，而取决于运动员认为有能力应对有挑战的情境。例如，运动员对挑战与技能平衡的表述为："压力可能会让事情向不利的方向发展，但是一旦你找到了感觉，你就会觉得好像什么事情都不会出错了。"

（二）清晰的目标

清晰的目标是指在行动过程中必须明确行动的意图。这里的目标并不是以产生流畅状态为目标，而是行动要达到的目标。目标为行动提供了动力，也为挑战与技能平衡奠定了基础。例如，运动员对清晰目标的表述为："在备战期间，我的目标是进入前十；开始比赛后，我身体对眼前的挑战反应良好，我逐渐对自己更有信心，没想到跑出了这么好的成绩。"

（三）明确的反馈

明确的反馈意味着运动员知道他们是否在朝着自己的目标前进，或者如何调整以达到目标。反馈可能来自外部，也可能来自内部。来自外部的反馈包括教练员、队友、观众等的鼓励和加油；来自内部的反馈包括自己的技术或身体感受等。例如，运动员对明确反馈的表述为："比赛期间，教练们激动地为我加油，让我继续保持这种状态，我的身体感觉棒极了，大家的话语不断激励着我前进。"

（四）专注于当前任务

专注于当前任务是指保持专注于行动过程中，没有多余的或分散注意力的想法。例如，运动员对专注于当前任务的表述为："就好像是进入了一种状态，你完全专注于你正在做的事情……在那一刻，你的大脑里只有当下的任务。"

（五）行动和意识融合

行动和意识融合是指一个人全身心地投入活动中的状态。当注意力完全集中在当下的任务上时，会觉得自己完全与自己的行动融为一体。思想和行动之间没有分离，感觉一切都是自动的。在比赛中，运动员纯粹是出于本能在行动，不需要考虑应该怎么做，自然而然就可以做到。例如，运动员对行动和意识融合的表述为："我的身体似乎在自动完成这些动作，我并没有刻意想应该怎么做。"

（六）控制感

控制感意味着运动员处于流畅状态之中时，感觉自己可以掌控局面。这种控制并不是实际地控制环境或自己的行为，而是相信自己的能力，并且坚信自己可以做好。例如，运动员对控制感的表述为："我感觉良好，感觉自己可以越跑越快，我无法解释我对身体的控制，我感觉双腿非常有力，甚至可以进一步提升自己的速度。"

（七）自我意识丧失

人们的自我意识与周围人的看法（真实的和想象的）紧密相关。如果运动员花时间担心他人对自己的行为及其结果的看法，那么行为和意识之间就会出现脱节。自我意识丧失是指当运动员把全部注意力都集中在当下的任务上时，就没有多余的心理能量去怀疑自己或担心他人对自己表现的看法了。例如，运动员对自我意识丧失的表述为："观众的加油呐喊声很大，但我完全集中在比赛上。我从来没有考虑过观众会怎么看我、我的教练会怎么评价我，我满脑子想的都是战术。"

（八）时间感改变

时间感改变是指在流畅状态中，对时间的觉知发生改变，时间要么变快，要么变慢，要么变得无关紧要。例如，运动员对时间感的表述为："一场 30 分钟的比赛让人感觉好像一眨眼就结束了。"

（九）享受的体验

流畅状态被描述为是一种奖赏或愉悦的体验。以获得奖金或奖牌为目的参加比赛不利于流畅状态的产生；而出于对这项运动的热爱，享受比赛的过程才更有利于流畅状态的产生。流畅状态更像是全身心投入比赛过程的附属品，而不是比赛的结果。例如，运动员对享受的体验表述为："我首先想到的是自己当时的感觉有多好，并且多么希望能再次拥有同样的体验。"

二、促进或阻碍流畅状态产生及导致流畅状态中断的因素

运动情境中的活动高度结构化、目标导向且有规则约束,在竞技过程中,身体挑战与心理挑战并存,运动员需要高度的投入,这为运动员流畅状态的产生提供了丰富的资源和条件。尽管目前的研究仍然无法确定流畅状态产生的因果机制,但相关的研究发现了一些与流畅状态关系密切的心理因素。

斯旺等(Swann et al., 2012)综述了1991—2011年间的17篇实证研究,总结了促进、阻碍流畅状态产生以及导致流畅状态中断的心理因素(表7-1)。

表7-1 促进、阻碍流畅状态产生以及导致流畅状态中断的心理因素

因素	内容	促进	阻碍	中断
专注	保持专注于比赛或动作技能执行过程	恰当的专注	不恰当的专注	不恰当的专注
准备	身体、心理及竞技层面的有效准备与备战状态	有效的准备(身体、心理和比赛)和准备状态	非最佳准备或准备状态	准备不充分或非最佳准备状态
动机	想要获胜的动机,愿意接受挑战	最佳动机	缺少动机	非最佳动机
唤醒	中等或中等偏高的唤醒水平	最佳唤醒	非最佳唤醒	非最佳唤醒
想法与情绪	积极的思维并享受比赛过程	积极的想法或情绪	消极的想法或情绪	消极的想法或情绪
自信	相信自己可以做到,对比赛过程有较好的控制感	自信	缺少自信	失去自信
环境与情景条件	风向有利于自己,能够及时补充水分等	最佳环境或情景条件	非最佳环境或情景条件	非最佳环境或情景条件
反馈	观众助威,教练员、队友鼓励等	积极的反馈(内部或外部)	消极的反馈	消极的反馈
表现	比赛一开始就表现良好	一开始就有好的表现	差的表现	失误
团队合作互动	团队凝聚力强,配合默契,队员之间沟通良好	积极的团队合作和互动	消极的团队合作和互动	团队表现或互动方面出现问题

续表 7-1

因素	内容	促进	阻碍	中断
其他独立因素	个人比赛经验丰富，流畅的比赛节奏等	没有负面影响，个人经验丰富	缺乏个人经验	失去节奏

资料来源：Swann 等（2012）。

三、关键时刻状态

考虑到竞技情境的特殊性，在流畅状态相关研究的基础上，斯旺等（Swann et al., 2018）提出了关键时刻状态（clutch state）。

关键时刻指的是在比赛中可能让运动员感受到高压力的情境，包括：两队比分接近，但比赛时间所剩无几；最后一枪决定冠军归属；最有得分机会等。关键时刻的运动表现是指在压力下取得的运动表现提升或卓越表现（Otten, 2009）。关键时刻状态是指在高压力的关键时刻取得卓越运动表现的心理状态（Swann et al., 2018）。

流畅状态与关键时刻状态既有区别又有联系，运动员在高压力竞技情境中既可能会体验到流畅状态，也可能会体验到关键时刻状态，两者可能会交替出现，但不会同时出现。斯旺等（Swann et al., 2016, 2022）基于对专业高尔夫运动员的访谈提出了流畅状态-关键时刻状态整合模型，并在后续的研究中进行了完善。

流畅状态-关键时刻状态整合模型阐述了流畅状态与关键时刻状态发生情境、出现过程、体验和结果（图 7-3）。流畅状态和关键时刻状态发生于不同的情境中，并通过不同的发生过程产生不同的结果。

（一）发生情境

流畅状态通常发生在新颖、不确定或探索性的情境中。例如，在高山滑雪中，滑雪者可能要挑战一个未曾滑过的新雪道，这条雪道不仅陡峭而且有着复杂的地形，包括急转弯、隐蔽的障碍物以及不断变化的雪况。滑雪者没有机会提前了解整个赛道的每一个细节，只能在比赛过程中凭借经验和直觉快速反应。由于雪况、天气和地形等因素的不确定性，这种情境对滑雪者来说是全新的，他需要不断调整技巧和策略以应对每一段突如其来的挑战。在这种情况下，滑雪者可能会进入流畅状态。

关键时刻状态则发生于高压情境下一个重要的、明确的结果即将实现时。例如，在奥运会篮球比赛决赛的最后几秒钟，两队比分相差 1 分，进攻方球员手中持球并准备执行最后一投。这个时刻属于典型的高压情境，明确的目标是进球以赢得比赛。运动员清楚地知道自己需要在几秒内投中关键一球，才能确保胜利。在这种情况下，投篮的运动员更可能会进入关键时刻状态。

（二）出现过程

流畅状态出现的过程是一个逐渐累积的过程，通常是通过一系列积极的事件（如一开始就表现良好）、获得积极的反馈（如队友的鼓励）、不断累积自信（越来越自信）、对当前情境是挑战性评价（非回避性评价）并设定开放性目标（如"看看我能低于标准杆多少杆"）。例如，一名高尔夫球手参加比赛，比赛初期，他在第一洞就顺利打出了一杆好球，球稳稳地落了在球道中央。这个成功的开局让他感到情况非常积极，这增强了他的自信心。这种自信在接下来的几洞中得到了巩固，每一次挥杆都带来稳定的表现，球手不断收到正面的反馈，不仅来自他自己对击球的满意感，还有来自现场观众的掌声和队友的鼓励。随着比赛的进行，他开始进入一种轻松的节奏，每一杆都显得自然和轻松，而不是刻意追求完美。他逐渐不再关注具体的分数，而是设定了一个开放性的目标，比如"看看我今天能打出低于标准杆的杆数有多少"。这种非固定性目标让他不再感到巨大压力，而是更加享受比赛过程，并积极应对其间的挑战。与此同时，他对比赛的情境进行积极的挑战性评价，认为这种挑战是自己可以应对并超越的，而不会感到畏惧或需回避。随着一系列的良好表现、持续的正向反馈以及不断增加的自信，这名高尔夫球手进入了流畅状态。

关键时刻状态的出现过程是短暂的，通常是接收到关于情境的反馈（如看到排行榜），然后进行挑战性评价，随后设定具体目标（投入关键一球）并决定为了实现这些具体目标而增加努力和强度。例如，在一场激烈的篮球比赛中，比赛进入了最后的 10 秒。比分非常接近，球队落后 2 分。球队的核心球员接到队友传球时，抬头看到了球场边的计分板，意识到如果他能投进一个三分球，他们的球队就能反超并几乎锁定胜局。尽管场上的防守非常紧密，但他认为自己有能力，也有机会在这关键时刻完成得分。他心中明确了一个具体的目标——投进三分球，反超比分，带领球队赢得比赛。他的注意力高度集中，所有干扰都被屏蔽掉了。他全力控制住自己的动作，调整好投篮姿势，在压力下做出冷静的决定并精准出手，篮球应声入篮。

（三）体验

流畅状态和关键时刻状态有一些重叠的特征。在这两种状态中，运动员和锻炼者都报告了技能的自动执行、感知觉改变（如时间感的改变）、沉浸于活动之中以及信心的提升。除了这些重叠的特征外，流畅状态还有一些特定特征：注意力的无意识集中、感知到的努力减少、没有负面思维、享受当下的体验、感觉控制自如、收到正向反馈（如活动进展顺利）、想要继续的动机提升（如渴望状态或活动持续下去）以及进入最佳唤醒状态；而关键时刻状态的特定特征包括努力的专注、强烈的努力、分析性思维、警觉性增强、试图控制的感觉（而不是必然感到自己控制了一切）、围绕目标的反馈（如为实现具体目标还需做什么）、完成具体目标和实现预期结果的动机，以及唤醒水平的提升（即关键时刻状态下不如流畅状态那样冷静或放松）。

（四）结果

流畅状态和关键时刻状态也有一些共同的结果。两种状态都带来内在的奖励（如成就感、自豪感、满足感）和感知到的卓越表现（感觉自己表现得很好）。然而，运动员处于流畅状态的结果是一种充满活力的体验，而关键时刻状态的结果则是耗竭（Swann et al., 2017，2019）。

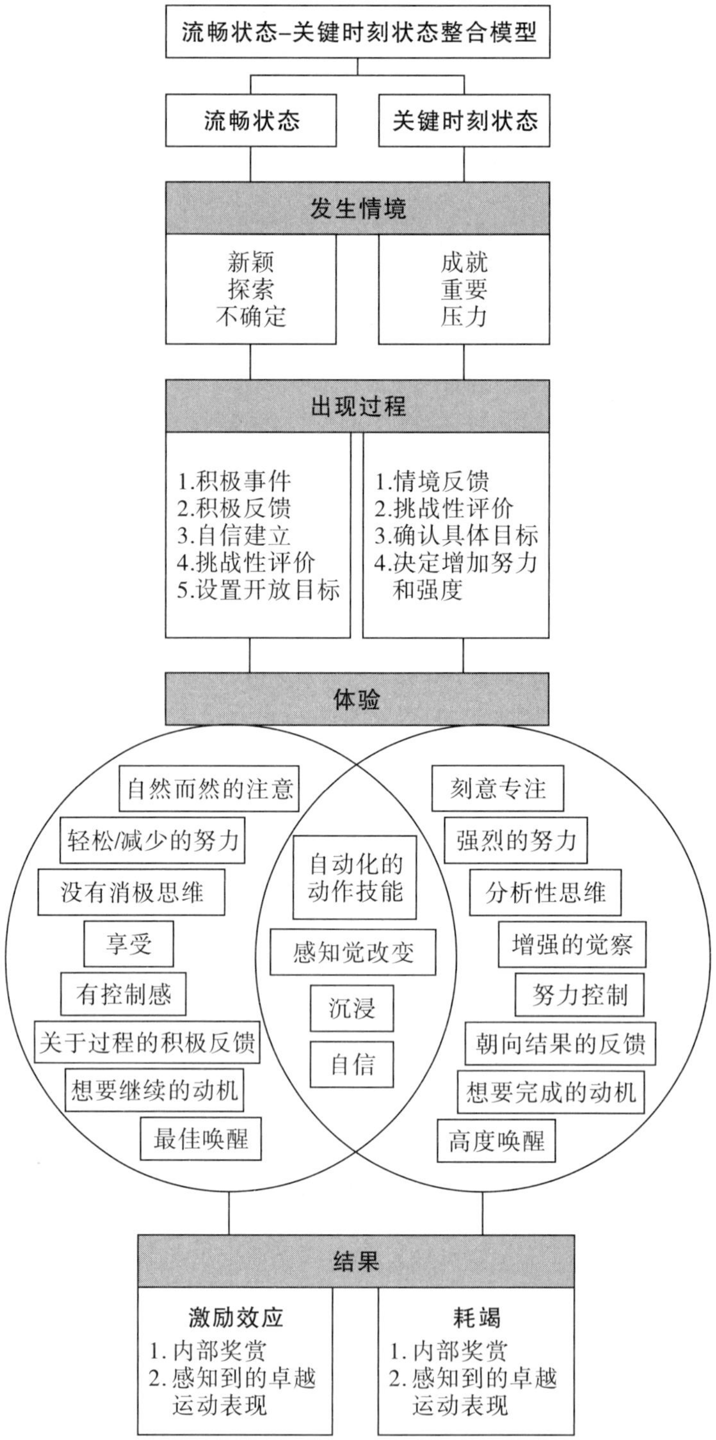

图 7-3 流畅状态与关键时刻状态整合模型（Swann et al., 2022）

四、实践应用

流畅状态是最佳运动表现的心理基础,遗憾的是,尽管相关的研究表明,至少有 43.75% 以上的运动员认为流畅状态是可控的(Jackson & Roberts, 1992; Jackson, 1995; Chavez, 2008),但仍然无法确定促进流畅状态产生的因果机制(Swann et al., 2018)。尽管如此,对流畅状态的追求仍然具有重要的意义。正如契克森米哈伊等(Csikszentmihalyi, Latter & Weinkauff, 2017)所言:"我们必须接受流畅状态可遇而不可求。流畅状态永远不能成为目标,它只是专注于当下的结果,缺乏保证可能正是流畅状态之所以如此美好的原因。如果你愿意努力工作,设定目标,保持专注,并参与具有挑战性的任务,你可能会获得一种转变的经历,这将帮助你创造更好的自己。"

关键时刻状态的提出,对于帮助运动员获得最佳运动表现具有重要指导作用。一方面,感受到压力或压力的增强是关键时刻状态产生的前提。在压力状态下个体的认知功能如注意力、判断力、决策力会被大幅度激活,那么,压力情境本身以及对压力积极的认知评价将成为关键时刻状态产生的促进因素。另一方面,运动员需要明确,不管是流畅状态还是关键时刻状态,都应该强调在比赛过程中要相信自己、专注于比赛过程以及要确保运动技能的自动执行,那么,运动员要想在比赛中有效地进入和维持理想的比赛状态,需要从自信心、专注力、技能自动化三个方面着手。这不仅有助于运动员在平稳的比赛阶段保持流畅状态,还能在关键时刻更好地应对压力,发挥出最高水平的竞技表现。

本章要点

1. 个人的最佳功能区模型认为,每名运动员最佳运动表现的心理状态区域高度个性化,不同的运动员可能存在不同的最佳表现区域。

2. 情绪的个人最佳功能区以概念化组合成四种情绪状态:愉悦-最佳(P+)、不愉悦-最佳(N+)、不愉悦-功能失调(N-)和愉悦-功能失调(P-)。

3. 在情绪的个人最佳功能区内既包括积极情绪,也可能包括消极情绪。

4. 情绪的个人最佳功能区促进运动表现的原因可以用内外部资源的资源匹配假说和能量动员-能源利用假说来解释。

5. 流畅状态是一种高度积极、内在奖励的心理状态,在这种状态下,个体完全沉浸于某项活动中,排除无关的情绪和想法,并感受到一切和谐地融合在一起。

6. 流畅状态包括挑战与技能平衡、清晰的目标、明确的反馈、专注于当前任务、行动和意识融合、控制感、自我意识丧失、时间感改变、享受的体验 9 个维度。

7. 相关的心理因素可以促进、阻碍或中断流畅状态的产生。

8. 关键时刻状态是指在高压力的关键时刻取得卓越运动表现的心理状态。

9. 流畅状态与关键时刻状态既有区别又有联系。流畅状态和关键时刻状态发生于不同的情境中,并通过不同的发生过程产生不同的结果。

10. 流畅状态与关键时刻状态共享的体验包括动作技能的自动执行、感知觉改变、沉浸和自信。

1. 你如何理解高水平竞技需要有与之相匹配的心理状态？
2. 回想你表现最好的一次比赛，列出当时的感受、想法和身体感觉，为自己理想心态绘制一幅最佳运动表现的心理剖面图。
3. 为什么最佳功能区有助于提升运动表现？
4. 如何促进流畅状态的产生？
5. 流畅状态与关键时候状态的区别和联系是什么？
6. 如何促进关键时刻状态的产生？

第八章 运动中的注意

2021年7月11日,温布尔登网球公开赛男单决赛,世界排名第一的诺瓦克·德约科维奇(以下简称"德约")对阵意大利选手马泰奥·贝雷蒂尼。德约最终以6-7(4)/6-4/6-4/6-3逆转取胜,夺得职业生涯第20座大满贯冠军。可以说,比赛过程中德约的注意力波动和调整能力成为决定胜负的关键因素。

比赛开局阶段,德约显得有些慢热,注意力不够集中。在第一盘的抢七局中,他多次出现非受迫性失误,尤其是在关键分上,他的发球和底线击球都未能发挥出正常水平。德约在赛后提到,他在第一盘中过于关注对手的表现,而不是专注于自己的战术执行。这种注意力的分散导致他以6-7(4)输掉首盘。

进入第二盘后,德约迅速调整了自己的注意力状态。他通过深呼吸和积极的自我暗示,将注意力重新集中到比赛本身。他在发球局中表现得更加稳定,同时在接发球局中加强了进攻性。这种注意力的调整帮助他以6-4扳回一盘。

在第三盘和第四盘中,德约展现了极强的注意控制能力。他完全沉浸在比赛中,忽略了外界的干扰(如观众的欢呼声和对手的情绪波动)。尤其是在关键分上,他能够保持冷静,专注于每一个球的处理。这种高度的专注力帮助他连续以6-4和6-3拿下后两盘,最终逆转取胜。

在这个案例中,尽管运动员德约在每一盘中都面临了高压力情境,但他的表现却截然不同。本节将介绍注意的基本概念与理论,探讨注意与心理结果及运动表现之间的关系,并讨论调节注意的手段与方法。

第一节 注意的概述

注意(attention)是人类认知过程中的一个重要心理现象。人类个体都具有在众多刺激中选择性地集中精力于某些特定信息,同时忽略其他无关信息的能力。注意不仅是感知、记忆、思维等高级认知功能的基础,还在个体的学习、决策和行为控制中起着关键作用。通过注意,我们能够有效地处理外界信息,适应复杂多变的环境。注意的研究涉及心理学、神经科学、教育学等多个领域,其机制和特性一直是学者们关注的焦点。

一、注意的概念

注意是指心理活动对特定对象的指向和集中。它是一个伴随着感知、记忆、思维和想象等心理过程的共同现象。在日常生活中，诸如"聚精会神"或"专心致志"等短语正是对注意这一过程的描述。注意的两个主要特征是指向性和集中性：①指向性是指个体在面对多种外界刺激时有选择地聚焦于特定对象，并抑制对其他干扰刺激的感知。它表现为选择性反映某些现象，而暂时忽略其他现象。②集中性则反映了心理活动在被选择的对象上停留的强度和紧张度。这种特性体现为抑制干扰刺激的能力，使得个体能够专注于当前任务或目标。

注意并不是独立的心理现象，它伴随个体的其他心理活动，如感知、记忆、思考和情感体验。当个体集中注意力时，通常意味着他们正在感知某些事物或对其进行深入思考。由于注意的选择性功能，个体无法同时关注大量刺激，只能感知环境中的少数对象，因此需要有选择性地指向和集中于重要的对象或任务，以获得对事物更为清晰和完整的认知。

二、注意的维度

（一）注意成分

在早期的研究中，注意被界定为至少有两个维度的特征：①注意范围，它指注意聚焦可视的宽度，用于解释注意视阈的宽窄变化。②注意方向，即注意聚焦的指向是内部刺激（感觉和思维），还是外部刺激（环境）。注意方向在一般情况下保持在内外的平衡点上，可以相互转换。

奈德弗和萨加尔（Nideffer & Sagal，1993）基于注意的这两个特征，把个体的注意方式分成4种类型（图8-1）：①广阔-外部注意，即个体在运动时心理活动朝向多个与周围环境有关的刺激暗示。该类注意主要用于篮球、足球等活动。②广阔-内部注意，即个体在运动时心理活动朝向多个与自我有关的认知或思维暗示。该类注意主要用于桥牌、围棋等运动。③狭窄-外部注意，即个体在运动时心理活动朝向周围环境中的某个刺激暗示。该类注意主要用于射击、射箭等运动。④狭窄-内部注意，即个体在运动时心理活动朝向某一个与自我有关的认知或思维暗示。该类注意主要用于跳水、体操等运动。

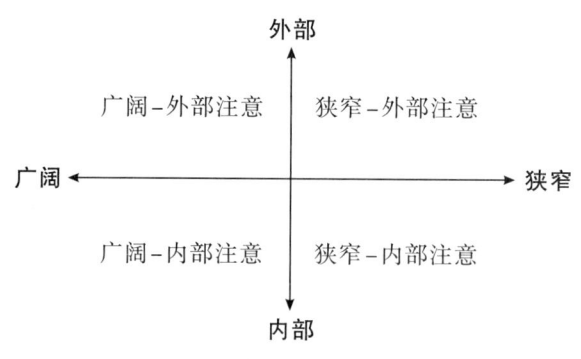

图8-1 注意成分理论

基于此种分类，奈德弗开发了注意方式测验（test of attentional and interpersonal style，TAIS），主要观察个体习惯的注意方式。研究人员将注意方式测验应用到运动情境中，解释运动员的注意习惯。在实际的应用中，运动执行对注意的要求是不同的，如果个体的注意方式与运动执行的注意要求相匹配，则注意方式将倾向有益于运动表现的发挥。但是，在压力条件下，个体通常会表现得更加依赖于自己习惯性的注意方式。如果习惯性的注意方式与运动执行的注意要求不符时，则注意方式可能引起错误决策，使运动表现质量下降，也就是"choking"。因此，运动员要培养调整自己注意方式的能力，以符合压力运动情境的要求。奈德弗根据注意方式的理论解释，进一步发展了运动员注意能力的测验工具，主要用于观察运动员注意方式的控制能力。该测验工具包括注意能力的6个维度：广阔的外部注意控制能力、广阔的内部注意控制能力、狭窄的注意控制能力、环境干扰或外部负荷过度注意的倾向、内部干扰或内部负荷过度注意的倾向、专注度减少导致的决策错误倾向。

（二）注意转换

不同的运动情境对注意力有不同的要求。例如，橄榄球中的四分卫需要广泛的外向注意，以便意识到整个场地的情况；而负责阻挡对手的防守球员则需要较为狭窄的外向专注，集中于特定的对手。

在许多运动或技能中，注意转换是经常发生的。以高尔夫运动为例，可以很好地说明这一点。当高尔夫球员走向球时，他们需要广泛的外向注意，以获取障碍物位置（如树木、沙坑、界外标志、水障碍）和场地状态（如地形的坡度、干燥程度，以及风速和风向）等信息。在获取这些外部信息后，球员会转向广泛的内向注意，开始计划击球。他们会回忆在类似情况下的表现和结果，并考虑是否需要根据这些信息调整当前的打法。分析所有这些信息有助于球员决定采用何种击球方式及使用哪根球杆。

在制订计划后，球员会采取击球准备姿势，此时注意通常会转向狭窄的内向注意，以监测肌肉紧张度并在脑中回顾即将进行的击球动作。挥杆前，球员通常将注意转移到球或球杆上，即狭窄的外向注意。击球后，球员则会回到广泛的内向注意，以评估自己的击球表现。

因此，运动员在整个过程中不断需要转换注意焦点，尽管某些运动或位置可能更偏向某种特定类型的注意。研究表明，注意力控制训练（例如，通过练习注意转换）可以改善集中注意的能力（Ziegler，1994）。

此外，在某些运动情境中，教练员和队友也可以弥补运动员在注意上的不足。例如，橄榄球教练可以为四分卫选择比赛策略，从而减少其发展广泛内向注意的需求。体育心理学工作者和教练员的一个日益重要的角色是帮助运动员明确在特定时间应该集中注意的内容，并评估和培养他们适时从一种注意类型转换到另一种的能力。即使是技术娴熟的运动员，也常常并不完全清楚自己应该将集中注意于何处。

（三）注意力的个体差异

如果个体具有适当的动机、接受过相关训练（包括专注力训练），并且能够控制自己的唤醒水平（既不过高也不过低），他们就能够有效地集中注意力。他们可以有效控制注意力的宽度和方向，因为大多数任务对注意力的实际要求并不极端，普通人通常能够胜任。

同时，个体在注意的能力和主要风格上存在差异。此外，随着生理唤醒水平超过运动员的最佳状态，运动员往往会更加依赖自己最擅长的注意能力。研究表明个体注意力发展过程中存在以下差异：第一，个体在发展广泛内部注意力的能力上存在差异。因此，有些人比其他人更适合分析大量信息。第二，某些个体对环境（外部）信息更敏感。他们能够更有效地读取和反应环境（包括其他人），并且能够处理大量信息而不会感到过载或困惑。这使他们更能抵抗压力并在关键时刻表现出色。第三，有些个体更擅长发展出狭窄、不易分散的注意力。这在世界级运动员中尤为常见。他们能够专注于一项任务，并且在追求顶尖表现时能够展现出一定的自信，这种能力帮助他们更好地执行任务。

因此，运动心理学家和教练员的另一项重要工作是帮助运动员识别自己在注意力方面的相对强项和弱项。这种评估将有助于大多数运动员发展专注技能，并弥补他们在注意力方面可能存在的问题。

三、注意的功能

（一）抑制、转换和刷新

米克等（Miyake et al., 2000）利用潜变量分析识别了中央执行系统的三个基本控制功能：①抑制，它指个体在必要时故意抑制主导性、自动性或占优势的反应的能力，这涉及利用注意力控制来抵抗与任务无关的刺激或反应带来的干扰。②转换，它指在多个任务、操作或思维模式之间来回切换，这一功能涉及基于任务需求在注意力控制上的适应性变化。③刷新，它指工作记忆表征的更新与监控。

在相关研究中，跟踪任务、字母（数字）活动记忆任务和 N-back 任务一般用来评估刷新功能；评估转化功能所采用的研究范式有：加法－减法转换任务、数字－字母转换任务、数字转换任务以及局部－全局任务；Stroop 任务、停止信号任务和 Go/No-Go 任务被认为是测量和评估抑制功能的经典范式。下面是一些实验任务的图示。

1. 反向眼跳任务

实验要求被试抑制对外围目标的注视，并注视与它相反的位置。

①在注视（fixation）阶段，参与者首先注视屏幕中央的"+"注视点，时间持续 1~3 秒不等（随机呈现），以确保视觉初始位置标准化。②在提示（cue）阶段，注视点左侧或右侧（通常为偏离中心约 10°视角）呈现一个黑色方块提示，持续 150 毫秒。该提示诱发自动的眼动反应倾向。③在目标呈现（target）阶段，提示消失后 200 毫秒，在与提示相对位置呈现目标刺激（如带有数字的图形或图像），目标出现时间为 200 毫秒。此时，参与者应抑制对提示方向的注视反应，并迅速将注意力转向与提示相对的方向以识别目标。④在反应（act）阶段，参与者对目标内容做出反应（如读出数字、按键作答等），以评估其反向眼跳执行的正确率和反应时。（图 8-2）

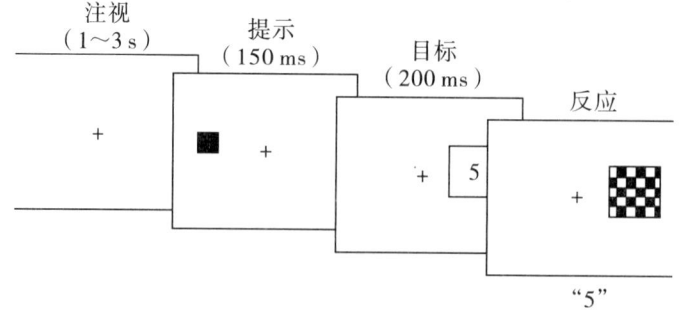

图 8-2 反向眼跳任务

2. N-back 任务

实验要求被试将当前刺激与前面第 n 个刺激相比较，实验者通过控制当前的刺激与目标刺激间隔的刺激个数来操纵负荷。当 $n=1$ 时，要求被试比较当前的刺激和与它相邻的前一个刺激；当 $n=2$ 时，则比较当前刺激和与它隔一个位置上的刺激；当 $n=3$ 时，要求比较的是当前刺激和与它前面隔两个位置上的刺激，依次类推获得不同程度的任务难度。

通常 N-back 任务中无论 n 为 1、2、3……都要保持相同的刺激呈现时间与刺激间隔（interstimulus interval，ISI），以保证不同任务条件下的时间控制一致，便于比较不同工作记忆负载下的反应。（图 8-3）

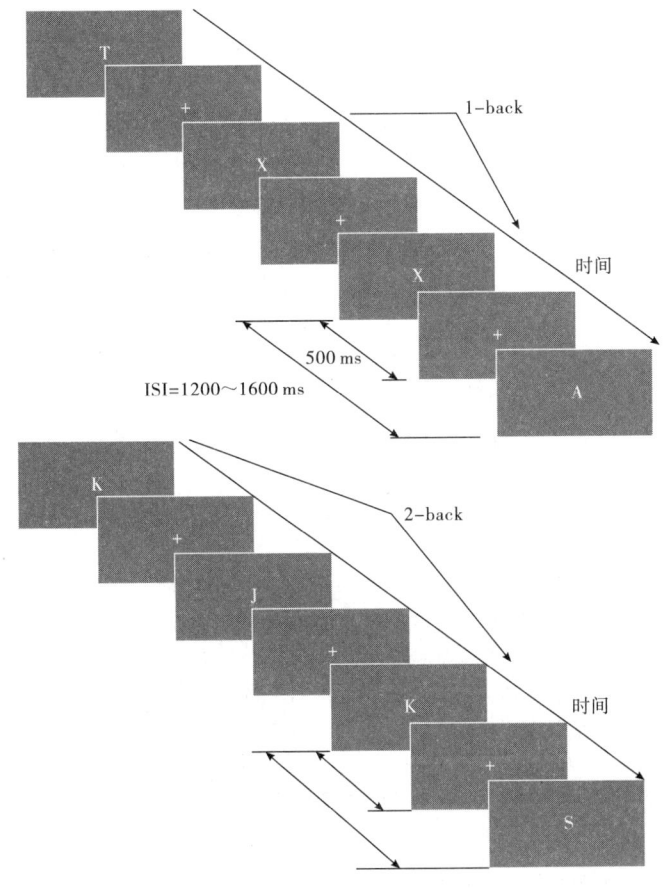

图 8-3 N-back 任务

（二）警觉、定向、执行控制注意网络测验

波斯纳等（Posner et al., 2007）首次将注意网络细分为警觉（alerting）、定向（orienting）和执行控制（executive control）三个子网络。注意的这三个网络体现了个体获得并维持对某一类型信息或目标的警觉状态、对外部有用信息的选择性注意以及处理冲突信息等方面的能力（Westlye et al., 2011）。注意的这三个成分，可以通过范等（Fan et al., 2002, 2009）开发出的注意网络测验（attention network test，ANT）来测量。注意络

测验被大量研究者使用，被证明是有效的测量不同注意网络效率的工具（MacLeod et al., 2010）。

采用注意网络测验实验范式（图 8-4）能够有效测量注意网络三个核心成分（警觉、定向和执行控制）的效率（Fan et al., 2009；Westlye et al., 2011）。

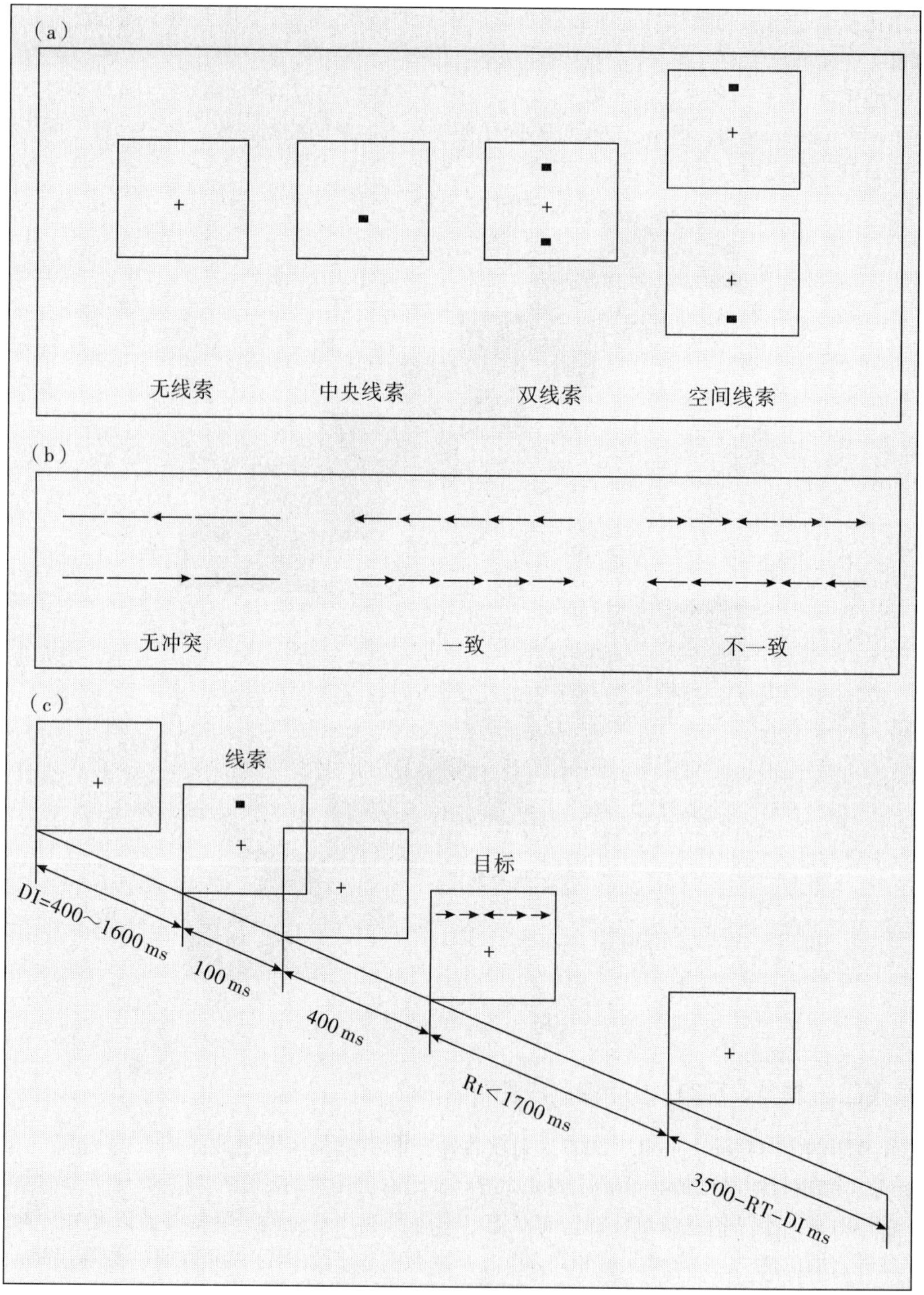

图 8-4　注意网络测验

实验开始时，在屏幕中央呈现一个"+"注视点，时间为 400～1600 毫秒内随机。注视点消失后出现提示线索，时间为 100 毫秒，之后是 400 毫秒的时间间隔（屏幕中央只保留"+"注视点），接着目标刺激（水平排列的 5 个箭头）出现在"+"的上方或者下方，要求受试者在 1700 毫秒内判断中间的那个箭头的朝向（向左就按鼠标左键，向右就按鼠标右键）。之后是一段时间间隔，使每个试次的持续时间固定在 4000 毫秒。

线索共有无线索、中央线索、双线索和空间线索（星号在注视点上方或者下方）四种类型。目标刺激中的箭头朝向有无冲突、一致和不一致三类。

警觉网络效率计算公式为，无线索条件下的反应时减去中央线索条件下的反应时；定向网络效率计算公式为，中央线索条件下的反应时减去空间线索条件下的反应时；执行功能效率的计算公式为，冲突条件下的反应时减去一致条件下的反应时（Fan et al., 2002）。

第二节　运动领域有关注意的研究

在运动领域中，注意的研究不仅涉及个体在运动表现中的专注能力，还涵盖了不同情境下注意的变化和特点。运动表现往往受到注意力的影响，因此理解运动中的注意机制对于提高运动技能和优化运动表现至关重要。

一、"choking"现象

（一）"choking"的概念

目前关于"choking"的概念并没有统一的定论。丹尼尔（Daniel，1981）首次在运动心理学界引入了"choking"一词，用以描述运动员在竞赛中未能展现其原有的竞技水平。早期的心理学研究并未对"choking"做出明确的定义。丹尼尔的定义主要关注运动员在比赛中的表现不佳及其后果，而实际上导致表现失常的外在因素（如赛场环境和运动员受伤）是客观存在的。因此，不能简单地将"choking"现象等同于其他类型的表现失常。而鲍迈斯特（Baumeister，1984）对"choking"的定义虽然关注了个体在比赛中的动机和压力，却对运动成绩的影响给出了过于简化的解释。而后，鲍迈斯特与肖尔（Baumeister & Showers，1986）两位社会心理学的专家对此定义进行了补充，认为该术语专指在压力之下发挥失常，强调仅当运动员有潜能做得更好，但其表现不佳时才可被定义为"choking"。

王进（2003）在明确比赛表现失常与"choking"现象的差异后，定义"choking"为：在压力环境下，习惯性的运动执行过程经历衰变的现象。这里的"衰变"指的是行为模式的突然改变，而"习惯"则指技能执行的自动化程度。王进在 2003 年的研究中，强调了"choking"的两个关键点：一是压力，这是导致运动员"choking"的直接前提，这一观点在布乔尔和卡斯塔涅蒂（Bucciol & Castagnetti，2020）对射箭运动员的研究中得到了支持；二是"choking"与其他比赛失常形式的区别，在于"choking"涉及运动员在面对比赛压力时对成败的认知重视，并伴随主观上的过度努力以追求理想成绩，而非由外在因素简单导致的技能表现降低。

（二）"choking"的相关理论

1. 干扰假说

在早期的运动心理学领域，学者普遍认为"choking"现象是由注意力转移破坏了正常的运动过程所致。早在1981年，丹尼尔（Daniel）首先提出了干扰假说以解释"choking"的成因。奈德弗（Nideffer, 1992b）进一步较为详细地运用干扰假说来阐释在压力条件下"choking"现象的产生原因（图8-5）。根据奈德弗的理论，注意被分为两个维度四个方面，即注意朝向内或外（也就是注意方向），视野的宽和窄（也就是注意范围）。当运动员将注意力集中于外部任务时，他们处于一种宽阔的视野状态，能够获得对任务的全面感知；在窄视野状态下，感知到的目标运动可能显得更大、更慢。相反，当运动员的注意力转向自身时，若是在宽视野下，过多的信息输入可能导致分析过程紊乱；而在窄视野中，则可能因信息量不足而导致分析过程僵化。他提出，压力产生的干扰信息可能增加运动员信息处理的负担或改变运动员注意力的方向，进而破坏整个运动执行过程。在比赛情境中，无关信息的持续干扰会使运动员难以将注意力集中于比赛本身，导致运动员在需要迅速反应的时刻，无法获得正确信息进行响应，继而可能会进入"choking"的状态，无法成功完成相应操作。

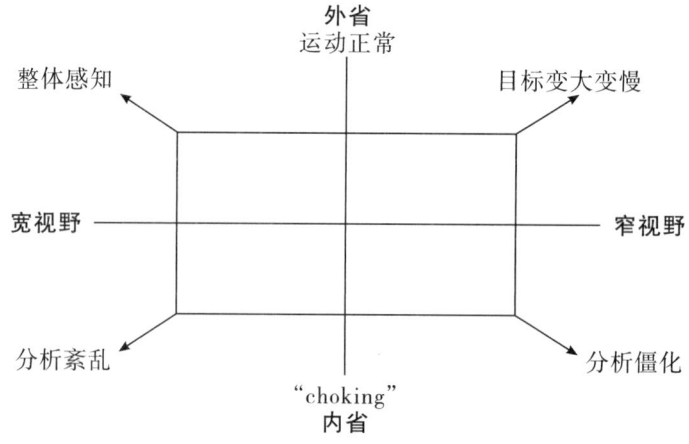

图8-5　干扰假说模型（Nideffer, 1992b）

2. 自动执行受阻假说

鲍迈斯特（Baumeister, 1984）首次提出了自动执行受阻假说，并通过一系列实验展示了"choking"现象的存在。在此之前，对"choking"现象的了解主要来自观察研究。研究界引入了"努力的逆效应"概念作为解释"choking"现象的理论框架，该概念指出在特定情况下过度控制会导致与预期效果相反的结果。该理论认为，运动员在面临关键比赛时，往往会过分强调对技能动作的控制，以期获得最佳表现。然而，这种过度的自我调控实际上会干扰平时通过肌肉记忆自然执行的动作，最终导致运动表现下降。对于那些能够通过肌肉记忆实现自动化的运动技能而言，当操作者试图有意识地控制执行过程时，其自动化的特点可能会遭到干扰。这种意识层面的干预可能会削弱技能执行的流畅度。

3. 过程理论

王进（2004）提出的过程理论旨在超越干扰假说与自动执行受阻假说的特定局限，通过融合这两种理念，开发出一种新的理论框架（图8-6）。

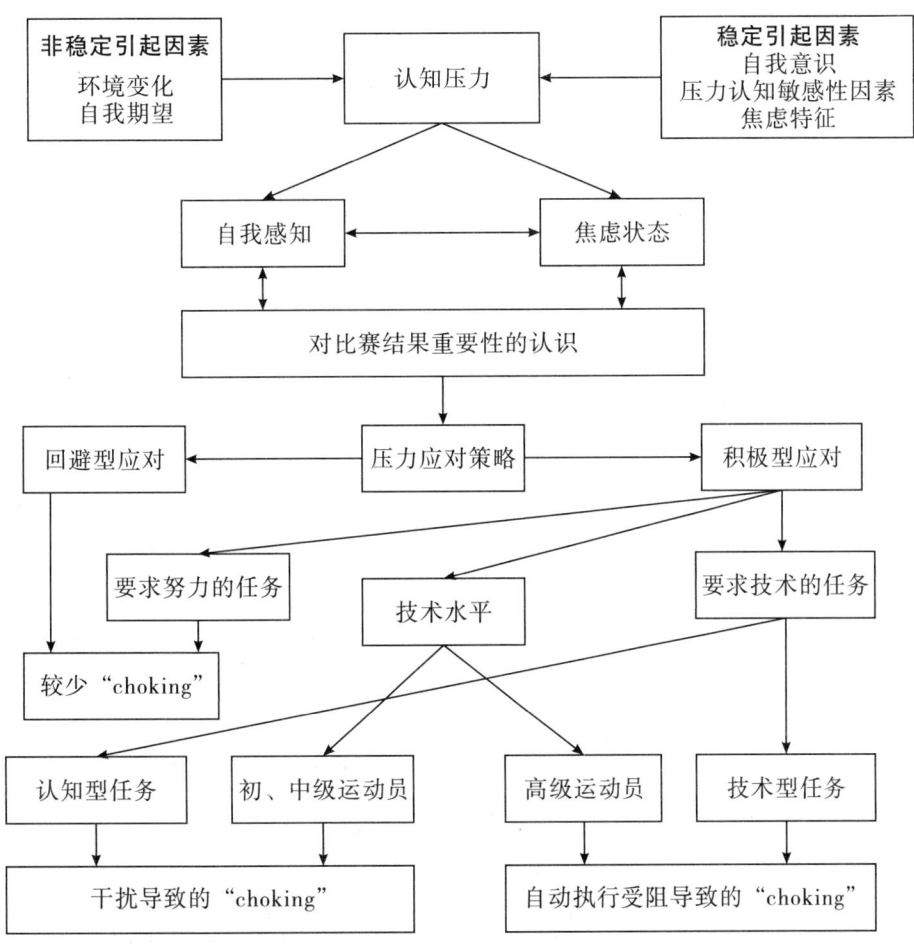

图8-6 过程理论模型图（王进，2004）

该理论认为，在特定的情境下，运动员对结果的认知与认知过程是在持续的相互作用之中进行的。一方面，面对稳定或不稳定的因素时，运动员的认知可能发生改变，引发压力。一旦产生压力，便影响运动员的自我认知和比赛中的焦虑感，进而影响其对比赛结果的认知。另一方面，对比赛结果的认知也能够产生新的压力，这种压力再次作用于运动员的自我认知与比赛焦虑上。这一过程构成了一个互相影响的循环链条，最终导致"choking"现象的发生。该理论指出，"choking"的发生起始于认知阶段，主要受到稳定性因素和非稳定性因素的影响，这些因素共同作用会导致认知上的压力。稳定性因素通常有自我意识、压力认知敏感性因素、焦虑特征，非稳定性因素有环境变化、自我期望等。当运动员感知到这种认知压力时，自我感知与焦虑状态的相互影响会加重运动员对比赛成败的重视程度。个体对比赛结果重视度的提高反过来增强了自我感知与焦虑状态，构成了从认知压力开始到对比赛结果重视度认知的过程。"choking"现象出现前的一个关键心理认知因素是运动员对于比赛结果的认知重视程度。该理论突出了认知变化与压力的动态交互作用，以及这种交互如何显著影响运动员在比赛中的表现。除此之外，还有其他导致"choking"发生的主要因素，如应对压力的策略、任务类型以及运动员的技术水平。过程理论认为，认知压力的形成是稳定和非稳定因素共同作用的结果，其中稳定因素主要指人格特质，是导致"choking"现象发生的重要因素。后续部分将详细讨论"choking"现象的影响因素。

"choking"的过程理论融合了两个早期理论框架：干扰假说和自动执行受阻假说。因此过程理论对鲍迈斯特现象的解释比起干扰假说和自动执行受阻假说来说局限性更小，对"choking"现象也有更深层次的理解，提供一个更加综合与全面的视角来理解和预防运动领域中的"choking"现象。该理论通过强调认知过程和压力之间的相互作用，以及这些因素如何影响运动员的表现，为解释和应对"choking"现象提供了新的见解，因此本书采用"choking"的过程理论对"choking"进行研究。

（三）"choking"干预的相关研究

"choking"现象是教练员和运动员们急需解决的问题，因此"choking"的干预问题也是运动心理学的研究热点。国外的干预方式主要集中于干扰假说（Nideffer，1992a）和自动执行受阻假说（Baumeister，1984）以及针对外界环境的适应三方面。干扰假说的研究者们（Eysenck & Calvo，1992；Eysenck et al.，2007；Oudejans et al.，2011）认为，由于焦虑加剧，注意力从与任务相关的线索转移到无关的线索，导致"choking"发生。经历"choking"的运动员很容易分心，导致运动员忽视重要的任务相关线索。因此，基于干扰假说的干预的目的是防止内部或外部干扰，并在运动技能执行过程中促进与任务相关的注意力集中。这些干预措施可能包括认知和行为上的准备、深呼吸、心理暗示或运动开始前例行程序（Mesagno et al.，2008；Mesagno & Mullane-Grant，2010）。

自动执行受阻假说认为，运动员在面临关键比赛时，往往会过分强调对技能动作的控制，以期获得最佳表现。然而实际上，这种过度的自我调控会干扰到平时通过肌肉记忆自然执行的动作，最终导致运动表现下降。基于自动执行受阻假说的干预，核心原则是尽量减少对显性信息的精力投入和对技能执行的有意识控制。研究者们认为这类干预可以通过远端方法来实现，例如，在技能习得过程中最小化对显性信息的积累（Masters，2000；Liao & Masters，2001），或者通过使用与任务无关的双重任务进行控制（Beilock et al.，2002；Mesagno，Marchant & Morris，2009）。

梅萨尼奥和格克斯（Mesagno & Geukes，2015）提出了一种"适应性干预"策略，旨在帮助个体适应压力情境，从而减少压力对表现的负面影响。这种干预方法并不直接针对"choking"现象的传统解释，如注意力转移或自我关注过度，而是通过降低个体对压力的主观感受，间接减少可能导致注意力分散或自我关注的因素。具体而言，适应性干预包括在轻度焦虑状态下进行练习。例如，在录像或观众面前进行训练，以使个体逐渐适应压力情境（Lewis & Linder，1997；Oudejans & Pijpers，2009，2010）。尽管这种方法主要影响个体对压力的体验，而非直接改变压力对表现的影响，但研究表明，适应性干预可以有效减少在高压情境下出现"窒息"现象的可能性。

国内针对"choking"的干预研究较少，商徽（2016）采用音乐疗法对大学生乒乓球运动员的"choking"进行干预，该疗法可以很好地缓解甚至消除"choking"现象。孙涵（2023）采用正念训练对"choking"进行干预，结果显示其干预效果良好。国内关于"choking"的干预研究集中于使用某一训练方法进行，但是并没有结合"choking"的相关理论，娄虎（2019）在过程理论的基础上提出，"choking"是源于环境与运动员的交互产生的，但是环境的变化性较多，因此，可以从运动员的压力认知敏感度因素、自我意识、焦虑特征等方面对"choking"进行干预。

二、静眼

（一）静眼的概念

静眼现象最早是由维氏（Vickers，1992）在高尔夫推杆任务中发现的。静眼是指关键动作前对特定目标区域一定视角范围内的最后注视点（Vickers，1996，2007）。静眼被认为是自上而下的目标导向的注意控制的代表，静眼期越长，表示注意控制越好（Wilson, Vine & Wood, 2015; Lebeau et al., 2016）。维氏（Vickers，2007）对静眼的界定为：静眼是指在特定区域、一定范围内（1°～3°视角），持续时间不短于100毫秒（或120毫秒，即3帧，具体取决于眼动仪的采样率）的最后一次注视时间或追踪时间（Vickers，2007；孙国晓和张力为，2013）。静眼有两个重要的时间节点：一个是静眼开始时间（quiet eye onset）。它始于关键动作（critical movement，如高尔夫推杆任务中的球杆后摆）之前，是最后注视或追踪（final fixation/tracking gaze）的起始点。另一个是静眼结束时间（quiet eye offset），被界定为从注视区域或追踪的目标上（3°视角）离开100毫秒以上的时间点。静眼期持续时间，或称静眼时间（quiet eye duration, QED）则是静眼结束时间与静眼开始时间之差（Vickers，2007；孙国晓和张力为，2013）。

不同运动项目中的静眼不同。首先，静眼的界定与动作分不开，需要指定一个关键动作（critical movement），而不同项目中的关键动作显然不同。其次，对特定区域的选择有所区别：有些项目为目标区域，如篮球罚篮中多选择篮筐区域，投飞镖任务中选择镖盘靶心，飞碟射击中则为碟靶；而有些项目为非目标区域，如高尔夫推杆任务中注视区域为球，而非洞（Vickers，1996；Causer et al., 2010；Vine & Wilson, 2010）。最后，对视角的界定也依项目特点而异，静止目标任务中往往选择1°或1.2°视角，如高尔夫推杆（Vine & Wilson, 2010），移动目标任务中往往选择3°视角，如飞碟射击（Causer et al., 2010），但无论视角范围如何，都是在中央视野（10°视角）之内（周冉和段锦云，2010）。

（二）静眼与运动表现之间的关系

静眼与运动表现之间存在相关关系。同运动心理学其他认知领域，如工作记忆（张力为和毛志雄，2004）的研究思路一致，也同运动领域眼动追踪研究（李京诚、徐守森和张森，2006）的思路一致，静眼领域的研究者首先使用专家-新手范式对静眼现象进行研究。通常做法是，在实验室中，让某运动项目的专家和新手佩戴便携式眼动仪，重复做某运动任务（如高尔夫推杆、篮球投篮等），直到完成一定数量的成功试次和失败试次为止，然后比较专家和新手的眼动行为（静眼时间）差异。研究大多发现，专家成绩好于新手，专家的静眼时间也长于新手（Vickers，1992，1996）。同时，此类研究还发现，成功试次的静眼时间长于失败试次。如卡泽等（Causer et al.，2010）在飞碟射击中的研究发现，专家比新手有更长的静眼时间，同时，击中条件下的静眼时间长于未击中条件。元分析的结果更具说服力，曼恩等（Mann et al.，2007）对3个实验室共150名研究参与者的实验结果进行了元分析并发现，静眼时间是运动专家和新手的区别性特征之一，它能够解释两者差异的62%变异。

（三）静眼的作用机制

威廉姆斯等（Williams, Singer & Frehlich，2002）在台球任务中通过操控击球前的准备时间（分别留给研究参与者100%、75%、50%准备时间）来操控静眼时间，结果发现，准备时间减少导致成绩变差（缩短静眼时间导致运动表现变差）。他们从认知心理学的角度出发，提出了动作预编程［pre-programming，有研究者（Panchuk & Vickers，2009；Miles et al.，2015；Sun et al.，2016）又称之为动作计划或预测性作用］的观点来解释这一现象，认为动作执行者在静眼期内对接下来的关键动作进行计划和准备，从而保证动作的成功实施。这是静眼领域第一项探讨静眼作用机制的实证研究。他们还发现，随着任务难度的提高，静眼时间会延长，进一步支持了静眼的认知性功能，而这一点又得到了洪恩等（Horn et al.，2012）在投飞镖任务中的研究支持。洪恩等（Horn et al.，2012）发现，与分组块的练习相比，混合试次的练习因为有更高的复杂性，需要飞镖射手进行更多的认知加工，因而导致更长的静眼时间。但这一研究却没有发现实验操控（分组块练习和混合试次练习）带来的运动表现变化，也未发现运动表现和静眼时间之间的线性相关关系。随后，斯特曼等（Klostermann et al.，2013，2014）又在一项自编的静止目标瞄准性抛球任务中进一步为静眼的预编程功能提供了实证支持。他们发现，通过实验操控使静眼开始时间提前而延长静眼时间，会有助于提升运动表现，但此结论只在高任务需求条件（high task demanding）下成立。

以上研究支持静眼发挥预编程作用的观点，即认为静眼在早期阶段很重要。还有一些实证研究间接或直接支持静眼的在线控制（online control）功能，认为静眼在晚期阶段更重要。例如，奥德哲斯等（Oudejans et al.，2002）采用视觉掩蔽范式（occlusion paradigm）在对篮球跳投任务中进行的研究发现，最后350毫秒的视觉信息对运动表现有更重要的作用。尽管这不是一项针对静眼的研究，但却间接支持了静眼的在线控制功能。瓦因等（Vine, Moore & Wilson，2013）请50名高尔夫专家在压力条件下进行高尔夫推杆任务，直到他们失误（未进洞），然后比较第一杆、倒数第二杆、最后一杆（失误杆）的静眼期及静眼在不同阶段的持续时间。他们将静眼分为3个阶段：静眼前期，即杆后摆之前在球上的最后注视时间；静眼在线期，即杆后摆和前摆过程中在球上的注视时间；静眼驻留期，杆击球后视线停留在球的原始位置上的时间。他们发现，第一杆、倒数第二杆、失误杆的静眼前期无差异，但失误杆的静眼在线期和静眼驻留期显著短于两个未失误杆，并认为这一结果支持了静眼的在线控制功能。瓦因等（Vine, Moore & Wilson，2015）在高尔夫推杆任务中的研究通过对静眼时间（最后注视时间）的操控为静眼的在线控制功能提供了进一步的证据。他们的实验包括无掩蔽、掩蔽球杆后摆之前的视觉信息、掩蔽球杆后摆之后的视觉信息 3 种条件。他们发现,掩蔽前部(球杆后摆之前)信息不影响运动表现,而掩蔽后部(球杆后摆之后)信息会导致运动表现变差。据此,他们认为,高尔夫推杆任务中,静眼的在线控制功能比预编程功能更重要。

目前静眼操控类研究大多集中于静止目标任务,这可能与此类任务中更易实施操控有关。笔者认为,这种静眼操控类(探讨静眼机制)的研究还需要不断重复和积累,尤其需要在不同类型的运动项目中进行探索,如有时间限制的移动目标任务或截击性任务(Wilson, Moore & Wilson, 2015)。同时,研究者需要尝试操控或分析静眼的不同阶段,如遵循瓦因等(Vine et al., 2015)的做法,以更深入和更精细地检验静眼的作用。

静眼时间可能并非越长越好。有时候注意需要在不同刺激之间来回转换,如果在某个点上注视太长,可能就无法及时关注其他信息(Vickers, 2011)。那静眼时间多长最好呢?目前尚无定论,因为不同运动项目的要求不同,即便同一个运动项目内,个体间又会有巨大的差异,甚至个体内都会有巨大的波动。例如,驰亚等(Chia et al., 2016)在保龄球任务中比较了专家和新手、击中和未击中,以及简单和困难条件下的静眼时间,结果发现,专家比新手有更长的静眼时间,但是击中与未击中条件下的静眼时间并无差异,静眼时间和难度也不相关。他们指出,静眼时间对运动表现的作用要依任务和个体动作特征而异,在某些任务中一味地使用静眼时间预测运动表现是有局限的。静眼时间并非越长越好,这还可以通过皮拉斯和维氏(Piras & Vickers., 2011)对足球罚点球任务中守门员的研究来佐证:当守门员在球上的最后注视时间过长时,他可能对射手腿或脚的动作关注不足,从而导致被破门的概率提高(又见 Vickers, 2011)。这些研究结果提示,静眼的每个阶段未必同等重要,静眼的时机(timing)可能会比静眼时长更重要(Vine, Moore & Wilson, 2015)。

三、注意偏向

注意偏向是指个体在面对环境中多个刺激时,选择性地将注意力集中于某些特定刺激的倾向。根据研究,注意力偏向通常可以分为以下三种类型。

(1)注意力促进(facilitated attention)。这种偏向指的是运动员对某些刺激表现出更强的注意力吸引,通常是那些对任务执行至关重要的刺激。例如,在比赛中,运动员可能会优先注意到与比赛相关的标志性信号、裁判员的指令或其他竞争者的动作。

(2)注意力回避(attentional avoidance)。这种偏向指的是运动员在面临不愉快、负面或威胁性的信息时,故意将注意力从这些信息上转移开。运动员在比赛中可能会回避一些可能引发焦虑或负面情绪的刺激,如观众的嘲笑、失败的回忆或自身的失误。

(3)注意力难以脱离(difficulty in attentional disengagement)。当运动员将注意力集中在某些刺激上时,可能会发现自己难以从这些刺激上脱离,尤其是在面对焦虑或压力时。这意味着运动员的注意力可能会长时间停留在负面或干扰性的刺激上,影响其对其他更重要任务的处理和反应。

注意是个体认知加工的重要内部心理机制,其核心是选择性,当选择的决定受到刺激的情绪意义系统影响时,注意偏向就会发生(Bar-Haim et al., 2007)。近年来,研究者从认知学层面对情绪状态与情绪刺激的关系进行了研究,结果发现了情绪一致效应,即被试在特定情绪状态中会优先加工与该情绪状态一致的信息(刘兴华和钱铭怡,

2005）。竞赛情境充满压力，易导致运动员的情绪状态发生变化（如焦虑水平升高等），从而使其在竞赛中优先对焦虑相关信息产生选择性注意。已有研究显示，焦虑个体对负性（威胁性）信息存在注意偏向（Mansell，2004）。压力易导致优秀运动员对负性信息产生注意偏向（刘运洲和张忠秋，2017）。

注意是一种有限的认知资源，当个体同时操作两个及两个以上的任务时，一旦所需的注意资源超过了总量，将会导致其中一个任务成绩下降或者几个任务成绩同时下降。压力情境下，运动员易对负性（威胁性）信息产生注意偏向，使得他们对负性信息进行加工时占用了较多的注意资源，从而对动作执行造成影响，即由于注意模式的改变给运动表现带来影响。有研究显示，通过反复练习可以改变注意的分配过程（Lutz et al.，2008），注意训练不仅可以改变个体的注意模式，还可以改善对情绪的反应（MacLeod & Mathews，2012）。为此，运动实践中运动员可尝试进行针对性的注意训练，通过改变注意模式减少对负性信息的注意偏向，从而避免压力对动作执行造成影响。

四、专家和新手的注意特征

研究显示，一位篮球新手与一位篮球高手花在运球上的信息加工时间是不相等的。新手在运球时几乎要花去所有有效的信息加工时间，高手则能在一定程度上减少对运球的注意，因此他能在运球的同时有更多的时间去寻找其他有关的线索并思考战术方案，如图8-7所示。

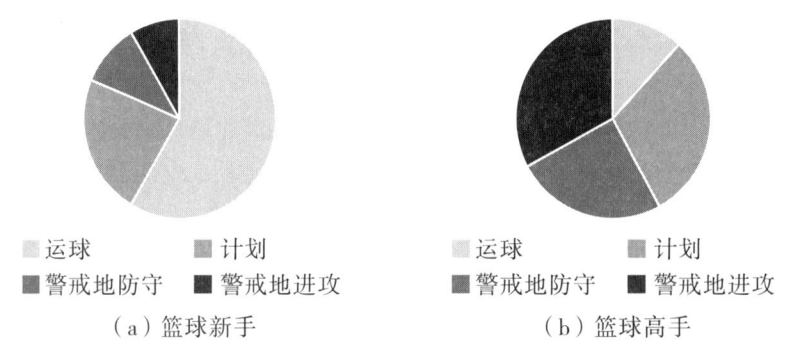

（a）篮球新手　　　　　　（b）篮球高手

图8-7　篮球新手和篮球高手对有效信息加工时间的分配

人类具有同时注意一个以上的对象的能力。例如，熟练的篮球运动员可以在运球的同时举起另一只手，指挥队友跑向接应位置；汽车司机可以在驾驶汽车的同时减油门、踩离合器、换挡。

由此可见，在注意分配能力有限的条件下，如果对有效信息加工时间的要求不太严格的话，人可以同时注意到一个以上的信息，也能够同时作出一个以上的反应；假如完成每项任务都要求花上全部有效的信息加工时间，则人只能注意其中的某一项任务，从而使完成其余任务的能力下降。

但也有研究表明，人的信息加工能力是有限的，即一个人同时做几件事的能力是有限的。如果一位运动员在完成有些运动任务时不能同时完成其他任务，那么就表示他要花时间去对一项或两项任务进行信息加工；相反，如果几项任务能够在同一时间内完成，则表示有些任务或者所有的任务是不需要花时间去进行信息加工的。因此，在注意分配能力有限的条件下，要求运动员同时完成两项任务，有时就会降低运动成绩。当然，更重要的是要弄清每项任务需要花多少时间来进行信息加工。

第三节　训练运动员注意力控制的具体策略和方法

运动员的注意力控制训练策略大致可以分为两类：一类是针对外部干扰的控制策略，另一类则是针对内部干扰的控制策略。虽然这种分类方式稍显简单，毕竟外部和内部刺激之间常常相互交织、彼此影响，但有趣的是，运用针对其中一类的策略，往往对解决另一类注意力问题也能起到不错的效果。

一、外在因素：减少外部干扰的策略

与训练环境相比，比赛环境的新鲜感往往会拖累运动员的表现。奥立克和帕廷顿（Orlick & Partington，1988）的研究指出，能否有效控制分心，与奥运赛场上的出色发挥息息相关。因此，运动员需要通过训练学会对外界无关刺激"视而不见"（也就是所谓的定向反应）。在比赛中，教练员通常希望运动员运用以往比赛中"摸爬滚打"的经验来掌控赛场的情境因素。这对运动员来说属于外界刺激，然而，这种依赖"以往经验"来培养专注力的策略显然有其局限性和误区。教练员必须明白，运动员完全可以在赛前通过系统训练，学会在比赛中自主应对各种情境。

这一训练理念源自巴甫洛夫的条件反射理论。通过系统训练，运动员可以在模拟真实比赛情境中逐渐适应各种可能出现的外部刺激，从而在执行技术动作时形成更稳定的条件反应，减少因比赛环境带来的新鲜感而产生的不良影响。当然，比赛中仍可能出现无法预见的突发情况，因此也有必要制定应急预案，以提升运动员的临场应对能力。以下是三种降低比赛新鲜感对运动表现影响的策略。

（一）策略一：模拟比赛

模拟比赛是一种特别适合体操、跳水、花样游泳和花样滑冰等项目的有效策略。它的核心思想是：运动员在比赛中的熟练表现，其实是训练时将外部和内部刺激与技能表现无意识地联系起来，形成的一种条件反射。与训练环境相比，比赛中的外部刺激更加复杂多样，这往往会导致表现质量下降。这些刺激可能包括比赛服、场地灯光、解说员的声音、背景音乐，甚至是观众的掌声等。

另外，为了在比赛中展现最佳形象，运动员通常会穿上与训练时不同的比赛服装。这就意味着，那些与技能表现紧密关联的无意识刺激（如训练服）在比赛中并没有被激活，而新的比赛服装反而成了一种陌生刺激，可能会干扰表现。因此，当运动员掌握了技术动作并开始为比赛进行完整训练时，应该定期安排模拟比赛，让运动员穿上比赛服，体验与真实比赛相同的流程，包括计分和评判等环节。

这种策略反过来也能帮助运动员摆脱状态低迷的困境。在这种情况下，运动员可以象征性地"丢掉"旧服装，切断它与低迷状态的联系，换上没有失败记忆的新服装进行

训练。这样一来，运动员在心理和仪式上实现了"重生"。不过，运动员和教练员需要明白，这些仪式并不是表现不佳的根本原因。对于教练员和运动员来说，坚持传统的训练模式通常更有意义，同时也要理解，运动表现往往是起伏波动的，而不是直线上升的。

（二）策略二：模拟比赛经验的演练

模拟比赛经验能够让运动员对比赛或特定情境中的相关刺激变得更为熟悉，从而减少外界干扰的影响。经过专门训练，运动员可以学会将注意力集中在任务本身，摆脱外部干扰。尽管相关研究尚不广泛，但已有研究支持模拟训练的有效性（Oudejans & Pijpers, 2010; Hill et al., 2011）。例如，奥德哲斯和皮杰尔（Oudejans & Pijpers, 2010）的研究发现，在增加焦虑情境下进行训练的新手，在高压测试环境中的表现优于那些在没有焦虑情况下训练的新手，后者的表现反而有所下降。希尔等（Hill et al., 2011）的研究则强调，有效干预需要采用多模式的方法，包括过程目标、认知重构、意象训练以及比赛前后的惯例，并且要根据运动员的个体需求设计干预措施。

例如，一位职业高尔夫球手在谈到模拟训练时表示："关于（模拟）训练……我会从松软的草皮开始击球，然后是泥地，接着逐渐过渡到球场上可能遇到的情况。随着压力的逐步增加，我也从中积累了信心。"（Hill et al., 2011）

模拟训练在实际中有很多生动的例子。例如，体操运动员可能会在训练时播放自己之前比赛的录音，音频中包括其他运动员的音乐、观众的掌声等，这帮助运动员更好地演练动作。在足球、篮球和排球等团队运动中，类似的做法是，在比赛前一周的训练中，教练员会通过公共广播系统播放敌对观众的噪音和对方球队的战歌，使运动员适应比赛中的紧张氛围。这些训练有助于减少比赛中新奇刺激给运动员带来的不适感，目的是让训练与比赛体验尽可能相似。

使用这种策略时，教练员和运动心理学家应通过超量训练来模拟最坏的情境。例如，让篮球运动员在暂停期间等待，并要求他们在这种情境下投罚球。对于足球比赛，一些具备心理学敏锐度的教练员会在训练前打开洒水器，并在比赛间隙用水弄湿球，以模拟可能出现的雨天比赛。飞行员和宇航员会在高度仿真的飞行模拟器中进行大量训练，以帮助他们在面对干扰或紧急情况时保持专注，并作出适当反应。虽然体育运动没有与之等同的模拟器，但有创造力的教练员可以通过在训练中引入新奇的情境来模拟比赛中的各种情况。只要这些挑战能够提供学习机会，而非用于惩罚或羞辱，运动员通常会乐于接受并期待这些挑战。正如学习一项身体技能需要时间一样，学习如何在任务中集中注意力而不被外部刺激所干扰，也需要大量的训练时间。

（三）策略三：心理演练

可以使用心理演练来模拟比赛中常见的高压环境和外部干扰，运动员可以想象自己在这些情况下仍然能够有效表现并集中注意力。然而，在运动员掌握放松和意象技巧之前，他们显然无法充分利用这种策略。此类演练的一种变式是让运动员两人一组，其中一人进行运动技能的心理演练，另一人则故意制造干扰。干扰的形式可以是多种多样的，但不包括身体接触。目标是让运动员在面对干扰时仍能保持放松并集中注意力。演练结束后，运动员会根据0分到6分的尺度评估自己的集中力，然后双方交换角色，继续进行训练。

在一项针对美国国家韵律体操队成员的研究中（Schmid & Peper, 1982），体操运动员连续五天进行这种心理演练干扰练习。她们在第一天和第五天对自己的集中力进行了评分，结果显示，她们的集中力在五天后显著提高。通过这种类型的练习，运动员学会了如何在进行运动项目的心理演练时摆脱外部干扰，并避免这些干扰引发的不良心理反应，成功地专注于任务本身。

在安尼斯涛（Uneståhl, 1983）所开设的"基础心理训练"课程中，他使用了"解离"与"脱离"练习。教练员可以帮助运动员学会如何在心理上构建一道不可逾越的"心理墙"，从而屏蔽外界的干扰，或者学会接受干扰并不对其作评价，让其自然消失。这些策略不仅适用于常规的体能训练，而且运动员对这些策略反应积极，尤其喜欢参与制造干扰刺激的过程，这有助于提高他们对压力和干扰的适应能力。

二、内在因素：保持专注的策略

教练员或运动心理学家需要帮助运动员训练大脑，提升自我控制能力，因为专注力能够有效抑制外界干扰。当专注力被中断时，可能会引发运动员产生恐惧和自我怀疑，随之而来的担忧和焦虑又会加剧注意力的丧失，最终形成恶性循环，导致其表现失常。尤其在高压环境下，内在的心理因素对运动员的影响更加显著。比如，假设你需要在一块宽为10厘米、长为4.5米、离地约23厘米的木板上行走（类似于体操中的平衡木训练），你可能能毫不犹豫地走过去。但是如果这块木板离地19米高，你可能会因害怕摔落而感到不知所措。这个恐惧感会影响你的表现，并增加失败的风险。讽刺的是，两者所需的身体技能并没有变化，区别在于你对压力情境的心理反应，这导致你的注意力集中在恐惧和避免跌倒上，而不是专注于走过平衡木。而且，如果你曾经从平衡木上摔下来，每次回想起这段经历或者和别人讲述时，可能会无意中重复导致失败的认知和行为模式。

类似的心理过程也会在比赛中发生。比如，一名通常能轻松踢中短距离射门的足球运动员，在比赛的关键时刻——只剩几秒钟、队伍落后2分的情况下，可能会出现完全不同的反应。当他试图进行短距离射门时，害怕再次失误的情绪可能会变得更加强烈，特别是如果他最近在类似情况下已经错失了机会。一位职业足球运动员曾描述，在这种高压情况下踢球时，他觉得球门柱似乎缩小到了不到30厘米宽。可以想象，这样的心理状态会对运动员射门结果产生怎样的影响。

提高专注力的一个有效方法是减少自我怀疑和竞技焦虑带来的生理反应（如肌肉紧张和生理唤醒的增加）。如果运动员无法控制自己的内在对话，他们的注意力就难以与良好的表现保持一致，更不用说实现巅峰表现了。

（一）策略一：注意力提示和触发器

运动员可以通过视觉、语言和动觉等提示来帮助自己集中注意力，并在注意力分散后迅速重新聚焦。这些提示能够帮助运动员将注意力集中在当前任务的核心要素上，从而避免被无关的想法和情绪所干扰（Neil, Hanton & Mellalieu, 2013）。奈德弗（Nideffer, 1981, 1987）的研究也支持了这一观点，他通过案例研究指出，运动员通过集中注意力，运用与任务相关的提示，能够有效提升表现。

例如，纽约马拉松冠军宝拉·拉德克利夫（Paula Radcliffe）曾说："当我数到100三次（计算步伐）时，这就代表1.6千米。这帮助我专注于当下，而不是去想着还要走多少千米。我专注于呼吸和步伐，内省自我。"（Kolata，2007：1）

一般来说，最佳的提示应该帮助运动员专注于积极的方面，而非消极的因素；专注于当下的时刻，而非过去或未来；专注于过程（如正确的动作或技术）或外部因素（如球、球拍等），而非比赛的得分。在1984年9月1日的电视采访中，奥运跳水冠军格雷格·洛加尼斯（Greg Louganis）分享了他如何有效控制专注力的经验。他表示："我会把我的跳水想象成裁判员会看到的样子，再到我自己看到的样子。"在他完成向前三周半的跳水动作时，他使用了以下语言提示："放松，看台子，找水，找水，找水，踢出，再次找水。"

教练员和运动心理学家应该与运动员紧密合作，帮助他们建立个性化的有效触发提示，从而实现最佳的专注力和表现。这些提示应该因人而异，因为对一位运动员有效的提示可能对另一位运动员并不奏效。同样，有些运动员需要频繁的提示才能保持最佳表现，而另一些运动员则可能只需要较少的提示。

（二）策略二：中心化

中心化训练是一项旨在帮助运动员调整和控制身体与心理状态的技巧，尤其在压力环境下，能够帮助运动员保持稳定的专注力和更好的表现。这项技术的核心在于通过调整身体的重心来达到心理的平衡，避免情绪或外部干扰影响专注力。要理解中心化训练，首先需要明确重心、居中和中心化三个关键概念。

身体重心可以通过想象一条从头到脚的垂直线来理解，这条线将身体分为左右对称的两部分；另外，想象一条水平线，这条线将身体的重量均匀地分配在上下两部分，交点大约位于肚脐后方的位置，即为身体的重心。当身体的重量围绕这个重心进行舒适的分布时，运动员便进入了"居中"状态，感觉到身体稳定、平衡且准备好应对任务。而中心化就是一个有意识的过程，运动员通过主动调整身体重心来恢复或保持这种居中状态，帮助自己在高压或干扰环境下依然能够保持冷静与专注。

具体来说，中心化训练的实施步骤包括：首先，运动员要找到自己的身体重心，可以通过站立时感受身体的平衡来找到最适合的重心位置。接着，根据任务要求，运动员可以微调身体重心的位置。当需要更高警觉性和进取心时，身体重心会略微上升并向前；而当需要保持放松和稳定时，身体重心则会下降。为了进一步巩固这一状态，运动员还需配合深呼吸，通过腹部呼吸来放松身体，减缓生理唤醒，并有效调节紧张感。这样，运动员在准备阶段就能达到最佳的专注状态，为接下来的表现做好心理和生理上的准备。

在实际应用中，中心化技术帮助运动员应对高压环境。举个例子，棒球运动员在击球时，面对高度紧张的场面可能会感到焦虑或紧张。通过中心化技术，他可以在击球前调整自己的身体重心，并配合深呼吸来集中注意力。通过这样的调整，运动员能够在高压局面下依然保持冷静，避免因过度焦虑而导致失误。

研究也表明，中心化技术在运动员的训练中具有显著的效果。奈德弗和萨加尔（Nideffer & Sagal，1983）的研究指出，运动员通过调整身体重心和控制呼吸来集中注意力，从而能够在高压环境下维持冷静，表现更加稳定。中心化训练不仅通过调整身体状态来增强专注力,更通过身心的协调,帮助运动员在面对外部压力时保持冷静,避免注意力分散或情绪干扰。

总的来说,中心化训练是一项非常实用的技巧,运动员通过调整身体重心,配合深呼吸来应对压力环境,保持心理平衡和专注力,从而提升运动表现。这项训练不仅有助于运动员在比赛中应对压力,也帮助他们在各种竞技情境下维持冷静和专注,最终实现最佳的竞技状态。

(三)策略三:TIC – TOC

当做任何一项任务时,人们会有一些干扰我们完成任务的能力和动机的想法。心理学家大卫·伯恩斯(David D. Burns)把消极的想法称为任务干扰型认知(task interference cognition,TIC),而任务导向型认知(task-oriented cognition,TOC)从积极角度看问题,以更加富有成效的方式来关注任务。通过使用"TIC – TOC"技巧,将注意力从无效的思想、情绪或行为转移到有效的任务集中上。这一练习通过"TIC"和"TOC"两个词来触发反应(Burns,1993)。简言之,任何与当前任务无关或可能产生负面影响的自我陈述、情绪或行为都可以称为"TIC"。当运动员意识到自己出现"TIC"时,应立即将其识别并转换为与任务相关的专注状态,即"TOC"(例如,专注于动作的正确效果或期望的球飞行轨迹)。无论是在运动环境中还是非运动环境中,能够及时识别"TIC"并迅速转变为"TOC"是至关重要的。

(四)策略四:将失败转化为成功

许多运动员反映,犯错之后他们容易失去专注。解决这一问题的一种有效方法是训练运动员将失败转化为成功。这是一种认知习惯,旨在帮助运动员在失败后通过心理演练成功的表现来调整心态,而不是一味沉浸在错误中。关键是要尽快在脑海中模拟完美的技能执行,而不是纠结于过去的失误。

心理演练成功表现的一个重要因素是避免自我批评或责怪他人,因为这些负面情绪会破坏专注力;反复思考失败的经历比犯错本身更有害。不断向他人重复错误的经过,或者反复沉溺于为何犯错的思考,会使运动员的大脑不断回放这些消极的行为模式,从而导致他们再次犯下相同的错误。

更好的做法是,运动员可以问自己:"问题出在哪里,我该如何改进?""如果再次遇到类似情境,我能如何做得更好?"或"我还缺少哪些技能?"接着,运动员可以通过心理演练,回顾导致错误的情境,但这次要改变反应,想象自己在同样的情境下完美地完成技能。

(五)策略五:使用脑生物反馈及神经反馈提升注意力

过去,研究注意力和集中力对运动表现的影响主要依赖于行为观察、访谈数据、案例研究以及运动员的自我报告。然而,随着技术的发展,运动心理学家现在可以通过脑电图(EEG)直接测量脑活动,来研究运动员如何处理外部信息和内在信息的加工过程,以及这些因素与表现之间的关系[更多相关研究可参见 Hatfield、Haufler 和 Spaulding(2006),Strack、Linden 和 Wilson(2011)以及 Edmonds 和 Tenenbaum(2012)]。尽管存在简化，脑电图研究显示，随着运动员技能水平的提升，大脑相关区域的活动量会减少，从而实现更加精准的反应。

脑电图技术能够识别出那些大脑效率较高的运动员（Wilson & Shaw, 2011），同时也能帮助发现那些通过训练能够提升注意力的运动员。通过脑电波训练，运动员可以学习如何通过调控脑波状态来影响计算机屏幕上的反馈，经过一段时间的练习，这种对注意力的意识和控制能力可以转化并应用到实际的运动场景中。

神经反馈则是一种非常有效的方法，用来呈现情绪对注意力保持与重新聚焦能力的影响。尽管神经反馈技术的应用越来越广泛，但其成本较高、训练周期长，并且需要高度专业化的操作人员。对于需要高度集中注意力的运动技能，如射击、击球和守门等，神经反馈有望成为未来注意力训练的重要方法。

（六）策略六：提高集中力与再集中技能

集中力训练的目的是帮助运动员将注意力柔和地维持在预定的任务上，当注意力分散时，轻轻地将其引导回去。这一方法与冥想练习的原理相似，如王瑜伽（Raja Yoga）冥想。在冥想时，专注于某条口诀或某个对象，每当注意力偏离时，就温和地将其带回原点。采用类似的方式，以下练习可以帮助运动员提升集中力。

1. 练习 A：正念练习

安静地坐下，闭上眼睛，观察自己能够在某个想法上集中多长时间。这对于许多运动来说不可或缺。接着，运动员可以通过在比赛现场进行专注训练，进一步提高他们的注意力。例如，一些网球运动员在发球前专注于球拍的线条，然后将这种细致的注意力转移到接下来的动作上。在发球时，他们可能会专注于发球的关键要素，如目标点、力量感或注视球的落点。

2. 练习 B：专注一物

选取一张运动照片或一个与运动相关的物品进行凝视。例如，棒球、垒球或网球等球类运动员可以专注于球体，如果分心的想法出现，温和地将注意力引回到球上。不要刻意排除这些干扰的想法，也不要继续思考它们，只需要平静地将注意力拉回到球上。这个练习也可以通过凝视手表的秒针或数字秒数来完成，持续一分钟。记录在此期间自己分散注意力的次数。

建议运动员每天练习上述 A 和 B 这两个练习 5 分钟，并记录自己的进展，计算自己能在不分心的情况下集中注意力的时长。运动心理学的实务经验是，这些家庭练习能够帮助运动员有效消除打断注意力的想法。然而，有研究指出，要通过这类训练提高表现并影响注意力策略，运动员需要具备较高的正念倾向（Kee et al., 2012）。

本章要点

1. 注意（attention）是指心理活动对特定对象的指向和集中。它是一个伴随着感知、记忆、思维和想象等心理过程的共同现象。注意的两个主要特征包括指向性和集中性。

2. 注意有不同的维度，如注意的范围、方向等。根据奈德弗的理论，注意方式可分为四种类型：广阔－外部、广阔－内部、狭窄－外部、狭窄－内部，不同的运动任务要求不同的注意类型。

3. 运动中经常需要注意转换，运动员必须根据情境需求在广泛的外部注意与狭窄的内部注意之间进行切换。这种转换能力有助于运动员在复杂的运动环境中高效地处理信息。同时，个体在注意力能力上存在差异，某些运动员更擅长处理外部信息，而另一些则能更专注于内部信息。这些差异决定了运动员在压力环境中的表现。

4. "choking"现象指的是运动员在压力下未能发挥正常水平的情况。这通常是注意力过度集中或分散，干扰正常的技能执行过程。运动员的注意力集中程度、方向和转换能力对"choking"现象有重要影响。过度控制运动动作、分心或注意力的错误转换都会导致运动表现的下降。

5. 通过如反向眼跳任务、N-back 任务、注意网络测验等评估方法，运动员的注意力控制能力可以被量化。这些方法帮助运动心理学家和教练员了解运动员在不同情境下的注意力水平，进而制定更合适的训练策略。

本章思考题

1. 注意的指向性和集中性在运动中的具体应用如何影响运动员的表现？结合实际运动场景举例。

2. 奈德弗的注意成分理论中，广阔-外部注意与狭窄-内部注意分别适用于哪些运动类型？你认为运动员在比赛中应如何调整自己的注意方式？

3. "choking"现象如何通过注意力的干扰来解释？请简要说明干扰假说与自动执行受阻假说的核心观点，并讨论其在竞技运动中的应用。

4. 根据本章内容，运动员如何在压力较大的情况下调节自己的注意力，以避免出现注意力不集中或过度控制的情况？

5. 注意转换在高尔夫球赛中的实际应用是什么？结合高尔夫球员的注意力管理方式，阐述注意转换对比赛表现的影响。

第九章　运动中的自信

罗雪娟是世界泳坛的顶尖运动员,她在雅典奥运会之前已经取得骄人的战绩,包括 2001 年世锦赛 50 米蛙泳、100 米蛙泳冠军,2003 年世锦赛 50 米蛙泳、100 米蛙泳、4×100 混合泳接力冠军。雅典奥运会前夕,女蛙运动的竞争日趋激烈,琼斯和阿曼达几次改写世界纪录,布鲁克、柯克等也屡次创造佳绩。但罗雪娟始终认为:"虽然每次我都胜得艰难,但我从未放弃。全世界可以不相信你,你却不能不相信自己!"

在雅典奥运会决赛之前,罗雪娟说,除了决赛,预赛也好,半决赛也好,都不足以说明任何问题。"第一道又怎么样呢?第一道就不能拿金牌吗?看不见对手更好,我游我自己的。我战胜了自己,也就肯定战胜了她们。就这么简单。"决赛在凌晨拉开了序幕,罗雪娟从一入水就拼尽了全力,整个过程节奏好、力量足,完全专注自我,霸气十足,以至于在她旁边赛道的、在半决赛中打破世界纪录的琼斯都没能控制住自己的节奏,罗雪娟的发挥足以令观者感到一种激情四射的力量和淋漓尽致的爆发。

罗雪娟最终以 1 分 06 秒 80 的个人最好成绩夺冠,而半决赛上战胜过她的澳大利亚选手琼斯最终位列第三。赛后,一向笑容灿烂的罗雪娟喜极而泣,她激动地说:"今晚的比赛是我两年多以来最艰难的一次,我是来卫冕的,心理压力其实很大。昨天的半决赛中更是了解到对手十分强大,我告诉自己一定要拼到底。现在我拿到了这枚金牌,我真的很激动。""我谁都不怕,"把玩着手里那块沉甸甸的金牌,罗雪娟说,"但我相信谁都怕我。琼斯怕,比尔德也怕,要不然,决赛的时候她们怎么会那么紧张。"她的陈述是如此不假思索而又不容置疑。"在决赛之前,你是不是也曾经——哪怕只是一瞬间——对自己产生过怀疑呢?"面对这样的问题,罗雪娟秀眉一挑:"没有,从来没有。我的自信从世锦赛击败琼斯夺冠之后就再也没有消退过。是的,我承认,今年有一段时间我的状态不太好,训练成绩也始终在 1 分 08 秒左右徘徊,但我没有忘记自己最重要的目标是什么。我在赛后的新闻发布会上也说了,中国人懂得如何在最关键的时刻爆发。"

罗雪娟的上述回答,对自信做了最好的诠释。从罗雪娟的案例可知,自信是运动员在训练和比赛中最为重要的精神财富之一。几乎所有教练员或运动员都认为,自信对于个人和团队的胜利至关重要。获胜的运动员一直都认为,成功的关键是相信自己。即使在充满压力的情形中,他们也会散发出自信并努力拼搏。迈克尔·乔丹认为,在关键时刻克服困难的能力源自相信自己可以做到的自信:"这种自信来自哪里?自信来自过去曾经克服了困难。当然,一开始你必须这样做。但是在这之后,你就有了一个经常可以回顾的模式。这个模式可以让你在做以前做过的事情时感到很舒服。"(张忠秋,2007:45)

虽然教练员和运动员可能都认识到自信对于成功的重要性,但是他们可能都很困惑如何培养稳定的自信，特别是在重要的比赛或者在比赛的关键时刻提升自信。提升没有安全感且对自己不自信的运动员的自信，是富有挑战性的任务。他们可能认识到其他人自信的特点而且认可自信的重要性，但是仍然很难培养自己的自信。大多数运动员和教练员都认识到自信和竞争胜利之间相应的关系：成功需要自信，同时成功也是培养自信的基本条件。教练员感到最为困难的任务之一，就是如何帮助运动员摆脱自信螺旋式下降，以及实现自信螺旋式上升。当运动员处于自信螺旋式下降期时，失败会导致其自信下降，而自信不足反过来会导致运动员不断地失败；当运动员处于自信螺旋式上升期时，成功会不断地令其提升自信，而自信不断地提升反过来会促使运动员不断地实现成功。

本章将从三个方面具体讨论关于运动员自信的问题。本章先阐述自信的定义、测量方式和三种自信水平。接着，以自信的相关理论为重点，深入分析自信如何直接和间接地影响能力表现，介绍可以用来帮助运动员在比赛前和比赛的过程中提升运动员自信的策略与方法。最后，介绍教练员如何通过教育、习得和实施三个阶段过程构建运动员的自信。

第一节　自信的概述

一、自信的含义和分类

杰克逊（Jackson，1984）指出：自信（self-confidence）既是一种持久的人格倾向，也是一种随环境调整的易变的自我评价状态。考克斯（2003）基于前人的研究将自信划分为整体自信和情境自信。其中，整体自信更侧重于指一种个性品质或性格，整体自信可以提高个体的生活质量，相当于自尊，但一个有着很强整体自信的人可能在某项具体的运动或体育活动中并不成功；而情境自信则侧重于个体相信自己能够在某项任务中成功，如拥有篮球运动情境自信的运动员相信他能够在比赛的关键时刻罚篮命中，可见这种运动情境的自信对于竞技运动的应用意义更大。所以，从这种分类可以看出自信不同于自我效能感（毕重增和黄希庭，2007）。自我效能感指的是"个体对其组织和实施达成特定成就目标所需要行动过程的能力的信念"（Bandura，1997：9），自我效能虽然广泛存在，却不是一种较为稳定的人格特质。它是具体的，其具体水平是由活动、任务或情景的性质决定的。所以自我效能相当于情境自信，如果是在运动情境下，那么这时候的自我效能就等同于运动自信。

对于运动中的自信，大多数教练员和运动员都认为自信意味着相信他们能够获胜或者战胜对手。事实上，传统的观点指出，如果运动员不认为他们能够打败对手，那么他们就会觉得自己是失败者，从而导致失败。这种错误的信念要么缺乏自信，要么过度自信。真正的自信是运动员实现成功的现实信心或预期。自信是个人通过不同任务和情形所积累起来的独特成就，这种成就可以让运动员形成实现未来成功的特定预期。而且自信是与对即将发生的事情所做的准备联系在一起的。自信的能力表现有利于阐释运动员是如何看待自己和自身能力，从而构建自身最佳能力水平。自信是运动员人格的重要组成部分，而且其他人能够快速地从运动员的身上看到这种特性。

有很多关于自信的谬见。运动员必须能够区分事实与想象。运动心理学工作者和教练员要帮助运动员理解自信并不是他们所希望做的事情，而是他们真正应当做的事情。自信并不一定需由运动员说出来，而应是他们关于自身真实能力的内心想法。自信并不只是运动员对所做的事情产生的自豪感，而是他们在竞争压力之下对自己能够做的事情进行深思熟虑的判断。总之，自信作为运动员的重要精神财富之一，其具体表现在相信自己有迎难而上完成任务的能力。

二、运动自信的测量

维亚利（Vealey，1986）借鉴人格研究中关于人格特质和人格状态的区分，把运动自信分为特质运动自信和状态运动自信，其中，特质运动自信是指个体在通常情况下对其所具有的能力在竞技运动中获取成功的信念及确信程度；状态运动自信则是个体在某一时刻对其具有的能力在竞技运动中取得成功的信念和确信程度。维亚利还研制了"特质运动自信量表"（trait sport confidence inventory，SC-Trait 或 TSCI）和"状态运动自信量表"（state sport confidence inventory，SC-State 或 SSCI）。2001 年，香港浸会大学冯玛利等（Fung et al.，2001）将这两个量表译成中文，对中国的运动员进行了跨文化研究，并运用验证性因素分析对上述两个量表进行了检验。两个量表各包括 13 个题项，采用 9 级李克特量表的形式表示从"非常低自信"（1 点）到"非常高自信"（9 点）间的不同程度。其中，"特质运动自信量表"要求在赛前 24 小时对运动员进行测量，而"状态运动自信量表"则要求在个人信心最强的项目比赛前 1～1.5 小时对运动员进行测量。需要注意的是，为使运动员在填写量表时不被影响，在实际施测时一般将量表名称印制为问卷一、问卷二，而不出现"特质运动自信"或"状态运动自信"的字样。此外，运动自信的自陈量表包括中国学者沈龙科研制的"特质运动自信心量表"，以及李安民研制的可用于测量运动员总体自信、特质自信及状态自信的"运动员心理因素调查问卷"等（张力为和毛志雄，2004）。

此外，马腾斯（Martens，1990）以多维焦虑理论为基础编制"竞技状态焦虑量表"（competitive state anxiety inventory-2，CSAI-2），祝蓓里（1995）对其进行中文版本的修订。该量表中文修订版由认知焦虑（cognitive anxiety，CA）、躯体焦虑（somatic anxiety，SA）和自信心（self-confidence，SC）3 个维度组成。量表共 27 个条目，采用 1～4 点计分，每个维度的分数在 9～36 之间，分数越高，表明该维度表现越高。其中，自信水平测验可以采用该中文修订版"自信心分量表"进行评定。对此，张力为（2001）认为，多维焦虑理论及相应的量表有忽视社会焦虑的倾向，而运动员在赛前经历的社会期待焦虑，往往对其比赛发挥产生着重要影响。因此，根据运动员成就动机和运动情绪的社会定向特征，张力为（2001）提出了一个赛前情绪的五因素模型。该模型将赛前情绪作为二级因素，支配着特质自信、躯体特质焦虑、个人失败特质焦虑和社会期待特质焦虑 4 个一级因素。他还根据该模型，研制了"赛前情绪量表 – T"（pre-competitive emotion scale，PES-T–32×6①）及其简表（PES-T–16×6② 和 PES-T–16×4③）。"赛前情绪量表–T"中的 T（trait）代表"特质"，表示该量表将运动员的赛前情绪作为特质来测量。

为了使被试在填写这些量表时做真实回答，应在实际施测时将量表名称印制为 PES-T–32×6、PES-T–16×6 或者 PES-T–16×4。一般来说，在一项调查中，或使用全表，或使用简表，两个量表不应同时使用。

三、自信心水平

运动中的自信水平不是越高越好，教练员可能会希望能够有机会与具备理想自信水平（最佳自信水平）的运动员一起工作。处于最佳自信水平的运动员会具备较强的内部动机参加比赛，并不断地争取成功。但是，大多数团队或运动员长期处于缺乏自信或者过度自信的状态，其团队或运动员的能力表现会大打折扣。

我们可以将自信看作连续统一体。缺乏自信位于统一体的一端，过度自信位于其另一端，缺乏自信的运动员往往觉得自己能力不够以致动机无法达到最大化，而过度自信的运动员会觉得自己具备很高的天赋，因此他们不需要致力于提高自身技能。最佳自信水平处于统一体中间，此时运动员处于表现的最高位。这个连续统一体证明了运动员的自信与能力表现之间的倒 U 形关系（图 9–1）。这个倒 U 形关系和运动员的唤醒与能力表现之间的关系一样。随着自信增加到最佳水平，运动员的能力表现不断地提高；但是，自信超过最佳水平时，其能力表现会出现降低。不论是缺乏自信还是过度自信的运动员，都可以通过调整达到恰当的自信水平，从而发挥自身最佳的能力水平。

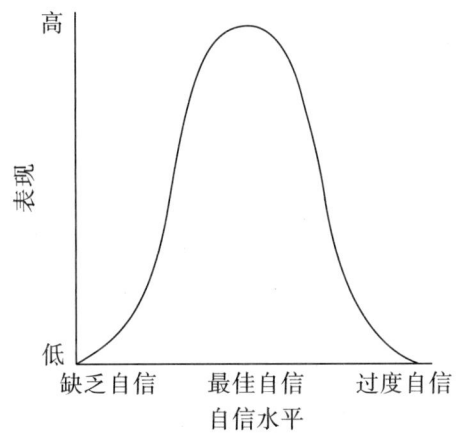

图 9–1　自信水平和表现之间的关系

（一）最佳自信

具备最佳自信水平的运动员可能已达到最佳的专注状态。他们的自信能够让他们屏蔽最多的干扰，同时帮助他们将注意力集中到必要的线索上以便发挥自身最佳水平。在

---

① 包括 32 个题目、6 个选项的全表。
② 包括 16 个题目、6 个选项的简表。
③ 包括 16 个题目、4 个选项的简表。

这种情况下，运动员可以更加自动化地使用技能，达到流畅状态。总之，具备最佳自信水平的运动员做好了比赛的充分准备，如进行力量、耐力和心肺耐力的训练以提升他们的运动能力并且为他们在比赛中成功执行技能和策略做好准备。此外运动员在培养自动化技能实现能力表现的训练中越努力，那么在面对重要的比赛时就越能够感到自己做好了充分准备。运动员无法欺骗自己，如果运动员没有做好准备，那么在无法承受的时候，自信会出现波动，而且往往会出现自信明显下降的情形。关键时刻的自信要求运动员在非赛季时期、健身房以及训练场地或练习场上做好充分、努力的准备。只有这样，运动员才能达到最佳的自信水平。努力、技能和策略培养是自信来源的两大准备类型。很多运动员在知道没有对手能够战胜他的情况下，自信会大大增强。在2000年悉尼奥运会上，卢伦·加德纳（Rulon Gardner）预测，因为优越的条件和充分的准备，他能够战胜从未战败过的古典摔跤传奇人物亚历山大·卡列林（Aleksandr Karelin）。游泳选手达拉·托雷斯（Dara Torres）在33岁的年龄仍然能获得4块铜牌（在退役4年后参加第4次奥运会），这归功于她达到人生中最好的准备状态。大多数出色的运动员都会在整个运动生涯中不断地培养自身的技能、技术和策略。迈克尔·乔丹在每个比赛的非赛季都会经常努力地参加训练（特别是进行基本技能训练），这种技能培养可以提升运动员的自信，在比赛的重要时刻，他才能投篮命中、成功抢球或者打败对手。运动员感到自己具备能力并且做好了准备时，会期待自己发挥出色，从而让自己达到最佳的自信水平，进而让自己发挥出最佳的能力水平，这是一个向上的螺旋式发展过程（图9-2）。

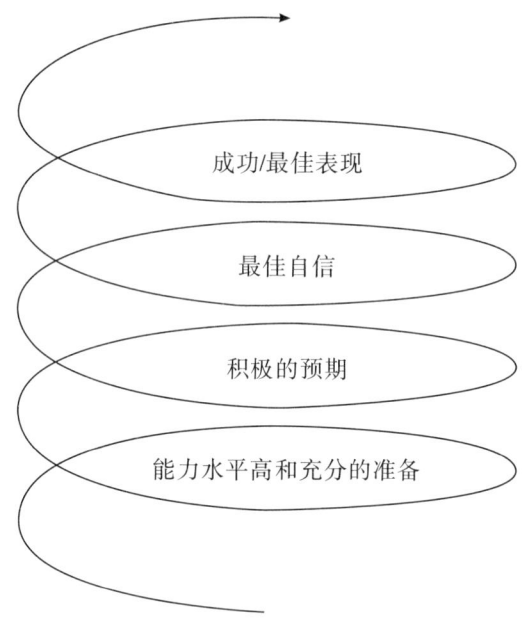

图9-2 成功的螺旋式发展

虽然具备最佳的自信水平一般是出色的能力表现的必要条件，但是具备最佳的自信水平并不能保证一定达到最佳的能力表现。因此最佳自信水平是必要条件之一而不是充分条件。有时候，即使是能力水平很高、做了充分准备，并且感到非常自信的运动员，也会出现表现糟糕的情况。具备最佳自信水平的运动员必须认识到，自信无法保证他们不出现错误。但是，自信可以为运动员提供解决错误的强大工具。运动员对自己完全充满自信时，可以自由地采用建设性方式改正错误，同时将错误看作未来通往成功的奠基石。他们不会害怕尝试，因为他们知道，要想变得更好，犯错是必须付出的代价。不要责罚犯错的运动员，因为这样做会否定他们的心理，从而影响运动员的自信。

（二）缺乏自信

大多数教练员都努力地尝试帮助缺乏自信（低于标准的自信）的运动员，特别是具备成为优秀运动员潜能的运动员。虽然有些缺乏自信的运动员很清楚地认识到，他们并不具备出色的能力水平，但是大多数缺乏自信的运动员只是低估了自身的技能和准备条件。这些运动员的自信可能过分依赖于匹配比赛的身体条件，这意味着当他们面对身体条件比自己强的对手时，就会出现问题。他们无法意识到自己可以通过出色的心理技能和有效的策略战胜此类对手。不管为特定的比赛做了怎样的准备，这样的运动员都无法真正相信自己有能力赢得比赛。

一个错误或一次失败并不会影响具备最佳自信水平的运动员。因为他们知道，错误和失败只是运动中正常的一部分。但是，缺乏自信的运动员非常害怕失败，他们很容易被失败吓倒，会将自己看作失败者，并且开始出现相应的行为。这是一种恶性循环或自我证实的预言。很多的运动员觉得很难打破这样的循环或预言：因为他们缺少或低估了自身的准备和能力，他们会觉得自己会失败，从而导致不自信。这种不自信的感觉反过来导致运动员出现实际的失败。而糟糕的表现证实了他们消极的自我评估，进而增加了他们未来再次失败的可能性，这是一个可怕的向下的螺旋式发展过程（图9-3）。

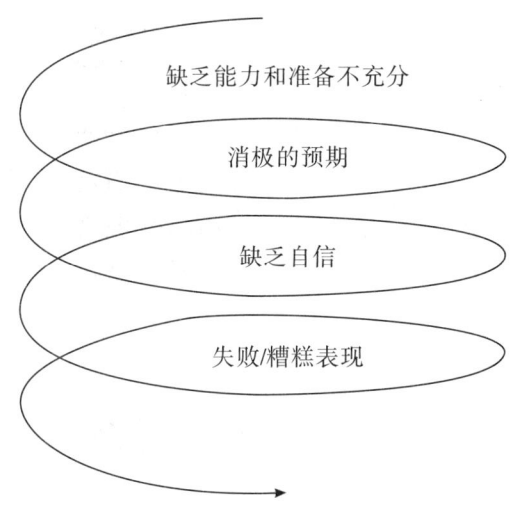

图9-3 失败的螺旋式发展

即使在不需要自己承担责任或者只需要简单地将过错看作"不可避免的事情"的情况下，缺乏自信的运动员都会感到对自己没有把握，还会自我责备。这种自我怀疑会导致他们出现更强的焦虑感，无法做到集中注意力解决问题，甚至会放弃尝试的机会。缺乏自信的运动员是在自我发展和个人能力表现方面缺乏自信的落后者。

（三）过度自信

如果运动员的自信源于充分的准备，那么运动员就不会过度自信。当我们说运动员过度自信时,真正的意思是他们抱持不现实的自信,即运动员的自信程度远远超过自身的能力和必需的准备。过度自信的运动员可能是教练员最难执教的群体,因为存在两种明显的错误理解。

第一种错误的理解是膨胀的自信。不管是因为父母或教练员的娇纵,还是参加比较没有竞争性的比赛,抑或媒体的过度炒作,有些运动员确实会认为他们比真实的自己更好。这样的运动员注定会遭受失败。他们往往在运动中看起来很不错,有时候还展现出卓越的技能,但是由于他们认为自己具备出色的身体或心理技能,往往会因此表现得洋洋得意。在没有充分准备的情况下,他们曾经的出色技能将无法发挥作用。结果只会让他们想不明白到底发生了什么事情以及为何他们会如此无精打采、不在状态而输掉比赛。

第二种错误的理解是错误的自信。运动员认为,只要外在表现出自信就可以克服内心所缺乏的自信并避免所害怕的失败。具备错误自信的运动员往往会出现出自以为是、过分自信以及自命不凡,但是在他们傲慢的外表下是自我怀疑。这样的运动员往往会慢慢地走下坡路,因为他们知道自信对于运动成功的重要性。他们会避开威胁自身信心的情形,并且尝试避免失败以便保护脆弱的自我。他们出现糟糕的能力表现时,会假装受伤或者找借口。而且,对这样的运动员往往很难执教,因为他们不会承担自己犯错的责任,也不会接受他人关于提高自身能力的建设性反馈。过度自信的运动员会歪曲现实,将事实与自己所希望的混淆到一起。他们可能会受到谬见的影响。但是,这些过分简单的"积极想法"并不会帮助运动员实现自己的目标。运动员必须努力地培养技能和策略,同时在比赛过程中做好有效使用技能和策略的准备。只有这样,运动员才能建立自信。

四、自信的理论

所有教练员、运动员都知道自信的重要性:它能帮助运动员战胜强敌,取得胜利。在体育运动领域有关运动自信的研究中,影响较大的主要有自我效能理论、胜任动机理论及运动自信模型,这些理论有助于人们更好地理解自信的成分以及影响自信的有关因素,进而从多种途径培养及提高运动员的自信心。

(一)自我效能理论

自我效能(self-efficacy)的概念由美国心理学家班杜拉(Bandura,1977a)提出,它指一个人对自己能否成功地完成一项任务所持的信心和期望,或者对自己成功地完成一项任务所具备的潜能的认识。班杜拉的自我效能理论在体育运动中得到了许多验证。研究表明自我效能对运动员的运动表现具有很强的预测能力。通常,与自我效能感低的个体相比,自我效能感高的个体更努力,坚持的时间更长,且取得的成绩更好。实际上,我们可以将自我效能理解为在特定情境中对于特定事件的自信心的理论。自我效能理论(theory of self-efficacy)是关于自我效能影响因素和重要作用的理论。该理论认为,自我效能的形成受4种因素影响,即成功的表现(直接经验,包括自己已有的成功经验和现时的优异表现)、替代经验(间接经验,指通过参照榜样的表现与结果,所获得的自己能否成功的判断)、言语说服(指他人利用鼓励性的话语或正向的反馈,使个体相信自己具有完成任务的能力)和情绪唤醒(指情绪是否积极和情绪的强度)。这4种因素影响人的自我效能感（自我效能信念），而自我效能感进而影响人的情绪和行为（图9-4）。

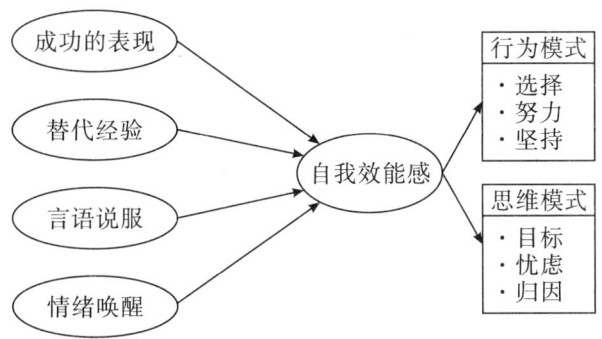

图9-4 自我效能理论模型

该理论可以用来解释自信心的形成与发展，其提出的对个体自我效能产生重要影响的4个因素对于理解运动员如何培养和发展自我效能很关键。

（二）胜任动机理论

哈特（Harter，1978）提出了一个有关成就的动机理论，被称为胜任动机理论（competence motivation theory）。该理论认为，人们天生就有在各领域取得成功的内在动机，即"胜任的动机"。在它的推动下，个体会努力去尝试精通某事（如某项运动），尝试的成功或失败进而会对个体的自我效能产生积极或消极的影响。通过获得的成功能够促进个体自我效能的发展，进而促进胜任动机的产生与提高，而随着胜任动机的不断提高，个体也更倾向于去尝试发展新的技能。相反，如果运动员努力尝试的结果是失败，则会导致产生较低的胜任动机进而不愿意继续尝试，甚至可能中途退出运动（图9-5）。

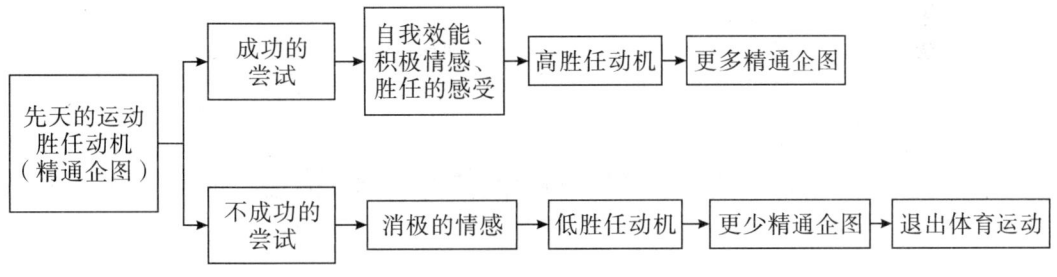

图9-5 哈特的胜任动机理论

该理论与自我效能理论有异曲同工之妙，实质上都强调成功的表现对自信心的促进作用。韦斯和霍恩（Weiss & Horn，1990）的研究发现，那些低估自我效能的人倾向于退出运动，且常常被特质焦虑所困扰，他们更喜欢挑战性不强的任务，容易被外部因素所控制；而能够正确评价自己能力的人则可以更好地控制形势，并且乐于尝试具有高挑战性的活动。这一结果揭示了在体育运动中发展胜任动机的重要性。布莱克和韦斯（Black & Weiss，1992）的调查研究强调了"重要他人"对于增强年轻运动员胜任动机的重要作用：那些认为教练员给予了自己积极反馈和鼓励意见的年轻运动员，有更强的胜任动机。艾伦和豪（Allen & Howe，1998）发现，对于能力相同的少年女子曲棍球运动员，不同类型的训练和指导方式对她们的胜任动机的影响不同。具体地说，对运动员的良好表现给予表扬并提供技术信息，会增强她们的胜任动机；相反，如果运动员的表现不好，给予表扬及技术信息反而会降低运动员的胜任动机。在这种情况下，适时的沉默也许是提高胜任动机的最佳策略。史密斯（Smith，1999）的研究则表明，友谊和同伴的接受对提高年轻运动员的胜任动机非常重要。

（三）运动自信模型

维亚利（Vealey，1986）提出了运动自信模型（sport-confidence model），认为运动自信是个体对运用自己所具有的能力在竞技运动中获取成功的信念及确信程度，并将运动自信进一步划分为特质性运动自信和状态性运动自信。维亚利进一步指出，真实的运动情境影响着运动员的特质性运动自信及比赛目标定向（过程定向或结果定向），这两者共同影响着运动员的状态性运动自信，并最终影响运动员的行为表现及运动员对其行为表现的主观评价（图9-6）。

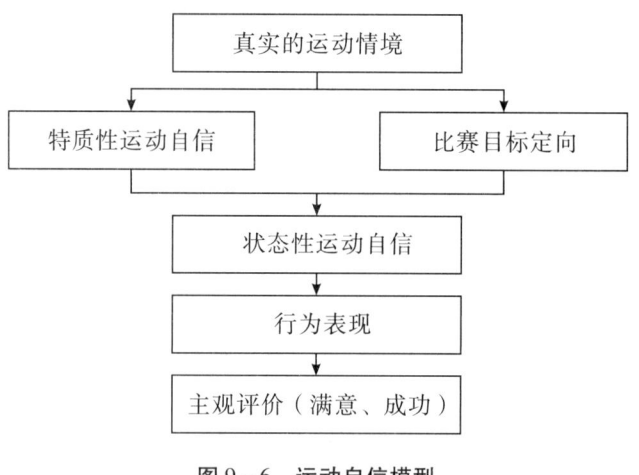

图9-6 运动自信模型

第二节 自信心理论的实践应用

自信心理论告诉我们培养竞技运动中的自信有很多方法。在使用这些方法时，教练员或体育教师需要注意，自信的培养不是一朝一夕的事情，本章列出的方法需要在运动员清楚原理的情况下，反复操练，不断强化。

一、构建表现成就

运动员过去的成功经验是他们预测将来成功最有力的证据，会成为运动员面对下一次挑战时自我效能感的重要来源。也就是说，提升自信的最佳方式就是构建表现成就的历史。只要运动员将成功看作是自身努力和能力的反映，那么每次成功都能够让他们感到更自信。一般情况下如果运动员和团队在过去取得成功，那么他们就会期待在未来也取得成功；反之，如果运动员和团队在过去出现失败，那么这种失败会加剧运动员和团队的消极预期。迈克尔·乔丹是这样描述个人自信的："在我的整个NBA生涯中，我总是会回想起1982年（他在该年美国全国大学体育协会的篮球锦标赛上成功投篮）。我并不是说，如果你以前从未赢得重大的比赛，就无法在关键时刻充满自信。显然，在那次成功投篮前，我一直都很自信。但是，就是那一瞬间却能够产生如此大的效应。在以后的每次投篮中，我都觉得自己可以命中。在这些情形中，我都可以做出很好的反应。因为我具备非常积极的想法。我在最后一秒投篮命中。这成了我的一个特点。"运动员过去的能力表现结果会从以下3个方面影响其自信的培养。

（1）稳定性。一方面，成功的模式能够提升自信，即使是在能力提高并不明显以及对手相对比较弱的情况下。另一方面，经常性的失败一般会降低自信水平，即使在这个过程中会夹杂着出现少数重大的胜利或者能力表现改善。

（2）近因。相对于以前的成功和失败，运动员更看重最近的成功或失败经历。

（3）成功的质量。相对于在面对容易的任务和普通对手的情况下，在面对困难任务和强大对手的情况下取得的成功更能够提升运动员的自信。类似地，在面对较弱的对抗或者简单任务的情况下出现失败，会极大地打击运动员的自信；而在面对强大的对手或者困难任务的情况下出现失败，则不会对运动员的自信造成太大的伤害。

为了突出稳定性、近因以及高质量的成功，教练员或运动心理学工作者可以使用自信心训练策略：目标设定、个人成就墙和个人成就精选片段。

（1）目标设定。一个系统的目标设定有利于运动员获得良好的能力表现结果。在设计完善的计划中，运动员会制定每天和每周的目标，还会经常评估这些目标。每次实现目标后，运动员的自信会得到提升。可以鼓励运动员经常回顾目标日志从而关注自身能力表现结果的质量和数量。要求运动员专注于实现重大且稳定的个人目标，其中包括重要的比赛以及日常的练习赛。对于技能发展较慢的运动员，要求运动员绘制自我进步的曲线图，这可以帮助他们更容易地掌握所取得的成就。每隔几个月，可以鼓励运动员系统地评估自身的长期发展。一般情况下，他们会吃惊地发现自己在短短的几个月中取得了重大的进步。这是一种不错的构建自信的方式。

（2）个人成就墙和个人成就精选片段。个人成就墙只需要一张日志纸就可以。运动员在这张纸上列出自己在运动和生活方面的所有重要成就。在多年的执教生涯中，戴蒙·伯顿（Damon Burton）就采用这个策略帮助运动员回顾他们在生活中所取得的大量成就（图9-7）。只要运动员觉得这些成就很重要就可以，而其他人如何看待这些个人成就并不重要。要求运动员列出他们个人觉得很重要并且能够让他们拥有成就感的事情，接着再在日志上添加他们所取得个人成就墙示范的新的成功事件。教练员和运动员也可以制作个人成就精选片段，以便展示他们出色地挥杆、投球、跳跃、打法或者其他能够让他们回想起自我进步和成功的时刻。可以在运动员的精选片段中按照时间顺序添加剪辑，这样就可以很容易地看到他们所经历的过程以及所收获的成功。运动员必须经常回顾他们的个人成就墙和精选片段，以便提升自身的自信水平。

个人成就墙摘录

网球
- 1993年：我第一次拿起球拍时，一个传奇的时代开始了。我梦想成为世界第一，第二个斯蒂芬·艾伯博格（Stefan Edberg）。
- 1996年：我9岁时第一次参加锦标赛并且取得了第三名。
- 2001—2005年：我不断地帮助高中团队在州锦标赛中提高排名。
- 2001年：我在拉法埃托打败了马克。他是全国都排得上名的运动员！
- 2002年：出色表现的一年。我感觉自己几乎在每一场锦标赛上都非常"在状态"。最后，我还完美完成了扣球。
- 2004年：参加州高中双打半决赛，取得第三名。
- 2005年：参加州高中双打决赛，取得第二名。

学习
- 2000—2003年：模范生。
- 2003—2005年：成为GPA 3.83的模范生。

组织
- 2003—2005年：高中地理俱乐部成员。
- 2005年：受邀参加基瓦尼斯俱乐部会议发言。获得小额奖学金。

家庭

1987年至今：我的家人就是个人成就墙的核心。没有他们，这些都会是空白的纸张。他们开车送我去参加所有的训练，抚养我并且支持我。家人是我所有成功的关键。他们是我的全明星。

其他人生成就
- 2000—2003年：交了一名女朋友（这是很有成就感的事情）。
- 1987年至今：没有吸烟，没有吸毒。

图9-7　个人成就墙示范

因此，在训练中，为运动员创设可获得成功的情境是非常重要的。在任务难度非常高时，成功将变得不现实，因此教练员有时需要通过降低任务难度来保证运动员能够体验到成功。例如，对于初学排球的运动员来说，如果按照规则发球，可能很难将球成功发过网，这时候教练员就需要降低任务难度，让运动员走进场地几米再发球，以使其能够体验到成功；否则，运动员可能因为不断的失败，丧失自信而不再去尝试。这种成功体验对于技能水平较低的初级运动员尤其重要。在运动员完成比较简单的任务后，教练员可以逐渐增加任务难度。

二、替代性经验

通过观察榜样，个体通常可以获得有关成功的替代经验，而替代经验也是自我效能的重要影响因素之一。榜样与个体自身的相似程度越高，对自我效能的影响作用则越大。通过观察榜样的表现，个体可以判断或衡量自身的能力。当观察到条件与自己相似的榜样因努力而成功时，运动员的自我效能就会提高；反之，如果观察到榜样失败的行为表现，运动员的自我效能就会降低。例如，从20世纪初开始，无数人梦想着完成这个看似不可能完成的目标：4 分钟内跑完 1 英里①。1945 年，瑞典人根德尔·哈格跑出 4 分 01 秒 4 的成绩，八年过去了，依旧没有人更接近那个目标。很长一段时间内，全世界认为这几乎是人类的极限，然而当罗杰·班尼斯特（Roger Bannister）于 1954 年成为突破 1 英里 4 分钟大关的世界第一人后，很多运动员都有了和以往不同的信念，即 4 分钟跑完 1 英里是可能的，它不是人类不可逾越的极限。然后 37 人成功跑进 4 分钟以内，第二年超过 300 人实现了 4 分钟内跑完 1 英里。罗杰·班尼斯特的替代经验给后面的运动员非常大的鼓舞，打破了以往固有的信念（这是人类极限，不可能有人 4 分钟内跑完 1 公里），使很多运动员一下子信心大增。替代性经验意味着帮助运动员间接地体验成功。这种体验可以通过示范（观看他人表现如何执行技能或策略），或者通过意象（一种自我示范，运动员可以在这种类型中形成如何执行技能的心理想法或者在心理上预演所掌握的技能）想象成功是一种构建强大自信的方式。

教练员可能都熟悉使用榜样示范作用帮助运动员学习或提高身体技能的方法。这种示范也可以很好地提高运动员的自信水平。学习复杂的技能或者面对难以应对的对手往往会是一件令人心生畏惧的事情。而观看队友（或对手）面对挑战，则可以显著地提升运动员的自信，特别是与模型中的经历和能力相似的情况下。几年前，戴蒙·伯顿执教过两名跳水运动员：吉尔和莉莎。其中，吉尔是两人中技术比较高的一位。但是，她不是很情愿尝试新的跳水动作以及预备活动（如蹦床运动），而且她也没有采取措施来提升自己的自信水平。相反，莉莎是一名技术比较不熟练但是比较大胆的运动员。她期望接受新的跳水动作的挑战。吉尔觉得自己比莉莎跳水跳得更好，因此她在看到莉莎掌握了新的跳水动作时，感到更自信："如果莉莎都可以做到，我也可以。"结果，吉尔使用替代性经验提升所需要的自信，从而战胜了自己对新的跳水动作害怕的感觉。

教练员也可以在策略中使用榜样示范培养自信。在 1969 年的超级碗橄榄球赛中，纽约喷气机队四分卫手乔·纳玛什（Joe Namath）观看了数十小时的视频。他发现，使用与喷气机队相似技能的球队成功地利用了巴尔的摩小马队的弱点。事实上，喷气机队可以使用示范策略来让备受观众青睐的对手感到不安。当被记者问道他的球队能否取得成功时，乔·纳玛什自信地表示喷气机队会获胜。接着，他使用这些借用的策略带领喷气机队创造了历史，以 16：7 的比分取得了胜利，为新贵美国橄榄球联盟（American Football league，AFL）取得了第一次超级碗的胜利并提高了其理论的可信度。这是一种有利于构建类似于运动员亲身经历或技能的示范。观看优秀运动员的比赛能够为运动员展示如何执行技能，而观察能力水平比较高的运动员的比赛可以让他们找到必要的能力表现线索，从而进一步掌握技能。

三、 关注过程， 注意可控因素

在以能力表现而不是以结果为导向的情形下，运动员和团队都可以培养更高且更稳定的自信水平。相对于结果，关注过程和能力表现是基本原则。过程目标关注形式、技术和策略，能力表现目标注重提高个人的整体能力水平。例如，跑得更快，投掷得更远，或者更多的射门得分。结果目标强调做得比其他竞争者好，如必须获得很高的排名或者

---

① 1 英里 ≈ 1.61 公里。

必须赢得比赛。实现能力表现目标要求运动员关注过程，例如，在高尔夫球比赛中得74分，或者在10.22秒内跑完100米。为了实现这些能力表现目标，运动员必须实现一系列注重形式、技术、知识或策略的过程目标。例如，增强击球能力并击中更多规定的目标，或者一开始就打出好的局面。事实上，这3种目标类型应是一个连续统一体（图9-8）。结果目标是连续统一体的产品端（右端），过程目标在另一端（左端），而能力表现目标则在两者的中间。

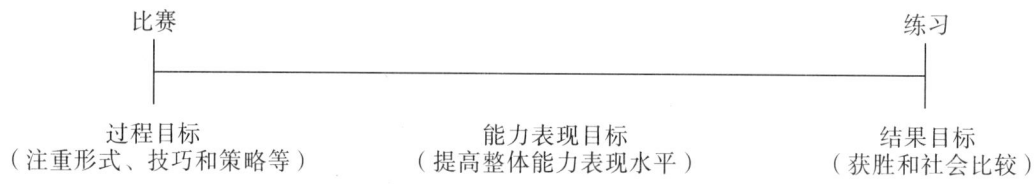

图9-8 过程目标、能力表现目标和结果目标的连续统一体

结果目标代表最终的目标，而能力表现目标和过程目标是实现结果目标的途径。如果过多地关注结果而忽视制订行动计划，那么前方等待我们的将是灾难。在比赛结束之前，当史蒂夫·纳什（Steve Nash）面对防守者投出制胜三分球时，他不会想"我必须投中才能赢得比赛"。他的想法更多的是针对过程："保持放松，做好进攻姿势，保持节奏，努力跟进。"在运动中，高水平的复杂技能要经过多年的训练才能掌握，因此过程目标是实现能力表现目标的基石，并最终导向预期的结果目标。为何强调过程目标和能力表现目标？在运动中，往往只有一个成绩判断准则：赢就是成功，而输就是失败。即使最年轻的运动员也可以很快懂得这个道理。但是，当运动员的自信心建立在获胜而不是实现过程和能力表现目标的基础上时，他们的自信心很可能非常不稳定。因为在多数竞争或比赛中，只有一名获胜者。在获得一两次比赛胜利之后就变得很自负的运动员，很可能面对一次落败就会失去信心。这些不稳定性是焦虑和沮丧的根源。将自信心建立在获胜基础上的运动员，往往会在缺乏自信心的时候感到做任何事情都很无助。他们深信获胜是评估自身能力的唯一准则，因此他们无法将自己的能力表现与结果区分开来。那么，如何在无论是获胜还是落败，都帮助运动员建立稳定的自信心和获得胜任感呢？关键在于设定实际的过程目标和能力表现目标。成功必须被重新定义为达到过程标准和超越个人能力水平，而不是超越其他的竞争者。过程目标可以是稳稳地击中棒球，著名的投手菲尔·尼克罗非常清楚这一理念。

过程目标与表现目标都具备灵活性和更多的可控性。通过这两种目标类型，运动员可以取得成功。具备能力表现自信的运动员认为，他们能够执行主要的技能和策略，出色地发挥能力水平，实现自己的过程目标和能力表现目标；相反，具备结果自信的运动员认为，高水平的表现才能让他们在公开场合出色地发挥能力并取得胜利。运动员设定过程目标和表现目标时，就能够设定最佳的挑战水平，从而体验到更稳定的成功。因为这些目标是比较可控的，运动员可以内化这种成功并让自己感到更能胜任。在这种情况下，运动员在一场接一场的比赛中能够一直不变地产生强大且稳定的自信。大多数运动员认为，他们对表现的自信比对结果的自信要高一些（Bandura，1977b）。将自身的自信以结果为标准（目标就是获胜）的运动员在面对较弱的对手时，可能会过度自信；而在面对优胜的对手时，他可能会缺乏自信。但是，在面对接近自身能力的匹配对手时，他又能够达到最佳的自信水平。因此，以结果为标准的自信会因不同的对手而出现能力表现水平的波动。有时候，运动员无法控制这种波动。这个模式倾向于阻碍长期技能的发展以及能力表现水平的提高。相反，能力表现自信在一场接一场的比赛中会呈现比较稳定的状态。在这种状态下，运动员可以慢慢地、稳定地、系统地发挥能力表现水平，从而达到较好的综合性长期发展。为了让运动员达到较高且稳定的自信水平，必须帮助他们基于过程和能力表现，而不是仅据结果来实现个人的目标和提高自信水平。

大赛前，有些运动员会感到紧张害怕，究其原因，有两点。一是比赛的结果具有不确定性。一般来说，结果的不确定性越强，运动员紧张害怕的心情就会越强烈。例如，在大赛时，如果运动员有80%的胜率，或者只有20%的胜率，则紧张、害怕的心情都不会非常强烈；而如果运动员获胜的把握是50%，即双方势均力敌，则紧张、害怕的心情就可能十分强烈。二是比赛的过程具有不可控性。运动员不能完全控制比赛进程，而要受到对手、裁判员、场地等因素的影响。一般来说，这些因素不可控性越强，运动员紧张、害怕的心情就会越强烈。由此可见，当不确定性和不可控性提高时，运动员的自信心就会下降。因此，要想提高自信，最重要的，就是要找出可控因素，关注可控因素，操纵可控因素。具体做法如下：①请每位运动员在训练日记上写出影响比赛成绩的主要因素；②教练员将运动员写出的影响比赛成绩的主要因素列表汇总，样例见表9-1；③发给每位运动员一张表格，在表9-1的右栏圈出适当的数字，标出这些比赛影响因素的可控程度；④教练员收集运动员所填的调查表，计算各因素的平均可控性分数，并告诉运动员，让其比较自己与平均数的差别；⑤请填写较大数字的运动员谈谈自己认为该因素可控的原因，并引导运动员在大赛中关注可控因素。

表9-1　比赛成绩影响因素的可控性

比赛成绩影响因素	可控程度
天气	1　2　3　4　5　6　7　8　9
准备活动	1　2　3　4　5　6　7　8　9
场地	1　2　3　4　5　6　7　8　9
裁判	1　2　3　4　5　6　7　8　9
饮食、营养	1　2　3　4　5　6　7　8　9
比赛器材	1　2　3　4　5　6　7　8　9
对手发挥	1　2　3　4　5　6　7　8　9
技术	1　2　3　4　5　6　7　8　9
战术	1　2　3　4　5　6　7　8　9
体能	1　2　3　4　5　6　7　8　9
情绪	1　2　3　4　5　6　7　8　9

注：1表示"非常不可控"，9表示"非常可控"，从1至9表示可控程度越来越强。

四、运用表象练习

运动员可以运用表象练习提升自信，想象成功的情景。个体在主动形成一种运动表象时大脑的神经冲动也会通过传出神经传至相关肌肉，诱发微细的肌肉动作。这种微细的肌肉动作尽管没有实际做运动时那么强烈、明显，但其运动模式却与实际动作十分相似。运动员主动形成成功动作的表象，不仅有助于成功动作的定型，还有助于保持和提高自信。

在竞技运动中，如果运动员在脑中形成一种正确的、成功的运动动作表象则有更大可能在实际动作中重现表象中的成功动作。或者说，你在大脑中的"所见"，有助于你在实际中的"所得"。教练员帮助运动员想象成功动作的具体做法如下：①训练课上为运动员的关键动作做录像；②帮助运动员剪辑当天训练或某次训练的成功动作；③训练课后，让运动员观看自己的成功动作（可以反复观看）；④睡觉前，做成功动作的表象 3～10 次以形成心理定式；⑤比赛中，表现关键技术动作前，主动做成功动作的表象。

观看视频可以帮助运动员专注于成功的经历。在进行上述表象练习时需要注意以下问题：①要形成做表象练习的习惯，才可能逐渐提高表象的清晰性、稳定性和可控性；②应根据表象练习效果、训练任务和比赛任务来确定表象练习的动作；③平时训练可将细节动作表象和整体动作表象的练习相结合，比赛中做关键动作前则应进行整体动作的表象，避免过多关注动作细节；④以观看成功动作的录像为主、不成功的录像为辅，以利于在头脑中保持积极、正确、成功的表象。

五、积极的自我暗示

暗示是指用含蓄、间接的方法对人的心理状态产生迅速影响的过程，它是运动员赛前和赛中经常使用的建立心理定向的手段之一。运动员也可以利用自我谈话创造积极的心态和提升自身自信。教练员可以帮助运动员确定最容易让他们自信下降的消极或非理性的想法，培养和预演有效的反驳方式。然后，在出现消极想法时，运动员可以使用这些反驳方式提高自信。运动员可以系统地创造自我谈话脚本，这些脚本可以侧重于关于自信方面的语句或者简单地包含 5 个可以保持自信的快速提醒：①侧重于自信的自我谈话脚本必须提醒运动员关于个人的强项和资源；②回顾过往的成功，特别是在相似情形或者面对障碍、失败或者困境的情况下的成功；③强调自身准备的数量和质量；④积极且乐观地总结成功和失败的原因；⑤将情形评估为挑战而非威胁。

实践证明，自我暗示对运动员的心理定向和行为表现有重要作用。自我暗示可以是口头形式，也可以是一个人脑海中出现的思维形式或图像形式。自我暗示主要有 3 种，包括与任务有关的自我暗示、鼓励和努力以及情绪语言。①与任务有关的自我暗示，此类自我暗示主要指与技巧相关，能够对完成动作有促进作用的话语。例如，网球运动员截击空中来球时，可以用"转"来暗示自己。②鼓励和努力，此类自我暗示主要指那些鼓励运动员要坚持或更加努力的话语。例如，"你能够"就可以用于鼓励自己坚持。③情绪语言，它指那些与刺激、激励或平静情绪有关的话语，如"平静""放松"等。

作为提高自信的一种心理学方法，自我暗示本质上必须是积极的，并能够使运动员对自己的能力产生积极向上的感觉。如果教练员或运动心理学家能够帮助运动员在赛前事先选择和构造积极的语言，则会有效提高运动员的自信和自我控制感。具体做法包括：①请运动员在训练日记中罗列赛前和赛中经常使用的自我提示语；②找出这些自我暗示语中的消极成分；③用积极暗示语替换消极暗示语，例如，用"放松"替代"别紧张"，用"果断"替代"别犹豫、别想输赢"，用"盯住对方左方打"替代"千万别失误"；④请运动员在每天训练前默念积极暗示语3次，以形成做积极语言暗示的习惯。为了使积极的自我暗示更加有效，自我暗示的内容应符合3条标准：①简单精练，容易发音；②逻辑上与技巧有关；③与任务的进程相吻合。

伯顿曾帮助马戈设计了一个用于增强自信的影片。她在影片中加入了自己最喜欢的音乐。这个影片强调了她作为跑步运动员的天资、精心的准备、以前的成功、处理错误的能力以及出色的心理技能。在参加比赛前，马戈每天都会播放这个影片4次或5次。这种方式可以帮助她在面对任何比赛时都能够建立良好的比赛自信。通过这种方式，她取得了好成绩。

六、"重要他人"的口头说服、鼓励和预期

根据班杜拉（Bandura，1986）的自我效能理论，言语说服对一个人的自我效能有重要影响，因此应当通过各种途径，给运动员以积极反馈，以提高其自我效能。言语说服指他人利用鼓励性的话语或正向的反馈使得个体相信其具有完成任务的能力，以增加个体的自我效能感。在体育运动领域，言语说服通常来自教练员、父母或者同伴等"重要他人"。需要注意的是，言语说服应采用积极的话语，如告诉运动员他的能力很强或者他一定可以成功等。例如，教练员可以说"转得好，现在要记住盯住球"。应尽量避免使用消极的话语，如"你不会把球转向远端吗？别只看人，不看球"。言语说服也可以采用自我鼓励的方式，即自我暗示。

赞扬、积极的回馈，甚至积极的自我谈话都可以构建强大的自信。运动员经常听到别人对自己的称赞会给运动员自己带来很大的好处。这些称赞来自诸如教练员或教师等专业人士时，正强化或反馈可以帮助运动员构建自信。教练员帮助运动员理解他们正在正确地执行技能或者至少正在提高自身的执行能力时，运动员的自信会得到提升。因此，教练员可以采取积极的技术培养方法，使用广泛的鼓励、正强化以及以尊重的方式传达正确的反馈。同时，教练员还必须以真诚的态度利用所掌握的知识执教运动员。越是懂得尊重、具有值得信赖的权威性和真诚的教练，他们的反馈越能够帮助运动员构建自信。此外，教练员还必须做到持续地强化运动员的自信和向运动员做出反馈。这种持续性的反馈比反复无常的反馈更能够提升运动员的自信。

具体做法包括下述3种。

（1）教练员每周或每月在每位运动员的训练日记中写两句话，包括教练员认为运动员在哪些方面进步了、改进了、做好了，以及教练员赞赏该运动员的哪些表现。

（2）由每位队员写出另一位队友的长处，或喜欢另一位队友的哪些方面；然后交给领队、教练员或运动心理学辅导员，由他们汇总。这时可能会发现，有的队员被提及的长处有很多条，有的队员则未被任何队友提及长处。这时，领队、教练员或运动心理学辅导员应主动补上该队员的长处。在队会中，念出所有队员被队友提及的长处和令人喜欢的地方。

（3）要求教练员对每位队员、每位队员对其中一位队友每天说一句鼓励性的话。

"重要他人"尤其是教练员的预期促使运动员按照预期要求表现或执行时，就会出现自我实现预言。在一个经典案例中，罗森塔尔和雅各布森（Rosenthal & Jacobson, 1968）从学术能力方面对两组学生进行了比较，接着调查了教师对每一组学生学术研究过程的预期影响。教师们被告知，测试证明了他们班里所选择的学生都是在学术上大器晚成者。令人吃惊的是，在学年结束时，这些被认为大器晚成的学生比起被教师们寄予了正常预期的对照小组的学生取得了更大的成就和收获。

自我实现预言过程是一个相当不明显的过程。如图9-9所示，在运动中，"预期－表现过程"可以分为4个主要步骤（Horn, Lox & Labrador, 2006）：①教练员制定运动员必须如何表现的预期；②教练员的预期影响他们对个别运动员的看法（如相互作用的频率、持续时间和质量）；③教练员的行为影响运动员的学习速度和能力表现水平；④运动员的行为或能力表现符合教练员的预期，此时循环完成。

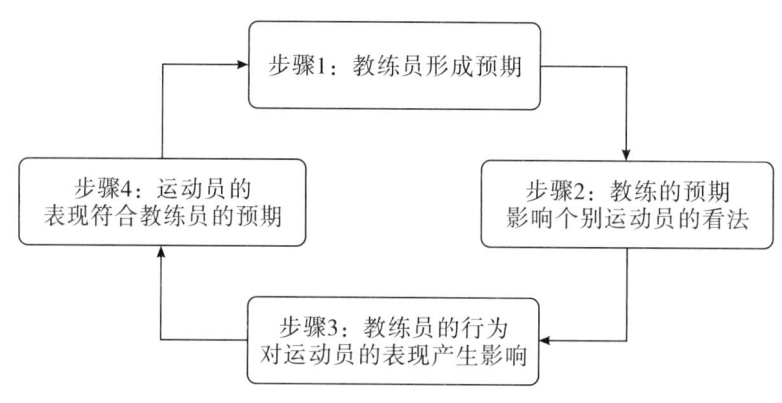

图9-9 自我实现预言循环

除了影响表现，其他人的预期也会影响运动员的自信。运动员非常关注教练员对他们的看法。随着时间推移，教练员的执教方式也会对运动员的发展和能力表现产生各种微妙的影响。因此，通过因材施教，相较于被寄予较低预期的运动员，受到较高预期的运动员可以更快发展身体技能，达到更高的能力水平，变得更加自信和赋有高动机，较少出现焦虑，更出色且稳定地发挥能力，以及更接近于达到自身能力表现潜能。运动员的能力表现符合教练员的预期时，这个过程就是一个完整的循环。符合预期的能力表现能够进一步加强教练员原来判断的认知正确性，从而让自我证实的预言本身更可能持续发展。这对自我证实的预言作用持怀疑态度的运动员特别重要，因为这类运动员通常比较年轻，缺少经验，自我认可程度较低，更具可执教性，或者更看重成功的重要性。教练员可以在团队里很好地应用自我证实的预言。教练员可以做出怎样的改变呢？关键是保持预期的灵活性。例如，教练员最喜欢的鲍勃是一名不是很重要的进攻内锋运动员。他不断地争取奖学金并且很享受漫长的职业生涯。他身高接近1.9米，体重为118千克。虽然鲍勃在学校里被认为个头太小无法打进攻路线，但是他的运动员气质很快就吸引了教练员的关注。最后，他因为在训练和比赛中所表现出来的能力，在大学一年级时便成为一名进攻内锋运动员。虽然鲍勃并没有达到教练员所认为的进攻内锋的固定块头，但是教练员的预期是灵活的。在鲍勃证明他是一名具备运动员气质的出色运动员后，教练员改变了自己的评估方式。虽然，自我证实的预言可以显著地提升自信水平，但是，它也是一把"双刃剑"，教练员必须与所有的运动员进行积极的沟通，预期才能得到充分地利用。

教练员本身自我效能也发挥着重要作用，教练员的自我效能是指教练员相信自己有能力对运动员的训练产生积极影响的一种知觉和信念。它不仅会直接影响教练员的工作主动性、积极性，以及遇到困难时的坚持程度，同时还会通过运动员的自身表现间接影响到其自我效能，从而影响运动员的运动表现。自我效能与运动成绩之间的关系提示，可以通过提高运动员的自我效能以及教练员的自我效能来提高运动员的运动成绩。

七、具体分析，长自我志气，灭他人威风

根据唯物辩证法，世界上所有事物均可一分为二，且具有对立统一的特性。如尺寸的长短问题，所谓"尺有所短，寸有所长"，尺一定有它的弱点，寸也一定有它的优点。尺有何短？寸有何长？教练员可以就这两个问题组织运动员讨论，使他们了解弱中有强、强中有弱的道理，在强手面前提高自信。具体做法如下：

（1）要求每个队员在训练日记上尽可能多地写出尺的弱点和寸的长处。

（2）组织队员讨论尺的弱点和寸的长处，例如，"量物时寸比尺更精细"，"寸比尺更容易携带"，"先有寸才有尺，'得寸'才能'进尺'"，等等。

（3）继续要求运动员在训练日记上至少写出三条自己的优势和对手的薄弱环节。例如，"对手是世界冠军，我第一次参加世界大赛，我比对手更少包袱"，"我的体力比对手好"，"我比对手更少受媒体干扰"，等等。

（4）组织队员互相讨论和互相启发。人们往往会低估自己的潜力，因而不敢想，不敢做，丧失了许多机会。当你具体分析后就会发现，原来我们的直觉错了，你可能远远比你想象的要强大、优秀。

一位管理学教授为一群大学生讲课。教授拿出一个10升的广口瓶放在桌上，他站在学生前面说："我们来做个小测验。"随后，他取出一堆拳头大小的石块，仔细地一块块放进玻璃瓶。直到石块高出瓶口，再也放不下了，他问道："瓶子满了？"

所有学生应道："满了！"

教授反问："真的？"他伸手从桌下拿出一桶小砾石，倒了一些进去，并敲击玻璃瓶壁使砾石填满下面石块的间隙。

"现在瓶子满了吗？"教授第二次问道。这一次学生有些明白了："可能还没有。"一些学生应道。

"很好！"教授说。他伸手从桌下拿出一桶沙子，开始慢慢倒进玻璃瓶，沙子填满了石块和砾石的所有间隙。

他又一次问学生："瓶子满了吗？""没满！"学生们大声说。

他再一次说："很好！"然后，他拿过一壶水倒进玻璃瓶直到水面与瓶口齐平。他抬头看着学生，问道："这个例子说明什么？"

一位若有所思的学生举手发言："这说明，如果我们确实努力，总可以做更多的意想不到的事情！"

我们经常可见一位经验丰富的运动队管理者在运动员出征重大比赛前都有一段振奋

人心的赛前讲话。例如，国家乒乓球队主教练刘国梁在每次奥运会临赛时都会对即将上场的队员发表一段提振士气的讲话，以便较好地提升运动员的自信。根据自我效能理论，个体的生理与情绪状态也会影响其自我效能感。当个体身体健康心情愉快时，自我效能感会随之提高；而当个体焦虑、沮丧时，自我效能感也随之降低。然而，自我效能感的高低不单纯取决于个体实际的身心状态，还取决于个体对自身身体与情绪状态的觉知及解释。或者说，人们通常将紧张情境中的生理唤醒作为不良信号加以解释，过高焦虑的运动员会低估自己的能力，疲劳和烦恼也会使人感到难以胜任任务需要等。这些消极的情绪解释都会导致运动员自我效能水平的下降。

八、团队自信的培养

在团队运动中，团队信心可能比运动员个人的自信更为重要，并且个人和团队的自信显然存在差异。运动员可能对自己的能力发挥充满自信，但是对团队获胜的能力缺乏信心。其他人虽然可能对自己的能力持怀疑态度，但是对团队的出色表现充满信心。事实上，团队有能力将运动员团结到一起并发挥协同作用。而且，团队能够展现出超越运动员个人能力的表现，一支历史悠久、成绩斐然并拥有出色领导的团队经常能够达到这样的表现状态（Feltz & Lirgg，2001）。团队信心在协同作用下能够发挥很大的作用，就像它在所有的团队能力表现领域中一样。团队自信包含4个重要的因素（除了提升个人自信的因素）：①理解个人角色的同时，在团队效率中发挥个人最大的作用；②培养技能，同时成功地发挥角色作用；③构建积极的环境以便支持团队合作和提高团队凝聚力以及保持较高的效能；④培养集体解决问题的策略。

当每一名运动员在理解自身角色的同时做好充分准备时，整个团队会变得更加有信心。如果运动员无法充分发挥自身角色的作用，那么团队的能力表现以及团队的信心都会受到影响。大多数运动员都喜欢担任重要的角色，以便获得知名度和媒体关注。但是，运动员无私地接受较为低调的角色时，可以更大程度地提高团队的效率。教练员必须明确每名运动员必须担任的角色，同时帮助他们理解角色的重要性。运动员清楚地理解了自身的角色后，会感到更自信。教练员帮助运动员根据这些预期设定目标，这样运动员的自信就不只是以结果目标为基础。当很多运动员实现了基于角色的能力表现目标时，教练员就可以培养团队的协同作用，引导团队体验成功的螺旋式发展。

积极的团队环境有利于提升团队信心、提高凝聚力和效率。一支团队想要有自信，想取得胜利，运动员必须相信自己的队友能够做好自己的工作，反之亦然。越是积极和充满支持的团队环境，队友之间就越能够做到彼此信任、越努力地争取更好的成绩，团队从而具备更高的自信水平。

此外，解决问题的方式会影响团队的自信。团队解决问题的过程越系统越有效，团队制订的决策质量就越高；在如何实施解决问题方面达成的一致性越高，团队的集体信心水平就越高。例如，在篮球运动中，进攻对手的压迫防守要求有效的团队策略、个人认识以及实施策略的技能。团队策略必须侧重于创造传球出口、减少压力和调整动作模式，以便进攻防守者的薄弱点。运动员必须意识到可以利用哪些防守方式，同时调整个人技术以便紧密配合团队的策略。在这种情况下，运动员可以通过调整角色、使用不同的运球模式、改变甄别技术以及使用反跑、空切等方式进行篮下进攻。

九、在比赛中培养和保持自信

在比赛中培养自信与在训练中培养自信是一样重要的。而运动员可能最感兴趣的是，如何在比赛中保持较高的自信水平，特别是在重要比赛关键形势发生改变的情况下。在此起彼伏的比赛过程中，运动员评估情形以及处理压力的方式，会对自信产生重大的影响。压力是一种明显的不平衡现象。这种现象存在于人们所认为的情形要求条件以及自身能力之间。如果运动员将这种不协调看作威胁时，自信水平会下降；如果运动员将它评估为一种挑战时，他们就会保持自信甚至提升自信水平。可以根据运动员对以下两个关键问题的回答，来了解运动员是倾向于将压力情形看作挑战还是威胁：①通过有效的处理方式，我是否可以减少或消除压力来源呢？②我（或者我的团队）是否具备了必要的技能并做好了有效处理压力的准备呢？

如果这两个问题的答案都是肯定的，那么这种情况一般可以被运动员看作一种挑战，并且能够使运动员保持或提升自信水平；相反，任何一个问题出现否定回答时，那么这种情况会被运动员看作减少自信水平的威胁评估。

以下是教练员可以用来减少运动员的自信水平在比赛过程中出现波动的方法。

（1）培养身体和心理技能上的准备。这样在比赛面对对手时，运动员可以做好生理和心理上的准备。同时通过这种方式，运动员能够积极地评估情形，并且即使在落后的情况下也仍然能够保持自信。

（2）确保团队做好了处理预期问题、障碍和困境的准备。制订克服预期障碍的计划，同时进行预演，直到运动员能够自动执行技能。在比赛激烈时，时刻调整策略、战术和技能以应对变化要求的能力，直接关系到运动员的自信水平。

（3）面对无法预测的事件和情形，教练员可以通过制定准确的球探报告、等待恰当的行动时机、以领导角色熟练地解决问题以及以系统的方式解决问题来帮助运动员保持自信水平。这些方法可以帮助运动员在情绪上保持冷静、沉着以及专注。

（4）即使在比赛激烈的时刻，也要让运动员专注于过程目标和能力表现目标（而不是结果目标），以减少威胁的感觉，同时保持积极的心态。总之，要做一个自信的角色榜样。

由上可知，在任何情况下，认真、充分的准备都是真实自信的基础。赛前和赛中的自信，更要以细致充分的预案为基础。教练员需要与运动员详细讨论和认真制定比赛方案，做到胸有成竹。比赛方案的格式并没有必须遵守的规定，但可以本着提出问题（如果）和制定对策（我会）的原则进行，可以采用"如果……我会……"的形式，写在比赛日记中。下面，我们提供一个实例供教练员和运动员参考。

【案例】比赛中的技战术准备方案

迎接第十三届亚运会比赛方案

运动项目：风帆

运动员姓名：×××

撰写比赛方案的目的：针对该项比赛前和比赛中有可能出现的各种问题或情况，制定相应的对策，以做好全面而充分的心理准备。具体比赛方案见表9-2。

表9-2 参加第十三届亚运会比赛方案

如果……	我会……
赛前安排了过量训练	(1) 主动向教练员提出自己的感受； (2) 自己及时有效地做放松恢复训练； (3) 找康复师或找队友相互做恢复性按摩； (4) 向有关领导提出合理化建议
准备比赛器材时仓促	(1) 正确对待，冷静处理； (2) 相信自己的技术实力； (3) 尽快了解器材的性能、特点； (4) 重点考虑受风中心与以往训练用帆的差距； (5) 多做转向练习，熟练掌握板体侧阻中心
在赛前训练上与教练员有分歧	(1) 合理综合分析自己的观点正确与否； (2) 与教练员沟通，理智地提出自己观点与理由； (3) 注意选择与教练员沟通的场合和方式方法； (4) 切记稳定自己的情绪
赛前对场地不熟悉	(1) 仔细观察风源及地形对风力、风向的影响； (2) 仔细观察掌握各风向的风区风摆的变化规律； (3) 注意岸边风向曲线的变化及风力减弱区； (4) 明确每日一潮的规律为面对大海从右向左； (5) 了解最高流速的时间：距岸边3000米的流速约为每分钟10～12米，距岸边300米的流速约为每分钟4～5米

制订比赛方案一定要符合个人特点，运动员之间不能互相套用，只能相互参考。认真、细心、全面、负责和独立思考是制订好比赛方案的必要条件（丁雪琴、张忠秋和钱铭佳，2000）。比赛方案的格式和重点应该是因人而异、因任务而异、因情况而异的，不必拘泥于形式。

第三节 培养运动自信的阶段

运动员实施系统的计划可以较容易地培养自信。这个系统计划涉及的阶段包括教育阶段、习得阶段和实施阶段。

一、教育阶段

培养运动员自信的这个阶段包含两个目的：提供关于自信的牢固基础教育及鼓励运动员评估自身的自信模式。首先，通过团队会议，讲解自信的概念、自信在训练和比赛中对运动员能力表现的影响。描述3种主要的自信类型、能力及准备在培养最佳自信水平方面的作用。其次，强调基于能力表现的自信的重要性，同时列出4种提高自信水平的主要策略。探讨运动员何时能够受益于更高的自信水平，强化提升自信水平的重要性（教练员也可以使用知道如何将自信水平提升到最高程度的团队或者运动员的例子）。最后，帮助运动员确定一种主要的策略，让运动员自己尝试提升自身自信水平。

在个人教育方面，运动员必须很好地理解自身的自信水平，以及能力和准备在培养最佳自信水平与能力表现方面的作用。他们必须关注提升自信和导致自信下降的因素。运动心理学家推荐运动员通过系统的日志，记录自身自信水平和后续表现的关键信息，从而提高自身的自我意识。当运动员理解哪些方面可以帮助自己达到自身最佳自信水平时，就能够形成自信的心态，发挥自己最佳的能力水平。

二、习得阶段

自信并不是一蹴而就的。建立运动员的自信对于教练员而言，是一项极具挑战性的任务。教练员必须考虑很多方面的事情。但是，因为自信对于运动员达到最佳能力表现非常重要，所以教练员会非常愿意花时间培养运动员的自信。如果一开始的努力取得了成功，那么运动员会对以后的心理训练效果更加充满热情，特别是建立自信。按照以下5个步骤进行训练，运动员可以获得巨大的收获：

（1）根据策略对于每一名运动员的作用，划分4个自信培养策略的优先顺序（例如，能力表现成就、间接性经历、口头说服以及唤醒控制）；
（2）制订计划，使用最高优先策略提升自信水平；
（3）在训练和比赛中尝试使用策略一个星期；
（4）评估这个自信建立策略的作用，同时调整策略以便最大化策略的效果；
（5）系统地使用这个策略，直到每一名运动员达到最佳自信水平。

自信培养是一个持续的过程。这个过程中常出现各种不同的问题和障碍考验运动员的自信水平。因此，随着情形变化，需要采用新的策略来提升运动员的自信水平。

三、实施阶段

在这个阶段，教练员可以帮助运动员自主培养自信和保持技能。如果运动员没有进行足够练习，未自主地把握自身自信水平，那么即使运动员掌握了自信技能也发挥不了任何作用。如果运动员无法高度自主地把握自信，那么很多运动员就会出现在比赛时自信动摇的问题。这些在充满压力的重要比赛中出现自信崩溃的运动员是最需要进行自信训练的运动员。自主掌握自信是一个单调、乏味且耗时的过程。但是，这个过程对于培养运动员在关键时刻仍然保持最佳自信状态是非常必要的。在充满压力的情形下，运动员必须具备最佳自信。这样，运动员才能在最少进行意识思考的情况下通过自主响应做出本能反应。

如果训练模拟了运动员将在比赛中面对的情形，那么运动员就比较可能在比赛中保持最佳的自信状态。运动员在一个充满干扰、有压力的环境下练习培养和保持自信时，就更有可能自动地掌握最佳自信水平并迁移到比赛中发挥最佳自信水平。我们推荐使用3种模拟类型。首先，要求运动员使用意象模拟比赛和训练，从而形成和保持自信。如发挥出最佳能力水平的游泳运动员，可能在邀请赛前的一个月内多次预练500米自由泳。

这样，当他站上泳池出发台时，会非常自信自己能够游出最佳水平。其次，精心设计训练场景并尽可能真实地模拟比赛，这样每一名运动员就可以在任何条件与压力情境下形成和保持最佳自信。最后，将赛季前的比赛或者比较不重要的比赛当作模拟比较重要比赛的机会。运动员会在赛季后期面临一些比较重要的比赛，此时运动员的自信会显得更重要。

本章要点

1. 自信指个人相信自己，对自己所知的事情、能做的事情或已做的事情确信不疑。
2. 运动自信作为一种情境自信，存在特质和状态之分。
3. 常用的测量运动员自信的方法主要是自陈量表，如维亚利的"特质运动自信量表"（SC-Trait 或 TSCI）和"状态运动自信量表"（SC-State 或 SSCI）。
4. 自信水平与运动表现呈倒 U 形关系。随着自信增加到最佳水平，能力表现不断地提高；但是，自信超过最佳水平时，能力表现会出现降低。不论是缺乏自信还是过度自信的运动员，都可以通过调整达到恰当的自信水平，从而发挥自身最佳的能力水平。
5. 班杜拉的自我效能理论，可以用来解释自信心的形成与发展。通过让运动员体验成功，对照榜样，或用鼓励性的话语说服，使其相信自己具有完成任务的能力，或让他处于积极适度的情绪状态之下，这都有助于其增强自信。
6. 哈特的胜任动机理论认为，人们天生就有希望在各领域取得成功的内在动机（即胜任的动机），在它的推动下，人会努力去尝试精通某事，这种尝试的成功或失败进而会对个体的自我效能分别产生积极或消极的影响。
7. 维亚利的运动自信理论认为，现实运动情境影响着运动员的特质运动自信和竞赛定向（包括过程定向和结果定向），这两者又共同影响着运动员的状态运动自信，而状态运动自信最终影响运动员的行为表现及其结果评价。
8. 培养自信有很多方法，其基本原理是帮助运动员在理解的基础上，通过反复强化，养成积极思维和积极行动的习惯。
9. 培养运动自信不是一蹴而就的，而是有它的阶段性：教育阶段、习得阶段、实施阶段。

本章思考题

1. 什么是自信以及自信是如何影响表现的？
2. 可以用哪些方法测量运动员的自信？
3. 解释 3 种不同水平的自信之间的差异。
4. 为什么基于能力表现的自信比基于结果的自信能够更好地提高能力表现水平和稳定性？
5. 如何提高自信？
6. 在比赛过程中培养和保持自信的关键要素是什么？
7. 如何使用 3 个阶段的设计帮助运动员提升自信？

第十章　运动中的决策

一、开放式运动项目中的决策

请读者们想象一下，在一场 NBA 比赛中，当比赛还剩 40 秒，你的球队落后一分，作为球队王牌的你持球进攻，你在绕过挡拆球员后，直冲篮下，但是你马上就发现了三分线上的空位队友，你快速传球，队友接球投进逆转三分，杀死比赛。这就是 NBA 球员卢卡·东契奇的日常操作。他被称为 NBA 的"决策之王"，因为他常常能在对手严密的防守中做出正确的决策。NBA 伟大球星科比·布莱恩特退役后，曾在美国娱乐与体育节目电视网（ESPN）推出过专栏节目《细节》（*Detail*）。他通过比赛录像，分析了不同的 NBA 球星，如凯文·杜兰特的接球位置决策，詹姆斯·哈登的组织进攻传球决策等，这个节目可被称为篮球运动中如何做出更好决策的教科书。

二、封闭式运动项目中的决策

封闭式体能项目的运动员要对自己的节奏策略有一个比赛前的决策，并根据比赛进程适时调整。2008 年 8 月 16 日下午，北京奥运会女子双人双桨项目的决赛在顺义奥林匹克水上公园进行，代表中国参赛的李勤/田靓组合以 7 分 15 秒 85 遗憾地获得了第四名。李勤和田靓是 2007 年赛艇世锦赛金牌得主，在 2008 年的两站世界杯赛事中也都拿到了金牌，当时被认为是突破中国赛艇历史的最佳组合，但此次却冲击金牌失败。田靓在赛后接受采访说："我们的很多对手都是经验丰富的选手，她们都参加过世界大赛。我们想在比赛一开始就取得领先，也许就是因为这个打乱了我们的比赛节奏。"来自新西兰的斯文德尔双胞胎姐妹组合夺得金牌。新西兰组合夺得金牌的比赛策略是比赛一开始就加桨频带出速度大幅度领先，正常比赛中运动员会怕冲刺的时候后继乏力而不会选择这样一个冒险的策略，但是新西兰组合的这个战术坚持到底且成功了。这也是很多中长距离体能类项目比赛如中长跑、赛艇、自行车的"大逃杀"战术。

三、技能类项目中的决策

在 2024 年巴黎奥运会男子 10 米气步枪的决赛中，我国运动员盛李豪一路领先，在第 14 枪和第 15 枪连续打出了满环 10.9 的成绩。但是电视转播镜头拍到他的时候，看到他很明显地摇了一下头，好像对自己打出 10.9 还不满意的样子。但是事实上他并不是不满意结果，而是不满意打出满环的"内感"预报和结果不一致，即自己动作感觉和击发时机的感觉与实际结果可能出现了不一致或者不协调。当时让他稍有疑惑的是，究竟自己是按照现有感觉打（有好环数，但是感觉不太对），还是按照原来的感觉打（自己感觉对，但是不能保证环数），而后盛李豪在后面的比赛还是一路领先，顺利拿下奥运金牌。但是过程稍有波动，分别打出了两枪低于 10 环的发数。

四、体能类项目中的决策

中国举重队是举重项目的"梦之队"，但在 2004 年雅典奥运会女子举重 48 公斤级决赛中却痛失金牌。中国举重队李卓以 210 公斤的成绩位列报名成绩首位。排在第二位的是报名成绩 200 公斤的土耳其运动员努尔詹·塔伊兰，她之前一直参加 53 公斤级的比赛，这次却降低体重参加了 48 公斤级别。根据赛前情报，中国举重队教练组普遍认为李卓的总成绩将高出塔伊兰 10 公斤以上，李卓也表示有信心拿到金牌，并打破世界纪录。

第一项抓举比赛中，塔伊兰临时调整战术，把第一次试举的重量从 87.5 公斤改为 90 公斤，并试举成功。李卓的第一次试举也轻松完成了 90 公斤的重量。第二次试举中，塔伊兰举起 92.5 公斤，并打破了女子 48 公斤级抓举世界纪录。这让我方教练员措手不及，领队和总教练商量后决定求稳，李卓按原计划完成了 92.5 公斤的重量。最后一次试举，塔伊兰举起 97.5 公斤再破世界纪录，李卓冲击 95 公斤失败。到了第二项挺举比赛，塔伊兰在第一次试举中完成了 107.5 公斤重量，李卓成功举起 112.5 公斤。第二次试举，塔伊兰尝试 112.5 公斤失败，第三次成功举起 112.5 公斤，以 210 公斤的总成绩率先结束比赛。由于李卓的体重大于塔伊兰，总成绩必须超过塔伊兰才能夺冠，也就是必须举起破纪录的 120 公斤。李卓两次试举 120 公斤均没有成功，最终以 205 公斤总成绩屈居亚军（代天医，2024）。

竞技运动中存在着大量的决策情景，而且关键和重要的决策往往决定了比赛的胜负和运动员的成败，因此诺贝尔经济学奖得主丹尼尔·卡尼曼将竞技运动当成人类决策最好的研究场景（Kahneman，2011）。运动中的决策与人类日常生活中的决策类似，包含了对当前情景或者对手的感知、分析和判断，并在此基础上进行下一步的行动选择。但是运动中的决策特点更鲜明，从上述四个例子可以看出，决策主体（教练员、运动员等）需要在不同的环境下，针对不同的任务做出决策，他们需要面临巨大的压力、获得的信息不完全也不确定、决策时间短、决策需要与运动员的竞技战术结合等。因此运动中的决策有着让人不断去探寻的奥秘。本章将首先阐述决策的定义，其次介绍关于人类决策的理论，再次介绍运动中的决策特征和运动中的决策研究，最后结合实践，举例运动中常见的决策问题，并为运动员和教练员的决策给出实际建议。

第一节 决策的概述

一、决策的概述

决策是指从一系列选项中做出选择的过程，而选择的结果十分关键和重要。选择就是判断和决策过程的结果。判断过程是人在做决策的过程中可供人使用和可以依赖的一系列评价、推理、直觉的过程（Bar-Eli, Plessner & Raab, 2011）。判断和决策是相互联系的整体，但也并不是同一个概念。判断是决策的前序过程和基础。现代人类决策研究始于经济学领域，其假设人在做经济决策的时候是理性的，会追求个人的最大效用，但是诺贝尔奖得主赫伯特·西蒙提出了人的"有限理性"。西蒙的主张是人在做决策时不是完美理性的，只会在合理的条件下追求"满意"而非"完美"的结果。从"有限理性"的概念提出后，人类的决策研究发展重点关注了人类决策过程中的偏差，以及启发式策略（Kahneman & Tversky, 1979）。而决策理论的重点是认知心理模型，就是将人的决策过程进行认知模拟。下面将介绍人类决策理论的发展，其中每个决策理论都对人类决策领域做出重大贡献。

二、决策理论

人类的生活，不管是小到每日三餐还是大到人生重大事件，都是由人的决策来引领的，因此我们理解、解释人类的决策过程是非常重要的。在解释人类决策过程的理论基础上，我们可以改进人类决策。决策在我们生活中是如此重要，不同的学科都进行了理论研究，包括认知心理学、经济学、政治科学、市场学、社会心理学、工程学和哲学等。虽然不同学科带来了不同的观点和裨益，但是也造成了在决策研究领域各种不一致的理论和结论。一些研究者对人是如何在特定条件下做出"最佳"决策感兴趣，而另外一些研究者可能会对决策过程感兴趣。因此下文将介绍关于人类决策的三大类理论。

（一）标准模型

第一类是标准模型，就是假设标准数学模型来解释人的决策行为。期望效用理论是标准模型的代表，它是由冯·诺依曼和摩根斯坦（von Neumann & Morgenstern, 1947）提出的，旨在通过公理化假设来分析不确定条件下的理性选择。期望效用理论假设人是理性的，正常都会选择期望效用最大的那个选项。期望效用等于客观效用乘以概率。比如，选项 A 有 100% 的概率获得一百万元；选项 B 有 89% 的概率获得一百万元，有 10% 的概率获得五百万元，有 1% 的概率什么都得不到。那么选项 B 的期望效用要高于选项 A。因为选项 B 的期望效用等于 139 万元，而选项 A 的期望效用为 100 万元。

期望效用理论的公理包括 7 点内容。①完备性，决策者在任何情况下都能做出选择，不存在无法比较的情况。②传递性，如果选项 A 优于选项 B，且选项 B 优于选项 C，则选项 A 优于选项 C。③连续性，如果两个选项的效用非常接近，且其中一个选项的效用稍微高于另一个，那么决策者应该偏好效用更高的选项。④独立性，如果两个事件是独立的，那么决策者对这两个事件同时发生的评价应该等于这两个事件单独发生的评价之和。⑤恒定性，决策者的偏好不应该受到备选方案数量的影响，即增加或减少备选方案的数量不应改变其偏好顺序。⑥占优性，决策者不会选择被其他策略占优的策略。⑦相同性，如果两个选项的结果相同，那么它们的效用也应该相同。

期望效用理论在遇到一些实际问题的时候，经过了一些修正。第一次修正是因为边际效用递减效应。上述例子中，如果基于长期大数据的计算，选项 B 的收益肯定要好于选项 A。但是很多人都会选择选项 A，因为每个人的主观效用不同，就是说一百万元对于不同的人有不同的价值。对顶级富豪来说，可能无所谓，对于普通人则是一笔大财富，即边际效用不同。冯·诺伊曼等认为期望效用理论不符合边际效用递减理论，于是就从期望客观效用改为由人的期望主观效用来做选择，即针对每个人的具体情况来看期望主观效用，第二次修正是要考虑事件发生的主观概率。如果换到低概率情景，比如选项C是11%的概率得到一百万元，选项D是10%的概率得到五百万元。很多人就会选择选项D而非选项C。按照主观概率的逻辑，如果是主观期望效用选选项A的人，应该选择主观期望效用发生概率大的选项C，而非选项D，这就是由法国经济学家莫里斯·阿莱斯（Allais, 1953）提出的阿莱斯悖论。阿莱斯设计这个悖论，来证明期望效用理论，以及期望效用理论根据的理性选择公理，本身存在逻辑不一致的问题。后续理论发展提出了各种违背期望效用理论决策公理的情况。比如，很多时候人并不遵循上述的几条决策公理的情况，尤其是很多时候情况更复杂，条件不清晰，概率不容易判断。

但是期望效用理论还是关于人类决策的一个实用的理论。人们做所有的决策当然都希望有一个最大效用。比如，在选择保险的时候，对花大价钱从而可以扩大保险范围，还是花小价钱却缩小保险范围，一般人都会权衡之后，选择综合效用最好的那个方案。

（二）前景理论和安全-潜力/抱负理论

第二类理论是对观察到的人的选择进行描述性解释。最有代表性的是卡尼曼和特维茨基（Kahneman & Tversky, 1979）的前景理论（prospect theory），该理论解释了人的有限理性和在决策时并不遵循最优概率法则的情况，卡尼曼也因此获得了2002年诺贝尔经济学奖。前景理论提出人的决策有4个重点。

（1）人在决策之前，有一个决策前的"编辑"阶段，将可选择项提炼出来，删除明显不合理选择项等。

（2）人在做决策时会有"参照依赖"，即决策结果不是依照绝对的而是相对的基准线，如个人财富或者现状。而参照物的选择很多时候会出现一些偏差，比如可得性偏差是以记忆中最能提取的参照线索来进行参照，而代表性偏差是人能想到最有代表性的例子和情景。

（3）人在决策时会考虑决策结果相对于现状是有收益还是损失。一般人在收益情景中是风险回避的，俗语叫"百鸟在林，不如一鸟在手"。而在损失情景中是追求风险的，俗语叫作"搏一搏，单车变摩托"。

（4）人在做决策时会"损失厌恶"，即同样的东西，损失要比得到引发更大的心理反应。虽然中文俗语中有较多安慰自己损失的谚语，如"塞翁失马焉知非福"，"得之我幸，失之我命"。但是它也在暗示损失是令人厌恶的。其实，这种损失厌恶就是在每种情境下对选择结果的权重不同。人在高兴和情绪压抑的情况下，对相同选择的权重肯定不同。

考虑到不同的心理因素，描述性模型也在前景理论的基础上有所发展。比如，"后悔"的概念被引入，以解释共同比率效应和偏好的非传递性（Loomes & Sugden, 1982）。"后悔模型"考虑了经济学中"机会成本"的概念，将效用奠定在个体对过去"不选择"结果的心理体验上（放弃选择后，出现不佳结果感到庆幸，而出现更佳结果感到后悔）。比如，抛硬币游戏A中，如硬币的正面朝上，就赢100元；如硬币的反面朝上，则不赢钱。而抛硬币游戏B中，如硬币的正面朝上，赢70元；如硬币的反面朝上，则赢30元。

那么，一个人的选择包含了抛硬币游戏 A 是因为，若赢可以得到 100 元加上赢钱的喜悦，若输就输掉了 100 元和选择抛硬币游戏 A 的后悔。选择抛硬币游戏 B 是因为，若赢就能赢 70 元，若输还能得到 30 元和没有全部输掉的庆幸。

另外一个描述性理论是洛佩斯和奥登（Lopes & Oden, 1999）的安全 - 潜力/抱负理论（security potential/aspiration theory, SP/A）。该理论假设决策者同时考虑两方面的不同标准。一方面，要考虑效用，若得到的效用是等于或者低于预期效用的，就会有安全思维；若得到的是等于或者高于预期效用的，就会有潜力思维。另一方面，要考虑决策者的抱负水平。两个需要考虑的成分会造成相互矛盾的决策意向，因此决策者应首先确定抱负水平和调节思维倾向（想要安全，还是要潜力）。

（三）模拟决策过程的计算型理论

计算型理论着重于决策过程中的底层认知、动机和情绪过程，人的决策是在这个动态性、过程性、概率性的复杂交互过程中涌现出来的。而现阶段来看过程性决策理论最有希望应用到体育运动中的是决策场（decision field）理论。这个理论最有代表性的是序列取样模型（sequential sampling model），又名"赛马模型"（Johnson, 2006）。该模型基于人的有限理性和有限注意资源的假设，模拟了运动员在决策时的动态过程。

第一，运动员注意力在针对选项的不同的属性上转换。例如，篮球比赛中，运动员在做传球选择时注意力会考察队友的位置、队友的投篮命中率、队友的运动能力、队友被防守的紧密程度，如图 10 - 1 所示。

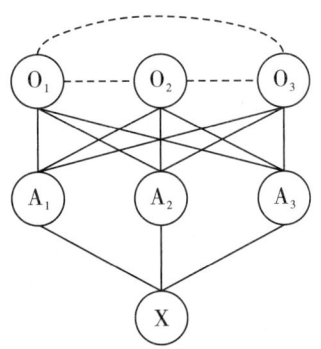

图 10 - 1　注意力在不同选项上扫描
（注：X 代表注意力，A 代表不同选择项属性，O 代表选择的对象）

第二，注意力在不同的选择上进行评估，而这种评估是基于所关注到的属性的个人情感反应，该模型可以允许注意力考察这些属性的顺序有偏好，但也可以通过学习来排定属性等，与其他竞争选择项上的价值对比。比如，运动员在传球选择时，更信任"冷面杀手"的队友。

第三，这些对各选择项的属性和效价的评估，是实时积累的，如果偏向或者喜欢某个选择项，就赋予其高价值。而这个评估过程之所以是实时的，是因为价值会随着时间推移衰退或者更新。比如会有近因效应，以及其他竞争选项的抑制效应。如运动员在篮球传球的瞬间看到，可以传球的"冷面杀手"队友被严密贴防，而另一位队友在大空位上，那么此刻给这位在大空位上的队友传球的实时价值效用更高。

第四，当一个选择项的各种属性达到决策者事前设定的"足够好"的标准时，该选择项胜出，成为"赛马冠军"，决策即刻可以达成，如图 10-2 所示。

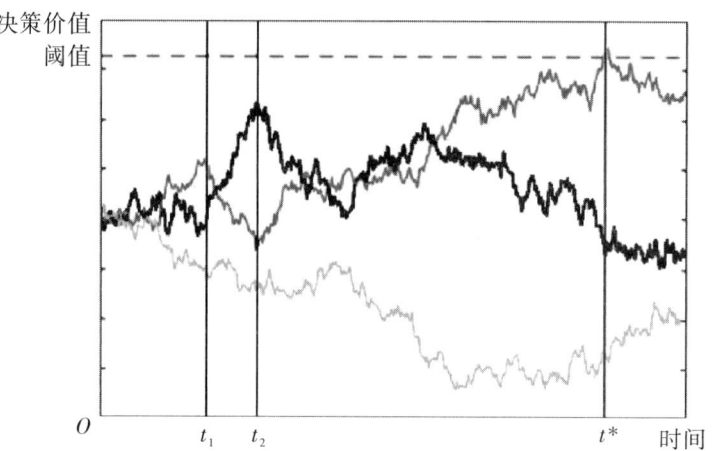

图 10-2　不同决策随时间的决策价值的变化和更新（Johnson，2006）

（注：每条曲线代表不同的选择，而曲线变化的高低代表每个选择在不同时间点上的价值效用。例如，在 t_2 时间点上，最黑色曲线的价值效用最高，但是尚未达到决策的效用阈值；随着时间的变化，在 t^* 时间点上，次黑曲线的效用值最高并且达到决策阈值，所以次黑曲线所代表的决策会被选择）

另一种计算式决策模型是启发式决策（Gigerenzer & Goldstein，1996；Hepler & Feltz，2012a），它是指运动员根据自己的能力、经验、技战术意识在几个决策标准上，进行快速决策，达到标准就即刻确定选择。比如，一种标准的启发式决策是，传球者看队友位于空位，就可以传球，不用理会队友的投篮命中率和个人能力等。研究者提出了很多种类的启发式策略，如最大最小原则、排除法则（即快速排除不适合标准的选择）。启发式原则强调的不是全局最优法则，而是局部最优法则。经常被引用的一个例子是，苏格拉底问柏拉图，我到底该怎样进行选择？柏拉图给出的一种方式是，在一片小麦田里，持续往前走，选出那根最好的麦穗，而且只能选择一次。这样的情景下人只能选择一段路上相对最好的那根麦穗，而不是看完所有的麦穗后再做决定，因为不能后退。

第二节　运动中的决策

一、运动领域有关决策的研究

（一）国外有关运动中决策的研究

从开篇所列举的四种案例的决策可以看出，竞技运动中的决策无处不存在，而且这些决策是在高压力、快速和很多不确定的环境和信息下做出的，尤其是在开放式项目中。运动中的决策可以根据不同的主体（教练员或运动员）、任务（击打球或者传球）和环境（比赛中或暂停时段）分为不同的决策类型。

运动决策研究最主要的方向是认知心理学，就是从认知角度模拟人的决策过程。早期关注的热点是关于决策中人的感觉（视觉线索）、注意指向、知觉、预测、记忆（短时记忆和长时记忆）、场依存性和场独立性、决策时间等（Bar-Eli & Raab，2006）。根据研究切入角度和方法的不同，将运动中的决策研究分成了四大类，即经济学方法取向、社会认知方法取向、生态动力学方法取向和认知心理学方法取向（Raab et al.，2019）。

第一类经济学方法取向中最重要的两个研究主题，即"热手"（hot-hand）现象①和足球中罚点球时守门员的决策。有关"热手"现象研究的基本结论是不存在"热手"现象，这是人的一种认知错觉和偏见（Gilovich, Vallone & Tversky, 1985；Avugos et al., 2013）。这挑战了一些基本的心理学认知，如班杜拉的自我效能理论，因为自我效能理论强调成功地完成任务会增加自我效能，而自我效能又能促进任务的完成。另外一种关于足球中罚点球时守门员的决策认为，守门员的最佳决策是守住中路，而守门员各种左右扑是为了让自己在场上看起来尽力了（Bar-Eli et al.，2007）。这也是比较颠覆性的观点。

第二类是社会认知方法取向，即研究在竞技运动中对于影响运动中的主体形成系统性偏差认知的因素，包括环境、观众、出场顺序。例如，主观打分类项目中，裁判员对不同出场顺序的运动员，可能在打分评价上存在系统性的偏差（Plessner & Haar，2006）。但是这类研究只探索了哪些因素会影响决策主体的决策，如球员的肤色、球衣的颜色、主场观众的人数和噪音等，而没有探索如何改变这类决策偏差。

第三类是生态动力学方法取向，这种生态动力学框架是一种基于行动的，非表征性认知的研究方法，在这里认知的含义是通过紧密协调的感知和行动来实现决策者－环境系统的持续、主动维护（Araújo et al., 2019）。生态动力学研究取向将决策理解为源自决策者－环境系统的结果，行为可以被理解为自组织的，而不是从内部（如思想）或外部（如强化的偶然性）强加的结果。卡瓦略及其同事（Carvalho et al., 2014）研究了动态决策行为（在网球回合中以连续击球来表达）是如何基于序列的行为可使性（affordance，即行动机会）（Gibson, 2014）。

第四类是认知心理学方法取向，注重研究决策的认知心理过程。它是运动决策的主流研究，包括运动决策的过程模型、运动决策过程的影响因素以及快速简洁式决策方法。本节接下来的运动决策流程图就是基于认知心理学研究方法的理论。

（二）国内有关运动中决策的研究

国内学者认为开放式项目中的决策包含认知决策和直觉决策，尤其是在某些特定任务，如足球中守门员扑点球，棒球中的投-击环节，篮球中投篮和传球的选择等。北京体育大学梁承谋教授团队在棒球（韩晨，2000）、手球（王斌，2002）、击剑（付全，2004）、乒乓球（李今亮，2005）、羽毛球（程勇民，2006）和跆拳道（王长生，2007）等对抗类项目中开展了运动决策研究，尤其研究了在快速、时间压力大的情境下运动专

---

① "手气"究竟是一种认知错误，还是一种如天赋、机遇、运气一般的存在？《华尔街日报》记者本·科恩在《热手效应》（*The Hot Hand*）一书中，通过一个个真实发生的小故事说明，人类的每一次事件是如何受到"手气"的深刻影响的。此处的"热手"现象是指运动员在比赛中运气很好的状态，如投篮、射击百发百中。——编者注

家倾向于做出快速、直接和或然性（高于随机概率但是非百分之百准确）的直觉决策，反之倾向于做出更准确的认知决策。这里的直觉决策并非通俗意义上的、生活中的直觉，它是经过大量训练后得到的一种内隐潜意识的思维判断过程。内隐意指不能明确说出规则和如何决策的，却知道如何去做。生活中，人的直觉策略很多时候会犯错。《别相信你的直觉》的作者戴维多维茨（Stephens-Davidowitz，2022），是一位哈佛大学经济学博士，谷歌公司前研究员。他通过分析数百万条大数据揭示了那些我们深信不疑的人生智慧实际上可能是谬误。人们相信直觉是因为人只记住了对的或者影响深刻的事件，而忽略或者忘记与自己直觉相反的证据。比如，对女司机的刻板印象或者偏见形成后，当你看到一个人开车很慢或者停车不好的时候，你会认为是女司机，而当你看到确实是女司机开车的时候，这会加深你的偏见，而当你看到是一个男司机开车的时候，你就选择忽略了这样的信息。另外的例子是对于球赛结果的预测以及球赛结果出来后马后炮般的评论。

付全（2004）认为，运动中的决策是运动员在特定目标的指导下，在运动情境中感知信息、加工信息和采取选择行动的过程。运动决策的特点是可利用信息少、时间压力大以及结果的不确定性，这就迫使运动员必须快速做出选择。付全认为，运动决策是一个连续、整体的过程，包括知觉过程、直觉决策和认知决策。运动决策受较多因素影响，其中被研究较多的影响因素主要包括：①注意和搜索策略，比如网球运动员接发球时，应该关注对手发球的前臂动作；②信息量和工作记忆，比如运动员会同时收集运动学信息（包括对手位置、肩部和出手位置等）和非运动学信息（包括对手的习惯出手角度和线路等）以及声音信息（声音较大代表球速较快）等（王泽军和褚昕宇，2021）；③自我效能，比如高自我效能的运动员会采用首选项（相对于最优项）（Hepler & Feltz，2012b）；④情绪和压力，比如教练员和运动员常说的"上头"，即情绪高涨的时候，运动员经常做出一些令人后悔的决策；⑤决策环境等。

二、运动决策的流程

运动员的决策流程是根据一般的认知加工模型来进行的（图10-3），运动员首先要对输入的动作信息进行刺激辨别，这个过程需要工作记忆甚至长时记忆来参与，进行刺激的模式识别，然后根据所识取的关键动作特征信息再进行反应选择。此阶段为认知加工的注意阶段；反应选择之后进行应答编程，在这一个过程中，记忆不断地提取与刷新大脑中的知觉模式与运动图式，直至找到适合于处理此时此刻运动场景信息的最佳模式，才开始进行运动编程。之后进入效应器阶段，即生理限制阶段。在生理限制阶段，动作的加工速度主要取决于动作技术的熟练程度与神经肌肉的协调配合程度，而非像执行器（心理限制）阶段，取决于大脑中的动作认知的容量、结构和图式（王洪彪，2013）。

决策的时候也要考虑主动战术选择和预判。主动战术选择是不管对手采用什么样的防守或者应对方式，我都会采用某种战术。而对对手的预判是我只要是预判准确，就采用准备好的技术来应对；如果预判不准确，就马上采用备选技术来进行应答。

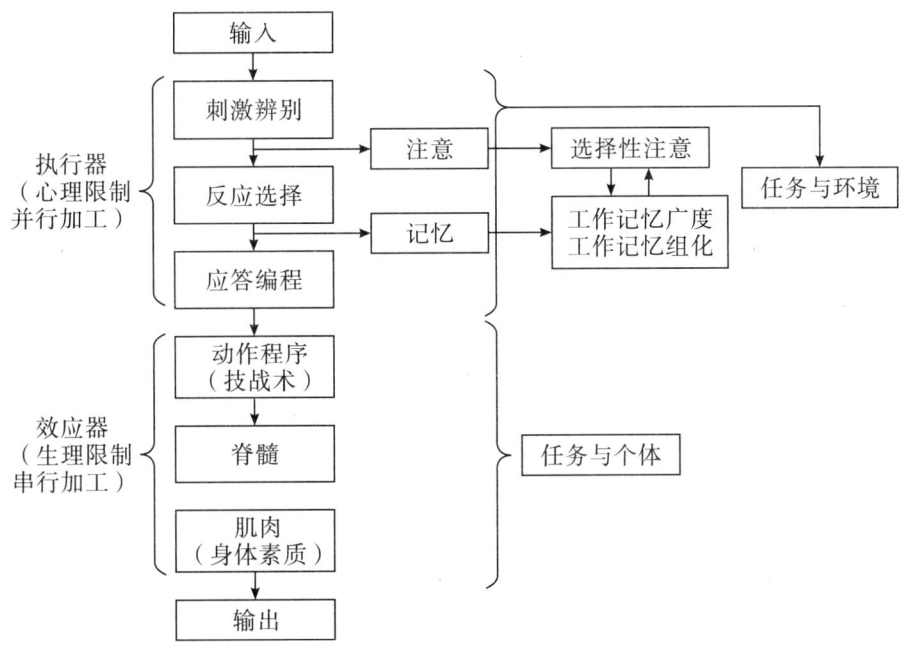

图 10-3　运动决策情境中的认知加工理论模型（王洪彪，2013）

三、运动中预测与判断

在运动决策中，因为在压力下进行快速决策，运动员很难做到全面评估所有选择项，而做出最优选择。预测判断是提高决策准确率的一个关键。一个完整的运动决策过程包括两个心理过程，即预期反应和动作选择反应。预期反应是在信息尚未全部呈现以前对可能发生事件的预先判断，主要是一种间接性和概括性的思维过程。预期是建立在背景知识基础上的对可能发生事件的内隐期望，是个人根据当前正在加工的信息来预测未来的事件。

预测要准备包括所有的运动学信息和非运动学信息。非运动学信息是赛前通过研究对手、赛场环境等收集的信息，如对手的动作偏好（Mann et al., 2014; Gredin et al., 2018）、对手的特定动作或动作序列（Loffing, Stern & Hagemann, 2015; Milazzo et al., 2016; Murphy, Jackson & Williams, 2018），这类准备俗称"抓鸡行为"。现代竞技运动为运动员提供对手的先验信息已普遍成为赛前准备的重要环节（Memmert, Lemmink & Sampaio, 2017）。运动学信息是运动员在实际比赛过程中观察、捕获到的对手动作信息，考虑到许多运动项目的高度时间约束，以及运动员试图掩盖其动作意图的可能性，运动学信息本身可能不足以预测运动结果（Helm et al., 2020）。预测的关键是整合，运动员要对收集到的先验信息有一个基本判断，在实际比赛中一些基本判断跟先验判断一致，另一些则跟先验判断不一致，运动员要将两者的信息进行整合，形成对对手接下来的意图和动作的判断预期。王泽军和褚昕宇（2021）提出的贝叶斯决策模型可以实际运用到比赛中。贝叶斯决策模型，实际上是基于贝叶斯概率定理来进行对手动作概率预测的理论模型。如图 10-4 所示，网球运动员在接发球时，基于非运动学信息的先验信息和比赛中对手现场做出动作的概率信息（似然信息），来预测对手下一个发球落点的后验信息（后验概率等于先验概率乘以似然概率，再除以最大可能性的似然信息）。

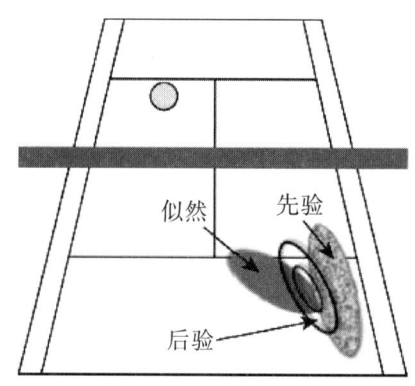

图 10-4　网球运动中对球落点判断的贝叶斯决策
（王泽军和褚昕宇，2021）

四、竞技决策中常见问题和解决方案

优秀运动员与一般运动员在运动决策中的差异已经被大量研究证实（Bar-Eli & Raab，2006）。运动员如何获得这种决策能力，以及如何在实际训练和比赛中应用决策的理论和原则，是竞技运动心理实践中经常遇到的问题。下面就几个比赛中常见的关于决策的问题及其解决方案进行讨论，供读者们参考。

（一）压力之下无法决策的问题

很多运动员在高压力比赛环境中，比如在比较重要的比赛中，或在比赛中出现转折点的时候，或被对手逆转时，经常会出现头脑一片空白的情况。这个时候运动员显得很迷茫，甚至是懵的。运动员无法决策，于是只能乱决策，然后是"瞎打"。这种情况下，运动员的首要任务是控制情绪，让自己冷静下来。解决思路有两种：一种是正向思路，要进行大量的比赛模拟，不管是心理模拟还是现实模拟，让运动员在压力下，对情绪反应产生一定的适应性；另一种解决方法是进行逆境下的模拟应对决策训练（姒刚彦，2006）。

（二）运动员脑中无主动决策，而是被动反应

运动竞赛中，尤其是开放式项目，运动员经常需要跟对手斗智斗勇。这个争斗的过程是各自决策能力和水平的争斗。运动员在比赛中都要保持全程的、高质量的主动决策。但是很多时候因为疲劳和情绪反应，运动员会没有主动决策意识，反而变成被动反应。当然运动员的竞技战术水平较高的话，被动反应也不一定会输，只是比赛会打得比较辛苦。认知心理学关于人的两种思维模式的双加工理论认为，人们拥有两个信息加工系统，系统1进行的是直觉的、粗略的、自动的信息加工；系统2进行的是分析的、仔细的、控制的信息加工（Kahneman，2011）。运动员在疲劳或者有情绪的时候，尽量使用系统1，即直觉思维，使用自己头脑中能想到或者出现的第一线索。第二是使用启发式决策，即不同选项只要是足够好，就可以进行决策，而不需要在自己大脑中全局搜索最佳策略。

（三）风险均衡问题，即凶与稳的关系问题

比赛过程中，运动员经常会遇到的问题是风险均衡问题，如果运动员打得太凶了，他就会控制不了技术，失误增加；但如果运动员打得太稳了，对手就会搏杀他。在集体项目中，比如足球、篮球中的传球，运动员传球太刁钻了，风险偏大，但是可能获得较高收益，能传球到空位上的队友以获得局部优势，而传球太稳了，就没有创造性，一直打不开僵局或者被对手防守得极其严密。但这实际上并不是博弈论一样的两难抉择，而是可以寻找线索的决策问题。一方面运动员要自己确定决策的环境和位置，在任何比赛中，如果没有怀疑自己实力的信心问题，就应该采用"下狗"（underdog）策略①。依照前景理论，人是厌恶损失的，"下狗"策略会让人在比赛过程中收益感较强。另一方面，运动员要注意在比赛的不同阶段都要保持均衡策略，而不是一味搏杀或者一味求稳，比如很多运动员在落后的时候会采用风险较高的搏杀策略，但是在领先的时候就会趋于保守，因为人在有收益的时候会回避风险，但是这对比赛来说是不利的，这个时候还是需要保持一定的风险精神。

（四）完全无任何决策线索的时候

第一种方法是模仿落后者策略。这个策略是从一个真实的帆船比赛案例发展出的博弈论中的帆船理论，1983年美洲杯帆船赛，美国队在比赛的最后时刻大幅度领先对手，但是这个时候海上吹起了无规则的风，美国队的船长在此情景下无法做出该启用什么类型的帆和帆的方向这一决策，混乱之中美国队输掉了本应该到手的冠军。后来有美国经济学家评论说，美国队的队长事实上犯了错误，他在没有任何决策线索的情况下，只要考虑对手的反应就可以了，对手用什么帆和选择什么定向，就照跟，因为当时他是领先的，这就是领先者模仿落后者策略。虽然这在比赛中可能违反常理，而且适用环境和条件非常有限，但是这也是一种决策可以参考的方法。正常比赛中，比如篮球和足球比赛中，领先的一队基本策略是保证成功率或者保证防守，而落后的一队会冒险投三分或者冒险进攻。很多时候出其不意的战术，会收到意想不到的效果，像当年"金色郁金香"荷兰队刮起的全攻全守战术、NBA球队菲尼克斯太阳队前主帅丹东尼的跑轰战术（run and gun）。

第二种方法是相信和使用自己的第一线索决策，在压力和时间紧迫的当下，信息获得不完全的时候，运动员要相信和使用自己脑中的第一线索来进行决策，因为这些线索是基于自己大量日常训练与比赛累积出来的直觉和灵感（Hepler & Feltz, 2012b）。或者运动员可以先行动再决策，相信运动直觉。很多时候精英运动员会有直觉性的、精妙的决策，但是当意识或者认知决策跟不上时，运动员可以先行动，再在行动过程中决策。

---

① 在体育比赛中，人们常把实力较弱、不被看好的一方称为 underdog。采用下狗策略是指不气馁、不懈奋斗而搏杀对手。——编者注

五、有关运动中决策的建议

（一）决策前一定要先了解自己，了解人性

运动员要不断地在训练和比赛中磨炼自己的决策能力。沙恩·帕里什是加拿大的情报专家，他在《清晰思考》一文中指出了人做好决策的先决条件是克服生理本能或者人性本能（Parrish，2023）。他指出了四种人性本能：①情绪本能，人在压力下或者受到挑战的时候，容易产生各种正面或者负面情绪，这些情绪都是会影响人的决策的；②自负本能，指的是人容易高估自己的能力；③合群本能，即人倾向于跟大家一样，但是跟大家做一样的选择是无法在竞技运动中出类拔萃、脱颖而出的；④惯性本能，即路径依赖，之前是怎样做决定的，现在情况变了还是这样做决定，这样就缺乏思维灵活性。而要做好决策的第二步就要自我问责、自我认知、自我激励、自我发展、自我控制。决策者要认识到所有的决策责任在于决策者自己。第三步是决策的时候，将问题放在具体的环境中，不要将问题抽象化或者极端化。例如，在比赛过程中，乒乓球运动员发球犹豫不决的时候老是想"如果我这样，对手就这样；如果我那样，对手就那样"，就是因为将对手想象得太极端化了，才很难做决策。

（二）赛前事先准备，老老实实地分析比赛和对手

运动中的决策是动态的，即决策是随着比赛进程而出现的，决策的时候没有时间收集足够多的信息，也没有足够多的时间来深思熟虑，而且决策还需要根据比赛而变化。即便如此，比赛和训练中，教练员和运动员的决策方式还是应老老实实研究对手，扎实做好决策准备。最基本的决策流程为：①列举某个选择所有的可能结果；②根据你的偏好，把所有可能的结果进行排序；③评估每种可能结果的好坏程度；④评估每种结果的可能性；⑤对于其他选择，重复上述步骤；⑥对比所有的选择，做出决策。

但是教练员和运动员一定要考虑到比赛的环境与实际情况，选择局部最优而非全局最优，基于满意性标准而非最优化标准。只要有一个决策足够好就可以了。另外，要有概率性思维，而非确定性思维，就是做出某个决策成功的概率是较高，却不能确定保证成功，我们要接受某一决策的所有后果。

（三）长期主义

安妮·杜克是一名传奇的扑克选手，同时也是一名拥有认知心理学博士学位的决策专家。她在2020年出版的新作《怎样决策》中给出了很多切实可行的思路来帮助人们成为更好的决策者（Duke，2020）。她提出了四个原则：第一，根据决策结果来评判决策质量是一个糟糕的方法，我们应将决策过程和决策结果分开来。第二，要有概率性思维，而不是确定性思维。正确决策的长期期望值肯定会好于差的决策，但是我们不能被一时的结果所影响。第三，要经常复盘我们的决策。第四，在总结自己的决策策略的时候，要克服自利性偏差。也就是说，不要赢了就归功于自己、输了就归因于环境和对手。

（四）有选择地应用科学决策原则

马克斯·普朗克人类研究所，是研究人类决策的一个领军机构。2024年，有研究者

发表了关于人在重大转换决策时的发现（Hechtlinger et al., 2024）。人在重大转换时刻的决策面临五个难题：第一，决策中会有相互冲突的线索，比如某个决策在这个方面好一点，另外的决策在另外一个方面好一点；第二，决策会让自己发生重大改变；第三，不同的决策会产生不同的体验价值；第四，决策不可逆；第五，决策风险问题。其实这些问题在运动领域中也常见，可用的策略包括学习他人经验，进行决策训练等。但是有些策略很难在运动领域应用，比如在心理层面很难量化冲突，也很难测试某一个决策的反应，决策都是在比赛中实时进行的。《决策书》的作者（Tschäppeler & Krogerus, 2011）提出了人类决策时要考虑三个关键问题，即准备、时间和后悔，这是一个可以清晰、简洁地思考决策问题的方式，也可以应用到运动决策中去。在决策时候的准备和所拥有信息，与人的决策混乱度是倒 U 形关系，即经过一定的咨询和准备，人是最清晰的，而过多或者过少的准备都会令决策主体混乱。决策的时间越长，则信息越多，而决策时机的重要性却在降低。做决策的开始时机最重要，时间会消化决策的影响，所以人应该大胆做出决策，而不是等到所有信息都完备了才做决策。第三，后悔，期望与后悔之间是一个倒 U 形曲线，我们不要抱有确定性思维，而要有概率性思维，才会对决策没有那么后悔。

本章要点

1. 决策是指从一系列选项中做出选择的过程，而选择的结果十分关键和重要。决策的理论包括标准模型、前景理论和安全－潜力/抱负理论、模拟决策过程的计算型理论。

2. 国外有关决策的研究主要包括经济学方法取向、社会认知方法取向、生态动力学方法取向、认知心理学方法取向，国内有关决策的研究主要包括认知决策和直觉决策。

3. 运动员的决策流程根据一般的认知加工模型来进行。

4. 预测判断是提高决策准确率的一个关键。一个完整的运动决策过程包括两个心理过程，即预期反应和动作选择反应。

5. 竞技决策中常见的问题包括压力之下无法决策、被动反应、风险均衡、完全无任何线索决策。

6. 有关决策的建议包括决策前要先了解人性、赛前事先准备分析比赛和对手、长期主义、有选择地应用科学决策原则。

本章思考题

1. 运动中的决策特点是什么？
2. 运动中的决策有哪几个阶段？
3. 人类决策的理论有哪三种？
4. 可供教练员和运动员参考的决策原则有哪些？

第十一章　传统心理技能训练

电竞选手 L 刚被调上一队，要代表一队打比赛。之前的比赛曾经有过场上紧张表现很差的经历，当时 L 早上起来，有紧迫感，知道自己突然要上场了，没有准备，只能硬着头皮上。对于比赛，他自己感觉没有自信，不敢操作，在比赛登场前明显感觉自己的状况不对劲。

上次比赛的时候，L 感觉很紧张、很紧迫，不知道自己在干什么，大脑一片空白，比赛时自己的注意力根本不在当下，耳机都松了，但是没有去调，只是想着，希望比赛赶快结束，以便赶紧结束这种被折磨的状态。队友回忆说，他不说话，没有交流，很害怕，不敢操作，好像突然不会玩这个游戏了，大概只发挥了 50% 的水平，没有及格。输了以后，评论区都在骂他，L 感到很难受。

假设你是一名运动心理学家，如何使用心理技能训练帮助这名运动员调节他的心理状态？本章有关传统心理技能训练的相关内容将为运动心理学家提供选择和参考。本章将介绍的传统心理技能训练方法包括呼吸控制、表象、自我谈话、目标设置和行为程序。

第一节　呼吸控制技术

压力与紧张是运动员经常遇到的心理挑战，尤其在比赛或高强度训练中，过度的焦虑与紧张常常会影响其发挥和竞技状态。这些情绪反应不仅会增加运动员身体的生理负荷，还可能导致认知能力的下降，进而影响决策和动作的精确性。为了有效应对这些负面影响，呼吸控制技术成为一种行之有效的调节工具。因为呼吸控制技术所具有的潜在益处及经济、便捷的特点，使其在公共卫生、临床环境、学校和运动等不同领域都得到了广泛应用（Russo, Santareui & O'rourke, 2017; Gerritsen & Band, 2018）。

一、呼吸控制技术

呼吸控制技术是指对呼吸频率、深度等参数进行控制的技术。典型的呼吸控制技术包括慢呼吸（slow-paced breathing）、快呼吸（fast-paced breathing）、主动过度换气（voluntary hyperventilation）、屏气（breath-holding）、交替鼻孔呼吸和单鼻孔呼吸（alternate & uni-nostril breathing）。相关的元分析表明，长期的（一次课以上）慢呼吸技术练习和屏气练习对运动表现具有小到中等的效果量，而其他的呼吸控制技术对运动表现的促进效果不明显。考虑到运动领域中慢呼吸技术使用的普遍性，本节重点介绍慢呼吸的相关知识。

二、慢呼吸

慢呼吸是指将呼吸频率降低至每分钟10次以下的呼吸控制技术。在生理层面，慢呼吸会对呼吸性窦性心律不齐、压力反射、肺部传入神经、迷走神经和强化大脑网络动态产生影响。在心理层面，慢呼吸有助于提高需要反应时间的任务中的认知表现（Cheng et al., 2017）、决策能力（Andersen et al., 2018）、注意力控制（Ma et al., 2017），以及提高诸如篮球（Paul & Garg, 2012）、高尔夫（Lagos et al., 2011）等体育运动中的行为表现。

三、慢呼吸促进表现提升的机制

用于解释慢呼吸促进表现提升机制的理论模型是神经内脏整合模型（Thayer & Lane, 2009）。该模型提出了一种动态的关系框架，描述了心脏活动、情绪调节和执行功能之间的相互作用，且这一过程以迷走神经为中介。迷走神经是自主神经系统中的一部分，负责调节多种生理功能，包括心脏节律、呼吸、消化等。迷走神经通过其迷走张力（vagal tone）来影响心脏的活动，迷走张力被认为是评估迷走神经活动的一项重要指标。高迷走张力通常与更好的健康状态、更强的情绪调节能力以及更高的执行功能相关。

迷走神经通过调节心脏活动（如心率变异性）来与大脑的前额皮质区域相互作用，这些区域与执行功能（如注意力控制、工作记忆和抑制控制）密切相关（Forte, Favieri & Casagrande, 2019）。当迷走神经对心脏的调节增强时，这不仅改善了前额皮质区域的功能，还促进了执行功能的提高，进而提升个体在认知任务中的表现。此外，迷走张力的增加还能有效调节情绪反应，尤其是对杏仁核的调节作用。杏仁核负责情绪反应，迷走神经的调节作用有助于减轻过度的情绪反应，如逃避行为或过度警觉，从而帮助个体在压力情境中更好地应对和适应。

较高的迷走张力与在竞争性压力下的适应性反应相关联，能够增强决策能力和注意力控制，进而提升在压力情境下的表现。相关的研究表明，慢呼吸可以提高迷走神经的张力（You et al., 2022）。因此，慢呼吸在促进更具适应性的心理生理应激反应方面具有潜力，从而有助于在压力下提升表现。

四、慢呼吸的练习方法

典型的慢呼吸练习一般采用腹式呼吸的方式，4秒吸气，6秒呼气，练习时间为5～10分钟。如果在执行动作技能前使用慢呼吸调节心理状态，可以使用5分钟慢呼吸练习（Conlon et al., 2022）。

为了使呼吸控制技术达到更好的效果，可以把慢呼吸和屏气结合起来练习。具体操作方法如下：

坐于椅上，脊背稍稍挺直，就像有一根绳子在头顶牵引一样。双眼微闭。把一只手放在胸部，另一只手放在腹部丹田（肚脐下三指处）的位置，按照正常的呼吸节奏呼吸，感受几次丹田位置手的起伏。让吸气和呼气的时间稍稍长一点，感受丹田位置手的起伏。开始练习的时候两只手可以一直放在身上，熟练之后可以把手自然放在双腿上或结于两腿之间。

逐渐延长吸气的时间到 4～5 秒（不用刻意数秒），感受丹田位置手的起伏。放在胸部的手几乎没有起伏，如果胸部位置的手有较大起伏，说明呼吸的方式不正确。吸气的时候感受气是吸到丹田的位置而不是吸到胸的位置。呼气的时间也延长一些，注意不要刻意控制呼气或一点点吐气，只是平稳缓慢地呼气。

缓慢地吸气（在 4～5 秒，不用刻意数秒），然后憋气 4～5 秒（不用刻意数秒），再平静缓慢地呼气，适当延长呼气时间，只要没有感觉卡顿就可以。在呼气的时候注意体验身体下沉和放松的感觉。在体验放松的感觉时，可以从头到脚顺次体验。注意体验憋气时的紧张感和呼吸时的放松感之间的差异。

第二节 表象训练

2021 年东京奥运会，女子气步枪运动员杨倩获得奥运会首金。很多观众可能会注意到，她在每一发据枪时，都会闭眼，然后再瞄准。实际上，她闭眼时是在回想好的动作感受。在运动心理领域，回想好的动作感受是表象的一种形式。表象是运动员最常使用的心理技能之一，绝大多数的运动员报告他们在日常训练或比赛中使用过表象，几乎所有的教练员都认为表象是一项非常有效的心理技术，有助于提升运动表现。最近的一项元分析表明，表象干预的总体效果中等（$d = 0.431$，95% 置信空间为 [0.298，0.563]）(Simonsmeier et al., 2021)。表象训练对运动表现、动机和情感具有显著的促进效果。一般来讲，表象结合身体练习比单独的身体练习更有效，而且表象效果与表象训练时长呈正相关，也就是说，表象使用的次数越多效果越好。

一、表象的概念及分类

表象是对产生于记忆信息之体验的创造或再创造，具有准感觉（接近真实感觉的状态）、准知觉、准情感的特征；是在意志控制之下，在缺少与实际体验相关刺激前因的情况下，相关感受或图像信息在表象者头脑中进行呈现的过程（Morris, Spittle & Watt, 2005）。根据表象的呈现形式不同，可分为视觉表象、动觉表象、听觉表象、味觉表象和嗅觉表象。视觉表象是指对表象内容的视觉化呈现。根据视觉表象的视角不同，又可以分为内表象和外表象。内表象是以第一人称视角想象自己亲身操作某项技能，典型的内表象是梦。以射箭为例，在内表象过程中运动员只能看到箭射出去，飞向箭靶，而看不到躯体的其他部位。外表象是以第三人称视角观看自己操作某项动作技能，典型的外表象就像在头脑中观看自己的比赛录像。以射箭为例，运动员在外表象的过程中可以看自己射箭过程中的所有动作。动觉表象是对动作强度和力度的感知呈现，例如，回想好的动作感受。听觉表象是对动作与节奏整合的听觉感知呈现，例如，回想比赛场上嘈杂的声音。味觉表象和嗅觉表象分别是对味道和气味的感知化呈现，例如，回想起柠檬的味道或橡胶的气味。

在指导运动员进行表象训练时也可以使用以下描述：表象是一种模仿真实体验的体

验。我们可以意识到"看到"一幅图像，以图像的形式感受运动，或在没有经历真实事物的情况下体验嗅觉、味觉或声音。它与梦的不同之处在于，当我们形成一个形象时，我们是清醒的、有意识的（White & Hardy，1998）。

二、表象影响运动表现的机制

表象训练是指在没有可观察到运动的情况下，在头脑中以图像的形式对身体任务的演练（Richardson，1967；Weinberg，1981）。表象训练对于促进积极情感的产生和提升运动表现具有重要的作用。然而，目前运动心理学领域尚未有一种公认的理论解释其机制。尽管神经肌肉理论、符号学习理论都可以在一定程度上解释表象训练的效果，但仍然存在明显的缺陷。神经肌肉理论认为，运动员在进行表象运动技能训练时神经对肌肉的支配模型与实际运动时相同，但振幅较小（Richardson，1967）。该理论虽然解释表象时的身体反应，却无法解释表象训练促进运动表现提升的过程。符号学习理论认为，头脑中对运动模式象征性的演练能够促进以认知因素为主导的技能学习（Sackett，1935）。该理论虽然可以解释表象对运动技能学习初期的影响，但无法解释表象对自动化运动技能的影响。上述有关表象机制的理论或假说，在运动心理学领域中的应用较少，被研究者普遍接受并应用于实践的是生物信息理论和功能等效假说。

（一）生物信息理论

生物信息理论认为，表象是脑信息处理能力的产物，是一种有限的信息结构，可以简化为特定的命题单位（propositional units）（Lang，1979；Lang et al.，1980）。命题单位是指概念之间的逻辑关系，其存储于长时记忆，包括两类信息：一类是刺激命题，它是对表象情景内容的描述，主要是想象情境中的有关刺激特征的信息；另一类是反应命题，是对这种情景反应情况的描述，它涉及与生理以及外显行为有关的信息。表象的过程与命题编码信息网络的加工有关。例如，表象步枪的技能操作过程，对扳机的感受和看到的环数涉及刺激命题的激活，而心跳的改变则是反应命题的激活。

生物信息理论为表象脚本的编制提供了理论基础。考虑到表象与刺激命题和反应命题有关，有效的表象脚本不但需要包含有关刺激命题的表述（如比赛场景、环数、排名等信息），而且需要包含反应命题的表述（如心跳加快、身体发紧、身体放松等）。通过表象脚本改善运动员的反应命题，有助于改善存储于长时记忆中外显行为的经验结构（命题编码信息结构），进而促进运动表现的提升。

根据生物信息理论，在使用表象脚本时，内表象比外表象的效果更好，因为，内表象与更活跃的身体反应相关（Hall & Erffmeyer，1983；Harris & Robinson，1986）。另外，脚本中包括运动情况中的真实感受，会有助于促进运动表现的提升（Suinn，1985）。

（二）功能等效假说

功能等效假说中的功能等效指的是表象与真实的技能在准备阶段和执行阶段共享了部分神经活动与生理反应（Holmes & Collins，2001）。一方面，功能等效体现在表象反映实际行为时所引起的神经活动上。当表象运动时，大脑皮层的运动和运动相关区域被激活，包括初级运动皮层（M1）、运动前区（如辅助运动区、运动前皮质）、初级体感皮质、部分顶叶、小脑和基底节区皮质下区域。尽管相关的研究表明，在特定的大脑区域，可以区分表象和外显的技能执行（Gerardin et al., 2000），但仍然有大量的研究为功能等效假说提供了支持（Lotze & Halsband, 2006; Munzert, Lorey & Zentgraf, 2009; Lotze & Zentgraf, 2010）。另一方面，功能对等也体现在表象反映实际行为时所引起的生理反应上。例如，表象时的肌电反映了实际的运动形式；肌肉细胞产生的反应反映了实际的运动需求（Guillot et al., 2007）；表象时的呼吸频率与实际的运动强度相关（Wuyam et al., 1995）。

根据功能对等假说，表象可以提升运动表现的原因有两个。一方面，表象与运动技能都可以提高脑的可塑性（Kosslyn, Ganis & Thompson, 2001）。脑的可塑性是指，外显的运动能够激活或改变相应的脑区，包括神经元连接的加强、连接的增加或减少、新细胞的形成、改变脑皮层和皮层下连接等（Hatfield, Haufler & Spalding, 2006）。例如，相关的研究表明，表象训练可以带来视觉相关皮层的改变（Nyberg et al., 2006）。另一方面，表象通过激活并加强负责动作表现的心理表征促进运动表现提高（Murphy, Nordin & Cumming, 2008）。在执行动作技能前，先通过表象运动技能的执行过程，激活相关脑区，这能够促进实际运动技能更快、更准确地执行（Craighero, Fadiga & Umiltà, 1996）。

三、表象训练的理论模型

在理论框架的基础上设计系统的表象训练计划对于提高运动员的运动表现至关重要。目前被广泛应用的表象训练理论框架是运动表象应用模型（Martin, Moritz & Hall, 1999）、修订的表象应用模型（Cumming & Williams, 2012）和PETTLEP表象训练模型（Cumming & Williams, 2012）。

（一）运动表象应用模型

运动表象应用模型认为，不同的表象对于运动员来说具有不同的意义，进而，与不同的认知、情感和行为反应相联系（Martin, Moritz & Hall, 1999）。表象类型决定了行为结果，而表象能力影响了行为结果的有效程度。该模型包含了运动情境、表象类型、表象能力和与表象使用相关的结果四个关键因素（图11-1）。

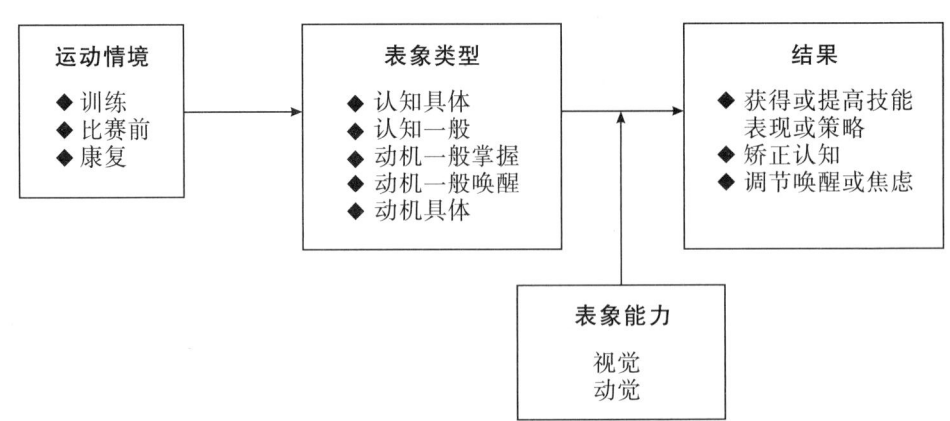

图11-1 运动表象应用模型（Martin, Moritz & Hall, 1999）

1. 运动情境

运动员使用表象的情境包括：训练过程中、比赛前和运动损伤康复过程中。运动员在训练过程中使用的表象主要与表象的认知功能和动机功能有关。比赛前使用表象主要与调节唤醒、焦虑有关。损伤康复过程中使用表象主要与表象的动机功能和压力调节有关。

2. 表象类型

表象具有认知和动机两种功能（Paivio，1985）。表象的认知功能是在比赛前使用表象来体验各种具体的运动技能或对各种比赛策略进行心理演练。表象的动机功能通过表象来体验目标达成、有效应对和唤醒控制，具体包括5种类型。

（1）认知具体：表象具体的运动技能，如表象步枪的击发技术。

（2）认知一般：表象与比赛相关的战术，如表象篮球中的全场紧逼战术、表象网球中的底线战术。

（3）动机一般掌握：表象有效的应对或掌握有挑战性的情境，如表象坚韧、自信或在比赛中专注。

（4）动机一般唤醒：表象在比赛中感受放松、紧张、唤醒、焦虑。

（5）动机具体：表象具体的目标或目标倾向性。例如，表象自己站在领奖台上接受金牌，表象其他运动员祝贺自己获得好成绩。

3. 表象能力

视觉和动觉表象能力，与运动表现具有较高的相关度。在应用表象模型中，作为调节变量，表象能力会影响表象训练的效果。

4. 与表象使用相关的结果

与表象使用相关的结果主要包括：获得或提高技能表现或策略、矫正认知、调节唤醒或焦虑。

（二）修订的表象应用模型

表象应用模型区分了不同类型的表象及与之相对应的结果，但相关的研究表明，同一类型的表象会导致不同的结果（Craighero, Fadiga & Umiltà, 1996; Callow & Hardy, 2001; Evans, Jones & Mullen, 2004; Nordin & Cumming, 2005, 2008），另外，个体也会以不同的方式解释表象的内容（Short et al., 2004）。因此，卡明和威廉姆斯（Cumming & Williams, 2012）对表象应用模型进行了修订。新模型在保留原模型中"在哪"（地点）和"何时"（情境）、"谁"（个体）和"为什么"（功能）的基础上，区分了表象的内容和功能，强调了表象的个人意义，并拓展了表象能力对心理或行为结果的影响（图11-2）。

（1）在哪（地点）和何时（情境）。表象地点包括训练场、比赛场、宿舍（家里）等任何可以进行表象的地方。需要注意的是，表象的功能因情况而异，运动员在进行表象训练时要考虑特定情况的需求。例如，训练过程中的表象是为了提高技能水平，而比赛前的表象是为了让运动员在心理和身体上做好准备。另外，最理想的表象情境是表象的环境与行为发生的实际环境密切匹配。例如，运动员想用表象来克服赛前紧张，他们

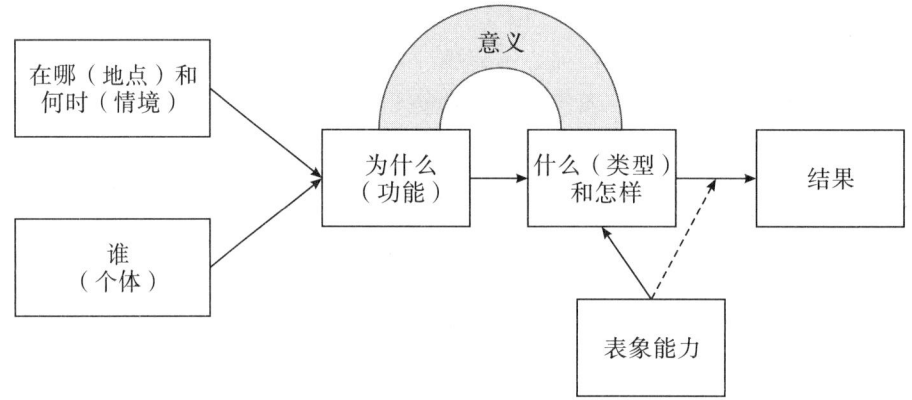

图 11-2 修订的表象应用模型（Cumming & Williams，2013）

应该持枪站在靶位上进行表象。

(2) 谁（个体）。在设计表象训练计划时，需要考虑到个体的性别、竞赛水平、年龄、经验和性格或个性差异。

(3) 为什么（功能）。表象应用模型认为，不同类型的表象与其结果是一一对应的。但修订的模型认为，同一种表象可能会导致不同的结果。例如，表象技能操作过程，不但可以提高技能操作水平，而且可以提高运动员的自信心。

(4) 意义。作为表象功能和表象类型之间的桥梁，有意义的表象指，所描绘的事物与其预期功能之间是匹配的，从而使表象既适合个人又适合情境。表象是一种个性化的体验，同一种表象内容，对于不同的运动员，所代表的意义也不同。例如，同样表象步枪单组 105 环，能够提高竞技水平较低运动员的自信，却无法提高世界顶尖水平运动员的自信。因此，表象训练需要充分匹配运动员个体的需求。

(5) 什么（类型）和怎样。首先，运动员可以使用不同类型的表象来服务于特定的功能或多种功能。例如，受伤的运动员可以使用多种表象功能达到一系列的康复效果，如保持技术水平、提高自信和动机（Maddison et al.，2012）。其次，运动员可以根据表象的功能选择表象的内容。在确定了表象什么之后，则需要考虑表象过程的特点，如表象的速度、频率和持续时间与视角等。最后，可以利用内、外部线索帮助运动员决定表象的体验方式，如可以让运动员手持篮球表象。

(6) 表象能力。表象能力指个体形成生动的、可控制的表象并将其保留足够长时间以达到预期表象演练的能力。一方面，表象能力直接影响表象的内容和方式。具有不同表象能力的运动员可能会选择他们认为更容易生成和保持的表象内容与特征。另一方面，表象能力对所取得的结果产生间接影响。也就是说，表象能力将调节（图 11-2 中的实线）和缓和（图 11-2 中的虚线）表象使用与期望结果之间的关系。

(7) 与表象使用相关的结果。修订的表象应用模型在原表象应用模型的基础上进一步明确了表象训练的结果。具体包括四类（Guillot & Collet，2008）：①运动技能学习与运动表现；②策略与问题解决；③心理结果（注意力、唤醒、动机、自信、情绪和焦虑）；④损伤康复（愈合、力量、柔韧性和疼痛管理）。

(三) PETTLEP 模型

PETTLEP 为缩写，每个字母代表设计和构建表象干预时考虑的元素，即身体（physical）、环境（environment）、任务（task）、时间（timing）、学习（learning）、情绪（emotion）和视角（perspective）7 个元素（Cumming & Williams，2012）。每个元素的定义和例子见表 11-1。PETTLEP 模型的各元素中，有些元素与其他元素的相互作用比较明显，另一些元素只是单向的，而所有的相互作用都会表现出相当大的个体差异（图 11-3）。

表 11-1 PETTLEP 模型的各元素定义及例子

元素	定义	例子
身体	表象的身体特点，包括特定任务/情境的身体位置、服装和运动装备	穿着射击服，站在靶位上
环境	执行表象的物理环境	在即将比赛的场地上表象
任务	任务特点和专业技能水平	世界顶尖水平运动员在决赛中的最后一枪
时间	表象的时间性质	用真实的时间执行表象
学习	表象内容随着行为的学习和完善而发展	根据环数反馈改进技术
情绪	对情境的情感与情绪反应	表象自信或紧张
视角	表象时所使用的视角（内表象或外表象）	表象决赛中的最后一枪时使用第一视角的内表象

资料来源：Cumming 和 Williams（2013）。

（1）身体。表象中的身体特点尽量与实际的运动准备或运动过程相符。在运动表象过程中，刺激与任务执行相关的外周神经末梢，激活皮质运动神经元系统，会增加中枢部位运动准备和运动表象的心理生理学一致性。虽然在其他的表象训练前会使用放松，但是在 PETTLEP 表象模型中，不强调在表象之前先放松，除非放松本身就是运动项目的特征对身体的要求。

（2）环境。表象过程中丰富、熟悉的训练或比赛环境信息更有助于提高表象训练效果。可以通过观看之前的比赛录像或照片帮助运动员回忆起这些环境信息。尽量为运动员提供多感官环境线索，以增加表象过程中刺激命题的有效性。

（3）任务。根据孔蒂宁等（Konttinen, Lyytinen & Konttinen，1995）的观点，表象技术的使用应该区分精英水平与亚精英水平运动员（图 11-3 中路径①），两者的表象内容应该有所不同。他们还发现，精英水平的步枪运动员更注重击发前的控制，而亚精英步枪运动员更关注视空间系统的处理。相似的，哈迪（Hardy，1997）的研究表明，任务的特征决定了表象的视角。卡洛和哈迪（Callow & Hardy，1997）提出，在强调形式重要的任务中，外部视觉表象和动觉表象的结合将产生更优越的表现（图 11-3 中路径②），外部视觉表象拥有更多关于形式性质的信息。任务与视角、学习的关联突出了从任务、学习和视角整合知识的重要性。

（4）时间。表象的时间特征应与现实的运动准备或运动过程的时间特征相一致。戴西迪（Decety，Jeannerod & Prablanc，1989）研究表明，力量是时间的函数（图11-3中路径③），在不存在外力条件的运动表象中，运动员会根据自己的反应和意义命题，将感觉力的增加感知为运动持续时间的增加。为了克服这些潜在的持续时间增加，PETTLEP模型强调了时间特征与身体元素的相互作用。

（5）学习。因为随着学习的进行，运动表现和相关反应将随着时间的推移而改变，所以运动表象的内容必须改变以适应这种学习并保持功能等效。当运动表象与技术训练相结合或在一项任务的强化学习阶段，定期的复习学习内容对保持功能等效至关重要。

（6）情绪。当整合PETTLEP的其他成分时，表象过程中相关的情绪影响巨大，甚至使表象产生相对特定的外显性，并表现出与外显性行为的高度一致性。在表象过程中，运动员可以增加某些生理反应。

（7）视角。根据任务特征和个人习惯，学习者需要考虑内部表象、外部表象、动觉表象。表象视角与学习之间的关系（图11-3中路径④）是需要考虑的因素。学习者最常采用的视角是有意识地注意视觉因素，然后是动觉因素。因为学习者表征的本质仍处于相对萌芽阶段，学习者必须接受视觉信息，然后"猜测"该图像可能产生的感觉。这样的程序为表象中涉及更多的认知任务提供了一种特别的优势。

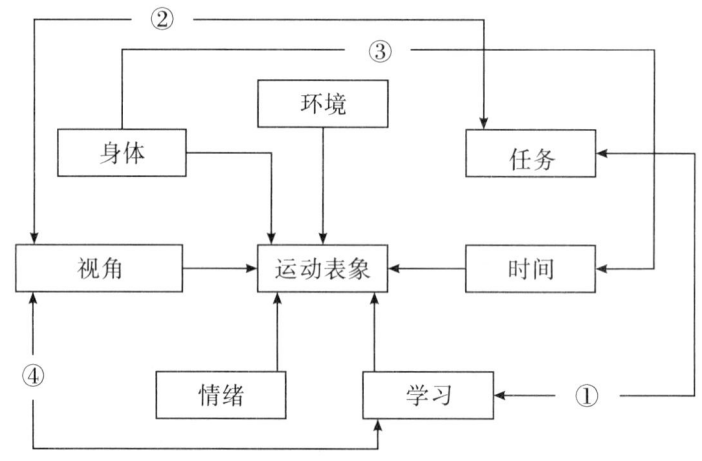

图11-3　PETTLEP模型图解（Holmes & Collins，2001）

［注：图中的数字表示相互关系和来源为Konttinen等（1995），Callow和Hardy（1997），Decetyet等（1989），Collins等（1998）］

四、表象训练的应用

正如系统的技术训练能够提高运动员的竞技能力，表象训练同样需要纳入运动员的训练计划和比赛准备中。只有系统化的表象训练，才能真正对运动员有所帮助。尽管表象训练理论模型为有效的表象训练提供了依据，然而，运动心理学工作者、教练员和运动员仍然需要了解在实施表象训练时要注意的问题并且需要一套清晰、简洁且实用的指导方针来实施表象训练计划。

（一）表象脚本的制作

在实施表象训练前最好准备一份表象脚本。运动心理学工作者可以使用表象脚本帮助运动员进行表象训练，运动员也可以把脚本转换成录音或记住脚本内容以便自己进行表象训练。以下为使用脚本进行表象训练的指导性原则（Cooley et al., 2013）。

1. 表象能力的评估和监控

表象能力是表象训练与结果之间的中介变量，尤其是对于技能初学者而言，表象能力是影响表象训练效果的重要因素。在进行表象训练的时候要求参与者进行表象能力的评估。如果条件允许，在表象训练过程中能监控到参与者表象能力的改变，则更能够促进表象训练的效果。

2. 训练时间

大多数的表象训练时间最短 3 周，最长 16 周，表象训练时间越长，训练效果越好。可以是每周 1 次，或者每天 1 次，一次训练时间 1 分 40 秒～11 分钟。时间的长短取决于表象的内容和表象脚本的长度。单次表象被重复的次数介于 1～95 之间，总体表象训练时间介于 9 分钟～12 小时 50 分之间。

一般来说，每次表象训练 3 分钟要好于每次表象训练 1 分钟。每周表象训练 3 次要好于每周表象训练 1 次或 2 次。也有研究发现，表象训练 1 分钟或者表象训练 10～15 分钟的效果要好于表象训练 3～5 分钟。

3. 脚本开发

脚本开发包括脚本内容，刺激、反应和意义情节，个体化，修订，表象的传授方式。

（1）脚本内容。它包括四个方面的信息。①身体任务（physical task）：任务和环境的描述性信息，包括表象的身体任务、身体任务的位置环境、专家级运动员对身体任务的描述。②研究：基本模式、理论或目前相关的研究内容，包括表象的功能，结合视觉、动觉表象，结合刺激、反应和意义情节。③经验：研究者、专家级运动员对于身体任务和表象使用的经验，包括研究者自己的经验、教练员的经验、专家级运动员的经验。④参与者：参与者自己对于任务和表象使用的经验，包括参与者个人的作用和成绩目标，参与者选择的设备和环境，参与者肢体和动作的体验，参与者对表象使用的体验、从 SR-training 训练（Lang et al., 1980）中获得的细节。

（2）刺激、反应和意义情节。刺激是指表象技术特征或表象情节。反应是指运动员在表象这些技术特征或情节时个性化的心理或情感反应。意义情节是指能够引起表象者情绪或情感反应的事件。有研究认为，包括刺激、反应和意义情节的表象脚本，其训练效果要好于只包含刺激的表象训练脚本。

（3）个体化。表象脚本的个体化程序取决于参与者提供的信息。需要根据参与者的个人情况决定个体化的程度。高水平的运动员需要考虑高水平的个体化程度。

（4）修订。根据 PETTLEP 表象训练模型，表象脚本需要根据情绪、运动表现环境、技能水平、表象能力的改变进行调整。表象脚本的调整可以考虑下列三种情况：①可以不定期地询问参与者是否可以增加或调整表象内容以提高表象体验或表象的个体意义；②在多级表象训练中，新的表象情节会被加到下一级表象脚本中，在多级表象训练中一般最低一级的表象脚本由最基础的表象内容组成,然后逐级增加表象细节;③同样的表象任务可以使用于不同的情节或不同的比赛环境。

(5)表象的传授方式。参与者可以在记住表象脚本后再开始表象训练,也可以一边读、听表象脚本一边进行表象训练。如果使用第二种方式,在表象脚本比较长时,受长时记忆能力的影响,参与者可以自己决定是否需要暂停后再继续执行表象脚本。

(二)表象脚本实例

1. 动机一般唤醒:控制唤醒和焦虑的表象训练

一项针对游泳运动员的表象训练包括多种感觉,使用外表象。先让运动员进入专注状态,然后让运动员表象正在为接下来的比赛热身,包括了热身过程中的主要事件,例如,热身完毕,准备进入赛道。一些精力分散的状态也被纳入表象的过程中,例如,"现在你重新回到泳池"。在运动员表象的过程中,也会让运动员使用大量的动机和认知策略(Page, Sime & Nordell, 1999)。

2. 认知具体:提高具体技术的表象训练

你站在人造推杆面上,你感觉脚下的人造草皮有轻微的弹性。站在你的推杆后面,你已决定朝哪个方向推杆。然后你重新放置你的球,让球标与左手的洞边对齐。你像往常那样以"反向重叠"的方式握着球杆,把推杆放在球的正后方。再看一眼球洞,你再次检查你的手臂是否朝向这球洞的左手边。当你挥杆时,你感觉到平稳和可控的节奏,你感到你上臂和肩膀的肌肉轻微收紧。你的向前挥杆也是可控和平稳的。击球时,击球头的中心会发出清脆的咔嗒声,击球前要低头看球的位置,以保持击打球的固定位置。这杆推杆打得很好,你看着球滚进球洞。你因为实现了目标而感到一种温暖的满足感(Smith & Holmes, 2004)。

3. 动机一般唤醒/掌握:赛前准备

你刚刚完成热身,还有几分钟就要开始比赛了,你的精神和身体都准备好了。你的身体发出准备好了的信号,你心里七上八下的,有轻微的反胃,提醒你肾上腺素正在身体里涌动,确认你已经准备好开始了,你的身体正处于最佳状态,你非常自信自己可以控制局面。你的肌肉会感到紧张,它们会对你的每一个命令做出反应,你完全可以控制自己的身体,这让你专注于接下来的任务。你的心跳越来越快,呼吸越来越快,你知道氧气正在流经身体,你会意识到这些是自己在最佳表现之前总要经历的感觉,这会让你对自己的能力更加自信。你所经历的任何关于比赛的想法都可以证明自己的准备程度,所有其他的竞争者都能看到你是一个准备充分的、有前途的运动员,你将会成功(Cumming, Olphin & Law, 2007)。

(三)表象训练计划的制订

威廉姆斯等(Williams et al., 2013)建议,一份完整的表象训练计划需要包括运动员特征、表象训练的时间和地点、表象的目的、表象的内容(表11-2)。

表 11-2 表象训练清单

运动员特征
性别： 男____ 女____ 年龄：_____ 运动项目：_____ 运动水平：_____
表象经验 表象使用：┠──────────────┨ 　　　　　　从不　　　　　　　　总是 表象能力：┠──────────────┨ 　　　　　　很差　　　　　　　　很好 　视角：　内表象____　外表象____　联合使用____
其他需要考虑的特点或细节
地点和时间 地点：_____　　时间：_____ 频率：_____
目的（技能提升、提高自信、控制赛前焦虑等）
内容（表象脚本）
表象类型 视觉____　动觉____　听觉____　味觉____　嗅觉____ **个性化细节**

资料来源：Williams 等（2013）。

（1）运动员特征。首先，运动员的性别、年龄、项目特点、运动水平等都会影响训练效果。例如，相较于气步枪项目，步枪三姿项目运动员的表象训练时间会更长；不同水平运动员的表象训练内容会有区别。其次，运动员使用表象的经验和能力会影响训练效果。之前缺少表象经验的运动员或在表象训练过程中不能保持画面清晰稳定的运动员，不适合一开始就进行较长时间的表象训练，可以从简单的表象开始，然后逐步增加表象细节和内容。最后，制订表象训练计划需要考虑运动员习惯的表象视角。有些运动员习惯使用内表象，而另一些运动员习惯使用外表象。尽管不同的表象视角对表象训练的效果影响不大，但内表象更容易唤起运动员的本体感受。如果运动员能够使用内部表象，应鼓励他们使用内表象；而对于不习惯使用内表象的运动员，则可以通过外表象进行训练。

（2）地点和时间。运动员可以在训练或比赛之前、其间或之后进行表象训练。在哪里或什么时间进行训练取决于表象训练的目的。

（3）目的。表象的目的包括：提升运动技能与运动表现，策略与问题解决，调节注意力、唤醒、动机、自信、情绪和焦虑，损伤康复。为了促进表象训练实现其预期的结果，运动员可以手持器械或在运动场所进行表象训练。

（4）内容。为了更加规范表象训练的内容，运动员可以在运动心理学工作者或教练员的帮助下编制表象脚本。表象脚本中要尽量包括不同的感官模式（听觉、视觉、嗅觉等），以创造更丰富、更真实的表象体验。需要注意的是，脚本中所包含的感觉应该是有益的，而不是那些可能分散脚本主要焦点的感觉。另外，在表象脚本中还需要强调合适的注意模式。

表象脚本确定后，运动员可以在记住表象脚本后再开始表象训练，也可以一边读、听表象脚本一边进行表象训练。如果使用第二种方式，在表象脚本比较长的情况下，受长时记忆能力的影响，运动员可以自己决定是否需要暂停后再继续执行表象脚本。

（四）表象训练的应用实例

女子气步枪运动员小玉，为了提高自信，并想在即将到来的世界锦标赛中克服紧张对运动表现的影响，实施了表象训练。

1. 表象训练计划清单

运动心理学家在与她的教练员充分讨论后，制订了详细的表象训练清单（表11-3）。

表11-3 小玉的表象训练清单

运动员特征
性别： 男____ 女__√__
年龄： __20__ 运动项目：__女子气步枪__ 运动水平：__世界锦标赛前3名__
表象经验
表象使用： 从不 ————————×———— 总是
表象能力： 很差 ——————×—————— 很好
视角： 内表象 __√__ 外表象____ 联合使用____
其他需要考虑的特点或细节
有时在房间中会回想好的动作感觉，但没有进行过系统的表象训练，在比赛前紧张程度较高，当感觉赛前状态不好时，容易产生自我怀疑。

续表 11-3

地点和时间
地点：__在房间中和训练场上__　时间：__20:00—20:30　开始训练前5分钟__ 　频率：__在房间中每周3次，训练场上每天1次__
目的（技能提升、提高自信、控制赛前焦虑等）
为了提高自信和减少赛前紧张对运动表现的影响。 　小玉自述：比赛前想法多，害怕自己不能正常发挥出训练水平，多次比赛因为不自信和紧张导致发挥失常。
内容（表象脚本）
表象脚本中刺激命题包括了赛前环境、对手、靶位等信息；反应命题包括了躯体、认知和情绪等信息；意义命题包括了对赛前状态的接纳和自信心的建立。
表象类型 　视觉__√__　动觉____　听觉__√__　味觉____　嗅觉__√__ **个性化细节** 　射击服手臂部位的文字提醒，枪架上的兔子公仔。

2. **表象脚本**

运动心理学家先向小玉介绍了表象脚本的编制原则，然后由小玉编写了表象脚本的初稿，最后通过与小玉讨论、修改并确定了最终的表象脚本。在房间中训练时，心理学家给小玉读脚本；当小玉记住脚本内容后，在训练场上训练时小玉自己表象脚本内容。具体的表象脚本如下：

你刚刚完成热身，还有几分钟就要开始比赛了……你站在靶位上，调整好位置。你能够听到观众的嘈杂声。你可以看到自己的枪放在枪架上。你的手臂搭在枪上，你可以看到射击服手臂位置上的文字：相信自己。你手摸了摸挂在枪架上的兔子公仔，体会到了柔软而温暖的感受。随着比赛越来越近，你会体验到熟悉的兴奋感和紧张感，你知道这是自己在最佳表现之前总要经历的感觉。你在过去经历过这些感觉，并且表现得很好。因此，你相信你已经准备好今天再次表现出色。

第三节　自我谈话

当运动员在心中默念"坚持住""冷静"时，他是在进行自我谈话。自我谈话是运动员广泛使用和能够最有效提升运动表现的策略之一。相关的元分析表明，自我谈话对运动表现的总体干预效果量为中等（ES = 0.48）（Hatzigeorgiadis et al., 2011）。日常训练和比赛过程中合理利用自我谈话策略对于提升运动员的竞技水平具有重要的作用。

一、自我谈话的概念

自我谈话以对自己公开或隐蔽的言语表达形式出现,这种言语表达方式以与其内容相关的解释元素为特征;自我谈话要么反映了有机的、自发的和目标导向的认知过程之间的动态相互作用,要么通过使用预先确定的、有策略的提示语,向主动的反应传递信息,以实现与运动表现相关的结果(Latinjak et al.,2019)。自我谈话强调对象是自己的言语表达,其不同于想法(thoughts),因为想法不一定以言语表达的方式出现,而且想法也不一定指向自己。

运动领域的自我谈话具有六种描述性属性:外显性(overtness)、功能性(functions)、理解性元素(interpretative elements)、效价(valence)、动态性(dynamic nature)和缘起性(origin)(Latinjak et al.,2019)。外显性可以理解为,言语表述处于心中默念(其他人听不到)和其他人能听到的连续体上(Hardy,2006)。功能性指不同类型的自我谈话具有不同的认知、情感和行为功能。理解性元素指自我谈话的内容只有使用者才能真正理解,其目的是引发某种反应。例如,有的运动员在比赛时口中念念有词,可能只有他自己才能够理解到底是什么意思或想要达到什么目的。效价是指自我谈话的内容是积极的、消极的或中性的。动态性是指不同自我谈话类型之间的动态相互作用。缘起性自我谈话的来源有两种:一是运动员原发的、自己使用的自我谈话,二是有意选择并应用于干预过程中的自我谈话。

二、自我谈话的分类

拉蒂杰克等(Latinjak et al.,2019)在总结前人研究的基础上,对自我谈话进行了分类,包括原发性自我谈话(organic self-talk)和策略性自我谈话(strategic self-talk)两种类型。其中,原发性自我谈话又分自发性自我谈话和目标导向性自我谈话两种亚型。自我谈话的分类、定义及例子见表11-4。

表11-4 自我谈话的分类及例子

类型	原发性自我谈话: 体现正在进行中的认知过程		策略性自我谈话: 为达到策略性目标的暗示词
亚型	自发性自我谈话: 无意识且非工具性的自我谈话,在持续的环境中,对刺激做出反应时,以不情愿的方式出现在脑海中	目标导向性自我谈话: 为了在任务中取得进展或解决问题而有意使用的自我谈话	提示词具有指导性或动机性功能
例子	"完了" "这局要赢了"	"冷静" "我能行"	教练员要求在紧张的时候使用"相信自己"或"摆腿"

原发性自我谈话是指运动员在比赛前、比赛中或比赛后对自己的内在想法的自我陈述。原发性意味着自我谈话具有活生物体的特征、与之相关或源自活生物体,要么代表

心理过程，要么源于元认知知识和技能。原发性自我谈话可以进一步分为自发性自我谈话和目标导向性自我谈话两种亚型。原发性自我谈话具有指导性和动机性功能。指导性指的是通过适当的注意力集中、正确的技术和策略执行来触发期望的行动，从而帮助实现目标的陈述（Hardy, Jones & Gould, 2018）；动机性指的是通过增强自信、激发更大的努力和创造积极情绪来提高绩效的自我谈话（Theodorakis, Hatzigeorgiadis & Zourbanos, 2000）。

策略性自我谈话是指使用提前计划好的提示词，通过激活适当的反应来促进学习和提高表现。提示词具有指导性或动机性功能。尽管原发性自我谈话与策略性自我谈话都具有指导性和动机性功能，但区别在于，原发性自我谈话其内容本身具有特定的指导性和动机性目的，但策略性自我谈话是被设计应用于特定的动机性和指导性目的。

在拉蒂杰克等（Latinjak et al., 2019）研究的基础上，弗里奇等（Fritsch et al., 2024）综述了自我谈话的不同类型对情感的影响：①在情绪状况下，自发性自我谈话比目标导向的自我谈话更普遍，自发性自我谈话体现了情绪状态和情感过程；②目标导向性自我谈话体现了对情绪过程的调节；③策略性自我谈话可以减少焦虑，但有时只是认知方面的，有时只是身体方面的。

三、自我谈话理论模型

（一）哈迪自我谈话理论模型

结合相关领域的研究成果，哈迪（Hardy, 2006）提出了自我谈话影响运动表现的心理机制模型（图11-4）。

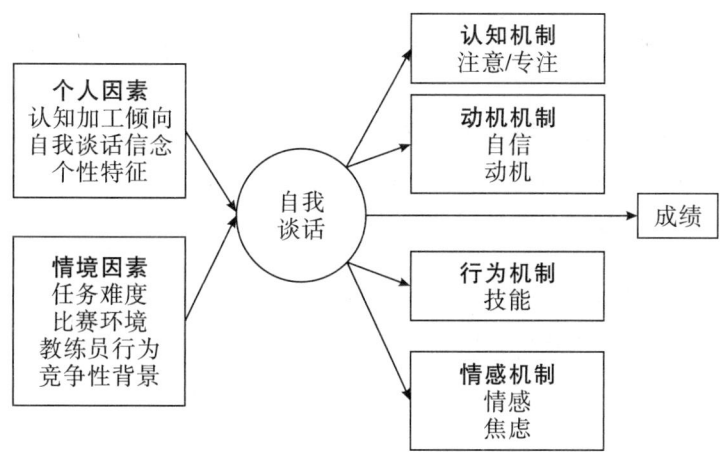

图11-4　自我谈话模型（Hardy, 2006）

自我谈话模型概念化了自我谈话对运动表现的影响，包括自我谈话的前因变量和结果变量及影响运动表现的四种心理机制（认知机制、动机机制、行为机制、情感机制）。

个人因素包括认知加工倾向、自我谈话信念和个性特征。认知加工倾向是指个体的信息加工倾向于使用语言或非语言（表象）。自我谈话信念是指相信自我谈话有效的运动员比不相信自我谈话有效的运动员更倾向于使用自我谈话，同时对运动表现会有更积极的影响。个性特征是指运动员的自我概念、特质焦虑特征、自我定向和任务定向的目标倾向性会影响运动员使用积极自我谈话或消极自我谈话。

情境因素包括任务难度、比赛环境、教练员行为和竞争性背景。任务难度是指运动员在比较难的任务中可能会使用更多的自我谈话。比赛环境是指比赛分数的变化、技战术的成功或失误会影响积极或消极自我谈话的使用。教练员行为是指教练员的评价或动机性行为会影响运动员的自我谈话。竞争性背景是指对手、队友会影响运动员的自我谈话。

有四种心理机制可以解释自我谈话与运动表现之间的关系。认知机制是指认知加工过程、注意过程、专注控制、注意风格。动机机制指自我效能和坚持等动机理论对运动表现的影响。行为机制指自我谈话通过改变技能执行方式促进运动表现的提高。情感机制指情感、心境、情绪及竞赛焦虑相关的理论可以解释自我谈话对运动表现产生影响的中介作用。

（二）双过程模型

双过程理论认为，人类通过两个离散但相互作用的系统将来自外部世界的信息转化为认知内容（Frankish & Evans，2009）。其中，一个对信息处理的特点是直觉的、快速的，无须有意识努力的、情境化的、情绪主导的，称为"系统1"；另一个对信息处理的特点是理性的、较慢的，需要有意识努力的、脱离情境的、有意识监控的，称为"系统2"。源自系统1的内容通常被描述为直觉，并以直觉或印象的形式自发地出现在脑海中（Kahneman，2011），源自系统2的内容包括明确的和有意的想法、逻辑、有意识的计算、归因和解释（Kahneman，2011；Berkowitz，2014）。

根据双过程理论，范拉尔特等（van Raalte, Vincent & Brewer, 2016）指出，自我谈话作为内在经验、想法、信念的表达，也可以以系统1和系统2的方式加以区分。系统1的自我谈话以一种直接的、充满情感的反应方式将当前的体验带入意识；系统2的自我谈话源于考虑和计划，导致逻辑性的、指导性的、以任务为中心的、激励性的自我谈话，以及用于分散注意力的自我谈话。系统2也会在监控系统1产生的信息（如因挫败感而骂人）的基础上，导致系统2的自我谈话（如通过平静的自我谈话来控制挫败感）（van Raalte, Vincent & Brewer, 2017）。例如，一名乒乓球运动员在被对手得分后可能会出现失败感并在心里对自己说："我好差。"这属于系统1的自我谈话，它表达了对当前情境的体验和反应。同时这一表达也可能会激活系统2的调节过程，这位运动员会使用指导性的自我谈话如"盯住对手的左边打"，或使用动机性的自我谈话如"比赛还没结束，还有机会"进行自我调节。

以双过程模型为基础，范拉尔特等（van Raalte, Vincent & Brewer, 2016）提出了运动情境的双系统自我谈话模型（图11-5）。该模型包括个人因素、背景因素、认知机制（以系统2为代表）、与系统1和系统2相关的情感、动机和焦虑、行为和自我谈话四个部分。

1. 自我谈话

运动领域的双过程模型对自我谈话进行了详细的分类，包括功能、效价、外显性、语法形式（表11-5）。

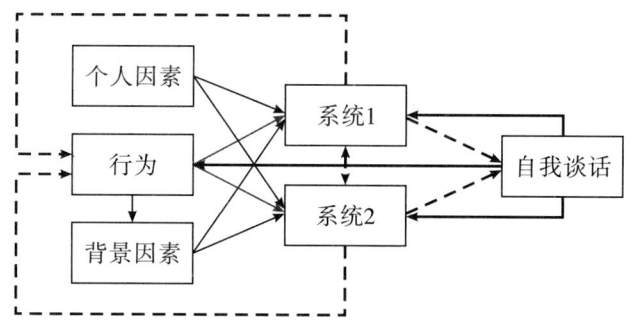

图 11 – 5 运动情境的双系统自我谈话模型（改编自 van Raalte，Vincent & Brewer, 2016）

表 11 – 5 自我谈话的类别

类别		表现
功能		指导性、动机性功能，如影响专注、自信、努力调节、认知和情绪控制，以及自动执行、指导目标达成
效价	积极	动机性激励
	消极	反应生气、挫败、气馁等
	其他	自我同情（"已经做得很好了"）、镇定（"冷静"）、自我保护（"还是我自己教我自己吧"）、与任务无关（"拿了冠军先给谁打电话"）、幽默（"这个错误犯得好"）、与他人相关（"裁判太差了"）、身体感受（"我肩膀痛"）、咒语（"快快快"）、逃避（"再也不想比赛了"）
外显性		小声音说出或心中默念
语法形式		疑问式比将来式更有利于运动表现（我要坚持吗 vs. 我要坚持） 否定性的"我不要……"比"我不能……"更能导致行为改变 使用"我们……"或"你……"比使用第一人称"我……"表现更好

2. 系统1

系统1以快速的、无须努力的、情绪主导的方式处理信息。系统1对信息的处理通过偏见和启发式在意识水平以下发生（Stanovich & West, 1991; Kahneman, 2003）。系统1为理解自我谈话的效价提供了基础。当情绪主导的自我谈话反映消极的情绪时，其效价是消极的；当情绪主导的自我谈话反映积极的情绪时，其效价是积极的。值得注意的是，从效价的角度分析，如果觉察到系统1的自我谈话是消极的，通过干预可以把系统2的消极自我谈话转变为系统1的积极自我谈话。

3. 系统2

系统2是以缓慢、费力和有意识监控的方式处理信息，系统2自我谈话所具有的特点包括：需要心理努力，受到不同视角和新信息的影响，监控系统1的自我谈话。以上特点既能以主动的方式体现，也能以被动的方式体现。主动的系统2自我谈话主要指使用自我谈话进行干预，例如，运动心理学工作者为运动员设计自我谈话干预促进运动表现提升。被动的系统 2 自我谈话主要体现为系统 2 自我谈话对系统 1 自我谈话的被动调节。例如，运动员踢失点球的自我谈话是"我太差了"，这是系统 1 快速的、情绪性的反应。当这种反应进入意识后，会被系统 2 处理，运动员可能会继续自我谈话："比赛还没结束，我要通过进球来补偿。"

4. 行为

自我谈话对行为影响主要指自我谈话对运动表现的影响。自我谈话已被证明可以提高羽毛球、篮球、自行车、飞镖、盛装舞步、高尔夫、跑步、仰卧起坐、滑雪、足球、射击、游泳、网球、垂直跳远、排球和水球射门的表现（van Raalte et al., 1995；Masciana et al., 2001；Wolframm & Micklewright, 2011；Hatzigeorgiadis et al., 2011；Theodorakis, Hatzigeorgiadis & Zourbanos, 2012；Zetou et al., 2012；Díaz-Ocejo, Kuitunnen & Mora-Mérida, 2013；Blanchfield et al., 2014）。另外，行为也可以通过系统 1 和系统 2 影响自我谈话。例如，网球比赛中，运动员失分后使用系统 1 情绪主导的自我谈话（"糟糕"），然后激发系统 2 的自我调节（"专注下一球"）。

5. 背景因素

背景指某件事发生的地点和时间所存在的一组条件，包括物理和社会成分。在运动领域，物理背景包括天气、场地、器材等。社会背景包括他人在场、行为、文化、动机氛围、训练/比赛/实验的重要性。自我谈话与背景是双向关系，背景因素通过系统 1 和系统 2 影响自我谈话，而自我谈话又通过行为影响背景。

6. 个人因素

个人因素包括生物和遗传因素、个性和人口特征。个人因素通过系统 1 和系统 2 影响自我谈话。技术水平的熟练程度和高情商（Lane et al., 2009；Thelwell, Greenlees & Weston, 2009），目标倾向性（自我定向 vs. 任务定向）（Hatzigeorgiadis & Biddle, 2000）等都会影响自我谈话的使用。

四、自我谈话的应用实例

（一）自我谈话干预的建议

基于双过程模型，范拉尔特（van Raalte, Vincent & Brewer, 2017）为教练员、运动员和运动心理学家实施有效的自我谈话干预提供了具体的建议。

1. 系统 1 自我谈话

教练员或运动心理学家针对运动员的系统 1 自我谈话进行干预时，需要注意两个方面。

（1）自我谈话到底表达的是什么意思？例如，体操运动员某天从开始训练到训练结束，完成动作的质量一直不高。训练结束后，他自言自语"我太差了"。作为心理学家或教练员，当听到运动员的这种自我谈话时，需要判断该运动员是因为缺乏自信，还是疲劳、认知超载导致系统 1 层面的情绪反应。

（2）是否需要干预？如果自我谈话是消极的、持续的，并且与疲劳或认知超载无关，是运动员信念或图式反应，可以通过系统2的自我谈话来干预。如果是过度疲劳和认知负担太重导致特定情况下的正常反应，则建议运动员放松，或者花几秒钟时间重新调整，不需要做出进一步的干预。

2. 系统2自我谈话

第一，自我谈话与唤醒水平相匹配。例如，在训练结束后的自由时间里，篮球运动员练习罚篮时使用"冷静"类自我谈话是不合适的。因为这种自我谈话内容与运动员当前的唤醒水平不匹配。此时罚篮，运动员的感受是兴奋而不是紧张，因此使用"兴奋起来"会更合适。

第二，自我谈话的内容不能太多。例如，武术套路运动员在完成720°转身落地这一难度动作时，使用"起跳、转身、击响"为提示要领的自我谈话是不合适的，因为自我谈话的内容太多，这会使认知资源超载。运动员只使用其中一个核心动作要领作为提示会更合适。

3. 行为

行为与自我谈话是双向相互影响的关系。运动心理学家或教练员需要观察，运动员是否在特定行为后产生特定的反应。例如，成功得分后，应使用积极自我谈话；而失分后，应使用消极自我谈话。一致的自我谈话与行为之间的关系往往体现了运动员特有的信念或图式模式。教练员和心理学家可以帮助运动员选择自己合适的自我谈话来调节行为之后的自我谈话模式。

4. 背景信息

使用自我谈话需要考虑运动项目、个人喜好和队伍的文化氛围。如果在团队中使用自我谈话会令运动员感到尴尬或不适，则需要谨慎使用自我谈话。另外，需要警惕对手通过运动员的自我谈话了解到其目前的状态和弱点。

5. 个人因素

第一，自我谈话需要与运动员的个性特征或自我信念相匹配。例如，对于一名特质自信水平不高的运动员来说，要求其使用"我是最棒的"这种看似积极有力的自我谈话可能效果并不明显。而对于一名起跑出色的短跑运动员准备时使用"爆发"这一自我谈话则是合适的。

第二，自我谈话的使用需要与运动水平相匹配。对于技能水平已经达到自动化的运动员还使用以语言表述为主的自我谈话可能会阻碍其运动技能的执行。

（二）自我谈话干预实例

拉丁杰克等（Latinjak et al., 2016）以个案研究的形式介绍了目标导向自我谈话的干预方法。在个案中，从竞争赛季开始，研究者与运动员总共进行了六次面谈；在初次接触后，进行了半结构化的访谈（第1次课），了解运动员的心理需求和对运动中必需的心理技能的看法；第2次至第6次课，每两到三周进行一次，会与运动员讨论之前的比赛情况。研究者会与运动员针对运动员在比赛时尝试的不同路线和速度的数据进行讨论。在讨论过程中只要运动员确定或运动心理学工作者凭直觉意识到有意义的情境，就会针对这些情境问一系列结构性问题（图11-6）。

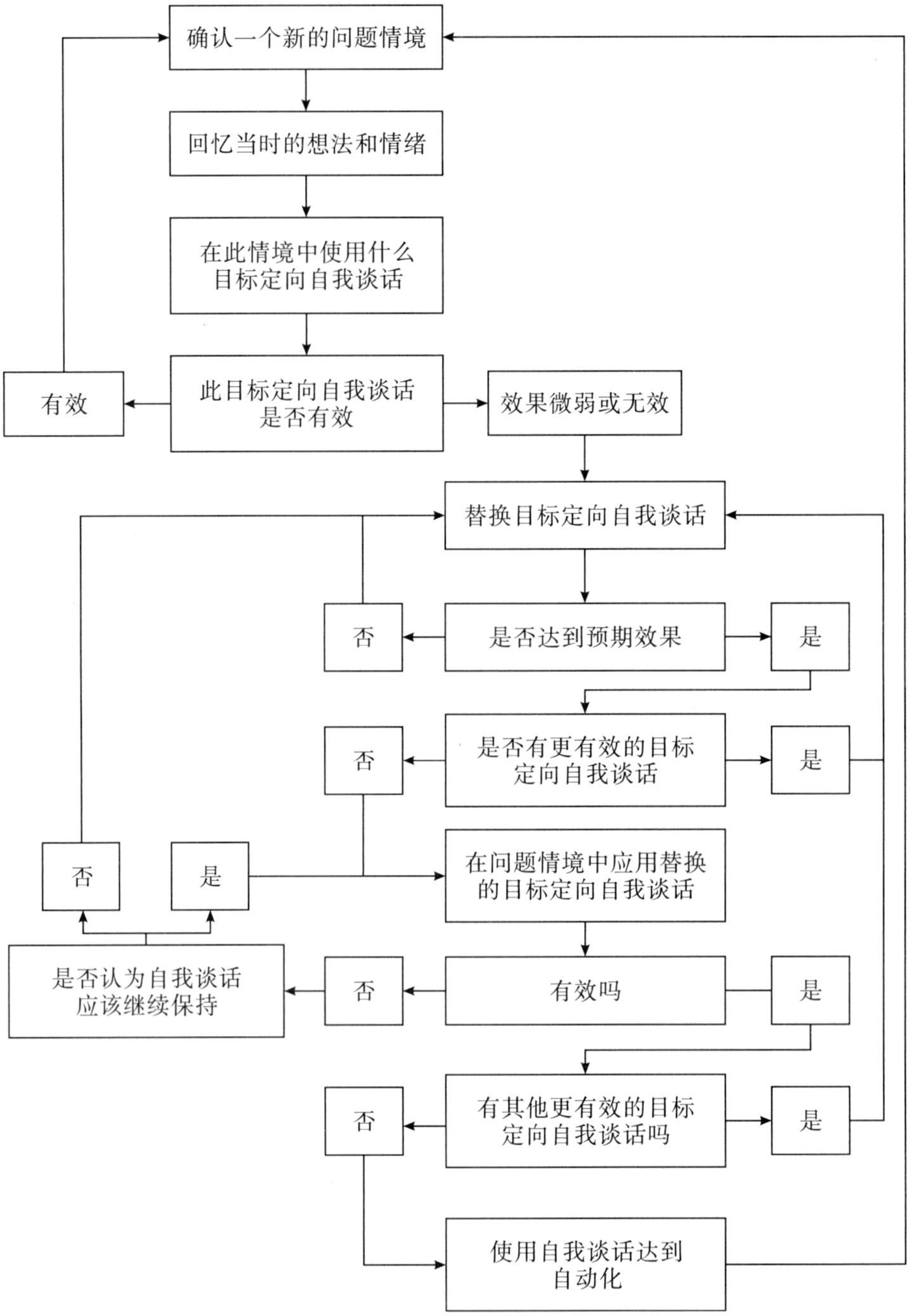

图 11-6　目标导向的自我谈话干预过程（Latinjak et al., 2016）

在拉丁杰克等的研究中，针对定向越野项目的自我谈话的核心内容包括 6 个部分：①原始问题情境；②该情境中的情感和想法；③自发的目标导向自我谈话；④自发的目标导向自我谈话的效果；⑤替代的目标导向自我谈话；⑥替代的目标导向谈话的效果。自我谈话干预举例见表 11-6。

表 11-6 自我谈话干预举例

步骤	序列 1	序列 2	序列 3	序列 4
问题情境	短暂的成功所带来的狂喜。"我把目光投向遥远的未来。"因此,会出现放松和注意力分散的情况	地图方面的失误、怀疑而导致的紧张,然后错误的看向其他运动员。因此,"我无法很好地阅读地图""我的注意力太狭窄""我想找到一个快速的解决方案""我的大脑和双腿不能协调工作了"	忽视警示信号而滥用直觉。尽管不知道该做些什么,我还是会不假思索地采取行动。"我继续是因为惯性。"因此,"我所看到的并不符合我在地图上所读到的内容""我的思想和双腿之间缺乏联系"	进展太快无法到达第一个目标点。原因是:"我无法找到有利于比赛和地图阅读的合适节奏。"结果,即使比赛还没有真正开始,我就已经失去了对局面的控制,浪费了宝贵的时间
此情境中的想法和情绪	想法:"我真棒!"情绪:满足感、安全感、狂喜、兴奋、乐观,以及"强烈的自尊心提升"	想法:"花时间查看地图来确定自己的位置并不值得。"情绪:兴奋、紧张、无能和不信任	想法:"目标在那里吗?不,是那个,我早知道了。""你应该早点检查一下。"情绪:不安全感、无能、懒惰	想法:"这种事情经常发生""干得好!你找不到目标,别人却能找到。"情绪:无能、不信任
此情境中的目标导向性自我谈话	没有。"因为狂喜是一种积极的情绪,所以我没有把它归类为抑制性情绪。"	"冷静下来,保持理性,尽量简单。""该死,这完全不对。""快点,你必须想办法弥补时间上的不足。"	很多技术性说明(树、岩石……),使用路线(向西、向南……),高度控制	"快逃命去吧!"
自发性目标导向自我谈话的效果	"感受狂喜从来都不是好事。"(它们是积极的,但并不特别有效)	"这有助于让你重新回到现实中来。""如果情况是清醒的,并且你再次查看地图的话,那么它就会起作用。"(并不是总会出现这种情况)	在犯错之后,并且在认清错误之后,有助于处理态度	"说了这句话之后,我不太清楚该怎么做。嗯,多跑了好多路。"

续表 11-6

步骤	序列1	序列2	序列3	序列4
替代的目标导向自我谈话	"更少的狼。(Fewer wolves.)" 这是一句当地谚语，它告诉我们不要太自满	深呼吸，思考。首先，要确定情况。然后才是指令	保持冷静，阅读。必须快速识别混乱。按照指示说的做	迅速行动意味着简化。从一个简单的保守策略开始，这样就可以迅速行动，并熟悉地图，而不会有迷路的风险
替代的目标导向谈话的效果	我意识到了当下的情况，冷静下来，开始重新思考	每个目标中你都会损失几秒钟，但这却能避免你在总时间上所犯的大错	"它能把你带回到当下。""它能开阔你的思维，拓宽你的视野。""它能教你何时该说些什么，如何思考。""然而，有时候它并不能改变我们的行为。"	"在开始之前先研究简化选项。""它能开阔你的思维，让你有更多选择。""为你即将到来的事情提供信心。"

资料来源：Latinjak 等（2016）。

第四节 目标设置

目标设置的相关研究来源于工业-组织心理学，被认为是最有效促进表现提升的技术。该领域的 5 项元分析（Hunter & Schmidt, 1983；Chidester & Grigsby, 1984；Tubbs, 1986；Mento, Steel & Karren, 1987；Wood, Mento & Locke, 1987）表明，目标设置对表现提升的效果量介于 0.42～0.80 之间，对表现提高的比率介于 8%～16% 之间。在运动心理学领域，相关的元分析也支持了目标设置的有效性。相关的元分析表明，运动领域的目标设置对运动表现提升的效果量为 0.36（Kyllo & Landers, 1995）。值得注意的是，实现目标并不是目标设置的主要目的；相反，设定目标只是一种提高任务绩效的机制。

一、目标设置理论

目前被研究者关注较多的是目标设置理论（goal setting theory, GST）（Locke & Latham, 1990, 2002, 2019），该理论综合了商业、医疗、运动领域的大量实证研究，通过归纳推理的方式解释了有意识的目标与表现之间的关系（Locke & Latham, 2002）。在 GST 中，目标指行为的对象或目的，是个人试图达到的最终状态。该理论阐述了影响有效目标设置的目标特征、机制以及调节变量（Locke & Latham, 1990, 2002, 2013, 2019）（如图 11-7 所示）。

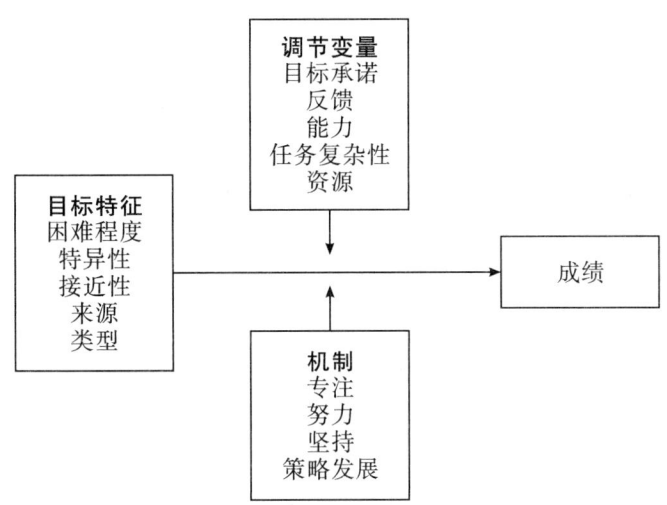

图 11-7 目标设置理论（Locke & Latham, 2002; Jeong, Healy & Mcewan, 2023）

（一）目标特征

第一，困难程度。目标如果更困难，那么达到目标就能够带来更好的绩效。第二，特异性。具体的目标比模糊的目标更有效。例如，完成投篮100次比尽力完成更多投篮更有效。而且，目标的困难程度与目标特异性结果结合的干预效果要好于单独使用其中一个的干预效果。第三，接近性。同时设置近端目标和远端目标更有效，如同时设置近期目标和长期目标。第四，来源。目标来源包括自己设置的目标（运动员在自己设置每次训练课要达到的目标）、参与设置的目标（教练员与运动员共同制定每堂训练课要达到的目标）和被指派的目标（教练员为运动员设置训练目标）。相关研究表明，参与比指派更能提高生产率（Latham & Yukl, 1975）。第五，类型。目标类型包括绩效目标和学习目标。绩效目标强调获得期望的绩效结果，而学习目标强调发展任务相关的策略。在学习新的、复杂任务时，更倾向于使用学习目标（Jeong, Healy & Mcewan, 2023）。

（二）机制

第一，目标设置有利于引导个体将注意力集中在与目标相关的行动上，而忽略无关的活动。第二，设置目标能激励个体在追求目标的过程中投入努力。第三，目标影响坚持性，更困难的目标导致更持久的努力投入。第四，追求目标有助于发现和发展与任务相关的策略（Jeong, Healy & Mcewan, 2023）。

（三）调节变量

第一，目标承诺。目标设定的有效性会随着人们对目标的承诺而增加，而自我效能感和目标重要性会影响一个人的目标承诺。第二，反馈。在目标达成过程中收到的有关进步的反馈会指明未来的方向和朝向目标分配可用资源，进而影响目标——绩效效果。第三，能力。能力较高的个体比能力较低的个体更有可能实现他们的目标。第四，任务复杂性。当一项任务超出个人的能力时，目标设定的效果就会降低。第五，资源。当个人拥有完成任务所需的必要资源时，目标更有可能转化为绩效（Jeong, Healy & Mcewan, 2023）。

二、 运动领域中有关目标设置的研究

运动领域中有关目标设置的研究基本支持了目标设置的有效性,但所得出的结论与其他领域的研究并不完全一致(表11-7)。另外,很少有研究考虑调节变量对运动表现的影响(Jeong, Healy & Mcewan, 2023)。

第一,在运动背景下,目标的困难程度似乎对目标设定干预的效果没有实质性的影响。第二,目标特异性的干预效果只对目标设置理论中有关目标特异性的结论提供了有限的支持。在郑等(Jeong, Healy & Mcewan, 2023)的元分析中,只有部分研究对目标特异性的有效性提供了支持。第三,目标接近性的效果也是好坏参半,在郑等(Jeong, Healy & Mcewan, 2023)的元分析中,只有约三分之一(27项研究中的8项研究)的研究使用了长期目标与短期目标相结合进行干预,而且所得结论也并不一致。第四,自己设置目标、参与设置目标和指派目标都可以促进干预效果。第五,关于目标类型,运动领域区分了过程目标(技术执行过程)、表现目标(个人成就,如篮球比赛中得20分)和结果目标(比赛获胜),与单独设定结果目标或过程目标相比,将过程目标、表现目标和结果目标结合起来会产生更好的效果(Kingston & Hardy, 1997)。第六,将反馈纳入目标设定是实现预期结果的有效方法。

表11-7 其他领域与运动领域有关目标特征研究的比较

目标特征与调节变量	其他领域	运动领域
困难程度	困难但可达成的目标更有效	困难程度没有实质影响
特异性	具体的目标比模糊的目标更有效	部分研究有效
接近性	长期与短期结合的目标更有效	部分研究有效
来源	参与目标比指派目标更有效	三种来源无差异
类型	学习目标与新任务和复杂任务相关性高	多重目标结合效果更好
反馈	反馈促进目标达成	反馈促进目标达成

三、 目标设置在运动领域的实践应用

(一)ASPIRE 目标设置构架

加诺和萨克特(Gano-Overway & Sackett, 2022)提出的ASPIRE目标设置构架认为,有效的目标设置不但要注重目标结构,而且要注重目标的支持系统。其中,A代表评估个人和环境因素(assess personal & environmental factors),S代表具体的可测量的目标(specific & measurable goals),P代表结果/表现和过程目标(performance/learning & process goals),I代表逐步完成短期目标达成长期目标(incremental short-term leading to long-term goals),R代表现实的有挑战的目标(realistic yet challenging goals),E代表评估与支持(evaluate & support)。

1. **评估个人和环境因素**

在开始目标设置之前，需要了解期望的目标、能力水平、改变的阶段、可用资源和任务的复杂性。另外，需要明确目标对运动员的意义，并注重目标设置过程的自主性。以上都会促进运动员对目标的承诺。运动员也可以通过问自己以下问题来明确对目标的承诺："设置这个目标是因为你真的想做，还是因为别人想让你做？""这件事能给你带来持续的快乐和满足吗？"

2. **具体的可测量的目标**

根据目标设置理论，当设置具体的目标并与目标难度相结合时，可以减少绩效的差异。考虑到在运动领域设置具体的有挑战的目标可能会损害运动表现，因此，在目标设置过程中需要充分考虑个人与环境因素。另外，目标可以被测量也很重要。因为通过一个客观和可量化的指标，运动员可以在一段时间后评估他们的目标任务或行为，他们更有可能看到目标实现的进展并激励运动员继续推进目标。

3. **结果/表现和过程目标**

结果目标是指比赛的结果。表现目标是强调提高运动员的个人表现。过程目标是指成功完成目标所需要的元素。以 100 米运动为例，"获得全国锦标赛冠军"是结果目标，"把自己的成绩提高到 9.83 秒"是表现目标，"每周练习 5 天"是过程目标。在 ASPIRE 目标设置构架中，考虑到结果目标可控性低，因此鼓励运动员设置表现目标和过程目标。

4. **逐步完成短期目标达成长期目标**

第一步，设置一个具体可测量的长期表现目标（也可以是结果目标）。第二步，逐步设置用于达成长期目标的短期目标并列出时间表。第三步，制定完成目标的具体策略。第四步，确定实现目标的障碍，并制定克服这些障碍的策略。第五步，完善达成长期目标的行动计划。

5. **现实的有挑战的目标**

太困难的目标会在后期导致动机和投入的努力减少（Chevance et al., 2021）。因此，运动员可以设定与过去表现一致的目标，同时略微扩展当前能力。

6. **评估与支持**

根据短期和长期目标制订有针对性的评估计划（包括定期重新评估），是目标设定过程中一个关键且经常被遗漏的部分。对目标进展的评估包括：第一，长期目标和短期目标的时间表，突出表现/学习目标以及相应的过程目标和相关的每日与每周策略。第二，制订记录进展和挫折的自我监控计划。第三，提醒自己专注计划并在挫折中进步。第四，定期反思。第五，如果有心理学工作者或教练员参与计划，则需要制定目标评估会议时间表。

制订好评估计划后，运动员可以考虑记录实现的目标并与他人分享。另外，可以把目标放在储物柜，或张贴在公告板、冰箱、门上，以促使运动员关注目标和努力。这样做也是提醒运动员每天或每周使用的策略之一，帮助其实现短期目标。

（二）ASPIRE 目标设置构架应用实例

为了说明在实践中如何使用 ASPIRE 目标设置框架，本节在参考加诺和萨克特

(Gano-Overway & Sackett，2022) 的研究基础上提供了具体的操作实例。

李严是一名高中二年级学生，参加了学校运动队的游泳训练，他的主项是200米自由泳。他从小学四年级开始进行业余游泳训练。李严勤奋、认真，对之前的训练反应良好，并希望今年能够进一步提高游泳成绩。李严为准备今年的市比赛进行的目标设置见表11-8。

表11-8 ASPIRE目标框架的应用

ASPIRE 维度		应用
评估个人与环境因素（A）	目标评估	李严的梦想目标是在半年内把自己的200米自由泳用时再降低12秒，现实目标是降低8秒。 教练员收集了李严目前的能力/条件、训练计划、动机和社会支持网络的信息，这些信息为目标设置提供了依据。教练员认为李严有动力，有良好的目标承诺可实施计划来实现他的长期目标
具体的可测量的目标（S）结果/表现和过程目标（P）		设定一个长期目标，要在市比赛中把个人在上次市比赛中的最少用时（p）降低8秒（s）
逐步完成短期目标达成长期目标（I）		1. 一个月后，通过提高水下划水和翻转，在200米自由泳中降低用时2秒。 　(1) 每次练习，选择一组专注于翻转转身（pr）； 　(2) 每次练习，选择不同的一组专注于水下划水（pr）； 　(3) 每周一次，从教练员那里寻求改进转身（pr）的技巧反馈。 2. 第三个月（s, p）中，在自由练习和比赛中提高速度，在200米自由泳中再减4秒。 　(1) 在中距离游泳训练中，按照教练设定的速度和时间（pr）进行训练； 　(2) 在每三周进行的中距离测试中，执行比赛策略（pr）。 3. 在200米自由泳决赛（s, p）中，通过提高优化水流线性、提高节奏和赛前减量，减少剩余2秒。 　(1) 继续执行上面两个计划； 　(2) 每次练习，选择一组专注于优化水流线性练习（pr）； 　(3) 教练员控制赛前减量
现实的有挑战的目标（R）		评估短期目标的执行进程，根据李严的个人和环境因素，确定目标是否能够实现，是否具有最佳挑战性，并解决把梦想目标作为起点可能过于困难的问题
评估与支持（E）	制订评估计划	教练通过每天/每周张贴在泳池上的检查清单建立自我监控系统，并确定评估时间
	记录目标	李严把个人目标贴在自己的床头，作为每天的提醒
	支持	教练员帮助他了解哪些进展顺利，哪些可以改进，从而调整到下一个目标，并讨论实现下一个目标的计划

注：s = 具体可测量；p = 表现；pr = 过程目标。

第五节 行为程序

观众在观看比赛时,时常会看到一些高水平运动员在比赛中存在习惯性的行为。例如,NBA球员卡尔·马龙在每次罚球前会念念有词,对着篮筐飞吻;著名门将奇拉维特在每次比赛前都会亲吻一枚硬币后再把他放在球门旁边。实际上,上述行为在运动心理学领域中称之为行为程序(pre-performance routine)。这种自发的、习惯性行为虽然具有某种神秘主义色彩,但确实会影响运动员的心理状态。比如,杰克逊(Jackson, 2003)对1999年英式橄榄球联盟世界杯的视频进行分析发现,橄榄球运动员射门前行为程序的时间、一致性、节奏与射门角度和情境压力存在相关关系。里斯伯格和潘恩(Wrisberg & Pein, 1992)的研究证明了投篮前间隔的时间一致性与罚球精度的关系比投前间隔的平均持续时间更密切,说明篮球罚篮前行为程序一致性越高的运动员,罚篮命中率也就越高。对高尔夫球员的研究也发现,精英球员有更长的击杆时间和更一致的行为(Boutcher & Zinsser, 1990)。运动心理学家关心的是,经过设计的、系统的、结构化的习惯性行为程序是否能够有效提高技能执行的一致性,进而提升运动表现?

一、行为程序的概念

高水平的运动竞赛需要运动员在面临不同情境、不同对手时保持技能实施的精确性和一致性,对于自定节奏的动作技能(self-paced event),在执行过程中,环境信息相对稳定且预测性高,运动员有充足的时间准备技能实施。为了提高技能执行的一致性,需要充分的专注练习来熟悉赛前的准备行为以及在比赛中执行动作的行为(Singer, 1988, 2000)。因此,运动员自我调节唤醒水平、期望、自信心的能力,以及在执行动作之前立即集中注意的能力,与熟练执行动作本身一样重要。

有关自定节奏动作最佳表现状态的研究发现,与心理相关的因素主要涉及以下7个方面:①对思想和情绪进行自我调节,使其与需要做的动作相一致;②保持注意力集中;③理想的自我效能感和最高可达到的表现期望;④大脑某些位置的皮层激活水平达到最佳状态;⑤使注意的方向是对目标的最佳视觉方向(注视频率和持续时间);⑥产生执行动作的一致性,使准备期间和执行动作期间达到最佳状态的时机保持一致;⑦激活这些过程的自动性,使运动员能够毫不费力、有效和成功地执行任务。为了使运动员达到最佳表现状态,研究者需要研究出一套在不同的情况和条件下,都能够自动执行的行为。任何与执行行为相关的准备活动,其目的都是在执行前将运动员置于一种最佳情绪、高度自我期待、自信和专注的状态中,并在执行过程中保持这种状态(Singer, 2002)。这其中,自我调节技术是必不可少的(Hardy & Nelson, 1988; Carver & Scheier, 2001; Crews, Lochbaum & Karoly, 2001)。自我调节技术作为促成因素,能帮助运动员控制和引导情绪、思想和注意力,其目标是保持专注,使情绪、思想和注意力处于可控或可以灵活转变的状态。达成这样的目标之后,运动技能已经熟练掌握、能够自动化执行的运动员就比对手有优势。但是,困难的是运动员如何长期做到自动执行。为了建立最佳表现状态,有效的行为程序可能是先决条件。

在运动心理学领域,行为程序也被称为计划、策略、协议、程序、技术,甚至是仪式。科恩(Cohn,1990)认为,行为程序是指在执行运动技能之前使用的认知和行为策略的组合。莫兰(Moran,2016)认为,行为程序是运动员实施某一具体运动技能前系统进行的一系列与任务相关的思维与行动。利德和桑热(Lidor & Singer,2003)将行为程序定义为在实施自我控制节奏技能前即刻被执行的一套系统运动动作、情感和认知行为。以上行为程序的概念中,都提到了心理成分和与技能相关的行为成分,其中尤其以科恩的定义最为全面,且考虑到定义的认可度和传播度。因此,本书后续所提的行为程序均以科恩所提出的定义为准。

二、行为程序的训练模型

行为程序作为运动技能执行本身不可分割的一部分,从某种意义上说,它不仅影响运动员的准备状态,而且影响其运动表现。桑热(Singer,2002)提出了行为程序的内容训练五步策略(图11-8)。这个总策略包括赛前行为状态,也包括实际表现状态。这五个步骤简单阐述如下:①建立由最佳身体姿势、自信心、期望和情绪组成的行为程序作为准备;②表象最佳表现的画面及这种感觉;③集中注意于相关的外部线索或内部思维;④以平和的心态执行技能;⑤评估(如果时间允许)行为操作的质量与结果,以及前四个策略的实施情况(Singer,2002)。

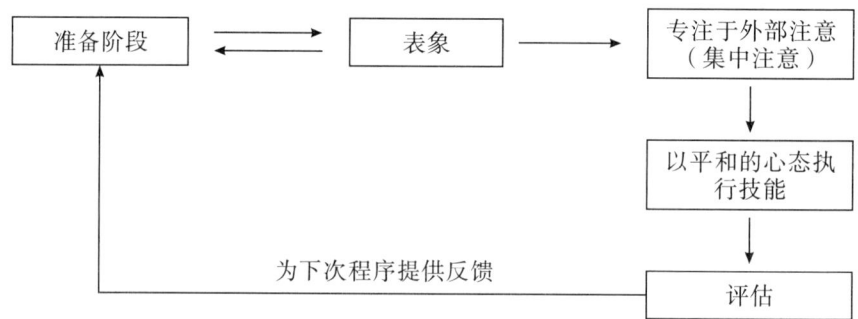

图11-8 行为程序的内容训练五步策略(Singer,2002)

以上五个步骤可作为一个整体来执行,也可分开单独执行其中的某些步骤。如果时间允许,运动员可以简短地分析策略、技术以及比赛结果。初学者或者比赛经验不足的运动员很有可能不知道这一程序,但是经验丰富的运动员可能会自动运用行为程序。然而,有效运用行为程序的能力不是自动生成的,而是要在丰富经验的基础上不断反馈、总结和学习来培养。

除了桑热的五步策略,墨菲(Murphy,2002)为了实现一致和高效的行为程序表现,提出了四点模型,被称为"行为程序绩效模型"(图11-9)。他所提倡的步骤是:①实践,即设置一个目标;②准备工作,如表象、放松;③性能,如注意控制、自动化程度;④分析,如自我谈话、控制情绪。这些步骤的目的是创建一种"流畅状态"。墨菲认为,这种方法可以获得最佳的表现,因为运动员可以控制运动所处的内部环境,而不是外部环境。

实践 ⟶ 准备工作 ⟶ 性能 ⟶ 分析

图 11-9　行为程序绩效模型（Murphy，2002）

三、行为程序的训练方法

行为程序主要包括技能操作类行为程序、赛前规划类行为程序和赛中调整类行为程序三种类型（赵大亮，2010）。

（一）技能操作类行为程序

这类行为程序的制定主要是针对单个的封闭式动作技能和整套动作。单个的封闭技能如罚篮、网球发球、跳水中的一个动作等。整套动作是指个人难美表演类项目，如体操、武术套路、艺术体操个人项目等。

针对单个封闭技能的行为程序，国内外有较多研究。这类行为程序一般都包括与心理技能和特定技能相关的行为。制定行为程序时需要考虑任务特点、技能水平和个人偏好三方面因素。任务特点是指行为程序的组成部分要包括与实施这个动作技能相关的行为，并且心理技能的选择也与特定的技能相关。例如，罚篮行为程序的组成部分会包括拍球和深呼吸，但举重行为程序的组成部分却包括抓扛和提气。技能水平是指根据运动员动作技能形成的不同阶段选择不同的行为程序。同样是罚篮，初学者的行为程序（深呼吸、拍球、想动作要领、投篮）中可能包括动作要领的提示，而对于高水平运动员的行为程序（深呼吸、拍球、表象球飞进篮筐、看篮圈、投篮）却应将动作要领的提示排除在外。个人偏好是指制定行为程序时需要考虑个人特点，对容易焦虑的运动员应以放松为主，而对注意力容易分散的运动员则应主要强调集中注意力。

整套的技能表现一般由若干难度动作组成，难度与难度之间一般由表现类动作衔接（如太极、自由操等），或者难度之间直接衔接（如单杠、吊环等）。无论哪种衔接方式都符合行为程序应用的条件：有准备时间且需要系统化的心理调节手段帮助完成难度。对于由多个难度组成的整套动作来说，在做难度动作之前有较多时间思考，在整套运动过程中必然有意识参与。因此，如何规范运动员比赛过程中的心理，对于制定行为程序至关重要。对于难度与难度之间由表现类动作来衔接的项目，整套动作的编排需要考虑在难度动作之前使用一个缓冲动作来调整好呼吸，想好动作要领或不想动作要领而把注意力集中到身体内部某点，然后再做难度动作。对于难度与难度之间直接衔接的项目，运动员如果一定需要想什么，那就只想动作要领，否则就什么也不想，只是感觉动作的节奏。

案例：太极运动员 W 在比赛过程中有时会有"小想法"，有时心理感觉"咯噔"一下，赛中心理的不稳定影响到了比赛的发挥。运动心理学工作者根据太极项目的特点为 W 制定了行为程序。太极的套路是由表演类动作和难度类动作组成，难度的成功和失败直接影响整套的质量。W 的套路中有 4 个难度，根据 W 自己的习惯设定行为程序。下面仅以前两个难度为例，进行说明。第一个难度的行为程序包括：①执行连接动作；②调整呼吸；③注意音乐节奏；④执行难度动作。第二个难度的行为程序包括：①执行连接动作；②调整呼吸；③想动作要领"摆腿快"；④执行难度动作。第一个难度与第二个难度之间由演练衔接。

（二）赛前规划类行为程序

赛前规划类行为程序包含范围很广，运动员的赛前行为程序可以从进驻比赛城市开始，到从开始做准备活动，直至上场前一刻。

赛前规划类行为程序的制定一般包含以下4项内容。①准备携带物品清单。常有运动员到达比赛场地时才发现少带了比赛用品，等待他人送达或被迫使用不熟悉的比赛用品参加比赛。这在某种程度上会对其比赛心理造成负面影响。准备一份物品清单，出发前逐项检查清单上的内容，可以避免不必要的思想负担。②决定如何做准备活动。运动员在寻找比赛失利的原因时常会提到，准备活动时间长了，等到自己上场时，感觉身体凉了，上场前感觉"没劲了"。有时也会提到上场前准备活动不够充分，感觉没活动开。运动员一般都会有自己习惯化的准备活动方式，但这种习惯化的准备活动方式受到场地人数、上场顺序、时间等因素的影响，经常难以达到目的。因此运动员在平时训练中应至少准备三套准备活动方案：最少时间的准备活动、正常时间的准备活动、最长时间的准备活动。在做准备活动之前根据自己上场顺序和场地使用情况，决定采用其中一种准备活动，以避免过早或过晚出"状态"。③准备活动。在决定了准备活动内容后，运动员就进入了准备活动阶段。在这一阶段，运动员还要根据自己的身心状态和情境调整准备活动内容。但不管怎样调整，这一阶段的核心任务是找到平时训练时做这些动作的感觉，而不是难度动作的成功和失败。有的运动员在准备活动阶段因为一个难度动作没有成功完成而连续尝试，导致耗费大量体力，或对自己将要进行的比赛缺乏信心；也有的运动员因为准备活动阶段难度动作比较稳定而对自己当前的状态盲目自信。其实，准备活动中准备的成功与否不重要，重要的是在准备活动中能否找到平时做这一难度动作的感觉，这才是准备活动的核心目的。④上场前调整。上场前调整是指做完准备活动后，离上场比赛还有10分钟左右的时间所做的心理调整。心理调整不只是在上场前这段时间才进行，它应该贯穿在整个准备活动阶段，但这10分钟的调整对于运动员来说至关重要，所以将它作为行为程序的一个组成部分来阐述。综上所述，赛前规划类行为程序流程包括：列出比赛用具清单，出发前逐项检查清单；决定准备活动内容；准备活动时找到做动作的感觉；上场前使用各种心理技能调整自己的赛前状态。

案例：在备战第十届全运会期间，运动心理学工作者根据某省跳水运动员S的具体情况为他制定了一份赛前规划类行为程序。第一步，要求运动员准备一份比赛用品清单，在出发到比赛场前逐项检查所列物品。第二步，在做准备活动之前，S应先根据当前的场地情况和自身的身体状况决定准备活动的方式和内容。该队员有活动内容不相同的3套准备活动方案，最少用时为10分钟，最多用时为40分钟。第三步，准备活动时，S应只把注意力放在体会做动作的感觉上，不要考虑动作成功与否。第四步，调整自己上场的心理状态。该队员比赛前易紧张，运动心理学工作者对他的要求是，在这一阶段主要使用深呼吸和表象调整自己的兴奋水平，在上跳台之前使用强烈的自我暗示提高自己的自信。

（三）赛中调整类行为程序

在封闭类运动项目中，很多时候运动员不只是需要成功完成一套动作，而是需要成功完成多套动作。比如，步枪男女混团比赛中，运动员需要在项目与项目之间有较长间隔时间的情况下完成整个比赛。这就要求运动员在每一次成套之前都要处于良好的心理状态。经常有运动员在前面一套没有达到自己期望水平（失败或失误）的情况下，一直抱怨、后悔而影响了后面项目的发挥；或者前一套超水平发挥，但担心后面项目表现不好而影响总成绩，反而导致后面项目表现欠佳。运动员需要发展一套用于赛中非竞赛过渡阶段调整自己心理状态的行为程序。比如，在奥运会射击比赛中，运动员在资格赛结束后，距离决赛有较长的准备时间去调整自己的心理状态。

沙克等（Schack, Whitmarsh & Al, 2005）介绍了一套4R行为程序帮助运动员进行赛中调整。其中，第一个R代表放松（rest），运动员在上一个项目比赛结束后就积极休息，争取从刚才的比赛中恢复过来，并为即将到来的下一次竞赛做好准备。第二个R代表调整情绪（regroup），上一个项目结束后所产生的情绪对运动员完成后面的项目会产生影响，运动员一方面需要消化已产生的消极情绪，另一方面需要调整自己以积极情绪面对即将到来的竞赛。第三个R代表注意再集中（refocus），指运动员不要把注意还集中在已经过去的竞赛中，这样不利于后面的比赛。运动员需要先评估当前的情况，然后把注意集中到将要到来的下一次竞赛中。第四个R代表再激活（recharge），运动员在进行比赛之前，如果觉得自己的身体太紧张，可以通过慢跑、深呼吸来调整；如果运动员觉得自己的身体不够紧张，可以通过快跑、加快呼吸节奏、小跳来调整。4R行为程序的核心理念有两点：①回避已经发生的事情对情绪和注意的影响；②把更多的注意力放到将要到来的比赛中去。

另一种赛中调节类行为程序是3Q行为程序（赵大亮，2010），其理念是：容忍问题，也容忍你的情绪反应，但它们不应妨碍你专注当下。3Q行为程序由三个问题组成。其中，第一个问题是"已经出现的问题我能控制吗？"第二个问题是"我现在的状态适合比赛吗？"第三个问题是"在接下来的比赛中我需要注意哪些问题？"第一个问题旨在让运动员了解，已经过去的、与他人有关的问题是不受自己控制的，自己能够控制的是接着的赛场表现和自己的心态。第二个问题的目的在于提高运动员的自我意识，使其认识到此时此刻自己的心理状态。那些自我挫败的、消极的心理状态是不利于比赛发挥的，而那些乐观的、积极的心理状态才有利于比赛的发挥。当运动员问自己第二个问题时，如果发现自己的心理状态不适合比赛，就应想办法从这种不利的心理状态中解脱出来。第三个问题是为了把运动员的注意力集中到当前任务上，当运动员已经在考虑将要做什么事情的时候，意味着他们已经把注意力转移到了将要到来的比赛中。这种通过自我提问来自省的方式，在操作上更能使运动员把握主动性，而且这三个问题不仅可以自问，也可以由队友或教练员来问，以避免出现运动员被当时的情境束缚的情况。因为不排除有的运动员可能会深陷某一情绪状态而忘记使用行为程序。

案例：体操运动员Z只要前一项比赛未达到自己的期望水平或出现失误，后面的比赛发挥就会一塌糊涂。针对这种情况，一方面，应让他事先准备三个问题的答案，并在项目轮换期间都依次问自己这三个问题：①"已经出现的问题我能控制吗？"对于这名运动员来说不管发生什么问题，运动心理学工作者都要求他暂时放下这些问题，留到比赛之后才去考虑解决。②"我现在的状态适合比赛吗？"通过之前的心理课，让他知道哪些心态是适合比赛的，哪些心态是不适合比赛的。如果不适合比赛，马上使用转移注意力的方法来进行调整。③"在接下来的比赛中，我需要注意哪些问题？"不管自己有没有调整好，在准备下一次比赛之前都要问自己第三个问题，重新回顾动作要领，强制自己把注意力集中到下一个项目的比赛中。另一方面，教练员应协助该运动员实施这一行为程序。只要教练员发现他出现失误或是没有达到期望的比赛水平，就在项目轮换时提醒他："回想一下那三个问题。"在上场之前提示他："从零开始，想好动作要领再上场。"

本章要点

1. 慢呼吸是指将呼吸频率降低至每分钟 10 次以下的呼吸控制技术。

2. 表象是对产生于记忆信息之体验的创造或再创造，具有准感觉（接近真实感觉的状态）、准知觉、准情感的特征。它是在意志控制之下，在缺少与实际体验相关刺激前因的情况下，相关感受或图像信息在表象者头脑中进行呈现的过程。

3. 表象影响运动表现的机制在运动心理学的实践应用主要包括生物信息理论和功能等效假说。

4. 表象训练的理论模型包括表象应用模型、修订的表象应用模型和 PETTLEP 模型。

5. 一份完整的表象训练计划需要包括运动员特征、表象训练的时间和地点、表象的目的、表象的内容。

6. 自我谈话以对自己公开或隐蔽的言语表达形式出现，这种言语表达方式以与其内容相关的解释元素为特征；自我谈话要么反映了有机的、自发的和目标导向的认知过程之间的动态相互作用，要么通过使用预先确定的、有策略的提示语，向主动的反应传递信息，以实现与运动表现相关的结果。

7. 运动领域的自我谈话具有六种描述性属性：外显性、功能性、理解性元素、效价、动态性和缘起性。

8. 自我谈话可分为原发性自我谈话和策略性自我谈话两种类型。

9. 自我谈话的理论模型包括哈迪自我谈话理论模型和双过程模型。

10. 目标设置理论阐述了影响有效目标设置的目标特征、机制以及调节变量。

11. 运动领域有关目标设置的研究表明：目标的困难程度似乎对目标设定干预的效果没有实质性的影响；目标特异性的干预效果只对目标设置理论中有关目标特异性的结论提供了有限的支持；目标接近性的效果也是好坏参半；自己设置目标、参与设置目标和指派目标都可以促进干预效果；将过程目标、表现目标和结果目标结合起来会产生更好的效果；将反馈纳入目标设定是实现预期结果的有效方法。

12. 行为程序是指在执行运动技能之前使用的认知和行为策略的组合。

13. 五个步骤的行为程序包括准备阶段、表象、集中注意于相关的外部线索或内部思维、以平和的心态执行技能、评估。

14. 行为程序可分为技能操作类行为程序、赛前规划类行为程序和赛中调节类行为程序。

本章思考题

1. 慢呼吸的训练方法是怎样的？
2. 表象训练的操作程序是怎么样的？
3. 自我谈话的操作程序是怎么样的？
4. 目标设置的操作程序是怎么样的？
5. 在比赛中如何使用行为程序？

第十二章 认知行为训练

17岁的青少年射箭运动员N已经代表县和地区队参加了4年的射箭比赛。然而，初次接触时，运动心理学家发现她在比赛前和比赛中表现出过度的焦虑，这对她的表现产生了不利影响。

在室内射箭比赛中，N认为与室外比赛相比，室内射箭比赛更容易。这可能是因为室内比赛拥有更少的外在变量、更短的距离和更小的误差范围。然而，N却觉得无法控制自己在面对挑战时的情绪。此外，当N感受到来自她本人和他人的低期望时，她的表现会更好。然而，当对成功的期望被提高时，如室内竞争、相对新的对手和完美的条件，她的表现就会受到影响（Wood，Barker & Turner，2017）。

在上述案例中，N在特定情境中产生的非理性信念可能导致她产生焦虑情绪和较差的运动表现。认知行为训练在解决运动员的非理性信念和提升其心理控制能力方面具有明显的优势。本章将介绍认知行为训练的理论基础和训练方法。

第一节 认知行为训练概述

认知行为疗法（rational emotive behavior therapy，REBT）是不同环境中治疗心理综合征的最有证据支持的方法（Hofmann，Asmundson & Beck，2013）。认知行为疗法认为，个体的情绪和行为是基于对事件的认知评估所产生的，通过改变个体的认知方式和行为模式，可以达到改变情绪和行为的目的。在运动心理学中，理性情绪行为疗法被看作是运动员进行认知行为训练的一种方式（Gustafsson & Lundqvist，2016）。理性情绪行为疗法特别强调理性、非理性信念在情感和行为反应之间的认知中介作用。

REBT旨在帮助个体识别和挑战负面、不合理的思维模式与信念，以改善情绪和行为反应。它基于理性情绪行为疗法的核心原理，即个体的情绪和行为经常是基于认知评估所产生的，通过改变个体的认知方式和行为模式，可以改变情绪和行为的结果。由于所有人都有采用非理性信念的倾向，因此理性情绪行为疗法不仅适用于临床人群，而且从理论上来说，所有运动员都可以从理性情绪行为疗法中受益。

一、非理性信念与理性信念

运动员的非理性信念和理性信念都包括初级、次级两个级别（Turner & Barker，2014）（表12-1）。

表 12-1 非理性信念与理性信念

级别	合理性	类型	描述	举例
初级	非理性	僵化和极端需求	倾向性主张转化为需求	"我想成功,所以我必须成功。"
	理性	弹性和非极端的倾向	倾向性主张和需求的否定	"我想成功,但这并不意味着我必须成功。"
次级	非理性	糟糕至极	运动员认为,如果发生了某件事:没有什么比这更糟的了,x 比 100% 的糟糕还要糟糕,这个糟糕的事件不可能带来任何好处	"我必须成功,如果我不成功,那就太可怕了。"
		低挫折容忍度	运动员认为,在面对逆境的挣扎时:如果不适感持续下去,我就会死去;如果不适感持续下去,我就会失去体验快乐的能力	"我必须成功,失败是无法忍受的。"
		自我/他人贬值	自我和他人是根据一个方面来评价的	"当我失败时,就意味着我是个白痴。""当他们对我不好时,就证明他们是坏人。"
	理性	抗糟糕至极	运动员认为,如果 x 发生了,更坏的事情可能会发生,x 不会超过 100% 的坏,而坏的事情可能会带来一些好的结果	"我想成功,但如果我没有成功,也不会很糟糕。"
		高挫折容忍度	运动员认为,在面对逆境的挣扎时:如果不适感持续,我不会死;如果不适感持续,我也不会失去体验快乐的能力	"我想成功,但失败不是无法忍受的。"
		自我/他人接受	自我和他人的评价不是基于一个方面。我们无条件地接受自我和他人是会犯错的、独一无二的、不可评价的	"当我失败时,很糟糕,但并不意味着我是白痴。""当他们对我不好,这是不好的,但不能证明他们是坏人。"

资料来源:Turner 和 Barker (2014)。

二、ABCDE 框架

ABCDE 框架作为 REBT 的核心,用来帮助运动员意识到理性与非理性信念在他们的感受和行为中所起的作用（图 12-1）。ABCDE 框架的 5 个英文字母代表特定的含义。

（1）A 代表激发事件。它是触发个体情绪和行为反应的具体事件或情境。这可以是任何引发情感反应的事情，如失业、恶劣的工作评价、争吵等。

（2）B 代表非理性信念。它是个体对激发事件的非理性信念，即他们对事件的非理性解释和看法。这些信念通常包括关于自己、世界和未来的看法。REBT 认为，这些信念决定了个体的情感反应。如果一个人对事件有不合理、消极或歪曲的信念，就会导致负面情感。

（3）C 代表结果。它是由于信念（B）对激发事件（A）的解释而产生的情感或情绪反应。这些情感可能包括愤怒、焦虑、沮丧、自卑等。REBT 强调，情绪/情感和行为是由信念引起的，而不是由事件本身直接引起的。

（4）D 代表反驳。它帮助个体质疑和挑战他们的非理性信念，是 REBT 中的核心步骤。运动员通过与运动心理学家交流或自我谈话，能够学会分析和对抗他们的非理性信念。这包括提供证据来反驳这些信念的合理性，探讨替代性信念以及评估这些信念对情感和行为的影响。

（5）E 代表新的、有效的理性信念。它是指辩论和改变非理性信念后，运动员产生的新情感和行为反应。通过 REBT，个体可以减轻或消除负面情感，更健康地应对激发事件，并采取更积极的行动。

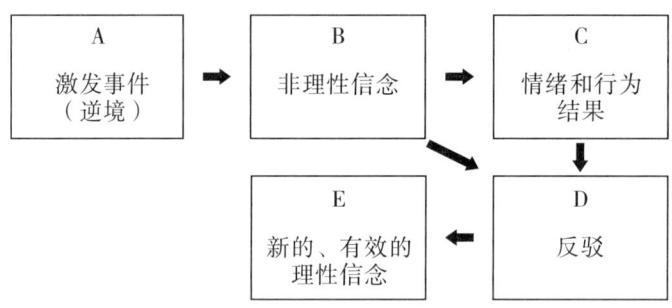

图 12-1 ABCDE 框架

三、理性情绪行为疗法的训练方法

在 ABCDE 框架的指导下，REBT 的干预分为教育阶段、辩论阶段、布置家庭作业阶段、强化阶段，其中教育阶段、辩论阶段和强化阶段是理性情绪行为疗法的核心。

（一）教育阶段

作为 REBT 的第一阶段，其目标在于教育运动员关于理性情绪行为疗法的 A、B、C 过程，并确定他们是否愿意采取这一策略（Wood, Barker & Turner, 2017）。在教育阶段，通常需要帮助运动员识别在训练和比赛中出现的不良情绪和行为反应、寻找关键逆境，以及寻找与逆境相关的非理性信念。

1. 识别情绪和行为反应

为了确定运动员在重要比赛前的反应到底是哪种情绪，运动心理学家需要确定运动员相应的情绪行为反应，从而为其寻找究竟是什么逆境导致了运动员产生相应的情绪行为反应提供了前提。例如，在 REBT 中，焦虑被认为是不健康的，因为它与目标达成不一致的行为有关。要确定运动员是否以焦虑的方式回应，需要通过询问运动员在面对逆境时的情绪反应来探讨运动员的行动倾向。焦虑的典型指标包括回避重要情境的倾向，希望在重要比赛开始前回家，或希望比赛会被取消的感觉。

2. 寻找逆境

关键逆境可以引发非理性信念，而且它可能不仅仅是由第一个出现的逆境引起的。例如，最初的逆境可能是"重要的比赛"，但这通常是不准确的，关键是要弄清楚是哪个具体的重要比赛引起了非理性信念和随之而来的情绪。另外，在重要比赛中教练员对运动员表现的负面评价，也往往是产生关键逆境的原因。

3. 寻找非理性信念

在确定了运动员所遭遇的关键逆境后，运动心理学家需要通过逆境找到运动员所表现出的非理性信念（如"我必须赢！"），在此基础上，运动心理学家需要向运动员解释非理性信念出现的原因。

解释阶段通常需要花费 15～20 分钟的时间。在这个阶段，运动员需要完全掌握基本的理性情绪行为疗法的内容，并且能够口述自己的问题，同时让运动员开始识别自己在遭遇逆境时所产生的特定的 A、B、C。教育阶段结束时，运动心理学家通常会对运动员的表现进行总结，包括对可能引起运动员焦虑反应的非理性信念的认识。在总结的基础上，运动心理学家需要鼓励运动员在接下来的一周训练和比赛中回想教育阶段的内容，着重关注信念（B）与情绪和行为反应（C）之间的联系。

（二）辩论阶段

作为理性情绪行为疗法最关键的环节，辩论阶段包括两部分内容，分别是非理性信念与理性信念之间的对抗，以及运动心理学家与运动员之间的辩论。

1. 非理性信念与理性信念的对抗

在运动心理学家帮助下，运动员改变自己的非理性信念时，第一步需要以一种不同的方式去思考逆境，这种方式既能让自己认识到在训练和比赛中良好表现的重要性，又可以避免运动员给予自己一些僵化的要求。重要的是，运动员应明白，僵化的要求（"我必须"）与不良的情绪和行为反应之间的联系，以及灵活的要求（"我想要"）与良好的情绪和行为反应之间的联系。第二步，运动员在理解了上述联系后，运动心理学家需要让运动员同意用较为灵活的、理性的信念逐渐取代僵化的非理性信念。之所以要取得运动员的同意，是因为在这个阶段，运动员心中的非理性信念会受到挑战和质疑，一些运动员在开始的时候可能会感觉到不适。过程中，运动员与运动心理学家的关系一开始是由前者主导，随着争议的出现，运动心理学家需要对运动员进行引导，因此逐渐转变为后者主导。事实上，这种转化过程在治疗过程中的效果较为明显。

2. 运动心理学家与运动员的辩论

这是理性情绪行为疗法中最重要的部分，同时也是干预真正发生的地方。运动心理学家需要通过一系列渐进性的、开放性的问题，鼓励运动员进行自我反思。在重新确认新的理性信念的过程中，运动心理学家通常会使用证据、逻辑和功用性三种策略来质疑非理性信念。

（1）证据。要求运动员详细说明自己认为"必须"赢得比赛的理由，并提供一些证据来支持该观点。这有助于运动员认识到自己的非理性信念，并明白调整的必要性。

（2）逻辑。要求运动员描述自己最喜欢的运动员表现不佳的情况，这可以帮助运动员通过逻辑推理意识到"我必须赢"的理由是不合逻辑的。因为没有人能永远做到完美，赢得每一场比赛。另外，可以让运动员列出自己认为"必须"实际适用的情况，通常运动员会将氧气、水、睡眠、食物设定为合乎逻辑的答案，有些运动员还会将家庭列为"必须"。然后，运动心理学家需要鼓励运动员考虑在重要比赛中表现出色是否符合重要必需品的清单。这样，非理性信念将无法获得逻辑上的支持。

（3）功用性。让运动员相信，自己强烈坚持并经常使用的非理性信念可能对提高运动成绩没有帮助，甚至可能导致问题的出现，从而引导运动员采取更加务实的策略。简而言之，这部分是在询问运动员："如果你因为变得如此焦虑以至于无法实现目标，那么拥有这种非理性信念又有什么意义呢？"

（三）布置家庭作业阶段

在 REBT 中，作业对于强化 ABCDE 框架和发展新的理性信念至关重要。家庭作业的布置通常安排在教育阶段和辩论阶段的咨询结束时，并且尽量在下一次咨询开始前提交。

典型的家庭作业包括认知作业和行为作业两个方面。认知作业是指在运动心理学家不在场时，运动员利用教育阶段学到的理性情绪行为疗法的知识，在日常训练中理解和改变头脑中的非理性信念。在认知作业中，运动心理学家需要协助运动员制订个人计划和实施步骤，包括当运动员面临非理性情绪时，如何运用理性情绪行为疗法。此外，还应要求运动员识别和记录自己的非理性情绪，尤其是记录运用理性情绪改变非理性情绪的方法。在作业完成的过程中，如果遇到困难或取得进展，运动员应及时向运动心理学家反馈，以便进行总结、复盘和调整。

行为作业是指在运动员强烈地相信头脑中的新理性信念后，采取与该信念一致的行为来加强对新理性信念的信心。运动员通过完成这些家庭作业，可以确保其与运动员的思想相符，并有效地促进运动员的认知和行为的发展。通过行为作业，运动员可以在面对逆境时使用好奇心而不是焦虑情绪来应对，从而增强对新的理性信念的坚定性。

（四）强化阶段

强化阶段通常是在理性情绪行为疗法干预的后期阶段引入，它可以与教育阶段和辩论阶段同时完成。它的主要内容包括通过鼓励运动员谈论最近使用新的理性信念的经验，以及出现非理性信念的情况。在咨询的过程中，为了加强发挥 ABCDE 框架的重要作用，强化阶段需要由运动员主导，使运动员能够自主地使用证据、逻辑和功用性策略，并且可以测量运动员新的理性信念是否对幸福感和运动表现产生影响。

第二节　理性情绪行为疗法的案例分析

为了更深入地理解 REBT，本节结合本章第一节案例进一步阐述 REBT 在运动领域的应用。

一、教育阶段

在教育阶段，一方面运动心理学家需要保证与运动员的良好关系，从而使后者能够接受 REBT，另一方面，由于教育阶段十分强调运动员对情绪的责任，尤其是信念（B）—结果（C）之间的联系，而不仅仅是逆境（A）对情绪的反应负责。因此，运动心理学家需要为 N 提供一个 ABC 日记作为插课任务，从而使 N 的自我意识能够增强。

在这一案例中，N 认为自己由于受到了环境（A）的影响，产生了不良的情绪和行为结果（C）。通过理性情绪行为疗法需要让 N 明白，并不是环境的改变直接导致了她的不良情绪和行为结果（C）。而是她对环境的错误认识产生的非理性信念（B）影响了她的情绪和行为的结果（C）。例如，环境改变（A）使 N 对自己产生了过高或过低的期望值（B），从而导致了焦虑情绪（C）。在此基础上，运动心理学家需要对 N 的非理性信念进行反驳（D），从而让理性信念一步步替换掉非理性信念，形成新的、有效的理性信念（E）。

在确定运动员所遭遇的逆境与非理性信念之前，运动心理学家需要确定运动员的不良情绪与行为反应和在重要比赛前的反应到底是不是焦虑，于是运动心理学家与 N 进行了如下对话：

运动心理学家：比赛马上就要开始了，你现在有什么感觉？

N：我感觉我的心脏都快要跳出来了，我可能要去一趟厕所。

运动心理学家：是紧张导致的吗？

N：可能是，我现在感觉浑身都不舒服，我想要出去一下，透透气，一会儿都行。

运动心理学家：比赛马上就要开始了，万一你一会儿回来更难受了怎么办？

N：我不知道，我只能尽量不去想这件事，我真的希望比赛可以推迟进行，这样我就可以好好休息一下了。

在上述对话中，运动心理学家发现了 N 相应的情绪和行为反应，其情绪反应包括紧张、焦虑，而行为反应则是想要尽快离开比赛场地，或是希望比赛可以推迟进行。这属于典型的逃避行为。

运动心理学家在确定了 N 的情绪和行为反应后，还要确定她所面临的关键逆境。于是，运动心理学家与 N 进行了如下对话：

运动心理学家：你为什么会在重要的比赛前那么紧张？

N：因为我害怕，如果我没发挥好，所有人都会看到。

运动心理学家：为什么你会觉得这很重要？

N：因为若没发挥好，所有人都会认为我不是一个好运动员。

运动心理学家：然后呢？

N：我的教练就会认为我配不上这所学校。

运动心理学家：那又如何？

N：那他就会让我离开这所学校。

运动心理学家：好吧，让我们假定这是正确的。如果你输了这次比赛你就会离开这所学校，这又有什么不好呢？

N：如果我被淘汰了，我就无法实现我成为专业运动员的目标，我的人生就失败了。

运动心理学家：那么你会怎么想呢？

N：很糟糕，我甚至都不想去想这个问题了。

从上述对话可以看出，N对所遭遇到的事件的错误认识产生了关键逆境。因此，运动心理学家在确定了究竟是什么逆境导致了运动员的情绪和行为反应后，寻找运动员的非理性信念就成为运动心理学家接下来的任务。

运动心理学家：对于这种情况（A），你是怎么告诉自己的，是什么导致你有这样焦虑的感觉和行为（C）？

N：我希望在相对容易的比赛中表现出色，而且我必须赢。如果我不能赢，就会感觉很糟糕。

运动心理学家：为什么你必须赢？

N：因为我的技术比以前熟练多了，尤其是在室内比赛的时候。我必须要比在室外比赛的成绩好（B）。

运动心理学家：因为你希望自己表现得更好，所以你就必须表现得更好。你觉得你这样认为真的对吗？

在上述对话中，我们注意到N持有一种非理性信念，即"我必须赢"。这种信念在她面对其他具有挑战性的项目时也会反复出现。当N使用"必须"时，这个陈述就代表了她内心的非理性信念（僵化的要求）；相反，运动员认为他们"必须赢"的观念其实更应该是一种社会期望的观念，也是运动员认为自己的运动有多重要的证明，而不是真正相信他们"必须赢"。因此，运动心理学家需要向N解释为什么会出现非理性信念。

通过与运动心理学家的对话，N开始意识到自己可能在经历成功与失败时都采用了一种非理性的方法。接着运动心理学家使用推理的方法一步步引导N关注自己内心的感受，诸如"我希望在相对容易的比赛中表现出色，而且我必须赢。如果我不能赢，就会感觉很糟糕。"通过向N展示这些话语中的非理性内涵，运动心理学家帮助她更好地理解自己内心的真实想法，促进她在短时间内的成长。

二、辩论阶段

在辩论阶段开始时，一方面，运动心理学家需要向N强调，双方针对非理性信念的辩论过程是非常重要的，并且合理管控运动员避免对REBT的治疗所产生的过高或过低的期望；另一方面，为了保证辩论过程的全面进行，运动心理学家需要使用指令性和公式化的方法来对N的非理性信念进行辩论，在这个过程中，辩论需要基于证据、逻辑和功用性策略，如Wood等（2017）的下述案例。

运动心理学家：有什么证据表明，当你在轻松的比赛中竞争时，你必须发挥你的潜力？

N：如果我知道我能射得那么好，我就必须做到。

运动心理学家：有什么证据表明，因为你希望这样做，你就必须做到（证据）？

运动心理学家：你如何看待这个信念——因为你希望表现得很好，所以你就必须做得到？

N：这对我来说是有道理的。

运动心理学家：因为你想要某样东西，你就必须拥有它，这合乎逻辑吗（逻辑）？

N：这就是我前进的动力，我必须表现出色。

运动心理学家：有没有这样一段时间，你想要的东西却无法实现？

运动心理学家：认为自己必须表现出色对你的成绩有多大帮助（功用性）？

N：那应该对我有帮助。

运动心理学家：这种信念对你的短期和长期目标有多大帮助（功用性）？

在上述对话的过程中，辩论阶段会对运动员的非理性信念（如"我必须做到"）和低挫折容忍度信念（如"这件事我无法忍受"）进行多次重复。随着辩论的逐渐深入，虽然N同意并且理解了辩论的过程，但是她的语气中仍然保持着一种谨慎的基调，甚至于，在一次咨询中N感受到了不适，乃至轻微啜泣。事实上，在辩论过程中，运动员会产生怀疑是很常见的，因此重要的是从业者引出并合作解决这些怀疑。另外，很重要的是，N表达了她担心放弃对成功的教条要求会减少她对射箭的动力，因为N认为，她的决心是自己最主要的优点。但这正是人们对REBT的一个常见误解，运动员怀疑如果放弃刚性和教条的信念，自己的动力就会相应地减少。相反，新的理性信念并没有削弱逆境的重要性，而是促进了人们对情况的建设性看法，帮助他们实现目标（Turner & Barker, 2014）。因此，运动员需要建立一组新的有效理性信念（E）："我真的真的非常想表现出色，但这并不意味着我必须。如果我没有表现出色，这并不是世界末日。我会感到糟糕，但我可以接受这一点。"经过两轮辩驳和将她的非理性信念替换为新的理性信念后，N能够理解，失去她的非理性信念不会降低她的动力，反而减轻了一种负面态度，这种态度一直妨碍着她的表现。以下是从后续访谈中提取的一段文字描述了她对辩论和应对此类问题的观点。

你明白我的意思吗？比如，我很想发挥自己的潜力，但我认为没必要非这么做。毕竟对我来说这么做很困难，而且可能也不值得尝试，但这并不是我真正想说的。这就像我们为这个句子加上额外部分的时候，我很难理解这句话的真正含义，就像没有正确的装备攀登一座山一样。

为了重申新的理性信念，运动心理学家要求N尝试根据证据、逻辑和功用性对这些新信念进行辩论。这种方法有助于重申新的理性信念并消除旧的非理性信念。接着，通过使用ABCDE框架，N理解了自己可以在很大程度上影响和决定在遇到逆境时的情绪和行为反应。运动心理学家针对N的情况使用"糟糕程度"的评估来质疑她对糟糕信念的恐惧，并帮助她对生活中遭遇到的各种事件有更全面的认识。这种方法要求N按照0%～100%的范围将一系列实际逆境的严重程度进行评估。然后，运动心理学家向N提供了一系列具体的比赛逆境（如在决赛中错失一箭），而她在糟糕程度评估中给出了较高的分数。在这之后，运动心理学家向N提供了一系列重大逆境（如失去亲人），她尝试在糟糕程度评估中给出更高的分数。这个过程巧妙地向 N 表明，她对情况严重性的感知与现实不成比例，运动表现下滑并不是"世界末日"。

三、布置家庭作业阶段

在运动心理学家与运动员进行的每一场咨询后，运动心理学家都需要给运动员布置一定的家庭作业，从而帮助运动员更好地理解和培养新的理性信念，强化 ABCDE 框架。

运动心理学家需要根据咨询的内容布置不同类型的家庭作业，这不仅可以强化上一次咨询的内容，还可以帮助运动员熟悉下一次咨询需要了解到的知识。而在 N 的具体案例中，运动心理学家在教育阶段和辩论阶段布置了较多的认知作业，如帮助 N 制订个人计划和实施步骤，从而使她更流畅地使用理性情绪行为疗法。在完成认知作业的过程中，N 与运动心理学家之间也会针对完成作业过程中遇到的困难和进展进行交流，并且对任务内容进行适当的调整、总结和复盘。

四、强化阶段

强化阶段通常在 REBT 干预的后期引入，也可与前两个阶段同时完成。理性情绪行为疗法的首要方面是提供作业任务，以帮助自我反思和重新确认其原则。此外，认知、情绪和行为方法还被用于加强和内化 N 的合理哲学。认知方法包括通过制作 ABCDE 工作表以及创建合理的自我陈述来进行。由于行为、认知和情感方法之间存在密切的重叠，这项任务使 N 能够用逻辑、证据和功用性原则来认知（如"我的表现分数稍有下降，但并不糟糕"），并从情感（如"它不像世界末日一样，只是有点烦恼"）上对她的非理性哲学提出异议，从而克服与焦虑相关的回避倾向。随着干预的进行，需要评估理性信念的转变如何影响她的幸福感和表现（Turner & Barker，2014）。

在最后一次咨询中，运动心理学家与 N 能够讨论和反思之前的咨询过程。N 说，"现在回顾以前的信念是荒谬的"，还指出对自己的射箭感到非常积极，而且非常享受。虽然促进积极情感不是 REBT 的主要目标，但它鼓励运动员放弃自我评价和条件性自尊，支持无条件自我接纳（unconditional self-acceptance，USA），放弃自我评分并接受自己作为一个不完美的人类的组合，可能解释了为什么 N 对射箭的兴趣提高了。此外，与自我决定理论（self-determination theory，SDT）一致的是，N 从"必须要"到"想要"的转变被视为一种自主决定的动机状态，表现为更大的兴趣、兴奋、信心和表现。在最后一次咨询中，N 取得了实质性的进步，明确表示自己越来越能够独立应对挑战，不再需要固定的一对一心理咨询。然后，运动心理学家和 N 双方一致同意，除非 N 要求额外的支持，否则不需要进一步的咨询。虽然之后的沟通保持了两个月，但没有进行进一步的 REBT 咨询。

本章要点

1. 在教育阶段，运动心理学家需要让运动员了解关于理性情绪行为疗法的 ABCDE 框架的知识，并确定运动员是否愿意采取这一策略。
2. 辩论阶段作为理性情绪行为疗法的核心，运动心理学家需要与运动员针对非理性信念进行辩论，并且在这一过程中使用推理链的方式，通过证据、逻辑和功用性这三种策略来纠正运动员的非理性信念，加强理性信念。

3. 布置家庭作业阶段是用来加强 ABCDE 框架和发展新的理性信念，并与运动员的运动思想密切相关。

4. 强化阶段则是在理性情绪行为疗法干预的后期引入的，通过鼓励运动员谈论使用新的理性信念的经验，帮助运动员建立新的理性信念。

本章思考题

1. 运动心理学家与运动员之间的辩论过程在理性情绪行为疗法中的作用是什么？
2. 运动员常常将对成功的要求与理性情绪行为疗法中的理性信念联系在一起，如何解决这种误解？
3. 如何在强化阶段帮助运动员巩固新的理性信念，并改善情绪和行为反应？

第十三章　正念训练

电竞运动员小 T 是队内的核心选手，对操作和游戏理解都非常好，深得队友的认可和信任，但是有段时间出现了非常严重的竞技状态下降问题：游戏内表现为注意力不集中，做决策非常犹豫迟疑，瞻前顾后；总是担心万一这一波打不好怎么办，比赛输了怎么办；总是在担心结果，以至于操作水平下滑，对自己不自信；和队友沟通变少，游戏内交流只报一些简单的基础信息，不敢指挥队友，不敢做重要决策，不能发挥出自己的竞技水平。一段时间以来，他的睡眠质量很差，经常头痛。

心理咨询师跟小 T 沟通后发现，小 T 对整体队内环境非常敏感，注意力无法集中在当下，总是担心不好的结果，容易被情绪影响，队友无意间的一声叹息或者一句抱怨都会影响小 T 的表现，加之近期队伍整体处在比较困难的时期，比赛输的多，队友之间的不和与冲突很多。心理咨询师认为主要的工作应该集中于，帮助小 T 把注意力集中在当下，同时以开放的心态接纳在游戏中产生的负面情绪和感受，不要被这些负面的情绪影响。根据小 T 的状况，咨询师决定采用正念训练的理论框架给小 T 提供帮助。

近年来，正念训练已成为运动心理学领域被广泛使用的心理训练技术。NBA 传奇教练菲尔·杰克逊曾运用正念冥想技术，帮助芝加哥公牛队和洛杉矶湖人队赢得多次总冠军。他与运动心理学家合作，将正念融入球队的日常训练中，帮助球员在关键时刻保持冷静和专注。顶级网球选手诺瓦克·德约科维奇也通过正念练习提升心理素质，帮助自己在重要赛事中维持高水平表现。理论上，正念训练适用于所有的运动项目。本章将介绍正念训练的概念和运动心理学领域的正念训练理论框架。

第一节　正念训练概述

近 20 年来，作为第三代认知行为疗法的正念训练，其应用范围几乎涵盖了绝大多数领域，甚至发展为一种产业。在运动心理学领域，正念训练所涉及的运动项目包括田径、自行车、飞镖、链球、曲棍球、跨栏跑、柔道、橄榄球、中长跑、射击、短跑、排球等项目。相关的元分析表明，正念训练能够有效降低竞赛焦虑，提高运动员的正念水平、流畅状态和运动表现（Bühlmayer et al., 2017；Noetel et al., 2019）。

一、正念的概念

正念在成为科学概念之前，属于东方佛学的八正道（正见、正思维、正语、正业、正命、正精进、正念、正定）之一。在佛学背景下，正念并不是偏正名词"正的念"，而是使动用法"使念正"。

正念被引入到西方临床心理学领域后，卡巴金（Kabat-Zinn，1982）给出了正念的描述性定义："当人有意识地集中注意力，在当下时刻，不加评判地对体验到的每时每刻展开观察而产生的意识。"为了使正念的概念更具操作性，毕夏普等（Bishop et al.，2004）提出了正念的两个主要组成部分：注意力的自我调节，以好奇、开放和接受为特征的体验取向。这指明了个体不加评判的集中注意力的操作方法，即个体需要将注意力从不由自主的内心活动上转移到当前的经验上，并采取好奇、开放和接纳的态度（段文杰，2014）。正念两种成分的提出，进一步解决了正念到底是什么的问题。正念不是认知，不是特质，而是一种类特质。思维方式是认知、人格是特质，而人的优点是类特质。也就是说，正念就像人的优点，具有一定的先天基础，但主要依靠后天的培养。

二、普通心理学领域的正念训练理论模型

运动心理学领域的正念训练主要借鉴了普通心理学领域的正念训练理论模型，并根据运动情境的特点进行了调整和创新。对运动心理学领域的正念训练影响较大的理论模型包括正念减压疗法（mindfulness-based stress reduction，MBSR）（Kabat-Zinn，1982）、正念认知疗法（mindfulness-based cognitive therapy，MBCT）（Segal，Williams & Teasdale，2012）和接受承诺疗法（acceptance & commitment therapy，ACT）（Hayes & Pierson，2005）。

（一）正念减压疗法

为了帮助患有慢性身体疼痛疾病的人，卡巴金（Kabat-Zinn，1982）在马萨诸塞大学医学中心（University of Massachusetts Medical Center）进行了正念的开创性研究。该研究借鉴了东方佛学冥想的理念和技术，通过关注身心每时每刻的变化，帮助参与者更加意识到自己的当下体验。该课程共持续10周（前8周指导练习，后2周自主练习），每周1次，每次2小时。其他时间参与者通过录音进行日常正念练习。

1. 正念冥想练习

整个课程包括三种正念冥想练习。①身体扫描：以仰卧的姿势，令注意力扫描身体从脚逐渐到头部，专注于本体感觉，并阶段性地提示呼吸觉察和放松。②正念呼吸：坐在椅子上或躺在地板上进行。③哈达瑜伽：逆转肌肉骨骼系统的失用性萎缩，同时发展运动过程中的正念。另外，该课题也强调通过步行、站立和吃饭的活动将正念融入各种日常生活环境的能力。

2. 对正念冥想的指导

第一，把注意力集中于主要的观察对象上。第二，每时每刻的觉察。第三，当你意识到心已经陷入了思考、幻想等，把它带回对当下时刻的觉知，去观察在那一刻主导的意识。在身体扫描冥想中，主要的对象是当下注意力移动经过的身体部分。第四，当一种强烈的感觉或情绪出现时（如恐惧、痛苦、愤怒、焦虑等），把注意力转移到它发生时的感觉上，然后与它在一起，观察它。当它消退时，返回到主要的观察对象。区分对

经验本身的观察和对经验的思想与解释。第五，观察思考过程本身。避免陷入个人想法的内容中。把它们看成无常的不一定准确的心理事件。对待一切思想都是平等的，不追求，也不排斥。

3. 课程的具体安排

前四周，家庭作业是身体扫描。每周 6 天，每天至少 1 次，跟随录音进行 45 分钟练习。在每周 1 次的住院治疗中，参与者在指导下进行呼吸和感觉的正念练习。课程后，鼓励参与者每天在正式坐着的情况下使用 5 分钟，并在其他时间尽可能多地跟随录音练习。4 周后，引入哈达瑜伽，参与者开始在每天的家庭作业中跟随磁带交替进行身体扫描和瑜伽练习。在第 7 周和第 8 周，参与者每天练习 30～45 分钟，躺着或坐着交替进行瑜伽练习，但不使用录音指导。在第 9 周和第 10 周，参与者进行任何他们想要的练习，每天 30～45 分钟，可以使用或不使用录音。

4. 课程中与正念相关的理念

正念减压疗法中除了使用正念冥想技术外，还包含了三点与正念相关的理念。第一，非目标导向。在指导练习过程中和家庭练习中都强调了无为（non-striving）这一非目标导向的态度。第二，冥想技巧的范围。提供了许多不同的技术，患者可以通过这些技术体验和培养解离式的观察。这种方法强调，没有一种绝对正确的方法来冥想或放松，任何方法都只是一种工具。冥想活动的范围是为了适应患者身体和认知倾向的范围。通过哈达瑜伽引入的温和的全身调节或可帮助许多患者减少肌肉的失用性萎缩，并对自己的身体感觉更好。冥想还以一种切实的方式证明，一个人的感知极限可以通过在这些极限上自律性的活动而突破。第三，明确的持续时间。该课程足够长，使大多数患者掌握自我调节的原则，并在冥想练习中发展技能和一些自主性。它也足够短，足以防止患者对该项目和团体支持产生依赖，可以让患者养成自力更生的良好行为习惯。

（二）正念认知疗法

在正念减压疗法的基础上，西格尔等（Segal，Williams & Teasdale，2012）针对抑郁症复发患者开发了正念认知疗法。正念认知疗法中包括了有关抑郁症的基础教育，以及从认知疗法中衍生出来的一些练习，这些练习展示了思维和感觉之间的联系，以及参与者在意识到自己情绪低落时可以如何进行自我关怀。

1. 正念认知疗法的基本假设

正念认知疗法要改变的不是认知内容，而是在不改变认知内容的情况下，改变个体与思想、感觉和身体感觉之间的关系。通过持续的正念练习，个体能够意识到他们的想法、情绪和感觉只是想法、情绪和感觉，而不是"事实"。在情绪开始低落的时候识别出自己的情绪或想法，而不是陷入其中。就像站在漩涡的边缘，看着它旋转，而不是消失在漩涡之中。

正念练习培养了一种能力：允许痛苦的情绪、想法和感觉来来去去，而不觉得必须要压抑它们、逃离它们或与它们抗争。在不断地练习后，人们学会与当下保持联系，而不是被驱使去反思过去或担心未来。这种能力有助于打破消极情绪和抑郁之间原有的联系。

正念认知疗法区分了心智工作的行动模式和存在模式。行动模式是目标导向的，它的目的在于缩小事情本来的样子与我们希望的样子之间的差距，我们的注意力仅仅集中于现实的状态与期望的状态之间的矛盾上。存在模式关注的点是接纳和许可当下的事实，而不是去改变它（Segal，Williams & Teasdale，2012）。行动模式与存在模式核心特征的比较见表13-1。

表13-1 行动模式与存在模式核心特征的比较

行动模式	存在模式
通常是自动化的	有意识的，有选择的
通过思维运作	直接感知经验
关注过去和未来	专注于当下时刻
试图回避不愉快的体验	有意愿地接近痛苦
关注差距，需要事物是有所不同的	允许事物如其所是
认为想法/观念是真实的	将想法看作是心理事件
持续关注需要完成的事件，却忽视其不良的副作用	了解更广阔的需求

行动模式与存在模式都是心智的运行模式。在生活的许多领域，行动模式都具有积极意义，行动模式制订计划，减少目标与期望之间的差距、实现目标。这些特征会使我们生活得更好。需要注意的是，在现实生活中，通过行动有效减少差距，行动模式就具有积极的意义。然而，对于人的内心世界，减少差距会变得非常困难。例如，对于一名失恋的人来说，他的内心可能是痛苦的，但想要马上消除痛苦却非常困难。在行动模式下，心理会不断地思考现实与期望结果的差异并加重内心的痛苦。

2. 正念认知疗法的训练程序

正念认知训练是帮助个体将心智从行动模式的牢笼中解救出来的有效方法。经典的正念认知训练包括8周课程。第1～4周课程的目的是学会如何在每时每刻有意识地、不做任何评判地去注意。第5～8周课程的目的是学会对情绪转变保持警觉的前提下学会处理与情绪之间的关系。每周课程都有明确的主题、日常练习和家庭作业。具体课程安排示例见表13-2。

表13-2 正念认知疗法的训练程序

周次	主题	日常练习（每周练习6天）	家庭作业
1	从自动导航模式转化为有意识选择和觉察的生活模式	身体扫描；将觉察带入日常活动；正念饮食	每天根据练习内容记录自己的想法、身体感觉和情绪感受
2	从经由思考来联结经验转化为直接感知经验	身体扫描；正念呼吸（精简版）；在日常生活中引入正念	每天根据练习内容觉察并记录自己的行动模式；完成愉悦体验日历

续表 13-2

周次	主题	日常练习（每周练习6天）	家庭作业
3	从沉浸于过去和未来转化为直接感知经验	正念伸展加正念呼吸练习（第一、三、五天）；正念运动（第二、四、六天）；3分钟呼吸空间练习	每天根据练习内容觉察并记录心智游移的体验、身体感觉等；完成不悦体验日历
4	从力图回避、逃离或消除不愉快的体验转化为有兴趣地接近	正念静坐（或者与正念行走或正念运动交替）；3分钟呼吸空间——常规式；补充呼吸空间练习；正念行走	完成规避反应剖析，根据练习内容觉察并记录身体的感受与反应等
5	从试图改变事物转化为允许事物如其所是	正念静坐；与困难共处；3分钟呼吸空间——常规式；3分钟呼吸空间——回应式	根据练习内容觉察并记录身体的困扰、规避反应或阻抗，以及之后发生了什么
6	从将想法视为真实和实际转化为将想法看作不一定反映现实的心理事件	正念静坐——侧重于将想法看作心理事件；3分钟呼吸空间——常规式；3分钟呼吸空间——回应式；聚集于想法	设置早期预警系统；根据练习内容觉察并记录自己的想法和感受
7	从苛刻地对待自己转化为怀着宽容与慈悲照顾自己	可持续的正念练习；3分钟呼吸空间——常规式；3分钟呼吸空间——回应式；通往正念行为的大门	完成愉悦型活动和掌控型活动的思考与记录，每天探索正念行为之门，准备一个行动计划
8	规划充满正念的未来	自主选择练习内容，如每日正式正念练习；日常的非正式正念练习；3分钟呼吸空间——回应式	展望与规划未来的思考和记录

资料来源：季浏（2022）。

（三）接受承诺疗法

接受承诺疗法认为，痛苦的思维和情感是人类生存不可避免的一个方面，并不需要刻意去摆脱，回避痛苦只会放大痛苦，而不能消除它（Hayes & Pierson，2005）。接受承诺疗法改变的不是痛苦而是个体与痛苦之间的关系。接受承诺疗法的治疗目标是增加心理的灵活性——作为一个有意识的人，应具备更充分地接触当下的能力，并在有价值的目标实现时改变或坚持自己的行为。心理的灵活性意味着个体并不需要消除负面的思维或情绪体验，而是在接受负面体验的同时过有价值的生活。

接受承诺疗法的训练课程一般为8周，每周1次，每次1.5～2个小时。包括6个相互联系的内容——接受、认知解离、拥抱当下、以己为景、价值观和承诺行为。其中，接受、认知解离和以己为景属于正念和接受过程,拥抱当下、承诺行为和价值观属于承诺和行为改变过程。为了更好地说明接受承诺疗法中的关键概念,以下将结合"公车之喻"进行阐述。

假设自己是一辆公共汽车的司机,车上载满了乘客,这些乘客可看作自己的各种思维和情感。车上的乘客不仅有赶着去工作的上班族,也有恐慌的乘客。这些乘客走上前来,分散司机的注意力,告诉司机走哪条路。他们威胁司机,如果不听从他们的安排,就会搞破坏。

1. 接受

接受是与经验性回避相对应的概念。接受是积极地、有意识地接受那些由个人历史引起的私人事件,而不是不必要地试图改变它们的频率或形式。例如,一名运动员会说:"我想打好比赛,但是我紧张。"其潜台词是,只有消除紧张我才能打好比赛。这一表述方式体现了运动员对紧张的回避。如果把表述方式改为:"我想打好比赛,并且我紧张。"其潜台词是,我可以带着紧张打好比赛。这种表述方式体现了运动员对紧张的接受。海耶斯等(Hayes, Strosahl & Wilson, 2011)使用了"公车之喻"帮助来访者明确接受与回避的区别。

在"公车之喻"中,司机如果试图与乘客对抗,让他们坐下、保持安静、不要打扰司机等,这属于经验性回避,可能会导致停车而不能朝向既定的方向前进。将乘客视为旅途中的一部分,知道他们存在,也允许他们存在,不去干预他们,则属于接受。

2. 认知解离

认知解离与认知融合是对应的概念。认知解离不是改变想法的形式或内容而是与其保持距离。例如,当运动员说"我很差"时,属于认知融合;当运动员说:"我有我很差的想法"时,则属于认知解离。前一种说法把"我"等同于"我很差"这一想法,也就是把想法当作事实;后一种说法则意味着,我是我,我的想法是我的想法,我不等同于我的想法,或者说不把想法当作事实。

在"公车之喻"中,如果赶着上班的乘客要求司机把车开快点,或改走更近的路,而司机满足了这名乘客的要求甚至改变了行车线路,属于认知融合。当司机把乘客的要求只是当作各种意愿或想法中的一种,而不是卷入其中,则属于认知解离。

3. 拥抱当下

当下即是此时此刻。当下不是过去,也不是未来,甚至也不是现在。因为当一个人说现在正在做什么的时候,现在已经成为过去。例如,当一个人看到美丽的夕阳,他那时那刻的体验就是当下,但是当他说"我现在感觉夕阳太美了",已经不是当下了。拥抱当下是指有意识地与此时此刻发生的一切建立连接和投入。

在"公车之喻"中,公共汽车司机只是开好当前的车,不去为已经错过的路口后悔,也不提前担心会错过下一个路口。

4. 以己为景

以己为景是个体将自己看作内在体验的观察者和背景。通过这种视角,个体能够与自己的情绪、思想和感受保持距离,减少对自我的固定认同,从而提升心理灵活性和接纳能力。在日常生活中,人们往往把自己的想法和情绪当成了"真理",认为它们定义了自己。而"以己为景"则打破了这一点，它让人们明白，自己只是所有这些想法、情感的背景，或者说是"舞台"，这些内在体验在"舞台"上演绎，而个体只是"舞台本身"，而不是那些演出内容。

以己为景这部分区分了三种自我：概念化自我、经验性自我和观察性自我。概念化自我指的是对"我是谁"的个人语言描述与评价，如"我是一个容易焦虑的人"。经验性自我指的是不间断的自我意识或自我感。经验性自我强调的是对自我描述的进程，如"我现在感到焦虑"。观察性自我（以己为景）是对自我的观察，是在任何时刻对概念化自我和经验性自我进行观察的"我"，如"我注意到自己现在正在焦虑"。

在"公车之喻"中，司机可以理解为"观察性自我"。司机可以搭载乘客，无论谁在车上、谁在捣乱，司机是不变的；没有司机，汽车和乘客都将不复存在。

5. 价值观

价值观是指从语言上分析所有想要得到的生活结果，在持续的行动中期望表现出的总体特征。价值观是在生活中指引和激励人们前行的指导性原则。以下问题常用来澄清价值观。"在你的内心深处，对你来说什么是重要的？""你想要培养怎么样的个人优点和品质？""在你的人际交往中，你想要如何表现？"

在"公车之喻"中，行车的方向可以理解为价值观。计划好行车路线是一种以价值观为导向的过程。坚持这一路线意味着坚持这种价值观。

6. 承诺行动

承诺行动意味着在价值观的引导下采取有效的行动。

在"公车之喻"中，公共汽车向前行驶就像以价值观为导向在行动。面对可能存在的障碍，司机仍然可以承诺并继续行驶于那条有价值的路线中。

三、正念训练的主要练习技术

在正念训练课程中，正念练习技术是最核心的内容，没有正念练习则无法培养真正的正念。普通心理学领域的正念练习主要包括正念呼吸练习、正念地吃、身体扫描、正念行走等。

（一）正念呼吸练习

正念呼吸练习可以发展正念觉察和正念专注能力。整个练习需要大概10分钟。在练习时，可以把动作节奏尽量放慢一些。正念呼吸练习举例①如下：

请选择一个你认为舒适的姿势坐下，请注意你身体的姿势，尤其是你的双手、双腿和双脚的姿势，慢慢地闭上你的眼睛（停顿10秒钟）。

进行几次深呼吸，并注意和感觉空气在你体内自由进出。当你吸气时，注意吸入气体时的声音并感觉你自己的呼吸（停顿一会儿），同样，呼气时注意呼出气体时的声音，并感觉你的呼吸。把你注意的焦点放在每次呼吸时腹部的起伏上（停顿10秒钟）。

当你继续呼吸时，想象你手中有一支笔，吸气时向上画线，呼气时向下画线（停10

---

① 资料来源：姒刚彦、苏宁和张春青（2020）。

秒钟）。想象这些线条构成的图案是什么样子。

当你继续慢慢地进行呼吸时，你会注意到各种情绪和想法可能会在你的意识中出现，你要做的仅仅是意识到它们的存在，因为它们是你意识的组成部分，并允许它们存在。然后，再次将你的注意焦点放在呼吸和呼吸产生的各种感觉上（停顿10秒钟）。

拥有各种各样的情绪和想法是人类意识的客观反映。没有必要去试图改变或控制这些内部体验，仅仅是简单地注意到这些意识的存在，并重新把注意焦点放在你的呼吸上就可以了（停顿10秒钟）。

继续慢慢地轻轻地吸气和呼气，注意你对每次呼吸时所产生的身体感觉的想法。当你准备好了的时候，慢慢睁开眼睛，充分意识到你周围的环境，开始你接下来要做的事情。

（二）正念进食练习

正念进食练习举例①如下：

当你准备好以后，请取出一颗葡萄干放在掌心……集中注意力去观察手中的东西……用你的眼睛去探究这颗葡萄干，仿佛自己之前从未见到过这个食物一样……用全然的注意力密切和仔细地观看。

观察光线是如何照射到葡萄干上的……观察它表面上的每一个阴影、突起或褶皱……它灰暗的部分、鲜亮的部分……要用自己的眼睛充分地探究它……也可以用自己的拇指和食指将它拿起，然后转动并从各种不同的角度来观察它……

在进行这些练习的时候，如果脑子里突然冒出一些想法，诸如"我到底在做什么奇怪的事情啊？"或者"这样做有什么作用？"等，只需要意识到这些只是头脑中的想法，然后尽你所能地将意识重新带回到观察葡萄干的体验上来。

现在，拿着这颗葡萄干，将全部的注意力集中于对它的触摸和感受上……觉察它的黏性，或者光滑度……如果你愿意，也可以用拇指和食指轻轻地滚动它，觉察它的柔软、塌陷，或者它的紧致、尖锐……无论发现了什么，只需对此刻的感受加以觉察。

准备好以后，将葡萄干凑近你的鼻子然后让它停留一会儿，吸口气，去觉察自己的发现……觉察它可能散发的任何芳香或气味，如果没有气味，也对此加以觉察……觉察到自己的经验随时间而产生的变化。现在缓缓地拿起葡萄干，并准备把它放入口中，当你的胳膊移动时，留意到身体感觉的变化……觉察自己的手和胳膊是如何精准地移到葡萄干所在之处，愿意的话，你也可以闭上眼睛来感受这一点。

将葡萄干放入口中，注意舌头如何与它接触……将葡萄干放到舌尖上，含入口中，但不要咀嚼……觉察口腔中的任何变化……去探究葡萄干在舌尖上的感官体验，将葡萄干在口中翻转……仔细研究它的表面——去感觉它的凸起和褶皱……也可以在口腔中移动它，把它放置到口腔侧面……或者移动到口腔的腭骨部分。

准备好以后，将葡萄干放在牙齿中间，咬下去……然后慢慢地开始咀嚼……觉察口中发生的一切……由于咀嚼所释放出的味觉感受……慢慢地体会……觉察口中的每一个变化，以及葡萄干自身黏稠度所发生的变化……去感觉葡萄干表皮的韧性……以及果肉

---

① 资料来源：蒂斯代尔等（2017）。

的柔软。

然后，在准备好吞咽时，看看自己能否在第一时间留意到自己想吞咽的意图，这样就保证了在实际行为与吞咽动作之前，已经有意识地体验到了。最后，随着自己的吞咽感知，感觉葡萄干是如何落入腹中，觉察吞咽完成后口腔中所留存的感觉。如果之前闭着眼的话，现在可以睁开了，再次环顾周围。

（三）身体扫描练习

身体扫描练习是一种对当前身体体验的深层探察，它的目标集中于体内的感受，通过觉察和认同你体内的每一个感受或感觉，把正念带入身体。在身体扫描中，你要按照一定顺序把注意力放在身体上，从左脚开始并且终止于头顶。你可能会注意到各种身体感觉，如痒、疼痛、耳鸣、轻松、沉重、热、冷等，或许还有一些中性的感受。这些感觉可能会伴随着某些想法或者情绪而存在。仅仅是通过对身体感受的辨别，产生对身体感受的觉察。这和思考你的身体是截然不同的。这时，没有必要去分析或者操纵你的身体，只需要感受和确认目前所有的感觉。记录下自己第一次做这个练习时的想法、情绪或身体所发生的一切变化。

请在一个轻松的、没有干扰的环境下做这个练习。建议你躺下来做身体扫描，但是如果你发现你自己有睡意时，或者更喜欢坐姿或站姿，以坐姿或站姿做练习也是可以的。这个练习大概需要15分钟来完成。

当你准备好时，慢慢地把注意力转移到呼吸上。

现在开始注意呼吸，自然地呼吸，并且关注鼻尖和腹部。吸气，并且意识到你正在吸气；呼气，并且意识到你正在呼气。有时头脑可能会排斥这种有意识的呼吸，当你认识到这些的时候，认同你头脑中所出现的想法，然后再回到对呼吸的关注上，有意识地吸气和呼气。

现在，把你的意识从正念呼吸中逐渐撤出，准备进行身体扫描。当你扫描身体时，你可能会遇到一些紧张的区域。如果你能使它们放松，那就让它们放松；如果你不能，那就让这种感觉顺其自然，任其扩散到它们要去的地方。这既可以应用在身体感觉上，也可以应用在任何一种情绪上。当你扫描身体时，把注意力集中在身体的感觉上，以及可能由这些感觉而引发的任何一种想法或情绪上。

把意识转移到左脚的一个部位，这个部位是你能接触到地板的位置。它可以是左脚的后脚跟或者脚底。感受一下你觉察到的。感受一下左脚的脚跟、大脚趾以及脚底。

感受一下你的脚趾和左脚的顶端，感受下面的跟腱和上面的脚踝。

现在把你的意识转移到左腿的下部，感受一下小腿肚和小腿部分，同时感受一下它们与左腿膝盖的连接部位。

把意识提升至大腿，感受一下大腿以及它和左边臀部的连接部位。

现在把意识从左边臀部撤回到左脚，再把它转移到右脚，把意识带到你右脚接触地板的位置，这个位置可以是右脚的后脚跟或者脚底。感受一下你觉察到的。感受一下右脚的脚跟、大脚趾以及脚底。

感受一下你的脚趾和右脚的顶端，感受下面的跟腱和上面的脚踝。

现在把你的意识转移到右腿的下部，感受一下小腿肚和小腿部分，同时感受一下它们与右腿膝盖的连接部位。

把意识提升至大腿，感受一下大腿以及它和右边臀部的连接部位。

慢慢地把你的意识从你右边的臀部转移至骨盆区。将意识移入排泄系统、生殖系统。感觉进入生殖器和肛区。注意所有的感受、想法和情绪。

现在把意识转移入腹部，这是负责消化和吸收的部位，有意识地去感受内脏，并任其顺其自然。

现在把你的意识从腹部转移到尾椎骨，意识开始进入后背的下部、中部和上部。去感受你所觉察到的。让所有的紧张感放松，如果无法放松就顺其自然。

现在把意识转移到胸部，移到心和肺。感觉进入肋骨和胸骨，然后进入乳房。现在慢慢地把意识从胸部撤回，并且把意识转移至左手的指尖。感觉进入手指和手掌，然后是手背，并上升至左手腕。

意识继续进入到前臂、胳膊肘部、左上臂，感受一下你所觉察到的。

现在把意识移至右手的指尖。感觉进入手指和手掌，然后是手背，并上升到右手腕。

意识继续进入到前臂、胳膊肘部、右上臂，感受一下你所觉察到的。

让意识进入两边肩膀和腋窝，然后上升至颈部和喉咙。体验所有的感觉、想法和情绪。

现在把你的意识移到下颚，然后慢慢地移到牙齿、舌头、嘴、唇。让各种感觉去它们需要去的任何地方，不要管它们。

感觉进入脸颊、深入头部的窦孔通道、眼睛、眼睛周围的肌肉。感觉进入前额和颞叶。持续一会儿。

让意识进入头顶和后脑勺。感觉进入耳朵，然后进入头部，并进入大脑。持续一会儿。

现在从头部到脚趾，把意识扩大至整个身体。把头部、颈部、肩膀、手臂、手、胸部、背部、腹部、臀部、骨盆区、腿以及脚全部联结起来。

把身体作为一个整体的有机体，感受一下，连同它的各种生理感觉、想法以及情绪。持续一会儿。

吸气，感受整个身体的提升；继续深吸气，然后呼气，同时感受身体的下降。把身体作为一个整体感受一下。持续一会儿后，结束本次身体扫描练习。

（四）正念行走练习

选择一条大约二十步长的小路，站在路的一端，双脚自然地分开，双膝放松。双臂松弛地放在身体两侧。把全部的注意力都放到双脚上，感受脚掌与地面接触的直观感觉，以及全身的重量通过双腿和双脚传递到地面的感觉。

以完全放松的状态小步行走，面带微笑地缓步前行，打开你的心门来体会平和的感受。一步（停顿1秒），一步（停顿1秒）……注意走每一步时脚的抬起、移动与放下，轻轻地抬起左脚跟，注意小腿肌肉感觉的变化，然后继续抬起整只左脚，把全身的重量转移到右腿上。全神贯注地觉察左腿和左脚向前迈进的感觉，以及左脚跟着地的感觉。脚步不必迈得太大，自然行走的步伐就可以了。

一步一步地从路的一头走到另一头，要特别注意脚底板和脚跟与地面接触时的感觉，还有双腿在走动时肌肉拉动的感觉。注意每走一步脚和腿的感觉变化。当你走到小路的尽头时，请静止站立一会儿；然后慢慢转过身，用心去觉察转身时身体的复杂动作，然后继续行走。

感受行走时的每一个动作：抬起、移动、放下，心中轻轻默念着"抬起""移动""放下"，将注意力放在行走的感觉上、行走的过程中，你的脑海中可能会出现各种各样的感受和想法，如焦虑、担忧、不安等，如会想到过去或明天，当你发现思维从当下的行走中游离开时，意识到这些感受，但不用去判断，也不用去反应，简单地接受它们的存在，并把你的注意力重新拉回到对行走动作的体验上。

当你能够轻松地体验到每次行走的三个动作（抬起、移动、放下）时，可以停止默念，同时注意你的呼吸。数数看，每一次呼气时，你走了几步？每一次吸气时，你又走了几步？当正常呼吸时，以比你平常走路更慢的速度来走，但也不要过慢。不要试图控制你的呼吸，以这样的方式走几分钟，然后注意当你肺部充满气体时共走了多少步，当你肺部的气体全部被排出时又走了多少步。如此，你的注意力将同时关注呼吸与步伐，你也同时觉知到两者。同时保持微笑，你的微笑会为你的步伐与呼吸带来平静和喜悦，它将协助你保持你的注意力。慢慢地，你将发现你的呼吸、数数、步伐和微笑很自然地融合在了一起，使你感觉轻松、柔和。

（五）定心练习

定心练习如下：

请找一个你认为最舒适的坐姿坐下，注意你的双脚、双臂和双手的姿势，轻轻地闭上你的眼睛（停顿10秒）。轻轻地吸气和呼气，并逐渐加深你的呼吸，连续进行数次后，注意你呼吸的声音和感受（停顿10秒）。

现在，关注你周围的环境。关注可能出现的任何声音。室内有哪些声音？室外有哪些声音？（停顿10秒）现在将你的注意力集中到你坐着时身体与椅子接触部位的感觉。留意这种接触中所产生的身体感觉（停顿10秒）。关注你的手放在你腿上的位置（停顿10秒）。现在关注你身体其他部分可能产生的任何感觉，留意它们是如何随着时间而改变的（停顿10秒）。不用试图改变这种感觉，只是注意它们的发生（停顿10秒）。

现在，让你的思维集中在"你为什么选择参加这个练习"上（停顿10秒）。你是否有任何的怀疑或其他的想法，只是注意到它们，让它们在你的头脑中如受检阅般列队走过（停顿10秒）。看看你是否能关注到它们并且承认它们的存在（停顿10秒）。不要试图驱散它们或改变它们（停顿10秒）。现在让你自己集中到你想要有的运动表现上。对你来说最重要的是什么？你想用正念训练所学的这些技能做什么？（停顿10秒）

保持舒服的姿势几秒钟，然后让你自己重新关注周围的声音和活动（停顿10秒）。再次关注你的呼吸（停顿10秒）。当你准备好后，睁开双眼，感觉自己是专心致志的。

第二节 运动领域的正念训练

运动领域的正念训练主要借鉴了普通心理学领域的正念训练理论框架，并根据运动情境的特征调整了部分训练内容。目前，运动领域主流的正念训练包括：正念-接受-投入训练（mindfulness-acceptance-commitment approach，MAC）（Gardner & Moore，2004a）、正念运动表现提升训练（mindful sport performance enhancement，MSPE）（Kaufman et al.，2009），以及正念-接受-觉悟-投入训练（mindfulness-acceptance-insight-commitment，MAIC）（Sun，Si & zhang，2019）。

一、正念-接受-投入训练

正念-接受-投入训练（MAC）借鉴了本章第一节介绍的普通心理学领域的接受承诺疗法（ACT）和正念认知疗法（MBCT）框架，其主要目标是提高运动员的运动表现和心理健康水平。经过多年的发展，MAC 由最初的 5 个模块调整为 7 个模块，在新的 MAC 方案里，训练对象可以根据自己的实际情况更加灵活地决定完成训练所需的具体时间。在 MAC 中使用的正念技术包括简要定心练习、正念洗盘子练习、正念呼吸练习和投入表现价值练习。

与基于认知控制的传统技术（如停止思考、控制唤醒）不同，MAC 方法不专注于控制和减少可能妨碍表现的内部体验。从 MAC 的角度看，运动员的巅峰表现需要：①将注意力集中在当前任务上的外部关注点；②对认知、情绪与感官体验的无评判意识和接纳；③行为、行动、决策必须与个人价值观和运动目标相一致。具体 MAC 训练方案见表 13-3。

表 13-3 MAC 训练方案

模块	主题	训练内容
模块 1	心理教育	讲解 MAC 的理论原理 讲解理论原理与运动表现的联系 解释优秀运动表现的自我调节过程 确定 MAC 的具体目标 介绍简要定心练习 布置课后练习：学习收获表格
模块 2	正念与认知解离	简要定心练习 讨论上次课程发放的学习收获表格 核查并回答有关上次课程的问题或不确定因素 正念的原理和重要性 布置课后练习：学习收获表格、简要定心练习、正念洗盘子练习 回顾和总结 简要定心练习

续表 13-3

模块	主题	训练内容
模块3	价值和价值驱动行为	简要定心练习 讨论上次课程发放的学习收获表格 核查并回答有关上次课程的问题或不确定因素 讨论与探索：价值和价值驱动行为 vs. 情绪驱动行为 额外的家庭正念练习：相关的正念练习 布置课后练习：学习收获表格、表现价值表格、情绪性放弃表格、正念练习 介绍正念呼吸练习
模块4	接受	课上正念练习 讨论上次课程发放的学习收获表格，检查并回答有关上次课程的问题或不确定因素，并讨论对相关正念活动练习的反应 回顾表现价值表格和情绪性放弃表格的填写情况，讨论明显和内隐的回避策略 指导练习者觉察用经验接受代替经验回避，以及意愿和价值驱动的承诺行为之间的联系 拓展相关正念活动练习 简要定心练习
模块5	增加承诺	简要定心练习 复习上次课程的内容 增强承诺：连接价值观、目标和行为 回顾并布置与表现相关的正念家庭作业 课程总结和简要定心练习
模块6	技能巩固与平衡	回应课下练习的情况 复习上次课程的内容 整合：通过基于暴露的活动来提高平衡 回顾和布置与表现相关的正念练习和任务导向的注意练习 简要定心练习和课下表格的回应
模块7	维持与增强MAC	回顾之前的课程和整个MAC程序 简要定心练习 以任务为导向的注意练习 回顾当前对价值观的经验接受、意愿和承诺水平 为以后的实践做计划：自我反省、自我纠正

资料来源：季浏（2022）。

考虑到集体项目（如足球、篮球、排球等）中的运动员可能在动机、社交、个性、认知等方面存在差异，而 MAC 并没有针对集体项目详细地描述如何在团队运动环境中进行基于群体的干预，约瑟夫松等（Josefsson et al., 2020）针对 MAC 在集体项目中的使用给出了具体的建议。

第一，调整模块顺序提高运动员的参与动机。把价值观、行为、目标和承诺放在前三个模块,把接受和认知融合放到第四模块与第五模块。运动员可以使用箭头模型(图 13-1)探索团队价值观、个人价值、接受、认知融合等并在小组内(场上相同位置)分享。另外,在讲解经验接受/经验回避、认知融合/认知解离等抽象概念时最好能够给出与训练或比赛相关的例子。

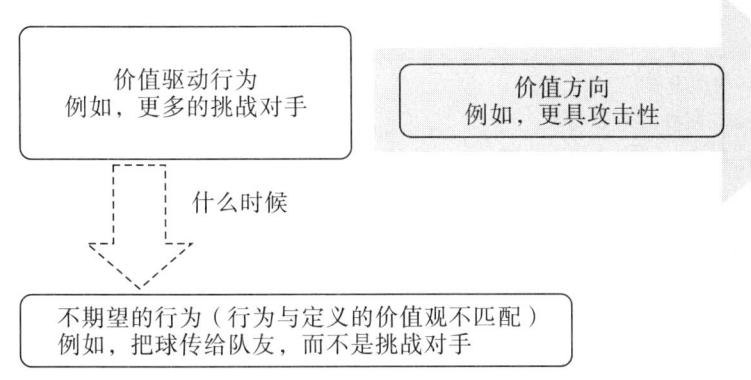

图 13-1 箭头模型

第二,鼓励教练员共同参与。教练员和 MAC 实践者可以共同制定策略,以最好地实施 MAC 练习,并将理论概念应用于日常训练中。将 MAC 练习和理论概念与运动专项实践相结合,理论上可以提高运动员对概念的理解,明白如何将 MAC 的特点应用于训练和比赛中以提高表现。

第三,应重视团体动力学的相关因素,如小组成员之间的关系、治疗联盟、小组的学习气氛和对心理健康改善的乐观程度等。在创建箭头模型时,团队箭头模型和个人箭头模型要高度匹配,球员的个人箭头模型要相互同步。

第四,通过增加干预时间,比如 12~15 周,来降低课程的强度。这样做的好处是,运动员将有更多的时间来彻底理解 MAC 的概念含义以及进行正念练习。尤其重要的是要确保球员认识到 MAC 的原则和技术是如何体现在训练和比赛中。

第五,运动员应该经常评估自己在训练和比赛中实际执行价值导向行为的努力程度,以及是否成功地执行了定义的价值导向行为和行动。这样,运动员可以监测自己的进步情况。

第六,可以使用技术设备来分发练习和课程材料。例如,运动员可以通过使用带有每日任务和练习的手机应用程序,提醒自己进行练习。

二、正念运动表现提升训练

正念运动表现提升训练(MSPE)借鉴了本章第一节提及的普通心理学领域的正念减压疗法(MBSR)框架。其主要目标是借助此训练来提高运动员的流畅状态、竞技表现并改善影响竞技表现的心理因素(如提高自信、降低焦虑等)。为适应运动员繁忙的训练日程,MSPE 把课程设定为 4 周,每周 1 节课,每节课约 2.5~3 小时。在 MSPE 中使用的正念技术包括静坐冥想、身体扫描、正念瑜伽和针对运动特征的冥想练习——行走冥想。

MSPE 将 MBSR 和 MBCT 中培养觉知的练习(如观呼吸、身体扫描、冥想瑜伽和行走冥想）应用于运动员群体。与 MAC 类似，MSPE 强调发展觉知技能，并通过它们培养一定程度的接纳。与 MAC 不同的是，MSPE 不包括对价值观、基于价值观的行为或投入等内容的训练。具体的 MSPE 训练方案见表 13-4。

表 13-4 MSPE 训练方案

课次	训练内容
第 1 课	1. 定位和基本原理 　（1）工作坊的概念 　（2）工作坊的原理 　（3）与正念训练相关的重要概念 　（4）回顾专注运动的关键心理因素 2. 小组介绍 3. 葡萄干练习和讨论 4. 介绍正念呼吸练习和讨论 5. 身体扫描（45 min）和讨论 6. 简短腹式呼吸练习（3 min） 7. 讨论一周的家庭作业包括： 　（1）在第二节课前身体扫描练习 3 次（45 min） 　（2）在第二节课前正念呼吸练习 3 次（10 min） 8. 第一节课总结和讨论
第 2 课	1. 身体扫描（45 min）和讨论家庭作业 2. 讨论冥想训练与应用于专注运动 3. 专注于呼吸和身体作为一个整体的冥想练习（15 min） 4. 正念的瑜伽练习（45 min）和讨论 5. 腹式呼吸练习（3 min） 6. 讨论一周的家庭作业，其中包括： 　（1）在第三次课前身体扫描练习 1 次（45 min）， 　（2）在第三次课之前静坐呼吸练习 3 次（15 min） 　（3）在第三次课之前正念瑜伽练习 2 次（45 min） 7. 第二课总结和讨论
第 3 课	1. 正念瑜伽练习（45 min）和讨论家庭作业 2. 扩展的静坐冥想（45 min）和讨论 3. 行走冥想与具体应用于专注运动 　（1）行走冥想练习（10 min） 　（2）行走冥想练习应用于专注运动 4. 简短腹式呼吸练习（3 min） 5. 讨论一周的家庭作业，包括： 　（1）在第四次课之前身体扫描练习 1 次（45 min） 　（2）在第四次课之前正念瑜伽练习 1 次（45 min） 　（3）在第四次课之前静坐冥想练习 1 次（30 min） 　（4）在第四次课之前行走冥想练习 3 次（10 min） 6. 第三课总结与讨论

续表 13-4

课次	训练内容
第4课	1. 正念瑜伽练习（45 min）和讨论家庭作业 2. 扩展的静坐冥想（45 min）和讨论 3. 行走冥想与具体应用于专注运动 　（1）行走冥想练习（10 min） 　（2）行走冥想练习应用于专注运动 4. 简短腹式呼吸练习（3 min） 5. 讨论一周的家庭作业，包括： 　（1）在第四次课之前身体扫描练习1次（45 min） 　（2）在第四次课之前正念瑜伽练习1次（45 min） 　（3）在第四次课之前静坐冥想练习1次（30 min） 　（4）在第四次课之前行走冥想练习3次（10 min） 6. 第四课总结与讨论

资料来源：Kaufman、Glass 和 Arnkoff（2009）。

三、正念-接受-觉悟-投入训练

正念-接受-觉悟-投入训练（MAIC）借鉴了MAC的框架，融入逆境应对理念和禅宗觉悟等元素，其主要目标是帮助运动员全身心地投入当下的行为过程，提高行为有效性，提升运动表现。具体包括：①集中注意力于当下；②对经验采取不评判、不反应的态度；③通过觉悟使社会导向和个人导向的价值观保持一致与和谐；④根据社会导向和个人导向的价值观来采取行动（图13-2）。MAIC包括7次课程，每次课60～90分钟，使用的正念技术包括正念呼吸、定心练习、身体扫描、正念吃水果、慢动作喝水、正念行走、正念冥想、数字练习、正念表象、洗盘子正念练习、"忘我行为"练习。

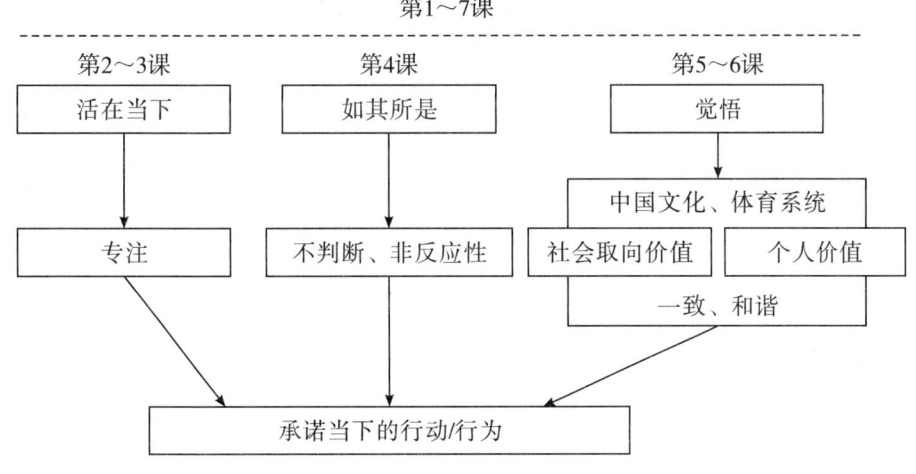

图 13-2 MAIC 的程序与目标

在保留MAC核心元素的基础上，MAIC特别强调了觉悟和无我对于东方文化背景下运动员的重要性。MAIC认为正念的功能就是去自我中心，通过正念来阻断由进化设定而产生的自动化思维及情绪反应模式，训练运动员从"自我关注"转向"任务关注"（注意焦点在当下的行为表现任务上），从而提升行为表现。具体的 MAIC 训练方案见表 13-5。

表 13-5 MAIC 训练方案

课次	主题	训练内容
第 1 课	正念训练准备	介绍正念训练 正念训练的发展应用 正念技能初评 入门基础练习：正念呼吸
第 2 课	正念	正念的定义，什么是正念 正念的两个核心因素：活在当下，如其所是 为什么需要正念 更多、更深入的正念练习 正念技能水平的持续评估监测
第 3 课	正念注意和觉知	正念注意和觉知的紧密联系 对身体感觉、情绪和念头的觉知需将注意放在当下 理解当下的"心"，以呼吸为锚点寻找当下的"心" 正念注意和觉知练习：正念呼吸、身体扫描、正念冥想 区分集中式和开放式正念注意和觉知
第 4 课	正念接受	什么是正念接受 为什么需要正念接受 对正念接受的训练和练习 正念接受水平的持续评估监测
第 5 课	价值观与觉悟	价值观与价值观评估 觉悟 理解觉悟与价值观的关系
第 6 课	投入	投入 定力，定力与投入的关系，实践中的定力练习 理解觉悟、价值观、投入及定力的关系
第 7 课	综合	整个正念训练的回顾与综合 未来练习的综合建议指南

资料来源：姒刚彦、苏宁和张春青（2020）。

本章要点

1. 正念是指当人有意识地集中注意力，在当下时刻，不加评判地对体验到的每时每刻展开观察而产生的意识。
2. 正念包括两个成分：注意的自我调节，以好奇、开放和接受为特征的体验取向。
3. 正念训练理论模型包括正念减压疗法、正念认知疗法和接受承诺疗法。
4. 正念练习包括正念呼吸、正念进食、身体扫描、正念行走、定心练习。
5. 目前运动领域主流的正念训练包括正念-接受-投入训练、正念运动表现提升训练和正念-接受-觉悟-投入训练。
6. MAC 假设运动员的巅峰表现需要 3 个条件：①将注意集中在当前任务上的外部关注点；②对认知、情绪与感官体验的无评判意识和接纳；③行为、行动、决策必须与个人价值观和运动目标相一致。
7. MSPE 强调发展觉知技能，并通过它们培养一定程度的接纳。与 MAC 不同的是，MSPE 不包括对价值观、基于价值观的行为或承诺等内容。
8. MAIC 认为正念的功能就是去自我中心，通过正念来阻断由进化设定而产生的自动化思维及情绪反应模式，训练运动员从"自我关注"转向"任务关注"，从而提升行为表现。

本章思考题

1. 什么是正念？
2. 正念减压疗法中与正念相关的理念有哪些？
3. 正念认知疗法的训练程序包括哪些内容？
4. 承诺疗法包括哪 6 个核心内容？
5. 运动心理学领域有哪些正念训练理论框架？
6. MAC 如何与运动员的日常训练相结合？
7. MAIC 与 MAC 在训练方案上的主要联系和区别有哪些？

第十四章　团体凝聚力

在 2024 年巴黎奥运会的男子 4×100 米混合泳接力决赛上，由徐嘉余、覃海洋、孙佳俊和潘展乐组成的中国代表队，以惊人的默契与不懈的努力，游出了 3 分 27 秒 46 的惊人成绩，一举夺魁。这不仅终结了美国队在该项目长达 40 年的统治，也超越了主场作战、备受瞩目的法国队，更是中国游泳队首次在该项目中斩获奥运金牌，实现了历史性的突破。这一辉煌成就的背后，离不开这支优秀团队的不懈努力与团结协作。

孙佳俊作为接力第三棒的关键人物，临危受命，展现了非凡的勇气与牺牲精神。不少观众发现他采取了非常规的战术策略，即在冲刺时延长憋气。对此，孙佳俊回应道："其实比赛最后冲刺阶段我没有换气，憋了 8 米。但是我平时战术应该是只憋 5 米的。这次我必须拿出极限状态，当时就一个念头，加速到边，为潘展乐争取时间。"

第二棒选手覃海洋，在之前的个人单项上连续失利，但是在接力比赛中找回了自我。他在比赛后表示："前几天我真的很痛苦，也很自责，该做的事情没有做好。感谢教练和团队依然信任我，在我最困难时陪伴我。从谷底到金牌，这届奥运会是我非常宝贵的经历。"

正是这种团结协作的精神，让中国游泳队在面对强敌时毫不畏惧，勇往直前。他们用实际行动证明了，在竞技体育中，高度的团队凝聚力与精准的战略决策是取得成功的关键因素。这枚金牌不仅是对运动员个人技能的肯定，更是对他们团队协作精神的最高认可。

竞技体育中有很多团体项目（如篮球、足球、排球等）要求队员之间高度协同作战，共同应对挑战。在团体项目中，团体凝聚力显得尤为重要。团体凝聚力不仅影响运动员在比赛中的表现水平，还关系到团队长期发展的稳定性和可持续性。本章将概述团体凝聚的概念、团体凝聚力的前因和结果、团体凝聚力发展的三种理论模型，以及团体凝聚力提升的措施和途径。

第一节　团体凝聚力概述

一、团体与团体凝聚力

（一）团体

团体（group）指由两个或两个以上的个体组成、彼此互动并产生影响的组合

(Aronson，Wilson & Akert，2002）。在竞技体育领域，运动团队是一种特殊的团体，如篮球队或足球队。这些团体中，每个成员都为共同胜利而努力，通过默契配合与战术协作来追求赛场上的卓越表现。

团体并不仅仅是个体集合组成的群体，而是有共同的目标且存在相互的依赖关系。此外，团体通常还具备多项特征，包括集体身份意识、鲜明的角色、有组织化的沟通模式和团体规范。首先，团体成员共享一种强烈的集体身份意识，这种意识如同无形的纽带，将每个个体紧密相连，使他们在心理上产生归属感与认同感。在这种认同的驱动下，成员们更加愿意为团队的利益付出努力，共同面对挑战，共享成功喜悦。其次，团体内部角色分明，每个成员都扮演着不可或缺的角色，共同维系着团队的运作。这些角色往往是基于个人能力与专长进行分配的，并在团队协作中得以强化与巩固。再次，团体拥有组织化的沟通模式，这是信息传递与情感交流的重要保障。通过有效的沟通，成员们能够及时了解团队动态，分享信息与资源，协调行动步调。最后，团体规范是其成员行为的准则与标准。这些规范可能涉及工作流程、行为准则和道德标准等多个方面，它们共同构成了团体文化的核心。在规范的引导下，成员们能够明确自己的职责与义务，共同为团队目标的实现贡献力量。

（二）团体凝聚力

团体凝聚力（group cohesion），也被称作"团队凝聚力"（team cohesion），两者都可简称为凝聚力（cohesion），是指团体成员之间心理结合力的总体，反映了团体倾向于聚集在一起、共同追求某一目标的动态过程（毛志雄和迟立忠，2021；张力为和毛志雄，2021）。

团体凝聚力是团队合作的核心动力，不仅是实现共同目标的关键纽带，更是塑造团队文化、激发成员潜能的重要基石。在个人心理感受层面，团体凝聚力主要体现在认同感（perception of identification）、信任感（perception of affiliation）和力量感（perception of strength）三个方面（张力为和毛志雄，2021）。

第一，认同感：在具有高度凝聚力的团体中，每位成员都能够深刻感受到自己是团体不可或缺的一部分，这种认同感促使成员在思想上保持一致、行动上相互支持，共同为团体的成功与发展贡献力量。第二，信任感：在高度互信的团体中，成员之间建立起了一种基于诚实、开放和相互尊重的紧密联系，他们愿意无保留地分享信息、资源和想法，相信彼此的能力和诚意。这种信任感不仅简化了沟通流程，降低了协作成本，还提升了团体的决策效率与执行力。第三，力量感：当团体成员紧密合作，共同面对挑战和困难时，他们会深切体会到集体的力量远胜于个人。这种力量感让成员感受到自己并非孤军奋战，而是拥有了一个坚强的后盾和一群可靠的战友，从而激发每位成员的内在潜能，增强其责任感和使命感，推动他们为团体的成功而不懈努力。

二、团体凝聚力的结构

卡伦等（Carron，Widmeyer & Brawley，1985）对体育团体凝聚力的概念结构进行了划分，提出了"任务-社会二维凝聚力模型"，该模型指出，团体凝聚力包括任务凝聚力（task cohesion）和社会凝聚力（social cohesion）。

任务凝聚力体现了团体成员为实现共同目标而齐心协力的程度。例如，在游泳接力赛事中，每位队员间的默契配合、无缝交接以及对共同胜利的渴望，如同精密仪器中的齿轮，紧密相连，共同驱动着团队向终点冲刺，这是任务凝聚力的直接体现。社会凝聚力则反映了团体成员之间的人际吸引程度，即成员相互欣赏并享受彼此陪伴的程度。在羽毛球双打项目或双人跳水项目的赛场上，我们常常能见到这样的场景：两位队员不仅是赛场上的最佳拍档，更是生活中相互扶持、心灵相通的挚友。他们分享胜利的喜悦，共担失败的苦涩。正是社会凝聚力，这种超越了单纯竞技层面的情感纽带，使得他们在面对挑战时能够更加紧密地团结在一起。任务凝聚力与社会凝聚力相辅相成，共同构筑了体育运动团体中不可或缺的凝聚力体系。

在任务-社会二维凝聚力的基础上，学者进一步提出了更细化的凝聚力概念模型（Carron，Brawley & Widmeyer，2002；Eys & Brawley，2018）。如图14-1所示，凝聚力包含四个维度：①个体对群体的任务吸引力（individual attractions to the group-task），反映成员对自身参与群体任务相关活动的认知；②个体对群体的社会吸引力（individual attractions to the group-social），反映成员对自身参与群体社交互动相关活动的认知；③群体任务整合（group integration-task），反映成员对群体围绕任务目标所达成统一程度的认知；④群体社会整合（group integration-social），反映成员对群体围绕社交目标所达成统一程度的认知。

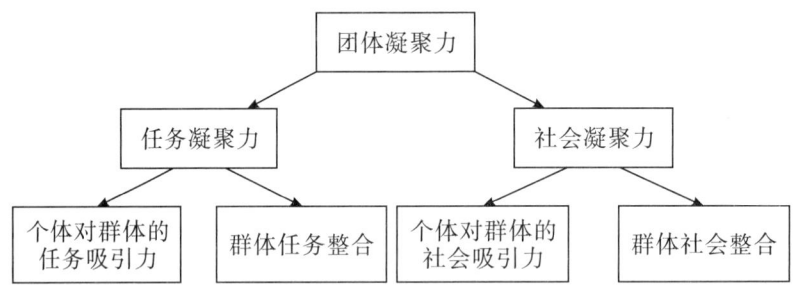

图14-1　凝聚力的概念模型（Eys & Brawley，2018）

团体凝聚力概念模型的发展也推动了其测量工具的产生。在运动心理学的研究中，测量运动团体凝聚力最常用的工具是团体环境问卷（group environment questionnaire，GEQ），其正是以上述概念模型为基础。该问卷共18个条目，通过4个分量表（即4个维度）来评估团体凝聚力。

第二节　团体凝聚力的心理前因与结果

一、团体凝聚力的影响因素

团体凝聚力，作为衡量一个团队整体效能与协作能力的核心要素，其形成受到多重因素的影响。针对运动训练中的团体凝聚力，卡伦（Carron，1982）概括了四种影响因素，分别是环境因素、个人因素、领导力因素和团队因素。

其一，环境因素。环境因素并非仅局限于物理空间的聚合，更涵盖了将成员紧密相连的规范性力量。例如，球员与俱乐部之间签订的合约，不仅是职业关系的法律基础，更是构建团队归属感的重要纽带。此外，团体的规模也是环境因素中不可忽视的一环，通常而言，较小规模的群体中成员之间的互动更为频繁和深入，因此往往能更快地形成并维持较高的凝聚力。

其二，个人因素。个人因素主要指团体成员的个性特征。其中，团体成员的相似性，特别是在人口学属性上（如年龄、性别、文化背景、志趣等）的相似性，往往是促进团体凝聚力的一个关键因素。相似性使得成员之间更容易找到共同话题，减少沟通障碍，增加了相互理解和接纳的可能性。当团体成员发现彼此在某些特征上存在共鸣时，他们更可能产生亲近感，这有利于增强团体凝聚力。

其三，领导力因素。领导风格以及领导与团体成员之间的关系直接影响着团队凝聚力的强弱。在运动训练中，教练员和队长通常扮演着团体中的领导角色，他们的领导风格和行为模式对于塑造团队文化、增强团队凝聚力具有至关重要的作用。另外，领导与团体成员之间的良好关系也是增强凝聚力的关键，互信、尊重和支持的关系能够激发成员们的归属感与责任感，从而使他们更加积极地投入团体工作中去。

其四，团队因素。团队因素包括团体任务特征、团体规范、团体角色和团体稳定性等。通常而言，一个拥有高度凝聚力的团体应具备以下特征：有挑战性且明确的团体任务、存在一套合理且被广泛接受的团体规范、明确的团体角色分配以及长期存在且稳定的成员结构。

此外，有学者分析了国内外的 9 篇相关文献，在此基础上归纳了影响团体凝聚力的多种因素，包括运动团队内种族的多样性、集体效能感、认知和情感能力、群体原型、运动团队成员之间的感知信息交流、教练员和队友的动机气氛、教练员和运动员关系的互补性以及教练员–队员关系质量等（刘思奇和汤佳豪，2024）。

团体凝聚力的形成是一个多维度、复杂且动态的过程，受到环境、个人、领导力及团队本身等多重因素的交织影响。无论是物理环境的营造、成员间个性特征的契合、领导风格的塑造，还是团队规范与任务的明确性，都是构建和维持高凝聚力团队不可或缺的要素。同时，随着研究的深入，更多细微而重要的因素不断地被揭示，这为团队管理者提供了丰富的实践指导。因此，提升团队凝聚力需综合考虑各方面因素，以实现团队效能的最大化。

二、团体凝聚力与体育运动的关系

一项国外的元分析针对 2000—2010 年间的有关文献展开了探究，通过对 118 个效应量的分析发现，团体凝聚力与运动表现之间呈现中等的正向关联（$r = 0.34$，$p < 0.01$），此外，任务凝聚力与运动表现之间的关联程度要略高于社会凝聚力。研究还发现，性别和运动水平都是重要的调节变量。具体而言，相比于女性，男性运动员中的团体凝聚力和运动表现之间的关联程度更高；相比于职业运动员和高中生运动员，非职业运动员和大学生运动员群体中的团体凝聚力和运动表现之间的关联程度更高（Filho et al.，2014）。

有学者运用文献综述的方法，系统梳理了国内外共计 28 篇相关文献，揭示了团体凝聚力对多方面因素的潜在影响。具体而言，团体凝聚力可能正面促进运动员的心理技能发展、提升心理韧性、激发亲社会行为、增强运动参与度与运动表现，并提升运动员与教练员之间的关系满意度。值得注意的是，当教练员在提升团队凝聚力时过度依赖强制性手段，可能会适得其反，导致运动员产生心理不适，进而对团队的整体绩效产生不利影响（刘思奇和汤佳豪，2024）。

总的来看，团体凝聚力模型及其后续研究深刻揭示了凝聚力在团体和个人层面的广泛正面效应，在运动领域的表现尤为显著。然而，这一关联受多种因素调节，如性别、运动水平及教练员的领导方式等。因此，在追求团队凝聚力的过程中，需综合考虑多方面因素，采取恰当的策略，避免过度干预带来的负面效应，以实现团体和个人的双赢发展。

第三节　团体凝聚力发展的模型

一、线性模型

线性模型主张，团体经过不同的阶段逐步发展，在不同阶段都会有不同的关键问题。塔克曼（Tuckman，1965）最早提出团体发展的线性模型，后人在此基础上不断发展，最终形成了团体凝聚力发展的线性模型。模型认为，团体的发展需要经历四个阶段：形成期（forming）、震荡期（storming）、规范期（norming）和执行期（performing）。

（1）第一阶段为形成期。在此阶段，团体成员开始逐渐熟悉其他成员，了解团体的共同目标，进行初步的相互评估，并尝试确定自己在团体中的角色定位。

（2）第二阶段为震荡期，也被称为"风暴期"。在此阶段，运动员在适应团体的过程中出现理念不合、利益冲突等，团体凝聚力因而降低。

（3）第三阶段为规范期。在此阶段，团体成员通过相互间的妥协与沟通，在确保团体目标一致性的基础上，共同制定并遵守一系列规则与流程，以促进团体运作的顺畅与高效。

（4）第四阶段为执行期，也被称为"表现期"。在此阶段，团体成员的共识增多，尽全力朝着共同的目标努力，这一阶段的团队展现出极高的凝聚力。

大多数团体都会经历以上四个阶段，但是在团体发展的过程中，每个阶段的持续时间和顺序可能会不尽相同。

二、钟摆模型

钟摆模型认为，一个团体在"冲突"和"凝聚力"之间像钟摆一样不断地震荡。此模型强调，团体的发展并非线性或静态的，而是动态且循环的。在这个过程中，团体永远会面临新的挑战和问题，这些问题往往引发冲突和分歧。然而，通过这些冲突的解决，团体成员之间建立了更深的联系，促进了凝聚力的增强。

设想一支足球队，在赛季初期，新队员与老队员之间正处于相互熟悉的过程中，团体凝聚力仍显不足。随着比赛的深入，技战术理念的差异和场上位置竞争逐渐显现，导致团队内部出现冲突。然而，这些冲突促使队员们积极沟通，寻找解决方案。通过不断的磨合与调整，共同制定适合团队的战术体系。在这一过程中，队员之间的默契逐渐增强，团体凝聚力也得到提升。当球队在赛场上展现出高度协同的作战能力，成功赢得比赛时，团体凝聚力会达到一个高峰。但随后，新的挑战和冲突又会涌现，如伤病、对手实力增强等，迫使球队再次进入调整与适应的阶段。

三、生命周期模型

生命周期模型假设团体的发展与个人的生命历程相似，正如个人会经历出生、成长和死亡，团体也会经历从组建到解散的过程。正如生命总有其终结，团体也难免会面临分裂和解散。可能因为队员因退役、转会或合同到期而离开，使团队成员发生重大变化；也可能是市场环境的变化，如赞助商撤资、联赛政策调整等，使得球队难以维持现有的运营状态。无论何种原因，团体的解散都是一个自然且必然的过程，它标志着一段历程的结束，也为新的团队和机会腾出了空间。

以上三种团体凝聚力发展的模型的具体观点不同，但是都秉持着一个核心理念——团体的凝聚力并非固定不变，而是处于一个持续动态的发展过程之中。这意味着，团体凝聚力需要不断维护、调整与增强。

第四节 团体凝聚力的提升

基于运动团体中多样化的角色定位，毛志雄和迟立忠（2021）深入探讨了提升团体凝聚力的关键途径，并将其系统地归纳为三大视角：教练员和领导者的角度、团体成员的角度、运动心理学家的角度。

一、教练员和领导者的角度

教练员和领导者是团体凝聚力的基石，他们的行为和决策直接影响着团队的氛围与效能。为了增强凝聚力，教练员和领导者可以采取以下三个方面的措施。

首先，创造有效的沟通环境。这包括鼓励开放、坦诚的交流氛围，确保每位团体成员的声音都能得到倾听和尊重。定期组织团队会议，不仅聚焦于战术和训练的探讨，还应重视成员间的情感交流，增进相互理解和信任。同时，利用多种沟通渠道（如面对面会议、团队群聊等），适应不同成员的需求和偏好，确保信息流通的顺畅与高效。例如，足球教练穆里尼奥空降执掌热刺球队后，迅速与多名球员进行了单独谈话，不仅讨论训练表现和战术定位，还包括对球员个人成长和职业规划的探讨。这些谈话并非简单的交流，而是穆里尼奥精心设计的团队建设策略的一部分。

其次，注重目标设定与认同感建设。设定具有挑战性但又可实现的团体目标，能够激发团队成员的积极性和斗志。将大目标细化为可操作的小步骤，有助于团体逐步实现并庆祝每一个阶段的成就。此外，通过组织团队建设活动和成员共享经历，可以加深成员间的了解和友谊，培养集体主义精神和团队归属感。同时，及时认可并表彰成员的贡献，无论是个人成就还是团队协作的成果，都能有效提升成员的满足感和忠诚度。

最后，维护团体的结构稳定与和谐。这要求教练员和领导者努力避免社交派系的形成，通过公平、透明的决策过程减少成员间的猜忌和误解。在必须进行人事调整时，应充分沟通并解释原因，以减少成员的不安和疑虑。保持团队的稳定结构有助于成员间建立深厚的信任和默契，为团队的长期发展奠定坚实的基础。

二、团体成员的角度

团体成员同样扮演着关键角色，他们可以通过自己的努力，提升团体凝聚力。一方面，构建和谐的人际关系网络。这要求每位成员投入时间与精力，去深入了解团体中的每一位伙伴。尊重彼此的差异，以真诚和包容的心态相处，是建立良好关系的基础。通过日常的互动与交流，成员们可以加深相互之间的了解与信任，为团体的稳定与发展奠定坚实基础。当其他成员遇到困难时，应主动伸出援手，提供必要的帮助与支持，共同面对挑战。此外，积极组织或参与团队建设活动也是增强团体凝聚力的有效途径，这些活动能够促进成员之间的合作与默契，提升团体的协作能力。例如，在备战2025中超联赛期间，长春亚泰队在2月3日依队内传统举办生日派对，为当月过生日的门将吴亚轲和体能教练伊万庆祝生日。

另一方面，积极贡献于团体目标的实现。成员应将个人目标融入团体愿景中，与团体共同成长。面对挑战时，应保持积极的心态，勇于承担责任，而非相互指责或推诿。通过共同努力，成员可以克服各种困难，推动团体不断向前发展。同时，注重自我提升与成长也是提升团体凝聚力的关键。不断学习新技能、拓宽知识面，不仅可以提高个人专业能力和贡献度，还能为团体带来新的思路和创意，为团体的持续发展注入新的活力。正如中国跳水协会主席周继红所说，"虽然跳水是一个个人项目，最多只有双人跳，但在中国跳水队，是全队团结一心在战斗，每个人都不可替代。"

三、运动心理学家的角度

运动心理学家或运动心理咨询师在促进运动团体凝聚力提升方面扮演着重要角色，他们可以通过专业的团队建设（team building）活动来实现这一目标。

运动心理学家会对运动团体进行详尽的需求分析，深入洞察其现状、成员间的互动模式以及潜藏的问题。基于这些全面而深入的分析，运动心理学家将精心策划一套量身定制的团队建设方案，确保活动内容与团体的实际需求高度契合。具体而言，运动心理学家可以协助团队确立一系列清晰、具体且切实可行的目标，并巧妙地引导成员们将个人目标融入团队的共同愿景之中，从而激发全体成员的协作热情和追求卓越的动力。此外，为了进一步增强团体的信任度与协作能力，运动心理学家还会设计一系列富有创意和挑战性的活动，如信任坠落、盲人方阵等。如图14-2所示，这些活动不仅能够让成员在轻松愉悦的氛围中相互扶持、共同面对挑战，还能在无形中加深彼此之间的了解和信任，为团体的稳固与长远发展奠定坚实的基础。

图 14-2　运动心理学家带领轮椅冰壶运动员进行互动游戏（来源：北京日报）

此外，有国内学者运用文献综述的方法，系统梳理了国内外共计 13 篇相关文献，给出了被证实有效的一些具体的心理学措施，包括团队建设活动、正念干预、目标设定干预、运动员领导力培训、运动员感恩特质的干预、多层次观察学习干预、运动员的心理问题的识别和治疗等（刘思奇和汤佳豪，2024）。

本章要点

1. 团体凝聚力，又称团队凝聚力，两者都可简称为凝聚力，是指团体成员之间心理结合力的总体，反映了团体倾向于聚集在一起、共同追求某一目标的动态过程。
2. 团体凝聚力包括任务凝聚力和社会凝聚力两个成分。
3. 团体凝聚力的影响因素包括环境因素、个人因素、领导力因素和团队因素。
4. 元分析表明，团体凝聚力与运动表现之间呈现中等的正向关联。
5. 团体凝聚力的发展模型包括线性模型、钟摆模型和生命周期模型。
6. 团体凝聚力的提升可以从以下视角展开：教练员和领导者的角度、团队成员的角度、运动心理学家的角度。

本章思考题

1. 什么是团体凝聚力？
2. 团体凝聚力可以划分为哪几个维度？
3. 假设你是一所中学足球运动队的教练员，你可以采取哪些措施提升球队的团体凝聚力？

第十五章 运动员心理疲劳

荷兰自行车选手汤姆·迪穆兰在2015年环西班牙自行车赛（国际公路自行车三大顶级赛事之一）中退赛时曾吐露他在职业生涯中所感受到的空虚感和无力感。尽管他伤愈后重获昔日的活力和健康，并在东京奥运会上获得一枚银牌，但仍在2022年宣布退役，提前离开职业车坛。迪穆兰出生于1990年11月11日，宣布退役时32岁，对于一个职业车手，32岁正是经验和体能都在较高水平的年纪，但是由于各方面的压力，迪穆兰在这样的时候选择了退役。迪穆兰环西自行车赛中展现出来的爬坡能力，让外界惊呼"一个新GC①猛将诞生了"，迪穆兰被认为正沿着安杜兰、维金斯这些伟大前辈的道路，走在通往巨星的道路上。出人意料的是，心理疲劳让迪穆兰的运动员职业生涯戛然而止。

汤姆·迪穆兰在他的退役告别信中写道："在2020年，我度过了非常艰难的一年，在年底，我过度训练并筋疲力尽。在2020年底、2021年初，我只是自己的影子，因此我当时决定从骑车中缓一缓，思考一下我的未来。过了一段时间，我决定继续我的自行车职业生涯。一方面是因为东京奥运会五年来一直萦绕在我的脑海中，我不想错过这个机会。但另一方面，肯定也是因为我对自行车的热爱以及我对这个特殊的自行车世界的热情。这个世界常常让我惊叹，但也常常让我有归属感。自2020年秋天以来，我偶尔能够在自行车上展示自己的能力。去年（2021年）的银牌绝对是亮点。我真的为这种表现感到自豪。但是，尽管它偶尔很好，但很多时候，这是一条令人沮丧的道路，特别是今年（2022年），我的身体感到持续的疲倦。一旦训练或比赛的负荷增加，我就会感到疲劳、疼痛和受伤，而不是提高。"

"训练中的努力往往没有带来预期的良好表现。一段时间以来，我有100%的奉献精神，我为这项运动所做的一切，以及我随后从中得到的回报之间，一直存在不平衡。凭借足够的耐心和非常谨慎的（训练）方法，我相信自己可以在自行车上充分发挥潜力。但这将是一条漫长而需要足够耐心的道路，不能确保成功。而我选择不走这条路，放弃我现役的自行车运动，走一条全新的、未知的道路。"

有多少运动员会因长期的高强度压力而出现心理疲劳？对这一问题人们知之甚少。根据估算，1%~9%的运动员正在经历着不同程度的心理疲劳。不少运动员在经历倦怠期后彻底地离开了体育竞技这一舞台，这造成了体育人才的流失。

竞技体育极端性的训练和比赛环境使得运动员长期承受高应激压力和超负荷运动训练，运动员由此产生的心理疲劳严重影响了运动成就的取得和运动生涯的持续性。准确

---

① 在自行车赛事语境中，GC的全称为general classification，即"总成绩排名"。在多日赛中，车手在各个赛段累计的用时决定其总成绩排名。那些具备争夺总成绩冠军实力、擅长综合赛道表现（包括爬坡、平路冲刺、个人计时赛等多种路况）的车手，被称为"GC车手"或"GC猛将"。

认识和有效应对运动员心理疲劳是确保运动员充分发挥运动才能、避免运动生涯提前终结的必要条件。本章将介绍运动员心理疲劳的概念、理论解释、影响因素和恢复方法。

第一节 运动员心理疲劳的概述

一、运动员心理疲劳的概念

burnout 一词最早出现于 20 世纪 70 年代美国的一篇小说中，用来形容主人公厌倦工作后出现的种种表现，后被弗罗伊登贝格尔（Freudenberger, 1974）引入心理学用于描述当工作本身对个人的能力、精力以及资源过度要求，导致工作者感到情绪枯竭、筋疲力尽的现象，即工作倦怠。马斯拉奇和杰克森（Maslach & Jackson, 1981）系统总结了工作倦怠的概念体系，提出了适用于人际服务行业的三因素模型，即工作倦怠是由情绪耗竭（emotional exhaustion）、去人性化（depersonalization）和低个人成就感（diminished personal accomplishment）三部分组成。

athletic burnout 常被翻译为"运动员心理疲劳"或"运动员心理耗竭"。两种翻译在内涵方面稍有差异。运动员心理疲劳更多是将运动员的消极心理感受看作一个不断发展变化的过程，而运动员心理耗竭则是一个更加偏重于诊断性结果的概念。本章将沿用国内研究文献中常用的"运动员心理疲劳"指代 athletic burnout。

雷德克和史密斯（Raedeke & Smith, 2001）将运动员心理疲劳定义为由于运动员长期集中于重复性的、单调且大强度的训练和比赛所造成的身体/情感的耗竭、成就感降低和运动负评价。其中，身体/情感的耗竭与高强度训练和竞争有关，如"训练使我很疲倦以致没有精力去做其他的事"。运动成就感降低则指运动员无法完成个人目标或运动表现水平低于预期，如"我发挥不了自己的运动水平"。运动负评价是指对运动失去兴趣或对运动和成绩产生怨恨，如"我花在训练比赛上的努力用来做其他事可能会更好"。在运动员心理疲劳中，身体/情感的耗竭、成就感的降低两个维度在其他职业倦怠领域研究中也相应存在。不同于马斯拉奇的三因素模型中的"去人性化"，对运动的消极评价是运动员所特有的。

二、运动员心理疲劳的理论解释

研究者根据运动领域的 burnout 的表现与特点提出了相关理论。这些理论主要有认知-情感压力模型（cognitive-affective model）（Smith, 1986）、消极训练应激反应模型（negative-training stress response model）（Silva, 1990）、投入和受困模型（commitment and entrapment theory）（Raedeke, 1997）、单一认同的发展和外部控制模型（unidimensional identity development and external control model）（Coakley, 1992）、自我决定理论（self-determination theory）（Deci & Ryan, 1985），以及运动性心理疲劳综合模型（integrated model of athlete burnout）（Gustafsson, Kenttä & Hassmén, 2011）。

（一）认知-情感压力模型

史密斯（Smith，1986）基于压力的观点提出心理疲劳是一种由于过度压力和长期不满足而产生的心理、情绪反应，有时是实际行动退缩的现象，是对一直持续存在的压力的慢性反应。史密斯指出心理疲劳的产生需经历四个阶段（图15-1）：第一阶段为"情境"阶段，即当个人潜在的应对资源不足以应对情境要求时，就会产生压力；第二阶段为"认知评估"阶段，即个体对情景的解释和评价；第三阶段为"生理反应"阶段，即疲劳、焦虑、烦躁、抑郁、紧张等因素会使自身产生连续的压为，从而导致个体发生生理变化；第四阶段为"行为表现"阶段，即人际交往障碍、行为水平降低，主要表现为运动动机水平下降，影响个体生理反应。已有不少研究证实，许多与压力有关的因素（如角色冲突、社会支持等）确实可以成为心理疲劳产生的预测因子（Capel，Sisley & Desertrain，1987；Vealey et al.，1992）。需要指出的是，每个人对运动中压力的反应都受到人格和动机的调节，每个人都不可避免地承受压力，但并非所有经受压力的人都会心理疲劳。

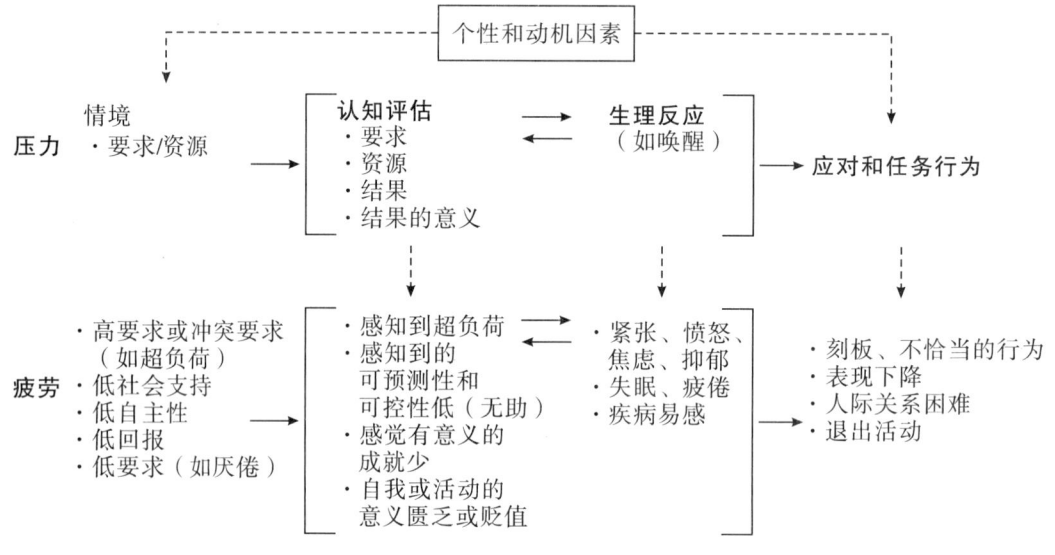

图15-1　认知-情感压力模型（Smith，1986）

（二）消极训练应激反应模型

席尔瓦（Silva，1990）充分肯定了训练应激对训练收益的重要性，指出训练应激并不必然导致心理或生理的消极适应。消极训练应激反应是从疲倦到过度训练再到耗竭的渐进演变过程，即训练应激综合征（图15-2）。该模型认为，心理疲劳是指运动员在运动中由于不能有效适应训练的要求或比赛应激而产生的一种耗竭性的心理生理反应。郭玉江（2009）采用运动员应激量表和运动员心理疲劳问卷分别测量优秀运动员的应激和心理疲劳水平，发现优秀运动员的应激水平与心理疲劳水平呈现显著正相关。

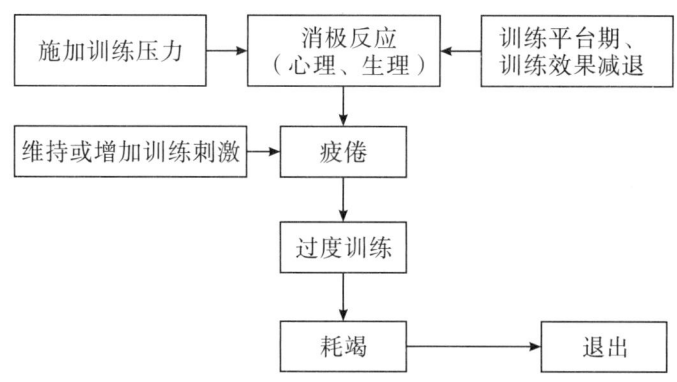

图 15-2 消极训练应激反应（Silva，1990）

（三）投入和受困模型

雷德克（Raedeke，1997）从运动参与的投入（sport commitment）出发提出了心理疲劳的投入和受困模型（commitment and entrapment theory）。该模型主要考虑体育运动参与过程中的支出与所得的不平衡。该模型认为投入原因分为两种，想要参与（want to be involved）和感觉必须参与（have to be involved），感觉被迫而必须参与运动的运动员更可能产生心理疲劳。此类运动员因为高付出、低回报而并不真正喜欢运动，但又因为他们已经投入（时间和精力）太多或缺乏可替代的选择而不得不继续参与运动，抑或作为运动员的单一身份认同导致其退出运动后丧失自我定位，因此感觉自己"受困"于运动项目。

（四）单一认同的发展和外部控制模型

科克利（Coakley，1992）以因心理疲劳而退役的青年运动员为研究对象提出了单一认同的发展和外部控制模型。该模型认为青年运动员认同感和控制感的丧失是其心理耗竭的重要原因，而认同感和控制感的丧失往往由体育运动的社会组织所造成。该模型强调社会因素的影响，将运动员心理疲劳看作一个由社会控制和社会结构限制引起的社会问题。

（五）自我决定理论

自我决定理论是由美国心理学家德西和瑞安等在20世纪80年代提出的一种关于人类自我决定行为的动机过程理论。该理论认为个体具有自主性、胜任感、归属感三种基本心理需要。同时，该理论按自我决定程度的高低将动机视作一个连续体，认为社会环境可以通过支持三种基本心理需要的满足来增强个体的动机，而基本需要得到满足的个体产生心理疲劳的可能性较小。基于自我决定理论，研究发现低自我决定动机与高心理疲劳相关，高自我决定动机与低心理疲劳相关，且自我决定动机完全中介与调节了基本心理需要中胜任感和自主性与运动员心理疲劳中身体/情感的耗竭的关系（Lonsdale，Hodge & Rose，2009）。

(六) 运动性心理疲劳综合模型

古斯塔夫松、肯塔和哈斯曼（Gustafsson，Kenttä & Hassmén，2011）整合已有模型，提出了运动性心理疲劳综合模型。如图 15-3 所示，想要更好地理解运动性心理疲劳需要了解其前因，如过度训练以及学业或工作要求；了解其早期迹象，如情绪波动和动机下降，这些早期迹象可进一步发展为身体/情感的耗竭、成就感降低、运动负评价，最终导致部分或完全退出训练项目或免疫功能受损等不良后果。该模型还表明，运动员感觉受困于运动项目也会导致心理疲劳的产生。此外，人格、应对方式和社会环境因素也在运动性心理疲劳的产生过程中发挥了作用。

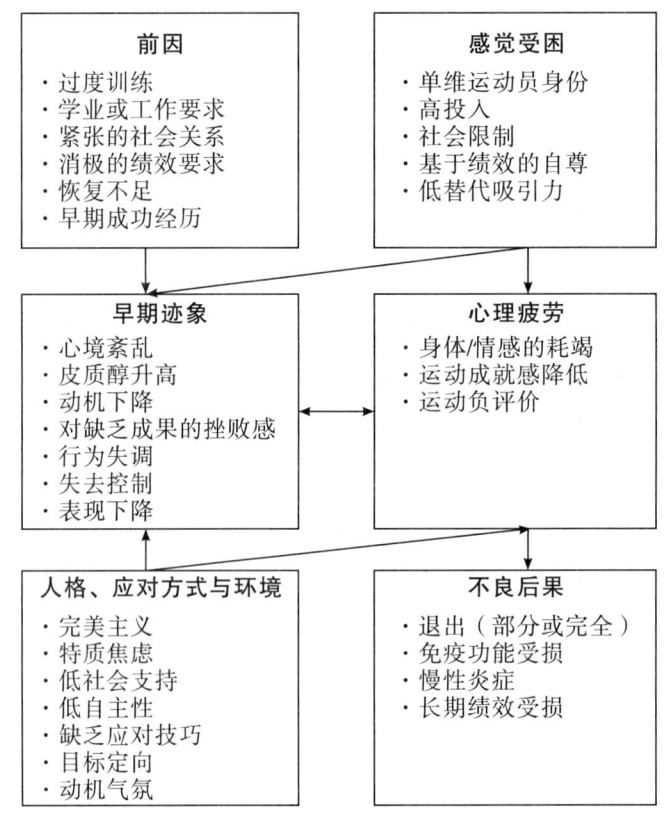

图 15-3　运动性心理疲劳综合模型

三、运动员心理疲劳的成因

研究者们尝试分析运动员心理疲劳的机制，但研究结果并未达成一致，比较一致的结论是运动员心理疲劳是由内源性因素与外源性因素共同作用的结果。其中，外源性的训练因素和管理因素是运动员心理疲劳的最重要原因（林岭，2006）。

（一）内源性因素

1. 动机因素

运动动机是运动员个体从事运动的内部心理动因。运动员的心理疲劳与运动动机之间存在密切的关系。瓦勒朗（Vallerand，1997）将动机分为内部动机、外部动机和缺乏动机三个方面。基于此分类的研究发现，内部动机高的运动员心理疲劳程度低，缺乏动机的运动员心理疲劳程度高（张连成 等，2010）。运动员外部动机的内化水平与心理疲劳存在显著负相关，外部动机内化可增加运动员对无趣任务的认同经验和控制感，从而降低负性体验（王希 等，2014）。我国学者张力为（2001）将运动动机分为参与倾向和回避倾向两个方面。在此分类基础上进行的研究发现，运动员心理疲劳与运动员回避倾向的运动动机具有显著性正相关，与运动员参与倾向的运动动机具有显著性负相关（曾明和刘伟，2013；郭玉江，2015）；运动心理疲劳高的运动员参与倾向低而回避倾向高（张连成 等，2010）。这些研究结果揭示缓解运动员心理疲劳对提高运动员的训练投入以及增强训练的动机具有重要的意义。

运动动机和运动员心理疲劳的关系还受到其他中介因素的影响，如运动心理坚韧性（曾明和刘伟，2013）。可以通过加强运动员心理坚韧性的训练来减轻心理疲劳对运动员的负面影响，提高运动员的运动动机。

2. 人格因素

运动员呈现较高的完美主义特质，运动员完美主义与心理疲劳之间存在相关。李小萌与张力为（2013）的研究发现，外趋型完美主义者在知觉教练员压力和关注错误中表现突出，更容易产生心理疲劳，包括成就感降低、情绪体力耗竭和运动的负性评价；内趋型完美主义者在关注错误和反复思考上表现突出，更容易出现成就感降低的心理疲劳现象。运动员完美主义既可直接影响心理疲劳，又可通过基本心理需要的中介作用对心理疲劳产生间接影响（郭正茂和杨剑，2018）。

3. 应对方式

应对方式是指个体在面临各种应激事件时在认知和行为上所做出的各种努力。应对方式可以分为回避型应对和问题聚焦型应对。研究发现，采用回避型应对可以显著预测运动员的心理疲劳，而问题聚焦型应对则对运动员心理疲劳无预测作用（Madigan et al.，2020）。

（二）外源性因素

1. 训练因素

林岭（2006）对来自不同项目（包括射击、射箭、柔道、手球、跆拳道、举重、曲棍球、垒球、摔跤、田径）的 125 名运动健将以上级别的运动员进行了一项问卷调查。结果发现，影响运动员心理疲劳的训练因素主要是训练组织方式单调、沉闷和训练负荷过大。教练员应监测运动员与训练有关的关键状态，如压力水平、压力来源（场内和场外）、训练量和恢复活动。

2. 教练员领导风格

有证据表明，运动员的心理疲劳与教练员的领导风格有关。控制型执教风格更有可能导致运动员的心理疲劳，而自主支持型执教风格的使用则不太可能导致运动员的心理疲劳（Isoard-Gautheur, Guillet-Descas & Lemyre, 2012）。通过评估运动员感知的教练员领导风格或可预测其形成运动性心理疲劳的风险。

3. 教练员 – 运动员关系

有研究发现教练员 – 运动员关系既可直接影响青少年运动员心理疲劳，也可通过心理坚韧和运动投入的中介作用间接影响青少年运动员心理疲劳（郭正茂、漆昌柱和杨剑，2021）。中介变量研究可为运动员心理疲劳的预防和缓解提供参考。

第二节　运动员心理疲劳的诊断与恢复

一、运动员心理疲劳的诊断

为了更为客观地诊断运动心理疲劳的症状，不仅要对心理指标进行评定，同时也需要对一些生理指标进行监测。目前所采用的评定运动心理疲劳的心理指标包括自陈报告、内隐态度、反应时、两点阈、闪光融合频率，常用的生理指标包括心率变异性、脑波超慢涨落技术、脑电图、事件相关电位等。

（一）心理指标

1. 自陈报告

在国内外对于运动员心理疲劳的测量中，自陈量表的测量方式仍占据主流位置。运动员心理疲劳问卷（athletes burnout questionnaire，ABQ）由雷德克和史密斯于2001年编制，是目前运用最广泛的测量运动员心理疲劳自陈量表，其良好的信效度也已被多次验证。该问卷共15个条目，包括情绪与体力耗竭、成就感降低和运动负评价3个分量表。汉化修订后的中文版运动员心理疲劳问卷，则是国内相关研究中使用最多的测量工具（孙国晓和张力为，2013）。此外，马斯拉奇心理疲劳量表（Maslach burnout inventory，MBI）（Maslach & Jackson，1981）、伊德斯运动员心理疲劳量表（Eades athlete burnout inventory，EABI）（Eades，1991）、运动员训练状态监测量表（晏宁，2003）等也都是常用于测量运动员心理疲劳的自陈量表。

2. 内隐态度

由于心理疲劳状态下的运动员，其头脑中的运动相关概念可能会与消极概念连接得更加紧密，因而也有研究使用内隐联想测验（implicit association test，IAT）对运动员心理疲劳进行测量，该研究结果也证明了内隐联想测验用于测量运动员心理疲劳的有效性（葛杨和张力为，2014）。

3. 反应时、两点阈、闪光融合频率

当运动员出现疲劳时，往往会伴有简单反应时和复杂反应时延长、两点阈加大、闪光融合频率下降的现象。这些指标具有简单易行、量化程度高的特点，但测验的可靠性极大地依赖于运动员测验时的配合程度。

（二）生理指标

当运动员处于心理疲劳状态时往往也会表现出中枢性疲劳，心率变异性（HRV）、脑波超慢涨落技术（ET）、事件相关电位（ERPs）等生理测量法也可用于对运动员心理疲劳进行客观测量。

1. 心率变异性

心率变异性反馈训练是生物反馈训练的一种，心率变异性是指每两次心跳之间的间隔长短随时间所发生的变化情况，它能准确反映个人有效应对压力、适应环境的能力（许昭，2009）。

2. 脑波超慢涨落技术

5-羟色胺（5-hydroxytryptamine，5-HT）是中枢内抑制性神经递质，中枢内 5-HT 浓度的升高是运动员中枢疲劳的主要原因。ET 就是通过对 5-HT 的特征性谱线 S4 系列的定量分析来反映中枢内 5-HT 的浓度变化趋势。ET 的疲劳指数就是各个脑区 S4 系列谱线出现的数量总合。5-HT 浓度升高，各脑区 S4 系列谱线增加，提示中枢疲劳指数升高（张力为 等，2006）。

3. 事件相关电位

林岭（2006）尝试采用多维检测方法系统监测运动员心理疲劳时发现，ET 疲劳指数达 25 以上的 4 名运动员，其事件相关电位的 P300 波幅均有较为明显的下降。

二、 运动员心理疲劳的恢复

外源性的训练因素和管理因素是运动员心理疲劳的最重要原因（林岭，2006）。因此，控制运动员心理疲劳，应当首先从改善训练方式和提高管理质量入手，同时兼顾针对内源性因素的干预调节。

（一）变换训练方式

长期重复训练带来的单调感、枯燥感容易引起运动员训练兴趣减弱和训练动机下降。需要不断改变训练方式，如准备活动的音乐、身体训练的内容、技术训练的形式、训练场地的布置等，以缓解训练的单调和枯燥（张力为 等，2006）。

（二）提供社会支持

张力为和梁展鹏（2002）的研究显示，在教练员、队友、朋友、家庭这 4 种重要的社会支持资源中，教练员支持对于运动员训练比赛满意感的预测贡献最大，朋友支持对于运动员一般生活满意感的预测贡献最大。周毅刚和郭玉江（2007）的研究则发现，社会支持是训练应激过程中重要的外部"缓冲器"，其中家庭支持和主观支持起主要的调

节作用。此外，社会支持不仅直接影响心理疲劳，还通过情绪或者应对方式（申甫，2015）、心理坚韧性与运动动机（尚尧和杨世勇，2023）间接影响心理疲劳。

（三）借助科学仪器和设备

研究发现 MC² Study™ 仪器对减轻运动员心理疲劳有积极作用（丁雪琴、张忠秋和钱铭佳，2000）。该系统通过各种大脑活动频率波的刺激来调节个体的意识状态，帮助运动员迅速进入与工作任务相适应的脑生理环境，如心理的放松、注意的高度集中、神经活动的激发等状态。许昭（2009）采用心率变异性反馈训练对运动员心理疲劳进行干预调节，发现心率变异性反馈训练有助于提高运动员的放松能力，缓解运动员的心理疲劳。

（四）正念练习

正念即通过接纳和不评判的态度关注当下的内外经验。一项元分析结果显示，正念练习与运动员心理疲劳具有负相关关系（Li et al., 2019）。研究发现，正念可以通过经验接受、认知融合和不执着负性调节运动员心理疲劳（Zhang et al., 2021）。这些证据提示，正念练习对预防运动员心理疲劳具有积极作用。

本章要点

1. 本章采用雷德克和史密斯的界定，将运动员心理疲劳定义为身体/情感的耗竭、成就感降低、运动负评价三个方面的表现。
2. 有关运动员心理疲劳的理论解释主要有史密斯提出的认知-情感压力模式认知情感理论、席尔瓦提出的消极训练应激反应模型、雷德克提出的投入和受困模型、科克利提出的单一认同的发展和外部控制模型、德西和瑞安提出的自我决定理论，以及古斯塔夫松、肯塔和哈斯曼整合已有模型提出的运动性心理疲劳综合模型。
3. 影响运动员心理疲劳的因素主要有动机、人格、应对方式等内源性因素，以及训练、教练员领导风格、教练员-运动员关系等外源性因素。
4. 常用的运动员心理疲劳恢复方法有变换训练方式、提供社会支持、借助科学仪器和设备、正念练习等。

本章思考题

1. 运动员心理疲劳与工作倦怠的区别是什么？
2. 运动员心理疲劳的影响因素有哪些？
3. 如何有效测量运动员的心理疲劳？
4. 如何促进运动员心理疲劳的恢复？

第十六章 运动员心理健康

在东京奥运会期间，西蒙·拜尔斯（Simone Biles）公开承认其因心理问题而中途退赛，这一行为激发了体育界对运动员心理健康的讨论。她的开诚布公激励了更多奥运选手祖露心声，迈克尔·菲尔普斯（Michael Fred Phelps Ⅱ）、大坂直美（Naomi Osaka）、亚当·皮蒂（Adam Peaty）、凯莱布·德雷塞尔（Caeleb Dressel）和汤姆·戴利（Thomas Daley）均分享了类似的经历。

奥运选手常被赋予"强大"的标签，然而，即便他们拥有超乎常人的身体素质，仍然会面临心理困扰和压力。拜尔斯自2018年美国公开赛以来一直患有抑郁症，她指出内向的性格和社交焦虑是自己长期面临的问题。在东京奥运会体操项目团体赛中，拜尔斯决定退出比赛，以优先关注自己的心理健康。她表示："我必须把我的骄傲放在一边，为团队这样做。"

拜尔斯认为，自己在比赛中患上"空中失感"，这是一种体操运动员在心理上无法再完成过去多次成功完成的翻转动作的现象。她在赛后接受采访时表示，这一决定是为了专注于自己的心理健康，而非忽视自己的健康和幸福。

在2024年巴黎奥运会上，拜尔斯强势回归并赢得两枚金牌。她将此归功于治疗和心理健康恢复的努力。拜尔斯在赢得个人全能金牌后的记者会上表示："三年前，我从未想过还能再次站上体操赛场。但在教练的帮助下，我重新回到体操馆，并在身心上都付出了巨大努力。"

此外，拜尔斯回顾了东京奥运会时的心态，指出自己当时"太担心身体受伤，以至于忽略了心理健康"。她强调，心理伤害的恢复比身体伤害更为复杂，因为心理伤害没有固定的恢复期。

这一案例描述了精英运动员的心理健康问题，本章将介绍心理健康的概念，运动员心理健康问题的常见症状、诱发因素和保护因素，以及促进心理健康的环境和文化因素，这些内容将有助于理解该案例。

第一节 心理健康的概念及理论

一、心理健康的概念

世界卫生组织将心理健康定义为"心理幸福安宁的状态，是指个体意识到他/她自身的能力可以应对日常生活的压力，可以富有成效地工作，并对社会做出贡献"（World Health Organization，2016）。这一定义主要面向普通大众，而目前也有研究将该定义聚焦于精英体育领域。研究人员将精英运动员的心理健康定义为"一种有效的表现或心理处理状态，这种状态能够促使运动员取得丰硕成果、与他人建立有益的互动关系，并具备适应变化、应对挑战和克服困难的能力"（Wylleman，Rosier & de Knop，2015）。之后，屈特尔和拉森（Kuettel & Larsen，2020）对此定义进行了扩展，即"心理健康是一种动态的健康状态，在这种状态下，运动员能够发挥自身潜能，在运动和生活中找到目标和意义，体验信任的个人关系，应对日常生活中的压力源以及精英体育中的特定压力源，并能够根据自己的价值观自主行动"。

近几年的研究表明，心理健康问题在精英运动员群体中较为严峻。它不仅会阻碍精英运动员的运动表现（Reardon et al.，2019；Schinke et al.，2018，2024），还可能导致沉重的个人和社会的经济负担（Schinke et al.，2018；Dowell et al.，2020）。因此，一些研究机构分别发表共识声明，均强调了心理健康对运动员群体的重要性，以制定促进运动员心理健康的举措，如国际奥委会共识声明（Reardon et al.，2019）、国际运动员心理学会共识声明（Schinke et al.，2024）、国际运动心理学会智库共识（Henriksen et al.，2019，2024b）、欧洲运动心理学联合会的立场声明（Moesch et al.，2018）、奥林匹克/残奥会周期运动员心理健康的多社会共识声明（Henriksen et al.，2020）等。在讨论心理健康以及相关概念时，先要对心理健康的相关理论进行区分。

二、心理健康的理论

（一）二分理论

"心理健康"（mental health）这一术语曾被用于区分个体的"最佳"与"非最佳"功能状态（Wylleman et al.，2015）。依据传统的医学模型，运用此术语时，往往预设运动员处于完全无心理疾病或无紊乱状态（Murphy，2012）。具体而言，二分理论一方面着重于强调个体的幸福感及潜能实现；另一方面则指向心理障碍（mental disorder），即以个体在认知、情绪调节或行为方面表现出临床显著性障碍为特征的一种综合征（American Psychiatric Association，2013）。此二元划分方式将心理健康概念割裂，导致了人们对该概念的误解及附带消极意蕴，进而妨碍了个体寻求适当或必要心理求助的行为（Watson，2005；Gulliver，Griffiths & Christensen，2012）。当代心理学界普遍认为，将心理健康与心理障碍视为两个极端的传统观点过于简化且绝对化（Gardner & Moore，2006）。

（二）连续理论

除了二分理论之外，现代以实证为基础的心理健康服务旨在不仅解决心理问题，还培养个体的韧性并提升其适应能力（Moore & Bonagura，2017）。当代心理学家认为，首先，在"心理健康"连续体中，一端可能代表目前心理状态未干扰日常功能的高功能个体状态，另一端则可能代表目前功能较低的个体状态，这些个体的心理状态包含各种有问题的认知、情绪、生理或行为特征，这些特征可能符合也可能不符合临床诊断（Conway et al.，2021；Herrero，Jejurikar & Carter，2021）。其次，虽然上述连续体有助于确定某一时刻的心理功能状态和行为后果,但还存在多个连续体,代表着运动员生活中相关的无数人类品质、特征和功能模式(Gardner & Moore, 2006)。可以在非二分法的流动维度上绘制内部心理健康连续体、运动表现连续体、认知功能连续体、情绪功能连续体、外显行为连续体和人际功能连续体,这些连续体并非离散的、固定的心态、情绪或行为状态。个体的当前状态可能体现在多个流动的连续体上,范围从活跃性心理障碍,到亚综合征状态(涉及不符合诊断标准的问题),再到正常压力水平(偶尔出现症状),以及显著的心理健康状态(无症状)(Hayes et al., 1996)。连续体理论有助于人们更全面地认识到,在这一连续体的两个极端之间,存在着不同程度的心理健康/困扰以及有效功能/功能减退状态。

利用心理健康连续体来理解运动员的经历,能够帮助大家进一步更好地理解在两个对立极端之间存在一系列心理健康和功能状态,从而促进了针对不同情况的干预策略的制定。研究表明,即使未达到临床诊断标准的亚临床水平心理困扰(但仍表现出多种障碍症状)也会以类似于临床诊断障碍的方式,对个体的功能产生不利影响(Gulliver, Griffiths & Christensen, 2012)。在评估运动员时考虑一系列健康连续体,需考虑运动员之间在超过或未达到诊断标准方面的个体差异,同时也需考虑他们心理健康的细微差别、痛苦程度、优势和功能能力(Gardner & Moore, 2006; Maher, 2023)。

基于实证研究的现代心理学研究进一步支持了这一分类。临床心理学的干预措施,旨在不仅改善临床确诊的心理障碍,还促进个人优势、培养韧性、最大程度地发挥积极的人格特质、促进技能发展,并以促进整体健康和福祉的方式培养持续成长,同时可能预防未来的心理健康问题(Maher, 2023)。基于此,运动心理学从业者还可以将心理健康与运动表现之间的交集视为一种复杂且动态的关系。这种关系涉及心理、情绪、行为和身体因素的相互作用,可以通过解决某些问题(如表现失常、表现障碍、亚临床和临床心理状况、倦怠、文化适应、情绪调节问题和康复回避)的方式关注运动员的福祉,同时激发运动员积极心理特质的获得和维持,如训练承诺、韧性、自我意识、情绪调节、正念、练习强度、应对技能和整体表现(Henriksen et al., 2020)。

(三)双因素模型

凯斯(Keyes, 2002)将心理健康定义为"积极感受和积极功能症状的综合征(syndrome)",其操作性定义为"个体对自身生活情感状态和心理及社会功能质量的感知与评价",主要通过对个体的主观幸福感(是指个体对其生活和生活功能质量的感知和评价)来进行评估。凯斯提出了双连续体模型的概念:不要把心理健康和心理疾病看作是一个统一体的两端,他认为心理疾病和心理健康是两个截然不同但又相互关联的维度,两者之间的关系通过两个连续体的组合予以反映可能更为贴切,即第一个连续体表示心理疾病的有无,第二个连续体则体现心理健康(主观幸福感)的高低(图16-1)。

心理健康双因素模型已获得众多研究的支持(Provencher & Keyes, 2011; Keyes, 2014)。有研究表明,尽管全面综述该领域文献面临诸多挑战,但仍存在若干值得深入探讨的观察结果(Uphill, Sly & Swain, 2016)。首要的是,对双因素模型中心理疾病与心理健康的潜在测量验证,进一步证实了心理健康无法仅凭单一因素模型全面概括的观点。这一发现与先前研究相一致,即心理疾病与心理健康各自存在于两个独立但又相互关联的连续体之中(Keyes, 2002, 2005)。简而言之,心理健康的缺失并不等同于心理疾病的存在。因此，该理论的影响意味着，心理健康干预措施不仅要聚焦于心理疾病的改善，还应致力于积极心理健康的促进（Uphill, Sly & Swain, 2016）。实际上，鉴于这两个维度之间的密切关联，提升心理健康被视为一种能够降低心理疾病发病风险的有效手段。"双因素模型"已开始对政策制定与实践操作领域产生影响，尤其推动了专门针对提升心理健康（而非仅限于减少心理疾病发生率）的干预措施的实施（Foot, 2012）。

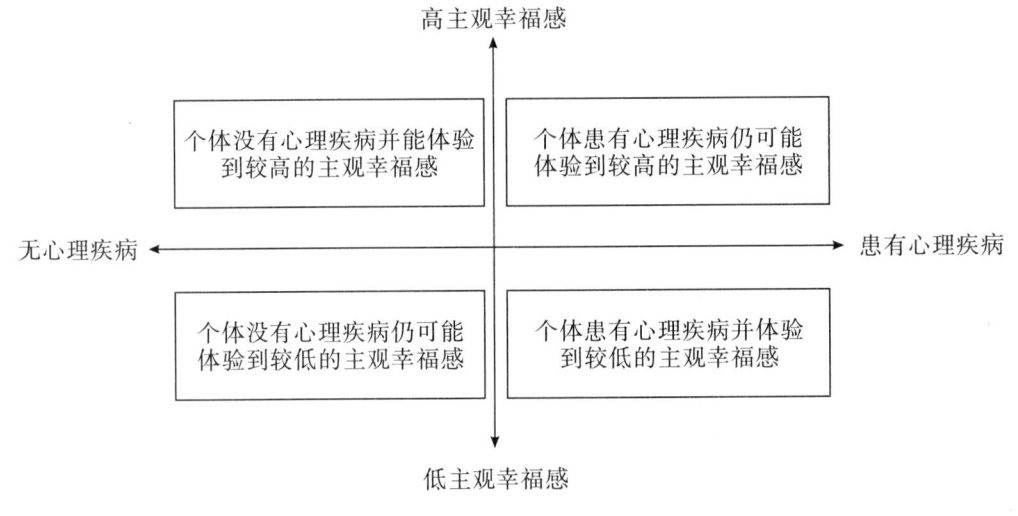

图 16-1 心理健康与心理疾病的关系

第二节 运动员心理健康的常见症状、诱发因素和保护因素

一、运动员心理健康的常见症状

心理健康症状及障碍在精英运动员群体中屡见不鲜，这些症状和障碍不仅具有与运动相关的表现形式，还会阻碍精英运动员的表现。国际奥林匹克委员会（The International Olympic Committee，IOC）就精英运动员心理健康症状及障碍的相关科学文献进行了系统综述（Reardon et al., 2019）。该共识声明和以往相关研究，均证实运动员常见的心理健康问题有抑郁障碍、焦虑障碍、进食障碍与相对能量缺乏综合征、物质使用障碍和睡眠障碍等（Rice et al., 2016; Reardon et al., 2019）。2024 年，专家又对该共识进行了进一步完善，并对心理健康障碍的首次发生、病程和发展轨迹进行了阐述（Schinke et al., 2024）。

（一）抑郁障碍

抑郁障碍（depressive disorders）是一种较为普遍的心理疾病（俗称抑郁症），其发病率在逐渐增加。抑郁症的主要症状特征包括持续的情绪低落和悲伤、无助感和无望感、哭泣、低自尊、愧疚感、对他人易怒及低容忍度、对事物无兴趣和动机、决策困难、缺乏愉悦感、自杀或自残念头、担忧和焦虑感。在普通人群中，最常见的抑郁障碍（即重度抑郁障碍）的终生患病率在低收入和中等收入国家约为11%，而在高收入国家则超过20%（Kessler & Bromet, 2013；Hasin et al., 2018）。世界卫生组织（World Health Organization, 2017）估计，2005年至2015年间，全球患有抑郁症的人数增加了18%以上。在运动员群体中，不同类型抑郁症的患病率报告差异较大，从低于10%（Weber et al., 2018）到高达30%～34%（Hammond et al., 2013；Poucher et al., 2021b）不等。此外，一项元分析的结果指出：整体上看，运动员的抑郁症患病率与普通人群的差异不大（Gorczynski et al., 2017）；从性别角度来说，女性运动员出现抑郁症的可能性是男性运动员的两倍（Gorczynski et al., 2017）；与团体项目相比，抑郁症在个人项目中更为普遍（Nixdorf, Frank & Beckmann, 2016；Wolanin et al., 2016）。

（二）焦虑障碍

焦虑障碍（anxiety disorders）是另一种常见的心理疾病（Kessler et al., 2009）。焦虑障碍的主要症状包括烦躁不安、易疲劳、注意力集中困难、兴奋易激怒、肌肉紧张和睡眠障碍。对于精英运动员来说，虽然焦虑的特质和状态有所重叠，但是可以通过症状的发生时间、持续时间以及严重程度的模式来区分焦虑障碍和竞赛焦虑（Halvari & Gjesme, 1995；Guillén & Sánchez, 2009）。普通人群中该障碍的终生临床患病率约为7.8%（Roemer, Eustis & Orsillo, 2021），而在中低收入国家，这一障碍的终生临床患病率略低（Ruscio et al., 2017）。不同国家的普通人群恐慌症的患病率为1.7%（de Jonge et al., 2016），社交焦虑障碍的患病率为7%～13%（Aderka & Hofmann, 2021），强迫症的确诊率为1.3%（Fawcett, Power & Fawcett, 2020）。关于其他焦虑障碍的情况，目前了解较少。相比之下，精英运动员广泛性焦虑症的患病率介于6.0%（临床确诊）（Schaal et al., 2011）至14.6%（自陈式测量）之间（Hammond et al., 2013），且女性患病率高于男性（Junge & Feddermann-Demont, 2016；Lancaster, Mccrea & Nelson, 2016；Weber et al., 2018）。同健康运动员相比，有运动损伤的运动员往往会出现更严重的广泛性焦虑症状（Gulliver et al., 2015；Junge & Feddermann-Demont, 2016；Gomez-Piqueras et al., 2018）。据估计，1%～5%的运动员患有恐慌症，14.9%和5%的运动员分别患有社交焦虑障碍和强迫症（Gulliver et al., 2015；Cromer et al., 2017；Gouttebarge et al., 2019）。与抑郁症相反，竞技水平较高的精英运动员报告的焦虑症状通常弱于竞技水平较低的运动员（Cromer et al., 2017）。

（三）进食障碍与相对能量缺乏综合征

进食障碍（eating disorders）是一种进食行为的持续性紊乱状态，它导致个体对食物的消化和吸收发生改变，进而损害个体的身体健康和社会心理功能。在普通人群中，最常见的三种临床进食障碍分别是神经性厌食症、神经性贪食症和暴食症，其终生患病率分别为0.16%、0.63%和1.53%（Qian et al., 2022）。在精英男性运动员与女性运动员中进食障碍（包括神经性厌食症、神经性贪食症和暴食症）和进食紊乱（尚不符合进食障碍诊断标准的异常饮食行为）均普遍存在（Walsh, Wheat & Freund, 2000；Greenleaf et al., 2009；Anderson & Petrie, 2012；Giel et al., 2016；Rousselet et al., 2017）。然而，在运动员群体中，临床进食障碍和亚临床进食障碍的患病率在各研究之间并不一致（Rice et al.，2016），报告的4周患病率为1%～28%（Gouttebarge et al.，2019）。虽然关于精英运动员进食障碍的数据较少，但也显示出精英运动员群体面临的风险显著高于非运动员群体（Sundgot-Borgen & Torstveit，2004；Rice et al.，2016）。女性运动员比男性更容易报告进食障碍症状（Åkesdotter et al.，2022），而从事轻量级运动的运动员可能最容易受到影响（Torstveit，Rosenvinge & Sundgot-Borgen，2008）。目前已有的数据大部分来自运动员的自我报告。但是运动员倾向于否认症状，并且比非运动员群体更容易漏报进食紊乱的症状（Sundgot-Borgen & Torstveit，2004）。此外，近些年对男性运动员进食障碍的关注也逐渐增加（Joy，Kussman & Nattiv，2016）。一项系统综述的结果显示，男性运动员的进食障碍可能会导致严重的负面结果，包括增加受伤易感性、表现不稳定、存在恢复问题、肌肉缺乏症、最佳运动功能的损害，以及医疗、社会和情绪的问题（Eichstadt，Luzier & Cho，2020）。我国目前有关运动员进食障碍的研究相对较少，亟须增加相应关注。

尽管相对能量缺乏综合征（relative energy deficiency in sport，RED-S）并未被归类为临床进食障碍，但该领域近期已引起部分运动心理学家的关注，把它作为一个非典型心理性综合征进行研究。RED-S是指由于营养摄入不足所引起的健康状态恶化及运动表现下降的状况，它可能与临床进食障碍相关联，也可能完全独立存在（Stellingwerff et al.，2021）。关于RED-S的患病率，目前尚无确切数据，但已有报告指出，该综合征存在以下至少一项特征：①能量摄入不足；②闭经；③骨密度下降。这些可能是该能量缺乏状态的常见临床表现。尽管已有研究表明RED-S与心理健康状况之间存在关联（Pensgaard et al.，2023），但RED-S的概念化框架在很大程度上忽略了与进食行为相关的心理社会因素，特别是那些与精英运动员群体紧密相关的特定因素。有研究指出，RED-S的生理模型已得到更新，旨在更全面地纳入性别、运动项目及社会环境因素等心理社会、社会结构及人口统计学因素之间的相互作用（Mountjoy et al.，2018）。在持续探究RED-S与能量摄入不足的问题时，必须深化对心理社会因素与运动特定情境交汇点的理解，并审慎考虑进食障碍与RED-S之间可能存在的临床重叠（Pensgaard et al.，2023）。

（四）物质使用障碍

物质使用障碍（substance use disorders）是一种个体对物质（包括合法和非法物质，如酒精、烟草、毒品、药物等）使用失控的精神障碍，它会对个体大脑和行为产生负面影响。相比于非运动员群体，运动员对于酒精、咖啡因、大麻/大麻素、尼古丁以及其他物质滥用的原因并无差异，主要包括刺激体验、社交、快乐、增强自信、提高自身警觉性和活力等（Mcduff & Baron，2005；Reardon & Creado，2014），但运动员通常还会通过物质使用来缓解自身压力、消极情绪、疼痛等问题，或是为了提升运动表现而使用一些机能促进类物质（ergogenic substances）。然而，对于运动员中药物使用障碍（尤其是非法药物）的发生率，人们的了解仍然有限。运动员自我报告的非法药物使用情况显示使用率较低，但当要求运动员报告他人的使用情况时，估计值可能会很高。一项系统分析显示，运动员间酒精滥用的发生率为19%（Gouttebarge et al.，2019），尽管这一比例可能会因赛季的不同而有所变化（Rice et al.，2016）。一项针对高水平田径运动员的小样本调查指出，16.7%的运动员平均每周饮酒次数为5～7次，36.7%的运动员平均每周饮酒次数为3～4次（邱华丽，2016）。关于赌博的证据也很少，但表明可能有2%～7%的运动员存在赌博成瘾行为（Gouttebarge et al., 2019），而这一比例在退役运动员中可能更高。

（五）睡眠障碍

睡眠障碍（sleep disorders）泛指对个体睡眠质量和睡眠时间（入睡和持续时间）产生影响，进而对个体清醒状态下的功能产生影响的情况。睡眠障碍可能与个体身体健康有关，也可能是一些心理疾病的症状反映。睡眠障碍的种类繁多，较为常见的睡眠障碍包括失眠症（insomnia）、嗜睡症（narcolepsy）、不安腿综合征（restless legs syndrome, RLS）和睡眠呼吸中止症（sleep apnea）。其中，失眠症最为常见且多发。以健康成年人为标准，睡眠时间不足7小时便可定义为睡眠不足；而在青少年群体则不可少于9～10小时（Watson et al., 2015）。睡眠剥夺将会削弱运动员的运动表现，而改善睡眠则有助于提升他们的运动表现（Dunican et al., 2017；Simpson, Gibbs & Matheson, 2017；Biggins et al., 2018）。

虽然以精英运动员为被试的大样本研究很少，但有研究发现，有49%的奥运会运动员属于"睡眠不佳群体"（该群体通常呈现多个睡眠问题）（Drew et al., 2017）。特别是在大赛前一晚，精英运动员基本上很难获得充足的睡眠（Roberts, Sagiv & Schwartz, 2019）。一项研究显示，有56%的精英运动员存在运动性失眠症状，且女性高于男性（刘真，2012）。

（六）心理健康障碍的首次发生、病程和发展轨迹

在运动员群体中，心理健康障碍大多出现在青春期及成年早期阶段，且其症状往往会因竞技高峰期对竞技运动的高强度需求而进一步恶化。有研究指出，精英运动员的首次心理健康障碍发作普遍发生在19岁之前（Åkesdotter et al., 2022）。沙尔等（Schaal et al., 2011）的一项研究亦揭示，年轻运动员相较于其他年龄段的运动员，临床心理健康障碍的发生率更高。然而，针对青少年运动员心理健康状况的研究依然匮乏（Purcell et al., 2023）。有限的患病率研究数据显示，6.7%～9.5%的青少年运动员分别呈现出显著的焦虑和抑郁症状（Weber et al., 2018）；而也有研究人员报告，有23%的青少年运动员报告了至少四种或更多的心理健康症状（Brand, Wolff & Hoyer, 2013）。将青少年运动员与非运动员对照组在心理健康方面进行对比的研究发现，两者在幸福感上的差异并不显著。

当前，针对运动员心理健康的研究大多局限于横断面研究及短期前瞻性研究，这严重制约了人们对心理健康障碍病程及其发展趋势的深入理解。部分横断面证据表明，运动员自我报告的心理健康障碍复发率较高（Åkesdotter et al., 2022）。此外，有限的证据还显示，运动员的共病现象较为普遍（Åkesdotter et al., 2022），尤其是抑郁与焦虑症状之间的共病（Poucher et al., 2021b），这在普通人群中同样广泛存在。尽管在运动员退役后观察到心理健康症状的加剧（Gouttebarge et al., 2016），但尚需进一步明确这些症状是在退役后首次显现、持续存在的，还是原有症状进一步恶化。

二、运动员心理健康的诱发因素

在普通人群中，多种流行病学因素通常会导致心理障碍的发作，包括但不限于社会经济地位低下、感知到的社会支持减少、高水平的经验回避、家族史/遗传因素、令人厌恶的童年经历、压力事件、偏见、气质/个性变量以及过渡性/发展性变化（Sheldon et al., 2021）。虽然运动员同样容易受到上述风险因素的影响，但他们还面临着一系列与体育运动相关的特定风险因素，这些因素可能促使心理健康障碍的发展（Rice et al., 2016；Reardon et al., 2019）。在组织层面，精英体育环境往往以狭隘的成绩导向和不顾一切追求胜利的心态为特征，这对运动员的福祉可能有害无益（Carless & Douglas, 2013）。接下来，就常见的诱发因素中的伤病、竞赛压力、职业发展和职业转折、社会文化与环境因素等进行讨论（Rice et al., 2016）。

（一）伤病

精英运动员的伤病、运动表现及心理健康之间的关联性颇为复杂（Putukian, 2016；Herring, Kibler & Putukian, 2017）。过往数十年间，伤病普遍被视作制约运动员训练进程、竞赛表现及心理调适的关键因素。精英运动员所面临的特定压力源，如心理健康障碍，已被证实能提升其受伤或罹患疾病的风险（Ivarsson, Stambulova & Johnson, 2016；Putukian, 2016）。同时，一项系统综述揭示，受伤事件亦可能揭示或诱发心理健康障碍（Ardern et al., 2013）。反之，心理健康障碍同样可能加剧受伤风险，或使康复流程趋于复杂（Weinstock et al., 2007；Ardern et al., 2013；Ivarsson, Stambulova & Johnson, 2016）。然而，该领域内前瞻性研究仍显匮乏。

现有研究数据指出，相较于未受伤运动员，受伤运动员展现出更高的抑郁症状及广泛性焦虑障碍水平（Gulliver et al., 2015）。此外，伤病还可能触发或揭露其他心理健康议题，包括进食障碍、物质滥用及赌博行为等（Weinstock et al., 2007；Ardern et al., 2013；Rice et al., 2016）。然而，近年来国内针对运动损伤与心理健康问题之间的研究尚显不足。

（二）竞赛压力

精英运动员在其运动生涯中面临着一系列独特的压力源，这些压力源与他们的运动参与紧密相关，具体涵盖过度训练、表现压力、不佳的运动成绩、紧张的教练员－运动员关系及运动员之间的关系、受伤情况，以及与退役相关的各种压力（Noblet, Rodwell & McWilliams, 2003；Bruner, Munroe-Chandler & Spink, 2008）。这些压力源有可能对精英运动员的心理健康造成负面影响（Nixdorf et al., 2016）。实际上，有研究表明，在压力加剧的情境下（如受伤或表现失常），精英运动员相比普通人群更易遭遇心理障碍（Gulliver et al., 2015；Rice et al., 2016）。此外，研究还指出，与运动参与相关的压力源会提升运动员的自杀风险（Baum, 2005）。上述压力源可能导致精英运动员的心理健康状况恶化（Gulliver et al., 2015；Rice et al., 2016）。然而，相较于精神病学和心理学等领域的心理健康研究，针对精英运动员心理健康的探讨仍显有限（Poucher et al., 2021a）。值得注意的是，竞赛压力不仅存在于激烈的职业生涯期间，退役后亦可能持续存在。一项研究显示，在德国，约 1/5 的滑雪运动员在退役后的 3 至 8 个月内报告了达到临床显著水平的创伤性压力反应（Wippert & Wippert, 2008）。

针对上述压力源，应对策略在运动员群体中受到了广泛关注。应对策略已被证实与多种社会心理压力源相关联，包括管理不良表现、应对受伤及伤病康复过程等。此外，适应性和不适应性的压力应对策略亦受到重视，但关于如何有效提升运动员的应对策略的研究仍较为稀缺（Rice et al., 2016）。

（三）职业发展和职业转折

运动员的职业发展（career development）和职业转折（career transition）是两个紧密相连的领域。这两个领域互为补充，其中，职业发展领域主要描述了运动员的职业路径，并预测了其可能经历的规范性转折点（如在连续的职业阶段间的过渡），而职业转折领域则描述并解释了转折的具体过程和结果，这些过程与结果根植于职业背景中，并受到个人和环境因素的影响（Stambulova, Ryba & Henriksen, 2021）。

运动员的职业生涯发展与心理健康之间存在着复杂的关系。早期研究认为，积极的心理健康是运动员表现和发展的重要资源，而心理疾病则是一种可以预防或治疗的障碍（Schinke et al., 2024; Stambulova et al., 2024）。随着学术界对运动员心理健康的关注逐渐增加（Gardner & Moore, 2006; Moesch et al., 2018; Castaldelli-Maia et al., 2019; Henriksen et al., 2019, 2020），学者们现在将运动员的心理健康视为职业发展、过渡应对的一种资源和结果，这可能有助于运动员追求卓越的职业生涯。国际运动心理学学会（ISSP）在其 2021 年的立场声明中，把卓越职业生涯定义为"运动员能够在体育和生活中维持健康、成功且持久的职业生涯"。在这个定义中，"健康"指的是高度的应变能力和适应能力；"成功"意味着运动员努力在体育和生活中实现有意义的目标，同时满足基本的心理需求并保持健康与福祉；"持久"则意味着体育和生活中具有可持续性和长期性（Stambulova, Ryba & Henriksen, 2021）。

职业生涯卓越这一概念的一个内涵是，成功的职业生涯不仅仅是竞技上的成功。帮助运动员追求职业生涯卓越则被视为职业援助干预的目标。托雷格罗萨等（Torregrossa, Reguela & Mateos, 2020）提供了一项运动员职业援助计划（career assistance programs, CAPs）的分类，包括：①针对精英运动员的综合性职业援助计划，重点关注运动、教育、工作和个人成长；②针对职业运动员的运动专项职业援助计划，帮助解决商业、法律、财务和心理健康问题；③针对学生运动员的双重职业援助计划，促进他们运动、学习和个人生活的结合，并优化环境因素的影响。这些职业援助计划揭示了整体发展和生态方法在指导职业生涯全程支持服务中的互补性。这些服务被视为多学科（即关注人的整体）、多层次（即从不同环境层面/领域）、多模式（即根据个体需求采取不同形式）的合作，由各种从业者共同为运动员的追求提供支持（Henriksen et al., 2020; Ekengren, Stambulova & Johnson, 2021）。一系列多样化的支持服务（如心理学家、职业生涯规划顾问）参与帮助运动员管理职业生涯的过渡，并在必要时应对发展危机（Schinke et al., 2024）。

在竞技体育领域内，职业转折是需求、资源、障碍和应对策略之间相互作用的过程（Stambulova, 2023）。运动员职业生涯的主要转折包括青少年到成年的转折、文化转折、大型比赛（如奥运会）和退役。运动员在某些特定发展和转折阶段时遇到阻碍，如受伤、训练与比赛中的高压力、未做好职业转折准备或迁移到全新文化环境，均可能对运动员的心理健康造成影响，因此需要在运动员的职业生涯发展和转折阶段对他们的心理健康给予特别的关注与重视（Cecić Erpič, Wylleman & Zupančič, 2004; Kuettel & Larsen, 2020）。

（四）社会文化与环境因素

运动员的心理健康问题并非仅限于个人范畴。2018年，国际运动心理学学会（ISSP）成功举办了首届聚焦于运动员心理健康的国际性智库会议，并发布了共识声明（Henriksen et al., 2020）。该声明明确指出，体育环境对运动员的心理健康具有双重影响——既可促进，亦可损害，因此，体育组织需公开且批判性地评估其环境作为运动员心理健康资源的程度。国际奥林匹克委员会（International Olympic Committee, 2023）在最新发布的心理健康行动计划中，着重指出："运动员的心理健康状况植根于更为宽泛的体育系统之中，且与运动员的队友/同事、教练员及辅助人员、家人或主要照顾者，以及所属体育组织之间存在着不可分割的联系。"近期，丹麦国家队推出的心理健康应用模型深入剖析了环境的多个维度，包括训练环境、领导力风格、日常生活安排和文化规范，为相关利益方提供了一个分析框架，以便他们讨论并优化体育环境，从而更好地支持运动员的心理健康（Henriksen et al., 2024a）。此类关注环境对运动员心理健康影响的实例，应与心理信息环境、心理安全氛围以及心理安全等概念的引入相结合进行考量，这些概念均与运动员的心理健康状况紧密相连（Henriksen et al., 2024a）。

体育环境可被视为由物理环境以及心理和社会结构构成的复合体，这些因素共同对运动员的心理健康和运动表现产生影响。体育环境包含微观与宏观层面，并跨越运动与非运动领域（Henriksen, Stambulova & Roessler, 2010），涉及多种要素，比如训练与比赛设施的地理位置，工作人员在准备阶段、竞赛过程中及结果应对时所展现的态度与期望，对运动员文化和种族背景的认知与尊重，以及对于旅行安排及相关后勤工作的重视。个体可能会感知其所在的体育环境在某种程度上是安全的、有益的或具有激励性的。尽管直接探究体育环境对运动员心理健康影响的研究尚属少数（Gulliver, Griffiths & Christensen, 2012; Lundqvist & Sandin, 2014; Poucher et al., 2021a, 2023），但这些研究框架揭示了环境如何滋养或损害运动员的心理健康，以及/或如何影响求助行为和污名化过程。

竞技体育中获胜的压力及成功表现可能带来的经济收益，有时会迫使运动员、教练员及管理者做出妥协，无视奖牌追求中的潜在危害、忽视运动员心理健康。当此类体育文化对正常文化产生负面影响时，身处该环境的每个人在道德、伦理乃至法律层面均负有发声的责任。忽视运动员心理健康是不良环境形成的基石（Henriksen et al., 2019）。

因此，运动心理学家建议将心理健康纳入对体育组织效能评估的关键指标，并制定指导原则，公开且批判性地审视自身环境对运动员心理健康的影响程度。研究人员应深入探究体育环境的特征，评估其是否促进或损害运动员的心理健康，并将此信息反馈给体育组织，如联合会、俱乐部等（Henriksen et al., 2019），以期推动积极的变革。

三、运动员心理健康的保护因素

相对而言,关于促进运动员心理健康的因素所受到的关注较少(Kuettel & Larsen, 2020)。珀塞尔等(Purcell et al., 2019)采用生态学研究方法提出,可以从运动员生态系统的各个层面(从个体层面到更广泛的体育环境)促进心理健康。在个体层面,将身体(如按摩、桑拿、睡眠)、情感(如正念)和社会(如与朋友和家人的活动)因素融入各种恢复方式中,可能有助于抵消精英运动员在竞技运动内外所经历的压力(Kellmann et al., 2018)。此外,通过体育活动培养出的恰当应对策略(Fogaca, 2021)和心理资源(如自我同情)也可以为应对广泛的逆境提供缓冲(Cormier et al., 2023)。环境层面的保护因素包括教练员的关怀支持(Kegelaers et al., 2021)和支持性的团队文化(Walton et al., 2023)。

四、促进运动员的心理健康

(一)通过个人层面来促进运动员的心理健康

有效的监测系统对于早期发现运动员心理健康问题并适时干预至关重要,它是实施恰当干预或治疗方案的基础(Rice et al., 2020)。此外,主动监测机制的实施能够有效预防运动员因心理健康问题未得到及时治疗而可能产生的长远负面影响。通过早期识别问题并提供适当干预,可降低运动员罹患慢性心理健康疾病的风险,提升其生活质量,并保障其持续参与体育运动的能力(Gulliver, Griffiths & Christensen, 2012; Reardon et al., 2019)。

为了对运动员心理健康进行评估,目前已经专门开发了多种工具和评估方法。心理问卷已被证明在深入了解运动员的心理健康状况、识别潜在问题,以及为适当干预提供指导方面可发挥重要作用(Gouttebarge et al., 2021)。除了经过严格验证的临床量表,还有一些主要针对竞技体育领域的心理问卷值得关注,包括运动员倦怠问卷(Raedeke & Smith, 2001)、运动员心理压力问卷(Rice et al., 2020)、心理健康连续体简表(MHC-SF)(Lamers et al., 2011)以及IOC推荐使用的诊断工具(Gouttebarge et al., 2021; Shannon et al., 2024)。除了上述问卷评估,近些年还有研究认为可加入一些生态学评估手段。例如,在个体和群体层面采用进一步的质性研究方法,以获取人与人之间以及人群内部的深层意义(Schinke et al., 2022)。

针对运动员的独特需求,可采取相应的干预策略来改善相应的问题。可以采用多种策略、计划和方法来促进运动员的心理健康,包括心理技能训练、基于正念的干预、认知行为疗法和技术干预(涵盖移动应用程序和在线平台)(Seçkin, Ateç & Seçkin, 2023)。为了全面保障运动员的心理健康,必须深刻认识并解决他们所面临的独特挑战。这要求运动心理学工作者及教练员实施有效的监测策略,并提供多学科的综合支持,这些措施对运动员整个职业生涯乃至退役后的心理健康都至关重要。然而,促进运动员的整体福祉并不局限于应对心理健康问题。运动心理学工作者还需积极倡导健康的生活方式、构建强大的社会支持网络、教授有效的压力管理技巧,并鼓励健康行为,营造一个有利于运动员成长和发展的环境(Schinke et al., 2024)。

（二）通过优化环境来促进运动员的心理健康

在促进心理健康的实践中，将相关策略融入体育环境不容忽视。科学实践者已针对体育环境内的心理健康支持提出了若干实践模式见解（Maher，2023；Wagstaff & Quartiroli，2023；Henriksen et al.，2024b），并构建了基于生态系统理论的早期心理健康干预框架（Purcell et al.，2022）及"工具手册"（toolkit）（Walton et al.，2023）。因此，依据心理学科学原理构建体育环境，成为体育组织发展的首要任务（Wagstaff & Quartiroli，2023）。这一任务为体育心理学从业者与应用研究人员提供了合作契机，推动双方共同设计促进运动员、教练员及工作人员健康成长的环境，减少心理健康污名化现象。

在专业运动队及大学运动队所在的相关组织中，研究人员提出了一系列可促进运动员心理健康的基本组织发展期望与行动措施，具体包括：①明确阐述领导层认可的运动员心理健康愿景（vision）及定义；②将运动员心理健康视为一种积极状态，而非仅指无精神疾病状态；③认识到教练员、支持人员及管理层对运动员心理健康的积极影响；④为上述关键人员提供必要的知识与技能，以便于在运动员寻求专业心理健康帮助时为其提供支持；⑤理解个人、团队及组织政策、心理教育项目及转诊程序在促进运动员心理健康方面的相互依赖关系；⑥采用监测与评估心理健康倡议的流程，并根据系统评估结果进行适时调整（Maher，2023），专业人员可根据评估结果判断心理健康问题是否需要心理治疗，并在内部或通过转诊至合格专业人员提供适宜的循证治疗。

尽管运动员通过竞技体育体系获取心理健康支持的机会与普通人相当，但在多数情况下，运动员并未利用这些服务，而是选择寻求竞技体育环境之外的专业帮助（Poucher et al.，2021a）。有研究指出，运动员可能会存在向运动队外部（而非运动队内部）寻求支持与帮助的情况。可能的原因在于运动队内部存在污名化的现象［污名化是指因个体或群体具有某些被社会看作不可接受或不恰当的特征或行为，从而令他们遭受到的负面思想、情感和行为（Watson，2005）］，以及运动员倾向于从生活中排除任何形式的心理脆弱性的特征（Åkesdotter, Kenttä & Sparkes，2024）。此外，研究人员指出，竞技体育中还存在其他特有的求助障碍，包括运动员身份、选拔、团队、环境和文化方面的污名化影响，以及运动员保密性方面的担心（Cosh et al.，2024）。其他障碍还包括运动员心理健康素养水平低、对心理服务缺乏了解、对治疗过程及治疗护理益处的疑虑（Kuettel & Larsen，2020；Cosh et al.，2024）。通过榜样作用使体育环境中的心理健康经历正常化，确保保密性清晰明确，实施减少污名化的干预措施，以及培养将心理健康视为组织优先事项的团队文化，是促进运动员求助行为的关键因素。

对于那些不愿寻求心理健康帮助的运动员，其潜在原因可能涵盖以下五个方面。第一，广泛存在的社会观念认为心理障碍与运动表现的成功无法并存，这导致运动员在公开讨论心理健康问题时持谨慎态度（Elsey，2019）。第二，尽管污名化现象已被确认为阻碍个体寻求心理健康帮助的关键因素，且与大众寻求帮助意愿低下密切相关，但在体育领域内，加剧的污名化进一步为运动员寻求帮助设置了重重障碍（Cosh et al.，2024）。第三，运动员还表达了对队友和教练员反应的担忧（O'Keeffe et al.，2022；Harris & Maher，2023），害怕因此被剔除队伍，甚至可能失去上场时间、训练机会及奖学金（Gulliver, Griffiths & Christensen，2012；Castaldelli-Maia et al.，2019；O'Keeffe et al.，2022）。

这种恐惧心理成为他们不愿寻求心理健康帮助的重要因素之一。第四，运动员还顾虑到寻求帮助可能与公众对强大运动员的期望不符（Coyle, Gorczynski & Gibson, 2017; Moore & Bonagura, 2017; Harris & Maher, 2023），也不符合心理坚韧的公众形象（Delenardo & Terrion, 2014）。在寻求心理健康帮助的道路上，运动员还面临着其他障碍，包括对心理健康服务保密性的忧虑（Moore & Bonagura, 2017; Poucher, Tamminer & Kerr, 2023）、训练和旅行所带来的时间限制（Giovannetti et al., 2019; Kola-Palmer et al., 2020），以及对心理健康症状缺乏深入了解（Gulliver, Griffiths & Christensen, 2012; Giovannetti et al., 2019; O'Keeffe et al., 2022; Bu et al., 2024），特别是在区分正常运动疲劳与潜在心理健康问题方面存在困难。第五，许多运动员对自己所在的体育组织提供的心理健康服务缺乏了解（Gulliver, Griffiths & Christensen, 2012; Giovannetti et al., 2019; O'Keeffe et al., 2022），或认为这些服务仅为象征性存在，且过于侧重于运动成绩（Coyle, Gorczynski & Gibson, 2017; Poucher, Tamminer & Kerr, 2023）。尽管面临上述诸多挑战，运动员寻求心理健康帮助的比例仍与普通人群大致相当。近期一项元分析指出，约有22%的运动员报告曾寻求过心理健康方面的专业帮助（Cosh et al., 2024）。然而，尽管不同体育环境中的情况存在差异，人们仍不清楚具体有多少运动员在需要帮助时却未能寻求到必要的支持。

为了有效支持运动员寻求心理健康援助，实施一系列组织层面的变革显得尤为重要。首先，通过在精英体育领域内树立正面榜样，使寻求心理帮助的行为正常化，并减少与之相关的污名化现象，这一策略极为关键（Gulliver, Griffiths & Christensen, 2012; Delenardo & Terrion, 2014）。顶级运动员公开分享个人经历有助于减轻污名化，并激励其他运动员勇于讨论心理健康议题。如珀塞尔等（Purcell et al., 2022）所述，这一变革应成为各级体育环境文化转型的重要组成部分，实现从单一关注运动成绩向全面认可心理健康重要性的转变，因为队友、教练员及工作人员的态度对运动员寻求帮助的行为具有深远影响（Coyle, Gorczynski & Gibson, 2017; Poucher, Tammier & Kerr, 2023）。其次，体育环境应积极鼓励运动员寻求帮助（Gulliver, Griffiths & Christensen, 2012），特别是心理健康专业人员及其他体育工作者应主动识别运动员的心理困扰，并引导或促进其寻求援助（Purcell, Gwyther & Rice, 2019）。最后，精英体育环境中提供的心理健康服务需具备灵活性，以适应运动员的日程安排（Reardon et al., 2019），并确保体育组织在提供服务时保持保密性、透明度及确定性（Gulliver, Griffiths & Christensen, 2012; Moore & Bonagura, 2017; Poucher, Tamminer & Kerr, 2023），从而增强运动员的求助意愿。

（三）文化背景的考虑因素

文化背景与体育体系对运动员心理健康的影响呈现出复杂且多维度的特性，这一观点在多项研究中得到了证实（Reardon & Factor, 2010; Rice et al., 2016; Schinke et al., 2018）。鉴于不同文化对心理健康持有各具特色的信念与态度，这些差异进一步塑造了运动员在心理健康方面的独特体验（Rice et al., 2016）。当前，东西方文化背景下的心理健康差异已成为学术界广泛关注的研究议题。在西方文化背景下，竞技体育体系已采取了一系列积极措施来应对运动员的心理健康问题（Gulliver, Griffiths & Christensen, 2012）。例如，美国全国大学体育协会（National Collegiate Athletic Association, NCAA）已将心理健康教育纳入运动员的发展计划中，并强调通过定期的心理健康评估来实现对运动员心理健康问题的早期发现与干预（Reardon & Factor, 2010）。相比之下，在东方文化背景下的体育体系中，虽然整体而言运动员心理问题预防策略的兴起尚属新兴阶段，但以中国为代表的国家已开始重视运动员的心理健康教育，并侧重于压力管理与应对策略的传授。这一趋势反映出东方文化背景下运动员心理健康领域的逐步发展（Bu, 2021；Si et al., 2021）。

文化背景对运动员心理治疗的影响同样深远。在西方文化中，个人主义的价值观可能促使人们更倾向于公开讨论心理健康问题，并寻求个体层面的解决途径。而在东方文化中，集体主义观念则可能更加强调群体和谐，这可能导致个体运动员因担心破坏团队氛围而犹豫是否寻求心理治疗（Lin & Cheung, 1999；Reardon & Factor, 2010）。因此，如何在尊重不同文化价值观的同时，满足每位运动员的心理健康需求，成为一个亟待解决的重要课题（Schinke et al., 2024）。

东西方文化在心理健康的概念化及态度展现上呈现出显著的差异性。在东方文化中，个体倾向于秉持一系列与心理健康相关的整体性原则，这些原则具体包括矛盾原则（即认为每个体验都与其对立面相互关联）、变化原则（主张世界处于不断变化的状态）以及情境原则（强调万物之间的相互关联性）（de Vaus et al., 2018）。这些原则共同塑造了东方人对于心理健康的独特理解及应对方式。相较于西方人，东方人在面对负面情绪时，其情绪状态往往不易迅速恶化为临床心理障碍。这一差异可能归因于东方文化中的整体性原则及其独特的情绪调节策略。

对于东方文化背景下的运动员而言，尽管这一观点尚需更多实证研究的验证，但频繁强调维护群体和谐的文化氛围可能在一定程度上导致他们倾向于不公开表达自己的脆弱性。尽管如此，东方文化中为运动员提供心理健康支持的机会正在不断增多。一些前瞻性的举措正在通过体育训练中心等平台实施心理健康筛查、教育及干预计划，以逐步消除心理健康讨论的污名化现象（Si et al., 2021；Bu et al., 2023, 2024）。例如，已有研究在东方文化背景下，探讨如何通过有效的心理健康支持计划来提升运动员的心理健康水平，并鼓励运动员更积极地参与心理健康相关的讨论及寻求帮助。这些努力不仅促进了运动员心理健康素养的提升，也为未来在东方竞技体育体系中进一步推广心理健康支持提供了宝贵的参考框架（Si et al., 2021）。

运动员心理治疗体系在全球范围内的多样性强调了采取情境特异性方法的必要性。西方文化通常强调个性化、全面的治疗，而东方文化则往往寻求将文化实践融入心理健康干预中。解决运动员心理健康问题时，合作努力、创新治疗方式和举国上下统一致力于支持与培养运动员发展的机会应运而生（Si et al., 2021）。在西方文化中，支持运动员心理健康的方式需要一种全面且综合的方法，同一体育组织的各个部门需同步努力（Vella et al., 2018）。具体而言，通过纳入心理健康教育、建立专业心理健康人员网络、将心理健康评估融入运动员日常监测、培养积极的团队文化、根据个体运动员的具体需求定制支持措施、有效利用现代技术、积极应对社会压力以及创建运动员退役或转型计划，各国可以促进运动员的整体福祉，提升其心理健康水平（Purcell et al., 2022）。最终，国家体系在支持运动员心理健康方面的成功与否，在很大程度上取决于其能否深刻认识到文化、社会和体育因素之间的相互关联，并能否营造一个使运动员在赛场上及赛场外均能茁壮成长的环境。这一环境的构建不仅要求政策制定者和实践者具备跨学科的视野与协作精神，还需要对运动员的心理健康需求保持高度的敏感性和响应性（Schinke et al., 2024）。

本章要点

1. 世界卫生组织将心理健康定义为"心理幸福安宁的状态，是指个体意识到他/她自身的能力可以应对日常生活的压力，可以富有成效的工作，并对社会做出贡献"。
2. 运动员常见的心理健康问题有抑郁障碍、焦虑障碍、进食障碍与相对能量缺乏综合征、物质使用障碍和睡眠障碍等。
3. 运动员心理健康问题常见的诱发因素包括伤病、竞赛压力、职业发展和职业转折，以及社会文化与环境因素。
4. 保护因素包括了个体层面和环境层面。个体层面，将身体（如按摩、桑拿、睡眠）、情感（如正念）和社会（如与朋友和家人的活动）因素融入各种恢复方式中，可能有助于抵消精英运动员在竞技运动内外所经历的压力。此外，通过体育活动培养出的恰当应对策略和心理资源（如自我同情）也可以为应对广泛的逆境提供缓冲。环境层面的保护因素包括教练员的关怀支持和支持性的团队文化。

本章思考题

1. 运动员遇到心理健康问题时，不愿意寻求帮助的原因包括哪些？
2. 评估运动员心理健康的常用问卷包括哪些？
3. 如何通过优化环境来促进运动员的心理健康？

第十七章 身体活动的心理效益

小张是一名办公室职员,长期久坐导致身体僵硬,情绪也时常低落。在朋友的建议下,他开始每天下班后进行 30 分钟的慢跑。几周后,他发现自己的情绪明显改善,工作压力带来的焦虑感减轻了许多,对生活的态度也变得更加积极。与此同时,小张还注意到自己的认知功能有所提升,例如记忆力变强,注意力更加集中,工作效率也提高了。他开始更加规律地参与身体活动,不仅在工作日坚持锻炼,周末也会参加一些户外运动。通过持续的身体活动,小张不仅改善了情绪和认知功能,还提高了自己对生活的整体满意度,甚至在社交场合中也更加自信和活跃。

小明是一名大学生,平时学习压力较大,经常感到焦虑和疲惫。在了解到身体活动对心理健康的益处后,他开始每周进行 3 次中等强度的有氧运动,每次 45 分钟。几周后,小明发现自己的焦虑感明显减轻,学习效率也提高了。他还在班级中分享了自己的经历,鼓励同学们一起参与身体活动,共同提升身心健康水平。同时,小明的自尊心和自信心也得到了增强,他开始更加积极地参与学校的各种活动,与同学的互动也变得更加融洽。

小美是一名年轻的职场女性,为了保持身材和缓解工作压力,她开始每天早上上班前去跑步。起初,她只是偶尔跑步,但随着时间的推移,她逐渐增加了跑步的频率和时间。她发现自己越来越依赖跑步,甚至在生病或受伤时也不愿意停止。一次,她在跑步时扭伤了脚踝,医生建议她休息几周,但她无法忍受不运动的日子,结果导致脚踝伤势加重,不得不长时间休息。在这段时间里,她的情绪变得非常低落,甚至出现了焦虑和抑郁的症状。最终,她意识到自己已经陷入了锻炼成瘾的困境,开始寻求专业的帮助,逐渐调整自己的运动习惯,避免过度运动带来的负面影响。

小张和小明开始规律身体活动后的变化生动地体现了身体活动的各项心理效益,而小美的案例则反映了过度运动可能带来负面影响,警示我们要合理安排运动,避免锻炼成瘾,保持身心的平衡与健康。

在全民健身理念日益普及和运动科学研究不断深入的背景下,体育学科领域呈现出专业化和细分化的趋势。锻炼心理学作为连接运动科学与心理机制的新兴交叉学科,致力于探索身体活动与心理变量之间的相互作用规律。本章将系统阐述身体活动对心理健康的促进效应,共分为七个部分:首先明确核心概念与活动标准,接着探讨身体活动在情绪调节、认知增强、精神疾病防治、人格塑造及幸福感提升等方面的价值,之后解析其作用机制,最后介绍锻炼成瘾方面的相关内容。通过本章的学习,大家将深入了解身体活动对心理健康的多方面益处,并掌握其背后的科学原理,从而在日常生活中更好地应用这些知识,提升自身和他人的心理健康水平。

第一节 核心概念界定与活动标准

在英语学术体系中，physical activity 是一个统摄性术语，涵盖了 sport 和 exercise 等亚类概念，各术语在应用场景中具有明确的区分。相比之下，中文语境中的"体育""锻炼"和"运动"等词汇常常存在混用现象。本节通过概念辨析为后续论述奠定学理基础。

世界卫生组织（WHO，2016）将身体活动定义为由骨骼肌收缩引发的能量消耗型躯体动作。国际学界将其划分为目标导向型锻炼（如健身训练）、竞技性运动（如球类赛事）以及生活型活动（包括通勤与职业劳动）三大维度（Caspersen & Christenson，1985）。其中，锻炼特指以体质增强或健康维持为目标的系统性身体训练，运动则强调在规则约束下的竞技对抗与观赏价值。

我国学者构建了四维分类体系：职业性（工作相关）、交通性（通勤过程）、家务性（家庭劳务）与休闲性（自主选择）活动（洪金涛、陈思同和刘阳，2020）。本章所涉及的"身体活动"概念依此框架展开，特别关注其促进心理健康的共性机制。

尽管"运动即良医"的理念已获普遍认同，但需强调的是，有效身体活动需满足特定阈值。表17-1 对比呈现了国际主流健康指南中关于活动强度、频次与持续时间的科学建议，为实践应用提供量化参考。

表17-1　全球及各国家及地区身体活动促进健康建议指南

机构/国家/地区	活动水平	儿童和青少年（3～17岁）	成年人（18～64岁）	老年人（65岁及以上）
WHO 全球（2010）	中/高强度	每天60分钟中/高强度身体活动	每周150分钟中等强度有氧运动，或每周75分钟以上高强度有氧运动，或与前两者消耗相似能量的中/高强度组合运动。单次运动时间需大于10分钟。为了额外的健康效益，可考虑将上述运动消耗总量增加1倍	每周150分钟中等强度有氧运动，或每周75分钟以上高强度有氧运动，或与前两者消耗相似能量的中/高强度组合运动。单次运动时间需大于10分钟。为了额外的健康效益，可考虑将上述运动消耗总量增加1倍
	力量、平衡、柔韧性	每周3次以上增加肌肉力量和强化骨骼的运动	每周从事2次以上涉及大肌肉群活动的力量训练	每周从事2次以上涉及大肌肉群的力量训练。因健康原因无法遵从以上建议的人群，应在自身能力和健康许可范围内，尽可能多做身体活动

续表 17-1

机构/国家/地区	活动水平	儿童和青少年（3～17岁）	成年人（18～64岁）	老年人（65岁及以上）
欧盟（2008）	中等强度	每天60分钟中等强度身体活动	每天30分钟中等强度身体活动	每天30分钟中等强度身体活动
WHO西太平洋地区（2008）	中/高强度	—	每周5天以上30分钟中等强度身体活动。为了额外健康和体质效益，可考虑参加更多高强度运动	—
澳大利亚（2005）	中等强度	—	—	每天30分钟中等强度身体活动。对于开始无法达到此要求的个体，可考虑先进行每周2次、每次10分钟的中等强度身体活动。然后，2周后过渡到每天2次、每次15分钟中等强度运动
澳大利亚（2005）	中/高强度	每天60分钟中/高强度或更多身体活动	每天30分钟中等强度身体活动。为了额外健康和体质效益，可考虑参加更多高强度运动	—
澳大利亚（2005）	久坐	每天使用电子产品不超过2小时	—	—
文莱（2011）	中/高强度	每天60分钟以上中/高强度身体活动，以有氧运动为主	每周150分钟以上中等强度有氧运动，或每周75分钟以上高强度有氧运动，或与前两者消耗相似能量的中/高强度组合运动。单次有氧运动时间大于10分钟。为了额外的健康效益，可考虑将上述运动消耗量增加1倍	每周150分钟以上中等强度有氧运动，或每周75分钟以上高强度有氧运动，或与前两者消耗相似能量的中/高强度组合运动。单次有氧运动时间大于10分钟。为了额外的健康效益，可考虑将上述运动消耗量增加1倍

续表 17-1

机构/国家/地区	活动水平	儿童和青少年（3～17岁）	成年人（18～64岁）	老年人（65岁及以上）
文莱（2011）	久坐	每天使用电子产品不超过2小时（除非有教育需要）	—	—
	力量、平衡、柔韧性	结合高强度身体活动，增加每周3次以上增加肌肉力量和强化骨骼的运动	每周进行2次以上涉及大肌肉群活动的力量训练	每周进行2次以上涉及大肌肉群活动的力量训练
加拿大（2011）	中/高强度	每天60分钟以上中/高强度身体活动	每周进行150分钟以上中/高强度的有氧运动。单次运动时间不少于10分钟	每周进行150分钟以上中/高强度的有氧运动。单次运动时间不少于10分钟
	力量、平衡、柔韧性	每周进行3次以上增加肌肉力量和强化骨骼的运动	为了额外的健康效益，可进行每周2次以上增加肌肉力量和强化骨骼的运动	为了额外的健康效益，可进行每周2次以上增加肌肉力量和强化骨骼的运动。对于移动能力差的个体，应进行可以改善平衡的身体活动以预防跌倒
芬兰（2009）	中等强度	每天进行1～2小时中等强度身体活动	—	—
	中/高强度	—	每周150分钟以上中等强度运动，或75分钟以上高强度运动	—
	力量、平衡、柔韧性	—	每周不少于2次增加肌肉力量改善平衡的运动	—

续表 17-1

机构/国家/地区	活动水平	儿童和青少年（3～17岁）	成年人（18～64岁）	老年人（65岁及以上）
爱尔兰（2009）	中/高强度	每天60分钟以上中/高强度身体活动	每周150分钟以上中等强度身体活动	每周150分钟以上中等强度身体活动
	力量、平衡、柔韧性	每周3次以上增加肌肉力量、改善柔韧性和强化骨骼的运动	—	主要集中在有氧运动、肌肉力量和平衡能力训练
荷兰（2011）	中等强度	每天60分钟以上中等强度运动。每周2次以上以改善肌肉力量，敏捷性和协调性为主的运动	每周5次以上中等强度身体活动（4～6.5 MET）。每次持续30分钟以上	每周5次以上中等强度身体活动（3～5 MET）。每次持续30分钟以上。鼓励所有其他任何形式的运动，无关强度、频次和类型
瑞士（2006）	中等强度	每天60分钟以上中等强度运动	每天30分钟以上中等强度运动	每天30分钟以上中等强度运动
	力量、平衡、柔韧性	每周多次以改善肌肉力量、敏捷性和协调性为主的运动。每次不少于10分钟	每周3次20～60分钟的耐力训练。每周2次力量和柔韧度训练	同成年人
英国（2011）	中等强度	5岁以下儿童，鼓励从出生开始在安全环境内，多进行地板游戏和水中活动。可以自主走动的儿童，每周进行180分钟以上身体活动。减少久坐和静止活动（睡觉除外）。5～18岁个体每天至少60分钟中/高强度运动。每周3次以上以改善肌肉力量和骨骼为主的运动	每周150分钟以上中等强度有氧运动，或每周大于75分钟高强度有氧运动，或与前两者消耗相似能量的中/高强度组合运动。单次有氧运动时间至少10分钟	每周150分钟以上中等强度有氧运动，单次有氧运动时间至少10分钟。对于每周形成规律性运动的个体，可以尝试每周进行大于75分钟高强度有氧运动，或与前两者消耗相似能量的中/高强度组合运动

续表 17-1

机构/国家/地区	活动水平	儿童和青少年（3～17岁）	成年人（18～64岁）	老年人（65岁及以上）
英国（2011）	力量、平衡、柔韧性	—	每周2次以上有助于改善肌肉力量的身体活动	每周2次以上有助于改善肌肉力量的身体活动。对于存在跌倒风险的个体，每周2次以上有助于改善平衡和协调性的运动
英国（2011）	久坐	尽可能避免长时间久坐	尽可能避免长时间久坐	尽可能避免长时间久坐
美国（2008）	中/高强度	—	每周150分钟以上中等强度有氧运动，或每周大于75分钟高强度有氧运动。单次有氧运动时间至少10分钟	—
美国（2008）	力量、平衡、柔韧性	—	每周2次以上有助于改善肌肉力量的身体活动	—

数据来源：Clow 和 Edmunds（2013）。

为了引导公众科学地进行身体活动，国家卫生健康委员会于2011年首次推出了《中国成人身体活动指南（试行）》。在近年的发展进程中，为有力推动《"健康中国2030"规划纲要》以及《健康中国行动（2019—2030年）》等相关政策文件的有效落地实施，进而更为精准地指导大众科学地开展身体活动，在国家卫生健康委员会的引领下，中国疾病预防控制中心以及国家体育总局体育科学研究所联合主持编制了《中国人群身体活动指南（2021）》（赵文华 等，2021）。这部新版指南在原有试行版的基础上，融入了国内外最新的科学研究成果，明确提出了四条总体原则：①动则有益、多动更好、适度量力、贵在坚持；②减少静态行为，每天保持身体活跃状态；③身体活动达到推荐量；④安全地进行身体活动。并且针对婴幼儿、儿童、青少年、成年群体、老年群体以及慢性病患者群体，制定了相应身体活动的建议标准（表17-2）。《中国人群身体活动指南（2021）》里对应的各项条目，对于进一步强化针对不同年龄阶段人群身体活动的科学分类指导，起到关键的支撑助力作用。借助对该指南的广泛宣传与普及推广，能够使广大民众深入了解身体活动所蕴含的益处，积极投身于身体活动之中，以此增强自身体质、推动健康进程、享受高品质生活，最终为达成健康中国建设这一宏大目标输出更为积极向上的力量。

表 17-2 《中国人群身体活动指南（2021）》身体活动标准推荐

目标人群	身体活动标准推荐
2 岁及以下婴幼儿	①互动玩耍 ②每天与看护人进行各种形式的互动式玩耍 ③能独立行走的幼儿每天进行至少 3 小时的身体活动 ④静态行为时间每次不超过 1 小时 ⑤不建议看各种屏幕
3~5 岁儿童	①多做户外活动 ②每天进行至少 3 小时的身体活动，包括 1 小时玩耍，鼓励多做户外活动 ③每次静态行为不超过 1 小时 ④每天视屏时间累计不超过 1 小时
6~17 岁青少年	①每周进行 3 天力量练习 ②每天进行至少 1 小时中等强度到高强度的身体活动，且鼓励以户外活动为主 ③每周至少进行 3 天肌肉力量练习和强健骨骼练习 ④减少静态行为，每次静态行为持续不超过 1 小时，每天视屏时间累计不超过 2 小时
18~64 岁成年人	①坚持中等强度有氧运动 ②每周累计进行 2.5~5 小时中等强度有氧活动，或 75~150 分钟高强度有氧活动，或等量的中等强度和高强度有氧活动组合 ③每周至少进行两天肌肉力量练习 ④保持日常身体活动，并增加活动量
65 岁及以上老人	①成年人的身体活动推荐同样适用于老人 ②坚持平衡性、灵活性和柔韧性练习 ③如果身体不允许每周进行 2.5 小时的中等强度身体活动，那么应尽可能地增加各种力所能及的身体活动
慢性病患者	①规律比强度更重要 ②慢性病患者在进行身体活动前应咨询医生，并在专业人员指导下开始进行 ③如身体允许，可参照同龄人的身体活动推荐 ④如身体不允许，仍鼓励根据自身情况进行身体活动。不强调强度，但强调规律

第二节　身体活动与情绪

参与身体锻炼的人常提到锻炼能带来良好的感受，锻炼能提升快乐和开心的情绪。那么，身体活动究竟是如何对情绪产生积极影响的呢？在锻炼过程中，为了获得良好的情绪状态，又应该注意哪些问题呢？本节将对这些问题进行探讨。

一、身体活动对情绪的积极影响

身体活动对情绪的积极作用主要体现在增强积极情绪和降低消极情绪两个方面。积极情绪（或正性情绪）是指个体因体内外刺激、事件满足其需要而产生的伴有愉悦感受的情绪，主要包括快乐、满意、自豪、自尊和爱等；消极情绪（或负性情绪）是指个体因受内外部刺激影响而产生的不利于继续完成工作或正常思考的情绪，包括悲伤、愤怒、紧张、焦虑、抑郁、恐惧等（蒋长好和陈婷婷，2014）。

一项包含158项研究的元分析发现，单次身体活动能够显著增强个体的积极情绪（Reed & Ones，2006）。其中，持续35分钟的中低强度（15%～39%摄氧储备能力）单次身体活动对提高积极情绪具有显著效果，且改善效果至少能保持到运动结束后的30分钟。然而，研究也发现身体活动改善情绪状态存在群体差异。例如，两位霍夫曼（Hoffman M D & Hoffman D R，2008）发现，中等强度的单次身体活动对规律锻炼者的效果明显优于不规律锻炼者。具体表现为，规律锻炼者参加身体活动可提升活力、缓解疲劳感，而不规律锻炼者未能获得类似效益。尽管对两类人群而言，单次身体活动均能改善消极情绪，但规律锻炼者获得的益处是不规律锻炼者的2倍。其他研究也支持了这一结果，即相较于不规律锻炼者，规律锻炼者能够从单次锻炼中获得更多的情绪效益（Hallgren，Moss & Gastin，2010；Anderson & Brice，2011）。

不仅单次身体活动对情绪状态具有提升作用，长期身体活动对改善情绪的效果也获得学界的广泛共识。一项针对3267名大学生的调查结果显示，经常参加体育锻炼的大学生比不参加体育锻炼的大学生的抑郁水平更低、活力水平更高（殷恒婵 等，2007）。此外，美国一项对43499名18～25岁大学生的调查结果发现，每周参加有氧锻炼活动有助于降低失望和抑郁等消极情绪（Taliaferro et al.，2009）。一项纳入了105项研究（发表于1980—2008年间，共包括9840名受试者）的元分析报告显示，规律锻炼对个体积极情绪水平具有中等程度的提升效果，规律锻炼前积极情绪状态水平低的群体能够通过规律性锻炼获得更大的改善效益（Reed & Buck，2009）。

二、身体活动改善情绪的建议

适宜的身体活动时长和强度能够产生更高的情绪效益。汉森等（Hansen et al.，2001）探讨了单次中等强度（控制在最大心率的65%）骑功率自行车时，身体活动对情绪状态的影响，使用简式心境状态量表对参与者的情绪状态进行了4次测量（分别在实验开始前，骑行的第10分钟、第20分钟和第30分钟）。该研究发现，受试者在身体活动开始后的第 10 分钟，精力、疲劳及情绪困扰已得到改善；身体活动开始 20 分钟后，慌乱状态也得到改善；此后，身体活动对情绪状态的改善效果未见明显提高。该研究提示，即使是 10 分钟中等强度的有氧锻炼也能够对情绪产生积极的影响。其他研究发现，有氧锻炼（低于乳酸阈锻炼强度）能产生令人愉快的感受；当锻炼强度超过乳酸阈，进入无氧状态时，锻炼愉快感受开始下降；对乳酸阈附近的锻炼强度，人与人之间的愉快感受差异最大（Ekkekakis，Parfitt & Petruzzello，2011）。研究者由此推测，中等强度的有氧锻炼可能是改善情绪状态的最佳锻炼强度。然而，锻炼形式本身也可能影响最适宜的锻炼强度。例如，中等乃至高强度的力量训练能够改善积极情绪，并减轻紧张和状态焦虑等消极情绪（Etnier et al.，1997）。类似地，阿伦特等（Arent et al.，2005）发现，单次中等强度的抗阻训练（即达到 70% 的 10 次等张收缩所能承受的最大负荷量训练）对积极情感状态提升的作用好于低强度和高强度的抗阻训练。这些研究结果表明，如果以力量练习为手段，获得情绪状态最佳效果的强度可能需要高于有氧练习。上述结果显示，虽然中等强度的有氧练习可能是最适宜的强度，但锻炼形式及其他因素也可能影响锻炼强度与情绪改善效果之间的关系。

一项大样本研究分析了不同运动项目对身心健康的影响程度。研究者从 120 万人日常生活中识别出 75 种身体活动，为了方便统计，他们将这些身体活动分为团队运动、骑单车、有氧体操、跑步或慢跑、娱乐运动或其他、冬季项目或泳池类、散步、其他共 8 大类。统计结果显示，团队运动、骑单车和有氧体操这三项活动对普通人的心理健康效益最大，而挥拍类的球类运动和有氧体操则是身心方面都受益最高的运动（Chekroud et al.，2018）。该研究还发现，身体活动的时间并不是越久越好，每次锻炼的最佳时长为 45～60 分钟；少于 45 分钟收益效果会减弱；大于 60 分钟不仅没有更高收益，还容易产生负效应。在频次上，一周 3～5 天、每天 1 次收益最高。也有研究关注自主选择的锻炼类型对改善情绪状态的影响。米勒等（Miller，Bartholomew & Springer，2005）以女大学生为受试者，采用实验室实验方法，在控制强度和持续时间相同的情况下探讨了不同偏好程度的运动项目对锻炼效果的影响。研究发现，偏好高的运动项目，对积极情感提升的效果更为明显；而对消极情感的改善而言，偏好程度不同的运动项目的效果相似。艾克卡基斯等（Ekkekakis et al.，2008）以成人为研究对象，通过实验探讨了自选步行锻炼的强度对情绪状态的影响。研究发现，对中年及老年人而言，自定步速的短时间步行能够提升精力水平。克纳彭等（Knapen et al.，2009）发现，对抑郁和焦虑障碍的群体而言，相比于指定强度，自行选择强度的功率自行车锻炼，能够更有效地提升积极情感，对消极情感则没有显著影响。

综合而言，关于如何有效锻炼以改善情绪状态，相关学者提出了 6 点可具体应用的建议（Berger & Motl，2000；李京诚，2009；Berger & Tobar，2012）。

（1）运动时，建议伴有节奏的腹式呼吸。尽管早期的研究支持有氧练习在情绪状态改变方面的效果优于无氧练习，但新近的研究发现，有氧练习和无氧练习都可能具有改善情绪状态的作用，而获得情绪效益的关键在于锻炼中进行有节奏的腹式呼吸，例如身心运动（mind-body exercise，如太极、健身气功、瑜伽等）。

（2）相对较少的人际竞争。竞争可能会导致过度训练、获胜压力及社会评价等问题，非竞争环境有助于参与者更好地享受活动本身。

（3）可自行调节的项目。可自行调节的项目有助于参与者计划自己的运动，发生突发性事件的可能性较小，而且自定步速的项目允许参与者自己协调与环境的关系，并能够在锻炼中保持自由，增强自我控制感。

（4）有节奏及重复性的运动。有节奏及重复性的运动允许参与者在锻炼过程中进行内省和创造性思考，允许参与者思考更重要的问题。

（5）合适的持续时间、强度和频率。对于提升情绪状态较好的锻炼，其时长可控制在每次 20～60 分钟，选择中等强度的锻炼，每周 2～5 次为宜。

（6）乐趣。尽管锻炼项目的客观特征与心境状态的改善有关，但最重要的是，参与者不被强迫且可自己选择喜爱的运动方式，以从中获得乐趣。

第三节　身体活动与认知功能

认知是指人们获取或运用知识的过程，即信息加工的过程，是人的基本心理过程之一。认知涵盖智力功能和过程的多个方面，包括感知、辨别、记忆、学习、注意、理解、推理和判断等能力（彭聃龄，2012）。身体活动对个体认知功能的影响是锻炼心理学研究的热点之一，相关研究主要涉及智力、记忆、注意、执行功能以及综合认知功能的学业表现等方面。

一、身体活动与智力

智力是一种综合性的心理能力，基于个体的遗传条件，在适应生活环境、学习知识、解决问题和应对变化中的表现（张春兴，2009）。智力的核心功能是学习和适应，智力水平越高，个体越容易掌握知识和技能，适应能力也越强。关于身体活动对智力影响的研究始于 20 世纪 60 年代。伊斯梅尔（Ismail，1967）选取了 142 名五、六年级学生（年龄 10～12 岁，66 名男生、76 名女生），在智商、性别和健康状况匹配后，随机分为专门化日常活动锻炼组和对照组。结果显示，经过一个学年的锻炼，两组学生在学业能力测试中的表现无显著差异。一项为期 14 年的纵向研究追踪了 7 岁儿童的身体活动水平和智力发展至 21 岁的情况（O'Callaghan et al., 2012）。结果表明，总体身体活动量与智力发展无显著关系，但低强度身体活动的增加与较好的智力发展相关，而高强度身体活动与智力发展呈倒 U 形关系，即中等量的高强度活动有利于智力发展，过高或过低的高强度活动则与较低的智力发展水平相关。一项随机对照试验研究了单独健身训练和多模式训练对成年人认知功能的影响（Daugherty et al., 2018）。424 名健康成年人被随机分为四组（健身训练组、健身－认知训练结合组、健身－认知训练－正念冥想结合组、控制组），进行为期 4 个月的干预。结果显示，健身－认知训练结合组在视觉空间推理方面比控制组有更显著的提升，而单独健身训练并未在智力任务表现上比控制组获得更多收益。

二、身体活动与记忆

记忆是大脑中积累和保存个体经验的心理过程，包括编码、存储和提取（彭聃龄，

2019）。根据信息保持时间的长短，记忆分为感觉记忆、短时记忆和长时记忆。信息首先进入感觉记忆，被注意的信息进入短时记忆，经过复述存储到长时记忆中，长时记忆中的信息在需要时被提取到短时记忆中以辅助完成任务。感觉记忆是指客观刺激消失后，感觉信息在极短时间内被保存，也称"瞬时记忆"，存储时间为 0.25～4 秒。短时记忆是感觉记忆和长时记忆的中间阶段，信息保存时长为 5 秒～1 分钟，容量有限（7±2 个组块），也称"工作记忆"。长时记忆是指经过充分加工的信息在大脑中长期保留，是一种永久性存储，保存时间从 1 分钟到终身（彭聃龄，2019）。研究发现，9～10 岁体能素质较好的儿童，其海马区域比体能素质较差儿童的大 12%，这表明健康的体魄有助于记忆力提升（Chaddock et al., 2010）。陆雯等（2012）的综述研究显示，6～18 岁儿童中，锻炼水平较高的儿童注意力和记忆力更强。埃里克森等（Erickson et al., 2009）对 165 名健康老年人的磁共振图像分析发现，体适能水平与海马体面积呈显著正相关，较高体适能水平与更好的空间记忆表现相关。一项汇总 28 项随机对照试验研究（样本总数为 2156）的元分析结果表明，体育锻炼对老年人的工作记忆有显著积极影响（Cai et al., 2021）。锻炼频率、强度、类型、持续时间、认知状态和控制亚组（主动/被动）对工作记忆的影响有调节作用，但干预时长和参与者年龄无显著影响。研究建议老年人若想通过身体活动提升工作记忆，最好参与中等强度的身心运动，每周至少 3 次，每次 45～60 分钟，持续 6 个月以上。

三、身体活动与注意

注意是意识的属性，指人的意识或心理活动对特定事物的指向和集中。注意的品质包括注意的广度、稳定性、分配和转移，是所有心理活动的共同特征。注意是个体清晰认识事物和做出有准备反应的保证，是获取知识、掌握技能、完成智力活动和实际操作的重要心理条件。研究发现，足球锻炼对小学生的注意广度有显著影响，中等强度锻炼效果优于小强度锻炼（吴广宏、徐培和梁斌，2007）。孔久春等（2012）以小学一年级和五年级学生为对象，将 120 名注意稳定性较差的学生分为不同实验组，每周运动 3 次，参与的运动项目包括乒乓球、少儿健身拳、跳绳等。结果显示，实验组学生的注意稳定性显著提高，中等强度乒乓球锻炼对儿童注意稳定性促进作用最显著。一项针对欧洲青少年身体活动与注意力关系的研究显示，青少年注意力能力测试表现与其参与的中/高强度身体活动呈显著正相关（Vanhelst et al., 2016）。进一步分析发现，区分低/好注意力能力的身体活动阈值为中强度活动≥41 分钟/天、高强度活动≥12 分钟/天，以及中到高强度活动≥58 分钟/天。一篇综述研究汇总了 13 篇关于身体活动与持续性注意力的文章，结果显示，11 篇文章表明身体活动能显著提升持续性注意力（Hajar, Rizal & Kuan, 2019）。

四、身体活动与执行功能

执行功能是指在完成复杂认知任务时，对各种基本认知过程进行协调和控制的高级认知过程。有学者提出执行功能是多维结构，包括抑制控制、工作记忆和认知灵活性三种核心成分（Diamond，2013）。执行功能是个体认知、情绪和社会功能的核心，是学习、推理、问题解决和智力活动的重要成分。执行功能不良不仅损害学习能力，还常伴随行为和情绪问题，如攻击性、注意缺陷多动障碍、孤独、抑郁等。因此，执行功能是身心健康和认知、社会、心理发展的必备功能，可作为身心健康警报系统指标。儿童执行功能的重要性引起各领域研究者的关注，寻找有效手段改善儿童大脑执行功能成为心理科学、教育科学和神经科学的重要课题。研究发现，体育活动可提高和改善儿童执行功能。例如，希尔曼等（Hillman, Pontifex & Themans, 2009）以 20 名 9～10 岁儿童为对象，检测执行功能的抑制维度，结果显示 20 分钟中等强度（60% 最大心率）体育运动后，儿童的执行功能指标和学业能力显著提升。埃伦伯格等（Ellemberg & St-Louis-Desch, 2010）以 72 名 7～10 岁男孩为对象，使用选择反应时任务检测执行功能的抑制维度，结果显示 30 分钟中等强度（63% 最大心率）体育运动干预能提高儿童执行功能，7 岁组和 10 岁组效果相似。一项对 43 名 7～9 岁健康儿童进行 9 个月、每周 5 次、每次 120 分钟的运动干预研究发现，运动干预提高了儿童执行功能，并产生前额部脑电的积极变化（Kamijo et al., 2011）。殷恒婵等（2014）以 326 名小学生为对象，利用课外体育活动实施两种持续 20 周的不同运动干预方案，结果显示"武术 + 跳绳 + 8 字跑"和"花样跑步"均对小学生执行功能有促进作用，且干预时间越长，改善效果越明显。一项汇集 62 篇（总样本量为 4841 人）关于身体活动与执行功能关系研究的元分析发现，身体活动对执行功能影响的合并效应量为 0.60，95% 置信区间为 [0.50～0.69]，属于中等效应（王积福、漆昌柱和韦晓娜，2019）。进一步分析表明，身体活动对执行功能的促进效应不受人群类型和身体活动类型影响，但受身体活动时长、强度及执行功能子成分影响。综合结论表明，身体活动对执行功能有中等程度的促进作用，中等强度的身体活动效果最显著，长期身体活动效果优于短期身体活动。

五、身体活动与学业表现

学业表现作为认知能力的综合体现，受到研究者的广泛关注。美国疾病控制与预防中心发表的《以学校为基础的身体活动与学业表现关系》综述研究报告基于 50 篇关于体育课、课间、教室内及课外身体活动与学业表现的研究文献，探讨身体活动对学业成就（如标准测验分数、等级分等）、学习行为（如上课行为、出缺席率、功课完成等）以及认知技巧与态度（如注意力、专注力、记忆、口语能力等）三种学业表现的影响（Shephard, 2012）。结果显示，增加以学校为基础的身体活动时间可提高数学、阅读、写作等学业成绩，增进课堂表现等学习行为，提高注意力、自尊、创造力、计划能力、生活满意度，以及减少冲动行为等与学习相关的认知技巧和态度。一篇总括性综述汇总了 41 篇系统性综述及元分析文章的研究结果发现，身体活动对学业表现的影响是无效的或小到中等的积极影响，即部分结果支持二者无关联，部分结果支持二者存在小程度的正相关关系。进一步细分身体活动种类发现，长期身体活动对学习成绩有中等程度的积极影响，而急性身体活动并未带来学习成绩的促进效益（Barbosa et al., 2020）。

六、身体活动与老年人认知功能

维护和改善老年人认知功能已成为多门学科研究的热点。越来越多的研究发现，老年人认知功能具有可塑性，可通过干预缓解认知功能的下降。身体活动作为缓解老年人认知功能下降的积极手段受到广泛关注（Bherer, Erickson & Liu-Ambrose, 2013；李旭、杜新和陈天勇，2014）。科尔康姆等（Colcombe et al., 2003）使用随机对照实验设计，考察 6 个月的身体活动干预对老年人认知功能的影响及其脑机制，结果显示身体活动干预有效提高了老年人的认知功能，其作用机制表现为 6 个月的身体活动优化了老年人认知功能相关脑区的活动状态。格达等（Geda et al., 2012）考察了身体活动与老年人认知损害发生率之间的关系，发现从事中等强度的身体活动可以明显减少轻度认知障碍发生的风险。一篇元分析研究汇总了七项随机对照试验研究共涉及 321 名有长期久坐习惯的老年被试（Zhao et al., 2022）。结果显示，与控制组相比，身体活动干预可显著改善久坐老年人的认知能力（SMD = 0.50，95% 置信区间为 [0.09～0.92]）。进一步的亚组分析显示，时长超过 12 周的干预效果优于短于 12 周的干预，有氧运动效果优于其他运动。采用身体活动作为改善老年人认知功能的手段，需要综合考虑身体活动类型、强度、频率、持续时间、干预周期等。在运动类型方面，有氧运动、阻抗运动和身心运动是最常见的三种用于改善认知老化的运动类型。例如，有氧运动对健康老年人认知速度、短时记忆、视觉与听觉注意等认知功能均有益（Angevaren et al., 2007）。参加阻抗运动能够显著提高老年人认知功能（Ozkaya et al., 2005）。有氧运动与阻抗运动结合，对认知功能改善效果更佳（Colcombe et al., 2003）。太极拳运动能提高老年人的认知功能，特别是执行功能（Matthews & Williams, 2008）。一项综述性研究提出，身心运动尤其是我国传统健身活动太极拳对老年人认知功能有改善作用，它可以提高老年人执行功能、记忆功能、注意功能和全脑认知状态（梁东梅 等，2014）。另一项元分析研究汇总了 19 项高质量随机对照试验研究（总样本量为 2359 人）结果显示，身心运动对 60 岁以上老年人的认知功能是一种安全有效的干预提高方式（Zhang et al., 2018）。具体而言，相较于控制组，身心运动组可显著改善老年人整体认知（Hedges' g = 0.23）、执行功能（Hedges' g = 0.25～0.65）、学习和记忆（Hedges' g = 0.37～0.49）以及语言功能（Hedges' g = 0.35）。有关运动强度，安格瓦伦等（Angevaren et al., 2007）首先做了横断面调查，发现老年人运动强度与其整体认知功能水平和认知功能（如加工速度、记忆、认知灵活性）存在显著关系。进一步的 5 年追踪研究也表明老年人运动强度与其认知加工速度改善呈显著正相关，揭示了运动强度与认知老化改善的积极关系（Angevaren et al., 2010）。贝克等（Baker et al., 2010）的随机分组实验干预研究结果进一步提供了佐证，发现不同运动强度对老年人认知功能的影响存在差异。众多实验研究发现，中等强度有氧运动可以使老年人的认知功能获得改善效益，中等强度与高强度的阻抗运动对认知老化均具有改善作用（Cassilhas et al., 2007）。关于每次活动的最佳持续时间和活动频率问题，米德尔顿等（Middleton et al., 2010）调查了 9344 名老年女性在 10 岁、30 岁、50 岁左右以及晚年的体育活动情况。研究发现，在任何一个阶段都进行身体活动，特别是在 10 岁左右就参加身体活动的女性，会降低其晚年患认知损伤的风险。研究者据此认为，身体活动的干预应该在生命早期开始并且贯穿一生。国内研究发现，身体活动对老年人认知水平有显著影响，且每周进行 3～5 次身体活动的老年人认知水平显著好于每周进行 1 次身体活动的老年人，单独锻炼的老年人认知水平略低于群体锻炼者（李仁桧 等，2012）。

第四节 身体活动与心理健康

身体活动不仅能够为普通健康人群带来积极的心理效益，还在精神障碍的预防和治疗中发挥着重要作用。根据中国精神障碍分类与诊断标准（第三版），精神障碍是指大脑功能紊乱导致的认知、情感、行为和意志等方面出现不同程度障碍的总称（中华医学会精神病学分会，2001）。常见的精神障碍有10大类，包括脑器质性精神障碍类（如阿尔茨海默病、器质性遗忘等），精神活性物质所致精神障碍类（如酒精所致精神障碍、依赖、戒断综合征等），精神分裂症和其他精神病性障碍类，心境障碍类（如抑郁发作、双相障碍等），癔症应激相关障碍与神经症类，心理因素相关生理障碍类（如进食、睡眠障碍等），人格障碍、习惯和冲动控制障碍与性心理障碍类（如焦虑性人格障碍、病理性赌博、恋物症等），精神发育迟滞与童年和少年期心理发育障碍类（如言语发育障碍、孤独症等），童年和少年期的多动障碍、品行障碍和情绪障碍类（如儿童社交恐惧症、反社会性品行障碍等），以及其他精神障碍和心理卫生问题（如诈病、自杀、自伤等）。以下将从身体活动对精神障碍的预防作用和身体活动对精神障碍患者症状的改善作用两个方面介绍相关研究成果。

一、身体活动对精神障碍的预防作用

精神障碍的成因包括先天遗传、个性特征及体质因素、器质因素、社会环境因素等。大量研究表明，身体活动是一个重要的可改变保护性因素，有助于降低甚至防止一些精神障碍的发病率（Schuch & Vancampfort，2021）。一项汇集49项前瞻性研究（总样本量超过26万人）的元分析显示，身体活动水平高的个体患抑郁症的风险相对较低，且结果具有显著性（比值比=0.83，95%置信区间为[0.79，0.88]）（Schuch et al.，2018）。两项孟德尔随机化研究进一步发现，身体活动对抑郁症有预防作用（Choi et al.，2019，2020）。这两项研究均利用了英国生物库数据的大规模全基因组，采用三维加速度计[①]客观测量身体活动，结果表明身体活动对抑郁症有因果性的保护作用，即参与身体活动可以显著降低抑郁症的患病概率。此外，参与身体活动也可以降低应激相关障碍和焦虑症的患病概率。一项对11项前瞻性研究（包括6.9万余名参与者）的元分析结果表明，在排除混杂因素干扰后，较高的身体活动水平与更少的焦虑症状密切相关（比值比=0.74，95%置信区间为[0.62，0.88]）（Schuch et al.，2019）。

关于身体活动对双相情感障碍的预防作用，当前研究证据存在分歧。其中一项基于中国受试者的孟德尔随机化研究发现，身体活动对双相情感障碍有因果性保护作用（比值比=0.49，95%置信区间为[0.31，0.76]）（Sun et al.，2020）。而另一项基于德国受试者的前瞻性研究发现，较高的体育活动水平与随访时发生双相情感障碍的可能性存在显著正相关（Ströhle et al.，2007）。

---

① 三维加速度计是一种可以客观精确测量身体的活动量的仪器。——编者注

在儿童和青少年人群中，身体活动的异常可能对注意缺陷多动障碍（ADHD）具有预测作用。布斯塔曼特等（Bustamante et al., 2019）的一项综述研究表明，虽然患有ADHD的儿童在童年时期比正常发育的同龄人有类似或更高的身体活动水平（因为童年时期的身体活动多是自由无目的、无须很多注意资源参与的），但ADHD人群的这种身体活动优势到青春期就会消失，甚至转为劣势（因为此时身体活动变得越来越有结构性和选择性）；在青春期后段及成年后，患有ADHD的人相较于同龄健康人群身体活动显著低下，同时肥胖概率也更高。研究者进一步提出，在从童年向青少年过渡时期身体活动减少可能与ADHD的发生存在显著关联，因此保持和提高青少年身体活动水平可能会对预防或降低ADHD的发病概率及严重程度有帮助。

大量研究结果表明，参与身体活动可以预防阿尔茨海默病。阿尔茨海默病（AD）也叫"老年痴呆"，是最常见的神经退行性疾病，是中国老年人第五大致死因素（Ren et al., 2022）。根据中国精神障碍分类与诊断标准（第三版），AD是老年人中最常见的器质性精神障碍之一。其主要表现为记忆丧失、语言功能及逻辑思维障碍，最终导致患者丧失独立生活能力。根据《中国阿尔茨海默病2022》（*The China Alzheimer Report 2022*），我国当年的痴呆患者约有1507万人，其中包括983万老年痴呆患者（Ren et al., 2022）。根据2015年的数据，我国AD患者每年的社会经济花费约为1677.4亿美元，预计这一数字到2030年将增长至5074.9亿美元（Jia et al., 2018）。一般认为，AD的发病过程是从正常认知水平到主观认知下降（SCD），再到轻度认知功能损害（MCI），最后发展成为AD。而身体活动在病情发展的不同阶段，均对延缓减轻病症有重要的作用（Jessen et al., 2014）。拉尔森等（Larson et al., 2006）追踪1740名65岁以上认知正常的老年人，探讨身体活动与患痴呆风险之间的关系。研究结果发现缺少身体活动的老年人最需要防范痴呆的发生，每周4次以上身体活动的老年人痴呆发病率显著低于那些每周少于3次运动的老年人。安德尔等（Andel et al., 2008）采用孪生控制法了解中年参与身体活动对阿尔茨海默病患病的影响，研究结果表明中年期从事较高水平的身体活动与老年期较低的痴呆发病率显著相关。苏梅克等（Sumic et al., 2007）对66名85岁以上老年人的追踪研究发现，有38名老年人最终发展为痴呆；运动量较小的女性患痴呆的概率是运动量较小男性患痴呆的2倍，是身体活动活跃女性的5倍。因此，该研究认为，身体活动可预防阿尔茨海默病的出现，且这种效果在女性人群中最为显著。哈默尔和迟达（Hamer & Chida, 2009）针对16项前瞻性研究（总样本量为163797人）的元分析研究指出，身体活动与老年痴呆患病风险存在显著负相关。一项国内分层随机抽样研究显示，中国河北、浙江、陕西、湖南四省的55岁及以上人群（样本量为5571人）中高强度身体活动时间的增加与轻度认知功能损害患病率下降和认知功能得分增加显著相关（欧阳一非等，2021）。基于该研究结果，建议老年人为延缓认知功能衰退，可在身体条件允许的情况下，每周中高强度身体活动时间至少达到3.5小时，最好达到7小时。尽管已有研究结果为身体活动对精神障碍预防作用提供了支持，但相关研究证据主要是基于回顾性或前瞻性研究设计。

二、身体活动对精神障碍的改善作用

身体活动不仅对预防精神障碍有积极效果，还可以作为主要或辅助治疗手段改善精神障碍患者症状。一项汇集了 25 项随机对照试验的元分析研究表明，运动可以有效改善抑郁症患者的抑郁症状，尤其是在重度抑郁症患者中，身体活动干预组相较于控制组可显著减少抑郁症状，且效果量达到了较高标准（SMD = 1.13，95% 置信区间为 [0.46，1.81]）（Schuch et al., 2016）。另一项综述研究囊括了 33 项随机试验研究涉及 1877 名被试并发现，阻抗训练干预组相较于控制组明显缓解受试者的抑郁症状，达到中等程度效应量（Glass's Δ = 0.66，95% 置信区间为 [0.48，0.83]）（Gordon et al., 2018）。斯塔布斯等（Stubbs et al., 2017）的元分析结果表明，身体活动可以显著降低创伤后应激障碍、恐慌症、社交恐惧症和广泛性焦虑症患者的焦虑症状，且达到中等程度效应量（SMD = 0.58，95% 置信区间为 [0.76，1.00]）。在身体活动与精神病谱系障碍的精神分裂症相关研究中，一项包括 11 项实验研究的元分析显示，每周进行至少 90 分钟的中/高强度身体活动干预组相较于控制组可显著降低精神分裂症状（SMD = 0.72，95% 置信区间为 [0.29，1.14]）（Firth et al., 2015）。另一项实验研究发现，与控制组相比，运动干预可以显著改善精神分裂症患者的整体认知能力（Hedges' g = 0.41，95% 置信区间为 [0.19，0.64]）（Firth et al., 2017）。

在儿童和青少年群体中，已有的研究发现体育运动干预对智力缺陷、注意缺陷多动障碍（ADHD）、自闭症谱系障碍（ASD）等具有积极作用，有助于改善其相应行为症状表现。科德（Corder, 1966）在一项研究中使用了韦氏儿童智力量表评估身体活动项目（持续 20 天）对中度智力障碍（平均智商为 66）的男孩（12～16 岁）智力表现的影响。研究者招募 24 名男孩，被随机分配到运动组（每天进行 60 分钟的运动干预，其中包括体操、短跑和 400 码跑，活动控制条件包括记录运动组儿童的每日训练表现）和控制组（无运动）。相对于控制组，运动干预显著改善男孩的综合智商和言语表现。布朗（Brown, 1977）将 40 名 12 岁男孩（平均智商为 35）随机分配到运动组和注意力控制组。经过 6 周干预后发现，与非运动组儿童相比，运动组儿童的智商测试表现得到显著改善。一篇综述性研究评估了使用体育锻炼改善 ADHD 和 ASD 患者认知功能的效果，该综述囊括了 22 项研究（样本为 579 名 3～20 岁参与者），发现体育锻炼可以显著改善该人群认知功能，达到小到中等程度效果量，为锻炼干预在改善 ASD 和 ADHD 患者认知表现的功效提供了支持（Tan, Pooley & Speelman, 2016）。

身体活动具有缓解老年人轻度精神障碍患者症状的作用。贝克等（Baker et al., 2010）研究发现，持续 6 个月的有氧运动可以提高患有轻度认知功能障碍（MCI）的老年女性的执行功能测试成绩。另一项综述研究结果表明，身体活动可以改善 MCI 患者的执行功能、记忆功能以及心理健康状况（Nuzum et al., 2020）。叶罗欣等（Yerokhin et al., 2012）对阿尔茨海默病患者开展的随机分组实验研究发现，为期 10 周的高强度身体活动可有效改善阿尔茨海默病患者的认知功能。

第五节 身体活动的其他心理效益

主观幸福感（subjective well-being，SWB）是衡量个人生活质量的重要综合性心理指标，指个体对其生活质量所作的情感性和认知性的整体评价。它受到多方面因素的综合影响，其中身体活动/锻炼是主观幸福感的重要影响因素之一。有研究汇总了国内外41项干预研究发现，身体活动可以有效提高个体的主观幸福感，且达到中等程度效果量（徐雷，2014）。此外，一篇汇集了157项相关量化研究的元分析研究结果表明，身体活动对主观幸福感提升有显著作用，且效应量达到中等程度（Cohen's $d = 0.36$，95%置信区间为 $[0.30, 0.42]$，$p < 0.001$）（Buecker et al., 2021）。

自尊是个体如何评价自己，以及由此而来的在多大程度上认为自己有价值。它是心理健康的重要组成部分。身体活动/锻炼被认为是提升自尊的重要手段。总体而言，相关的研究证据也支持了这一观点。例如，马丁等（Martin et al., 2009）的研究发现，参加女子跑步计划的女孩在整体自尊和自我概念方面都有积极的变化。埃拉夫斯基（Elavsky, 2010）对中年女性进行为期2年的追踪调查发现，中年女性的身体活动量与自尊之间呈正向关系，参与身体活动能改善中年女性对身体状况及身体吸引力的主观感知，进而提高整体自尊。此外，巴比克等（Babic et al., 2014）对64项有关青少年的身体活动与自尊关系的研究进行了元分析，进一步揭示了身体活动对青少年身体自尊的作用及其机制。具体结果表明，身体活动量与身体自尊（$r = 0.25$，95%置信区间为 $[0.16, 0.34]$，$p < 0.001$）具有显著正相关关系。

身体活动、体育锻炼与人格是体育领域的经典问题之一，也是运动与锻炼心理学的基础性议题。在20世纪六七十年代，该问题受到众多学者的关注，相关研究主题丰富；但到20世纪80年代，此类研究开始渐渐式微，原因在于心理学、运动心理学、锻炼心理学等方面研究者不断对其发起的质疑，包括方法不合理、推论宽泛、结果多为相关性发现揭示不了因果关系等。在一系列运动与人格的研究中，基于大五人格特质理论的研究在以往相对较多。其中一种得到广泛接受的大五人格特质理论为OCEAN模型（Roccas et al., 2002），即开放性（openness）、尽责性（conscientiousness）、外倾性（extraversion）、宜人性（agreeableness）和神经质（neuroticism）。一项基于33项相关研究的元分析显示，身体活动量与外倾性和尽责性呈正相关，而与神经质呈负相关（Rhodes & Smith, 2006）。此关系为双向关系，一方面，可能是因为那些更善于交际或外向、更自律和更注重成就的人更有可能锻炼，而那些抑郁和焦虑的人则不然；另一方面，可能是因为体育锻炼让人更外向更善于交际，塑造了其阳光、积极、自律的性格。另一项综述及元分析研究显示，按与锻炼行为显著正相关程度由高到低排列，依次为外倾性、尽责性、开放性，宜人性与锻炼行为无显著关系，神经质则与锻炼行为呈显著负相关（Wilson & Dishman, 2015）。

相对于体育锻炼与人格的相关关系探究，体育锻炼能否改变人格的话题更具吸引力和现实意义，然而这一类研究却并不常见，究其原因在于相关的研究难度较大，无论是追踪研究还是实验干预研究都要考虑很多无关变量的影响，且在评价标准上也很难足够客观（石岩和周浩，2017）。史蒂芬等（Stephan, Sutin & Terracciano, 2014）开展的纵向追踪研究结果发现，经常参与体育锻炼的成年人在尽责性、外倾性、开放性和宜人性的下降程度比不经常参与体育锻炼的成年人要低。也有一系列研究探讨了不同持续时间、运动项目和强度的身体锻炼对个体人格的影响。邓雷等（2009）的干预研究结果表明，不同持续时间（12周、6周）、运动项目（健美操、羽毛球、篮球）和强度（中强度、低强度）的身体锻炼对大学生7个维度人格（活跃、爽直、坚韧、严谨、利他、重情、随和）的影响各不相同。锻炼12周对人格的积极效果优于6周；从运动项目来看，羽毛球和健美操对大学新生的人格积极影响优于篮球项目；从强度来看，中强度对人格影响优于低强度对照组。李琳等（2010）选取羽毛球和健美操为运动干预方式，对112名中学预备年级学生进行了12周的运动干预，旨在了解不同运动项目对中学预备年级学生人格和自我意识的影响。结果表明，两种运动项目对中学预备年级学生人格与自我意识的影响不同：羽毛球能够显著改善预备年级学生的神经质，使其情绪稳定；健美操则对自我意识有显著影响。孙文树等（2018）选取三大项群中的8个运动项目为干预方式，对500名大一新生进行了一年的体育教学干预。结果表明，同场对抗性运动项群（足球、篮球）对男大学生的身体自尊影响较大，隔网对抗性运动项群（乒乓球、羽毛球、网球）和难美性运动项群（武术、健美操、体育舞蹈）对女大学生的身体自尊影响较大；不同运动项群中身体自尊对健康人格（责任感、乐观性、社会参与性等6个维度）的影响程度不同，同场对抗性运动项群中身体自尊对健康人格的影响最大。

第六节　身体活动的心理效益机制

已有大量的研究为身体活动对不同人群产生的心理效益提供了实证支撑。本节通过对已有研究进行总结，介绍七种有关身体活动产生心理效益的作用机制假说。前三种假说主要从社会心理的角度进行解释，分别为认知行为理论框架下的自我效能假说、社会互动假说和注意分散假说；后四种假说主要从神经生物学与脑科学的视角进行解释，分别为神经递质假说、脑可塑性假说、前额叶偏侧化假说、双模型理论假说（Budde & Wegner, 2018）。

一、自我效能假说

在认知行为理论框架下，自我效能假说（self-efficacy hypothesis）认为身体活动或身体锻炼可诱发个人产生自我效能以及积极的思维和情感，这些积极的思维和情感可能对抑郁、焦虑、迷茫等消极情绪具有一定的缓解作用。这一解释同班杜拉的自我效能理论具有一定的一致性。班杜拉（Bandura, 1998）认为，人们完成了一项自己认为较为困难或具有挑战的健康促进任务后，其自我效能会得到提升。对于没有运动习惯的个体来说，运动本身是一件极具挑战的任务。如果能够克服这种挑战和困难，并养成运动的习惯，他们可能会体验到一种强烈的成就感和自我效能感（Tikac, Unal & Altug, 2022）。这些能力感有助于增强个体的控制感,进而打破焦虑、抑郁以及其他消极心境状态的不良循环。但该假说究竟能够在多大程度上为个体心理健康改善提供解释尚不清楚。

二、社会互动假说

社会互动假说(social interaction hypothesis)认为,在身体活动过程中个体与他人之间的关系及互相支持是身体活动的心理健康效益的主要体现(Mikkelsen et al., 2017)。在从事身体活动过程中与他人(朋友、同事、家人)实现的社会互动可能是令人愉快的、放松的,因此能够起到改善心理健康的作用。但该假说只提供了集体运动的心理健康效益的部分解释,而已有经验和研究证据表明,运动不论是集体进行还是单独进行,都具有一定的心理效益(do Carmo, Almeida da Rocha & Tanaka, 2017)。

三、注意分散假说

注意分散假说(distraction hypothesis)认为,从事运动能为个体提供将注意从烦恼和紧张的情景进行转移的备选情境,其结果是降低心理紧张程度,使心理活动趋于平缓。该机制得到运动对抑郁症状即时效果的实证支持(de Bourdeaudhuij et al., 2002; Deforche & de Bourdeaudhuij, 2015)。但已有研究发现,该假说假定的情景在实验研究中仍然未能得到很好处理,例如,如何将运动的作用与注意力分散的效果进行区分。因此,这仍需更多后续实证研究的支持。

四、神经递质假说

神经递质假说(neurotransmitter hypothesis)指出,身体活动所带来的愉悦情绪与其所引发的神经递质变化密切相关。通过促进特定神经递质的释放,身体活动有助于改善情绪状况(蒋长好和陈婷婷,2014)。此类观点得到了部分研究的支持,例如,有研究采用正电子发射断层扫描(PET)技术,通过对比运动前后的 PET 扫描图像差异,精确识别脑内啡肽在大脑中的活跃区域。研究结果表明,运动过程中脑内啡肽的分泌显著增加,且这种增加量与情绪变化的程度呈现显著正相关趋势。进一步分析显示,实验参与者报告的情绪感受越积极,其 PET 扫描中脑内啡肽活动的增加量相应更高(Boecker et al., 2008)。另外,身体活动过程中或之后内源性大麻素也可以通过激活大脑奖赏区大麻素受体而产生奖赏反应,使身体活动者感受到愉悦体验。一项汇集了 17 篇实证研究的综述分析发现,其中 14 篇文章报告了个体在急性运动过后出现内源性大麻素升高从而产生欣快感的结果。需要注意的是,其中 4 篇文章报告个体经过长期的耐力训练后会出现内源性大麻素降低的情况(Siebers, Biedermann & Fuss, 2023)。因此,锻炼是否一定使机体产生内源性大麻素提升而导致欣快感,抑或不同身体活动模式是否会对机体内源性大麻素的产生起调节作用,仍有待未来研究进一步探讨。

五、脑可塑性假说

脑可塑性假说(neuropasticity/brain plasticity hypothesis)认为,运动能够改变大脑的结构(structural plasticity)和功能(functional plasticity),提升个体的执行功能,增强情

绪调节能力（Hötting & Röder, 2013）。运动对大脑可塑性的影响已得到部分实证研究的支持。一项综述研究侧面证实了运动对脑结构重塑的积极作用。研究者综合了大量文献，发现规律运动者的海马回、前额叶以及基底核等脑区体积较大。此外，运动量与大脑结构（如海马、纹状体等）相关的认知功能存在显著正相关关系（路毅和邓文冲，2021）。另一项包含基于磁共振成像技术（MRI）的15篇研究的综述分析表明，身心运动（如太极、健身气功、瑜伽等）对脑结构和功能同样能产生显著积极影响（Zhang et al., 2021）。具体而言，身心运动能够改善前额叶、海马/颞中叶、颞外侧叶、岛叶以及扣带皮层等大脑区域。

六、前额叶偏侧化假说

根据前额叶偏侧化假说（frontal lobe asymmetry hypothesis），相对较高的左半球活动与积极情绪或接近动机有关，相对较高的右半球活动与消极情绪或回避动机有关（Davidson, 2004）。部分研究结果显示，无论是低强度还是高强度运动，均能引发前额叶偏侧化现象，从而产生正面的情绪反应（Ekkekakis et al., 2008；Chueh et al., 2022）。已有综述研究指出，左侧前额叶唤醒水平可以作为身体活动及其他行为（自变量）对积极情绪体验（因变量）之间的中介变量和调节变量，即身体活动的确可以致使左侧前额唤醒水平上升，进而导致个体产生积极情绪，但不同身体活动间对左侧前额唤醒水平及积极情绪产生的影响并不相同（Reznik & Allen, 2018）。

七、双模型理论假说

双模型理论（dual-mode hypothesis）提出，个体对运动的情感反应受两个共同作用的因素影响，即认知因素（如身体自我效能感）和通过皮层下途径到达大脑情感中枢的躯体内感受器线索因素（如肌肉或呼吸）（Ekkekakis, 2009）。这两种决定因素之间的平衡会随着运动强度的变化而发生系统性的改变。认知因素在低强度时占主导地位，此时个体会产生愉悦等积极情绪反应；当运动强度接近个体的功能极限时，内感受器线索因素则占据主导，此时个体易产生疲劳等消极情绪反应。与传统理论不同，双模型理论强调身体活动不仅可引发积极情绪，还可能导致消极情绪（Ekkekakis & Brand, 2019；Slawinska & Davis, 2020；Dierkes et al., 2021）。

第七节 锻炼成瘾

锻炼通常是件好事，但是物极必反，过犹不及，如果过度锻炼，因此影响到工作，甚至导致损伤之后还不停止，这就有问题了。锻炼心理学将这种现象归为锻炼成瘾，确切地讲是其中的消极锻炼成瘾。

一、锻炼成瘾相关概念

作为健康心理学的重要研究课题，成瘾这个术语被广泛使用。狭义的成瘾是指个体强迫性地寻求药物和使用药物的行为，其生理和心理产生对药物的强烈依赖，如滥用海洛因、可卡因、酒精及烟草等；广义的成瘾则延伸到对一些行为的强迫性依赖，如病态赌博、疯狂购物、网络成瘾等（梅松丽、张明和刘莉，2006）。通常将前者称为物质成瘾，将后者称为过程成瘾，此处所提到的锻炼成瘾属于过程成瘾的范畴。

锻炼成瘾是指个体对有规律锻炼生活方式所产生的一种身心依赖。锻炼成瘾可以分为积极锻炼成瘾和消极锻炼成瘾两种，通常将消极锻炼成瘾或锻炼过度行为称为"锻炼依赖"。从归因的角度看，积极锻炼成瘾的人能够控制锻炼行为，而消极锻炼成瘾的人则受到锻炼行为的控制（陈福亮、杨剑和季浏，2015）。

一直以来，积极锻炼成瘾和消极锻炼成瘾的界限较难界定，任何一个将锻炼作为一种长期习惯的人通常都被看作锻炼成瘾。虽然这种看法并不正确，但锻炼过度领域的大量研究却聚焦于消极锻炼成瘾。文献中与锻炼成瘾有关的术语被大量使用，相关术语包含锻炼成瘾、运动依赖、锻炼依赖、强迫锻炼、过度锻炼、长期慢跑和强迫跑步等，以下主要采用"锻炼成瘾"一词。

二、锻炼成瘾的特征与测量

锻炼成瘾的测量既包含对积极锻炼成瘾的测量，也包括对消极锻炼成瘾的测量。锻炼成瘾行为的产生最初与锻炼的积极效应有关，由于身体活动可以改善情绪、增加社会交往、预防疾病、增进健康、提高人在应激情景中的自我效能和自信心，因而，长期的身体活动会促使人继续不断地投身其中。

格拉瑟（Glasser，2010）曾经提出积极跑步成瘾的6个标准：①身体活动是非竞争性的、个人选择的，每天从事1小时；②身体活动只需很少的技能和精神努力；③身体活动不依赖于他人，可最大程度地独立进行；④锻炼者相信活动具有价值；⑤锻炼者相信坚持活动会带来某种程度的益处；⑥锻炼后不会带来自我贬低。

最早采用心理测量方法评定锻炼成瘾行为的学者是卡马克和马腾斯（Carmack Martens，1979），他们设计了跑步承诺量表（commitment to running scale）。该量表基于如下假设：由于身体活动可以增进健康，因而，锻炼成瘾行为是一种"积极成瘾"行为，也就是说，跑步承诺量表主要是调查锻炼成瘾者行为的积极方面。此后，许多学者将该量表看成是测量跑步者成瘾的有效工具，其也被修订用来测量从事其他项目成瘾的锻炼者（季浏，1997）。

而如今锻炼成瘾大多含有消极意义，即当消极锻炼成瘾的个体被剥夺了定期锻炼时，他们将产生一系列不良综合征，具体症状包括情感症状（如犹豫、愤怒、羞愧、焦虑、降低自我评估、抑郁、性紧张、挫败感等）、认知症状（如怀疑、注意力难以集中等）、社会症状（如社会交互行为消退、异常等）、生理症状（如无活力、精力减少、睡眠困扰、痉挛、肌肉痛、疲惫、肠胃问题等）。目前，国内外常用的筛查锻炼成瘾的工具为锻炼成瘾量表（exercise addiction inventory），该量表由特里等（Terry et al.，2004）首先编制，之后国内学者曲辉等（2017）将其翻译并应用于大学生锻炼成瘾的相关研究。

锻炼成瘾量表（表17-3）是一种简明的、包含6个条目的锻炼成瘾症状筛查工具，分别评估锻炼成瘾的突出性、冲突性、心境调节、耐受性、戒断症状及复发6个维度，内部一致性信度为0.719。该量表为李克特式计分（非常不同意＝1，不同意＝2，不确定＝3，同意＝4，非常同意＝5）。总分≥24分提示存在锻炼成瘾的风险，应转诊至专家处；总分为13～23分提示可能有潜在症状；总分≤12分提示无症状。

表17-3 锻炼成瘾量表

条目	非常不同意				非常同意
1. 锻炼是我生命中最重要的事（突出性）	□1	□2	□3	□4	□5
2. 关于我的运动量，我和我的家人和/或配偶已经出现矛盾了（冲突性）	□1	□2	□3	□4	□5
3. 我使用锻炼作为调节心境的方式（心境调节）	□1	□2	□3	□4	□5
4. 一段时间以来，我增加了每天的锻炼量（耐受性）	□1	□2	□3	□4	□5
5. 如果我错过了一次锻炼，我的情绪就会不稳，容易生气（戒断症状）	□1		□2	□3	□4	□5
6. 如果我减少了锻炼量，再重新开始，我总是会回到原先的锻炼状态（复发）	□1	□2	□3	□4	□5

三、消极锻炼成瘾的预防

总的来说，锻炼成瘾行为在各种运动项目中都可能存在。以下5个策略或许可以帮助锻炼者避免落入消极成瘾的陷阱。

（1）锻炼者保持一周2～5天的锻炼，每次30～60分钟，切莫贪多求量。这样，锻炼者可避免成为典型的每天锻炼的成瘾者。

（2）困难和容易的身体活动，以及高强度和低强度锻炼活动交替进行，可以使身体保持适度的承受力而不至于崩溃。

（3）寻求一种不会造成生活困扰的锻炼模式，使锻炼者生活得更投入更真实。

（4）锻炼规划的整体设计中，要安排好余暇时间的其他活动。这将使个体恢复体能，并保证锻炼者在受伤和疲劳的时候不进行锻炼。

（5）当锻炼者受伤后，再次开始运动之前要确保完全康复。

本章要点

1. 在学术语境下，身体活动为由骨骼肌收缩引发的能量消耗型躯体动作，其涵盖目标导向型锻炼、竞技性运动以及生活型活动。

2. 不同人群（儿童、成年人、老年人）的身体活动标准不同。如成年人每周应进行150分钟中等强度有氧运动或75分钟高强度有氧运动，其他具体标准可参考《中国人群身体活动指南（2021）》。

3. 身体活动能显著增强积极情绪（如快乐、自豪）并降低消极情绪（如焦虑、抑郁）。研究表明，中等强度的有氧运动对提升情绪最为有效。规律锻炼者比不规律锻炼者从身体活动中获得更大的情绪改善效益。

4. 身体活动能显著促进认知功能，包括智力、记忆、注意、执行功能、学业表现和老年人认知功能。

5. 身体活动对预防和改善多种精神障碍（如抑郁症、焦虑症、精神分裂症、阿尔茨海默病）有积极作用。

6. 身体活动能够提高主观幸福感和自尊水平。身体活动与积极的人格特质（如外倾性、尽责性）相关，并可能对人格发展产生积极影响。

7. 身体活动的心理效益通过多种机制实现，包括自我效能提升、社会互动增加、注意分散效应，以及神经递质释放和脑结构优化等生物学机制。

8. 锻炼成瘾分为积极和消极两种类型。消极锻炼成瘾可能导致过度运动和相关健康问题。其特征包括情感、认知、社会和生理症状。避免锻炼成瘾的建议包括保持适度锻炼频率和时间，交替进行不同强度的活动，并在受伤时确保充分康复后再恢复锻炼。

本章思考题

1. 身体活动的类型有哪些？
2. 不同人群身体活动推荐标准有何不同？
3. 身体活动的心理健康效益有哪些？
4. 身体活动产生心理健康效益的作用机制是什么？
5. 身体活动对认知功能的影响有哪些？
6. 身体活动如何预防和改善精神障碍？
7. 身体活动对人格的影响有哪些？
8. 如何预防锻炼成瘾？

第十八章 促进身体活动的心理学方法

身体活动在维持个体的身心健康及社会功能方面发挥着重要的作用。然而,个体在启动和坚持身体活动的过程中常常面临诸多挑战。身体活动的心理学理论及其行为促进策略,长期以来一直是运动心理学和健康行为科学等领域的研究重点。本章共分为两节,第一节将系统阐述身体活动的经典心理学理论,第二节将探讨如何在具体实践中运用这些理论来促进个体的身体活动,旨在为读者设计科学、系统的身体活动干预项目提供实践指导。

第一节 身体活动的心理学理论基础

充足的身体活动能够显著改善个体的身心健康及社会适应能力。然而,全球流行病学数据显示,儿童、青少年以及中老年人等不同人群中普遍存在身体活动不足的问题。这一全球性问题引起了运动心理学和健康领域研究者的广泛关注。过去几十年间,心理学家们提出了众多的心理学理论模型来描述、预测、解释和改变个体的身体活动行为,并以此为基础设计有效的干预策略,帮助大众参与和维持身体活动,从而最大化其健康收益。

身体活动的心理学理论模型通常可归为三大类:①连续体理论(continuum theories),其强调个体行为变化的连续性和线性过程,主要包括健康信念模型(health belief model,HBM)(Maiman & Becker,1974)、保护动机理论(protection motivation theory,PMT)(Rogers,1975,1983)、社会认知理论(social cognitive theory,SCT)(Bandura,1977a,1986)以及计划行为理论(theory of planned behavior,TPB)(Ajzen,1985,1991)等;②阶段理论(stage theories),其认为行为变化是一个分阶段的过程,个体在不同阶段具有不同的心理特征和行为表现,主要包括跨理论模型(transtheoretical model,TTM)(Prochaska & DiClemente,1983)、柏林阶段模型(Berlin stage model,BSM)(Fuchs,2001),以及"从无活动到保持活动的四步骤模型"(four steps from inactivity to activity model,FIT Model)(段艳平 等,2010)等;③混合理论模型,其结合了连续体理论与阶段理论的特性,旨在更全面地解释和预测身体活动行为,主要包括健康行为过程理论(health action process approach,HAPA)(Schwarzer,2008,2016)和多过程行为控制理论(multi-process action control,M-PAC)(Rhodes,2017)等。

一、连续体理论

连续体理论认为,个体的健康行为(如身体活动)是一个动态且线性的变化过程。其核心观点在于,个体健康行为的改变是由一系列心理学因素相互作用的结果,这些因素通过增强个体的行为动机,最终促使行为发生持续性变化。因此,有学者也将这类理论称为激励理论(motivational theories)(Weinstein, Rothman & Sutton, 1998; Armitage & Conner, 2000)。

在连续体理论中,各种心理学预测因子被整合进一个预测方程,用以估算健康行为的发生与变化概率,并描绘出行为改变的潜在路径。大多数连续体理论基于一个关键假设:个体健康行为的发生源于行为意向的形成。例如,某个体打算每周进行150分钟的中等强度身体活动,在实际行动之前,其首先会产生身体活动的行为意向(或意图),而这一意向的形成是行动发生的前提。连续体理论强调,诸如态度、信念、自我效能、社会规范等一系列社会认知因素,都是预测行为意向形成和健康行为变化过程中不可或缺的因素(段艳平,Brehm & Wagner, 2006; Lippke & Ziegelmann, 2008; Schwarzer, 2008)。这些因素共同作用,构成了个体行为改变的心理基础。

接下来将介绍在身体活动领域中应用较为广泛的两个经典的连续体理论:健康信念模型和计划行为理论。

(一)健康信念模型

自20世纪五六十年代起,心理学家开始探讨如何提高大众对健康的认知,并鼓励大众积极参与政府倡导的健康行为计划,如戒烟运动和疫苗接种活动等。在这一背景下,健康信念模型(HBM)应运而生。该理论模型最初由罗杰斯多克(Rosenstock, 1974)提出,并在麦曼和贝克(Maiman & Becker, 1974)的修订下进一步完善。健康信念模型融合了需要动机理论、认知理论和价值期望理论,强调个体的主观心理过程(如期望、思维、推理和信念)在健康行为改变中的核心作用。

健康信念模型认为,个体的健康信念结构主要包含三个方面:①行为的制约或调节因素;②个体健康信念;③行为的线索或诱因(cues to action)。其中,个体健康信念是该理论的核心概念,即个体如何理解疾病与健康行为之间的关系。该模型指出,个体要采取某种有益健康的行为(如身体活动)或放弃危害健康的行为(如久坐),需满足以下3个关键条件。

(1)知觉疾病的威胁。个体需意识到某种疾病或危险因素对自身的潜在风险,即疾病易感性(susceptibility)(如"我很可能患上或复发心血管疾病、高血压或代谢综合征等疾病");同时,其还需认识到疾病可能带来的严重后果,即疾病严重性(severity)(如"这些疾病可能导致慢性疼痛、残疾,甚至危及生命")。

(2)对行为后果的权衡。个体需要评估采取某种健康行为或放弃某种不健康行为的结果。这包括感知到的收益(perceived benefits)(如"坚持充足的身体活动可以降低我患心血管疾病的风险")和感知到的障碍(perceived barriers)(如"进行身体活动需要花费时间,还可能需要购买运动装备或支付场地费用")。

(3)自我效能(self-efficacy)。个体对自身执行或放弃某种行为的能力需具有足够的信心。当个体意识到健康行为可能面临挑战时，只有具备克服障碍的信心和意志，才能真正采取行动。

上述三个方面都会受到行为的制约或调节因素影响，包括人口统计学特征（如性别、年龄、种族和社会经济状况等）以及心理特征（如人格、社交影响等）。此外，健康信念模型还强调行为线索或诱因在个体行为决策中的重要性。行为线索指个体是否能从环境中获取足够的信息来促进健康行为，如新闻媒体的宣传、家人和朋友的鼓励、目睹他人因健康问题而受影响等。在更强烈的行为线索作用下，个体采取健康行为的可能性也会随之增加（图18-1）。

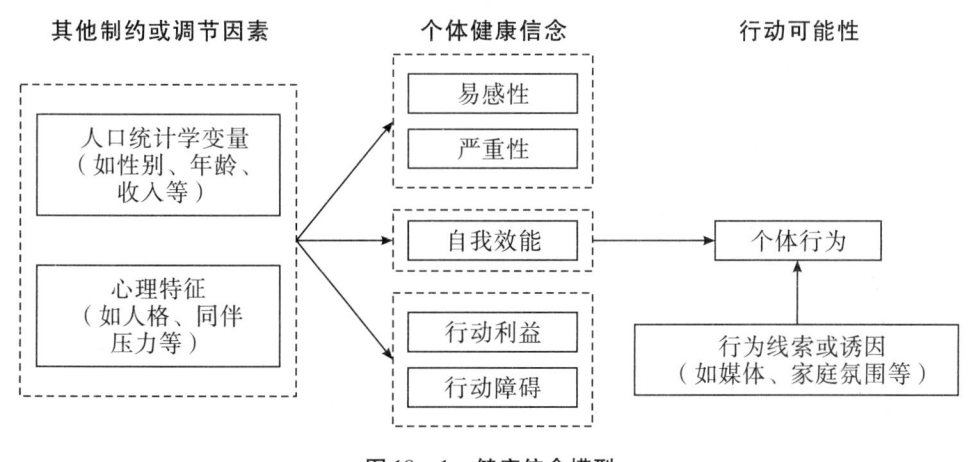

图18-1　健康信念模型

健康信念模型作为健康行为研究领域的重要理论框架，其核心优势在于为解释和预测个体健康行为提供了系统的认知评估路径。该模型通过构建"感知—评估—行动"的理论链条，不仅阐明了健康行为决策的心理机制，更为行为干预提供了可操作的实施路径。具体而言，该模型的理论优势主要体现在以下三个方面。

（1）在理论建构方面，HBM提出了一个多维度的认知评估体系。该体系包含：①威胁感知维度，涵盖对疾病易感性和严重性的评估；②行为评估维度，包括对健康行为益处和障碍的权衡；③效能评估维度，涉及自我效能感和行动线索的识别。这种多维度的评估框架为理解个体健康决策提供了系统化的分析工具。

（2）在实践应用层面，HBM提供了明确的干预路径。该路径通常包含两个关键步骤：①全面评估个体的健康信念系统，包括对疾病认知、行为预期、自我效能以及外部环境因素的诊断；②实施针对性干预措施，如通过健康教育提升健康认知、优化环境支持、降低行为障碍、强化社会支持、提升行为动机等。这种"评估—干预"的闭环设计确保了理论的可操作性和实践价值。

（3）在应用领域方面，HBM经历了显著的拓展过程。最初，该模型主要应用于疾病预防和临床护理领域，特别是在指导个体改善不健康行为方面发挥了重要作用（如戒烟、用药依从性等）。随着理论的发展，研究者逐步将其应用于身体活动促进领域，并在大学生（Shao et al.，2018）、老年人（Kaushal et al.，2021）和慢性病患者（Daddario，2007）等群体中验证了其有效性。

然而，研究也揭示了HBM的理论局限性，主要体现在以下三个方面：①行为适用性局限。HBM 对短期预防性行为（如疫苗接种）具有较好的解释力，但对需要长期坚持的行为（如规律锻炼）预测效果欠佳。这种差异可能与模型未充分考虑行为维持机制有关。②认知机制简化。模型虽然识别了关键认知因素，但对这些因素间的交互关系缺乏深入探讨。例如，社会规范如何影响自我效能、行为态度如何调节行为意图等问题尚未得到充分解释。③环境因素缺失。HBM 主要关注个体认知层面，对宏观环境因素（如政策支持、社会文化）的影响考虑不足。

这些局限性为 HBM 的后续发展指明了方向，也推动了健康行为理论体系的不断完善。后续研究需要在保持模型核心优势的基础上，进一步整合社会生态理论、计划行为理论和健康行为过程理论等新视角，以增强理论的解释力和适用性。

（二）计划行为理论

计划行为理论（TPB）作为行为科学领域最具影响力的理论框架之一，其发展历程体现了理论建构的渐进性与系统性。该理论经历了三个重要发展阶段，每个阶段都显著提升了理论的解释力和适用性。

第一阶段为理论奠基期（1975—1985 年）。费什贝恩（Fishbein）和艾岑（Ajzen）提出的理性行为理论（theory of reasoned action，TRA）构成了 TPB 的理论基石。该理论确立了"态度—意向—行为"的核心路径，强调行为意向（behavioral intention）是预测行为的直接前因变量，而行为意向又受到态度（attitude）和主观规范（subjective norm）的双重影响。这一阶段的理论贡献在于：确立了行为决策的认知机制，提出了可操作化的理论构念，以及建立了量化的预测模型。然而，TRA 的理论假设——行为完全由意愿控制——在解释复杂现实行为时表现出明显局限性。对这一缺陷的完善推动了理论的进一步发展。

第二阶段为理论完善期（1985—2019 年）。艾岑（Ajzen）通过引入知觉行为控制（perceived behavioral control）这一关键变量，成功将 TRA 升级为 TPB。这一阶段的理论创新体现在：构建了"态度—主观规范—知觉行为控制—意向—行为"的完整路径，新增了行为信念、规范信念和控制信念三个外源变量，建立了多层次的影响机制。这一扩展显著增强了理论对非完全自主行为的解释力，特别是在解释资源受限或能力不足情境下的行为决策时表现出明显优势。

第三阶段为理论扩展期（2019 年至今）。最新版的 TPB 进一步整合了实际行为控制（actual behavioral control）和背景因素（background factors）两大要素（Bosnjak，Alzen & Schmidt，2020）。实际行为控制指个体在执行某一行为时是否具备实际的资源或能力，而背景因素则涵盖个体的个性特征、社会文化环境及经验等影响因素。这一拓展具有重要的理论意义：实际行为控制概念的引入弥补了主观感知与客观条件之间的鸿沟，背景因素的纳入增强了理论对文化、环境等宏观因素的解释力，形成了更加完整的"个体—环境—行为"交互模型。这些新增要素进一步增强了计划行为理论在预测和解释行为变化方面的适用性，使其成为行为科学研究中广泛应用的理论框架（图 18 - 2）。

计划行为理论（TPB）是健康行为研究领域的重要理论框架，其核心在于阐释行为意向形成前的心理机制，强调行为改变是一个连续的动态过程。该理论认为，个体在特定情境下会形成三类关键信念：行为信念（behavioral beliefs）、规范信念（normative beliefs）和控制信念（control beliefs），这些信念共同作用于行为意向的形成。

行为信念是指个体对特定行为可能产生的结果或体验的主观评估。这些信念将目标行为与预期结果或体验建立关联，尽管个体可能持有多种行为信念，但在特定情境下可被激活的信念数量有限。行为信念与个体对行为结果的主观价值判断相结合，共同塑造了个体对目标行为的态度。态度反映了个体对行为的整体评价，可分为认知性态度（cognitive/instrumental attitude）和情感性态度（emotional/affective attitude）（Phipps et al.,2021）。认知性态度关注行为的工具性价值（如"规律运动能否提升健康水平"），而情感性态度则涉及行为带来的情绪体验（如"运动是否令人愉悦"）。研究表明，积极的态度显著促进行为意向的形成。

主观规范（subjective norm）是行为意向形成的另一重要前因变量，指个体感知到的来自"重要他人"或群体的社会压力。主观规范受两类规范信念的影响：①指令性规范信念（injunctive normative belief），即"重要他人"对个体行为的期望（如"家人支持我参与运动"）；②描述性规范信念（descriptive normative belief），即"重要他人"的实际行为模式（如"家人经常参与运动"）。这些信念与参照群体的重要性共同决定了个体的主观规范认知。

计划行为理论进一步指出，行为意向的形成还受到知觉行为控制（perceived behavioral control）的影响。知觉行为控制反映了个体对执行目标行为的难易程度的感知，其强弱取决于控制信念，即个体对可能促进或阻碍行为执行的因素的认知。研究表明，知觉行为控制不仅直接影响行为意向，还可能调节态度和主观规范对意向的作用（Hagger et al., 2022）。值得注意的是，近年研究强调实际行为控制（actual behavioral control）的重要性，即个体执行目标行为所需的实际能力、资源和机会（Bosnjak, Ajzen & Schmidt, 2020）。在无法直接测量实际行为控制的情况下，准确的知觉行为控制可作为其有效代理变量。

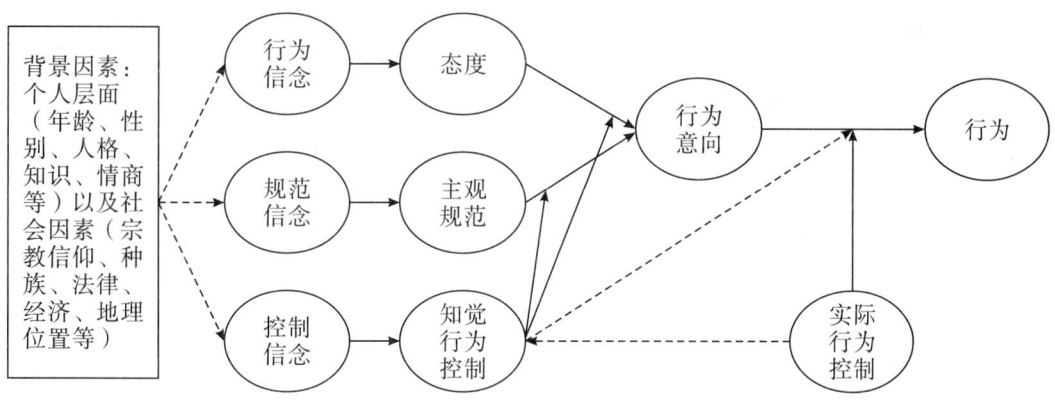

图 18 - 2　计划行为理论

（注：实线代表该路径目前实证证据较为充分，虚线代表该路径仍需更多高质量的实证探索）

尽管计划行为理论为理解行为意向的形成提供了系统框架，并在身体活动等健康行为领域得到广泛应用（Wang & Zhang, 2016；Cheng et al., 2019），但其仍存在一定的局限性。一方面，该理论对行为意向的解释力（占44.5%）显著高于对实际行为的解释力（占27.4%）（Hagger, Chatzisarantis & Biddle, 2001），表明意向到行为的转化机制仍需进一步探索。另一方面,理论框架在解释行为维持机制方面存在不足。为弥补这些局限,研究者通过引入知识、自我认同、污名化等变量对理论进行扩展,以期更准确地预测和干预健康行为。未来研究可进一步整合时间维度,探讨行为信念、规范信念和控制信念的动态演变过程,以及这些变化对行为意向和实际行为的长期影响。

二、阶段理论

与连续体理论形成鲜明对比的是,阶段理论(stage theories)提出了一个截然不同的健康行为改变范式。这类理论认为,个体的健康行为转变并非线性连续的过程,而是呈现出明显的阶段性特征(Weinstein, Rothman & Sutton, 1998;段艳平、Brehm 和 Wagner, 2006;Lippke & Ziegelmann, 2008)。阶段理论框架具有以下四个核心特征。

(1)阶段划分的明确性(stage categorization):每种阶段理论都依据特定的分类标准,将个体划分到有限的阶段类别中。处于同一阶段的个体在关键行为特征(如运动频率、强度等)上表现出高度同质性,而不同阶段的个体则在这些特征上存在显著差异。这种分类方法为行为干预提供了重要的理论依据。

(2)阶段转换的序列性(sequential progression):阶段理论强调行为改变遵循特定的发展序列。个体必须在前一阶段完成特定的转变任务,投入必要的时间与精力,才能顺利过渡到下一阶段。这种序列性反映了行为改变的累积性和渐进性特征。

(3)阶段内的一致性(intra-stage homogeneity):同一阶段的个体往往面临相似的行为改变障碍和挑战。这种一致性使得针对特定阶段设计标准化干预策略成为可能,从而提高了干预措施的普适性和可推广性。

(4)阶段间的异质性(inter-stage heterogeneity):不同阶段的个体在行为改变过程中遇到的障碍存在显著差异,影响阶段转换的关键因素也随阶段变化而改变。这种异质性要求干预措施必须具备阶段特异性,以确保干预的针对性和有效性。

在身体活动研究领域,有两个经典的阶段理论模型得到了广泛应用和实证支持。这些理论为理解和促进个体的运动行为改变提供了重要的理论框架与实践指导。接下来,我们将重点介绍这两个理论模型的核心内容、应用价值及其在实践中的具体应用。

(一)跨理论模型

跨理论模型(TTM)是行为改变研究领域最具影响力的理论框架之一。该模型由美国心理学家詹姆斯·普罗查斯卡(James Prochaska)于20世纪70年代末创立,最初旨在整合心理治疗领域的行为改变理论(Prochaska & DiClemente, 1983)。通过对18种主要心理治疗和行为改变理论的系统比较与分析,普罗查斯卡提炼出行为改变的核心要素,构建了这一综合性理论框架。

跨理论模型最初应用于成瘾行为(如戒烟)的干预研究,随后其应用范围逐步拓展到健康促进、临床治疗等多个领域。20世纪80年代后期,该模型被引入身体活动研究领域,为理解和促进个体的锻炼行为改变提供了新的理论视角。跨理论模型整合了认知、行为和时间三个维度的关键要素,包含变化阶段(stages of change)、变化过程(processes of change)、决策平衡(decisional balance)和自我效能(self-efficacy)四个相互关联的核心构念。其中,变化的阶段是模型的核心结构,为其他概念提供基本的组织框架。

跨理论模型描述了五个不同的行为变化阶段。①前思考期（precontemplation），在该阶段，个体尚未进行身体活动，且没有定期进行身体活动的意愿。②思考期（contemplation），在该阶段，个体当前未进行身体活动，但有意在未来6个月内开始定期进行身体活动。③准备期/决定期（preparation/determination），在该阶段，个体已开始进行低于标准水平的身体活动（每周至少3次，每次不少于20分钟），并计划在未来30天内增加身体活动频率。④行动期（action），在该阶段，个体已达到标准水平的身体活动（每周至少5次，每次30分钟以上），但坚持时间少于6个月。⑤维持期（maintenance），在该阶段，个体保持定期进行身体活动，并持续超过6个月。

近年来，研究者对经典五阶段模型提出若干扩展建议。部分学者主张增加"波动/倒退阶段"（fluctuation/relapse stage）或"终止阶段"（termination stage）（Shang et al., 2018；Duan et al., 2020）。然而，由于这些新增阶段的划分标准和特征尚未得到充分验证，在身体活动干预实践中，研究者仍主要采用五阶段理论框架。跨理论模型强调行为改变通常呈现渐进式发展，但同时也承认阶段倒退的可能性。个体可能经历多次尝试与倒退，形成螺旋式上升的改变模式（图18-3）。这种非线性改变特征为制定个性化的阶段匹配干预策略提供了重要理论依据。

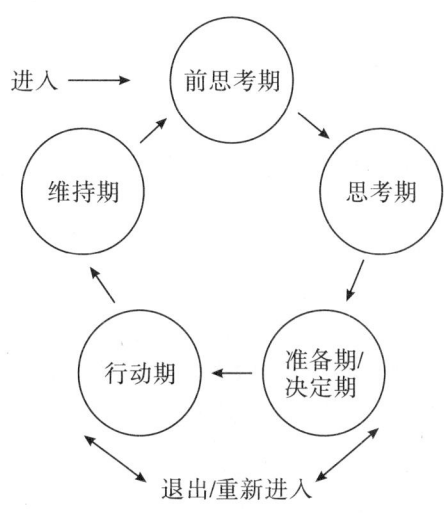

图18-3　跨理论模型

跨理论模型特别强调了变化过程在行为改变中的核心作用，认为通过系统性地实施有针对性的策略，能够有效促进个体在不同行为阶段之间的转变。变化过程包含认知/思考过程（cognitive/thinking processes）和行为过程（behavioral/doing processes）两个相互关联的维度。在认知/思考过程中，个体通过认知加工和经验积累获取相关信息，从而深化对行为改变的理解并增强改变动机；而在行为过程中，个体则通过与环境互动和实际行动积累经验，推动行为的具体执行（Nigg，Courneya & Estabrooks，1997；Nigg & Courneya，1998；段艳平、Brehm和Wagner，2006）。每个行为变化过程均由五个具体的组成部分构成，这些部分共同作用于行为改变的各个阶段（Biddle & Nigg，2000）。此外，跨理论模型还特别强调了决策平衡和自我效能在阶段转变中的重要作用。决策平衡反映了个体对健康行为利弊的权衡，而自我效能则体现了个体对成功实施行为改变的信心程度，两者共同影响个体在不同阶段间的过渡（表18-1）。

表 18-1 跨理论模型中的"变化过程"

类别	变化过程	定义（以身体活动为例）
认知/思考过程	意识提升	寻找有关身体活动的新知识、新信息
	情感唤醒	体验和表达身体活动不足（或久坐）所带来的负面情感
	环境再评估	评估身体活动是如何影响自己周围环境的，如家人、朋友等
	自我再评估	对身体活动不足或久坐所带来的影响进行认知和情感再评估
	社会承诺	增强意识并接受身体活动成为一种生活方式
行动过程	反条件化	为久坐行为选择合适的替代性身体活动
	帮助关系	从周围人际关系中寻求支持，以能够参与和继续进行身体活动
	强化管理	奖赏自己参与和坚持身体活动的行为
	自我承诺	制订身体活动计划，承诺能够进行身体活动，相信自身行为能够改变
	刺激控制	控制那些可能诱发行为中止的因素，建立积极性线索以促进身体活动的维持

文献来源：Biddle 和 Nigg（2000）。

跨理论模型的核心优势在于能够根据个体所处的特定行为阶段，提供与之相匹配的干预策略，从而显著增强干预措施的针对性和有效性。这种阶段匹配的干预方式不仅能够更好地满足个体的实际需求，还能提高行为改变的成功率。然而，该模型在实际应用中仍存在一定的局限性。一方面，行为阶段的划分主要依赖于个体的主观报告，可能存在一定的主观偏差，难以完全准确反映个体的真实行为状态。另一方面，个体的行为特征往往具有复杂性和动态性，可能同时符合多个阶段的标准，这种情况会显著增加干预策略制定和实施的难度，对干预者的专业判断和灵活性提出了更高要求。因此，在实际应用中，需要结合个体的具体情况，灵活运用理论框架，同时辅以其他评估手段，以提高干预的精准性和科学性。

（二）从无活动到保持活动的四步骤模型

从无活动到保持活动的四步骤模型（FIT Model）是由德国运动科学专家布雷姆（Brehm）与我国锻炼心理学家段艳平等共同提出的理论框架，专门用于描述和解释个体从身体不活动状态向规律性身体活动转变的动态过程（段艳平 等，2010）。该模型将个体从完全不参与身体活动到形成稳定锻炼习惯的转变过程划分为六个阶段，并将其归纳为四个关键步骤。与跨理论模型相比，FIT 模型在保留五个相似阶段的基础上，特别增加了"波动期"这一阶段，以更准确地反映个体在行为改变过程中可能经历的反复与波动。

模型的六个阶段包括：①前考虑期（non-considering），即个体尚未产生参与身体活动的意愿；②考虑期（considering），个体开始思考是否参与身体活动并评估其可能性；③准备期（preparing），个体虽未开始进行身体活动，但已做出决定并制订具体计划；④探索期（exploring），个体开始定期参与身体活动，但持续时间不足一年；⑤波动期

(fluctuating),个体虽坚持身体活动,但尚未形成稳定规律,可能出现反复;⑥维持期(maintaining),个体已建立稳定的身体活动行为习惯,并持续一年以上(图18-4)。这一阶段划分不仅体现了行为改变的渐进性,还特别关注了行为维持过程中的波动特征,为制定针对性的干预策略提供了更全面的理论依据。

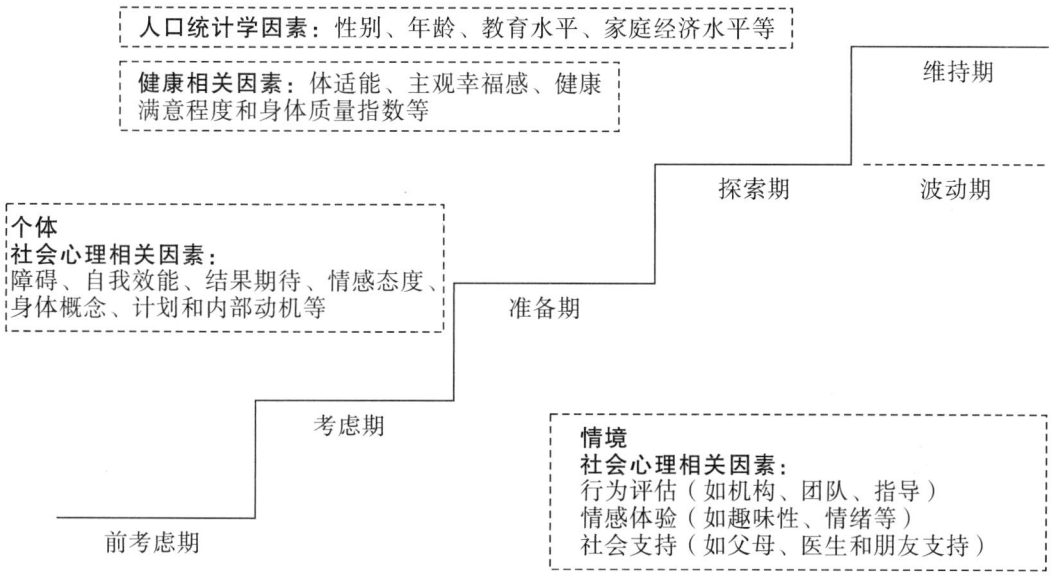

图18-4 从无活动到保持活动的四步骤模型

从无活动到保持活动的四步骤模型不仅提出了六个行为阶段的划分,还系统阐述了行为改变的四个关键步骤,为理解个体从静态生活方式向积极运动状态转变提供了完整的理论框架。首先,个体需要完成从"完全不考虑"到"开始考虑"参与身体活动的认知转变,这一步骤标志着行为改变意识的萌芽。其次,个体经历从"考虑"到"下定决心并制订具体计划"的决策过程,这一步骤体现了行为意向的具体化。再次,从"准备状态"到"实际行动与探索"的过渡,这一步骤反映了理论构想向实践转化的关键跃迁。最后,个体需要实现从"行为探索或波动"到"稳定持续状态"的巩固过程,这一步骤强调了行为习惯的最终形成与维持(段艳平 等,2010)。

该模型的有效性在中德两国的实证研究中得到了验证(段艳平 等,2012;Duan et al.,2016)。研究显示,模型对中高强度身体活动行为具有更高的敏感性,但在特异性方面表现相对较弱(Duan et al.,2016)。其进一步的研究揭示了影响行为阶段转变的关键因素:阻碍因素和内部动机在行为改变过程中起着决定性作用,而详细的行为计划对非行动阶段的个体尤为重要。此外,身体活动的趣味性在促进个体从无活动状态向活动状态过渡的过程中发挥着独特的催化作用(Duan et al.,2015)。这些研究发现不仅验证了模型的理论假设,还为制定针对性的行为干预策略提供了重要依据。

三、混合理论模型

在行为改变的理论研究中,除了广为人知的连续体理论和阶段理论模型外,学术界还发展出一类整合性的理论框架——社会认知融合模型。这类理论创新性地将连续体理论的线性特征与阶段理论的动态特性相结合，形成了独特的"混合理论模型"体系。在众多混合理论中，健康行为过程理论（health action process approach，HAPA）因其在身体活动领域的突出贡献而备受关注。

健康行为过程理论由德国心理学家施瓦策尔（Schwarzer，2008，2016）在社会认知理论的基础上发展而来。该理论框架的独特之处在于其整合了连续体理论和阶段理论的核心优势，同时克服了传统理论的局限性。具体而言，HAPA理论首次明确提出并系统阐述了行为意向—行为鸿沟（intention-behavior gap）这一关键概念，强调行为意向的形成并不必然导致行为的实际发生。这一理论突破将行为改变过程明确区分为两个相互关联又相对独立的阶段：动机形成阶段（motivational phase）和意志执行阶段（volitional phase）。通过这种阶段划分，HAPA理论显著提升了对个体行为变化的解释力，特别是在健康行为（如体育锻炼、饮食控制等）领域具有重要的理论指导价值。

从理论结构来看，HAPA将行为改变过程系统性地划分为两个主要阶段：动机阶段和意志阶段。动机阶段的核心任务是促进行为意向的形成，而意志阶段则着重于通过自我调节策略（如行动计划制定等）来启动和维持目标行为。值得注意的是，HAPA理论进一步细化了从动机到意志的转化过程，并依据三个渐进式子阶段将个体划分为：①无意向者（non-intender）；②意向者（intender）；③行动者（actor）。这种精细的阶段划分为理解行为改变的动态过程提供了更为清晰的理论框架（图18-5）。

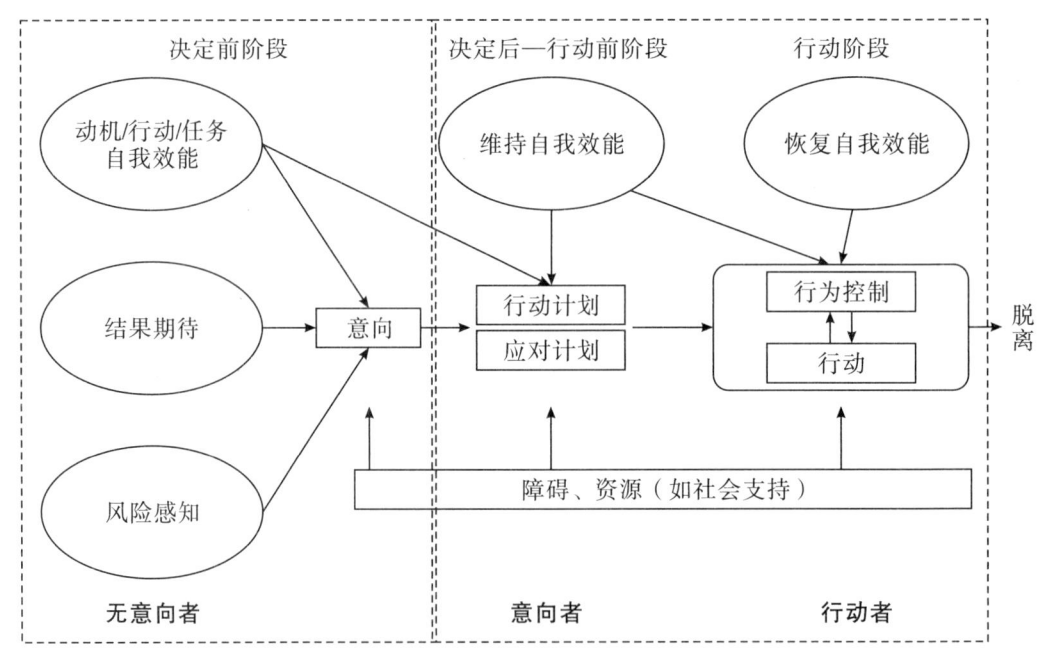

图18-5 健康行为过程理论

在行为改变的初始阶段（即决定前阶段），个体虽未明确作出参与身体活动的决定，但其认知系统已开始发生显著转变。这一转变主要体现在健康知识的积累、风险意识的觉醒、运动自信心的建立，以及对身体活动积极效益的预期。这些认知要素的协同作用推动着个体逐步形成参与身体活动的行为意向。其中，风险感知（risk perception）、结果期待（outcome expectancy）以及多维度的自我效能感（包括动机自我效能、行动自我效能和任务自我效能）构成了影响行为意向发展的核心要素。

当个体完成行为意向的构建后，便进入了意向—行动过渡阶段。这一阶段的核心任务是制订切实可行的行动计划，将抽象的行为意向转化为具体的行动方案。根据 HAPA 理论，有效的计划制订应当包含两个关键维度：行动计划（action plan）和应对预案/计划（coping plan）。行动计划是对行为意向的具体化和操作化，需要明确界定身体活动的时间、地点和内容等要素。例如，"每周三、周五下午5：00—6：00，我将与同伴在学校羽毛球馆进行羽毛球训练"。考虑到实际执行过程中可能遇到的障碍，个体还需要制订相应的应对预案/计划，通常采用"条件—反应"式的表述，如"若羽毛球馆满员，则改在篮球场进行篮球运动"。除计划制订外，动机自我效能和维持自我效能（maintenance self-efficacy）在这一阶段同样发挥着重要的支撑作用。

进入行动阶段后，个体的核心任务转向行为的持续执行和巩固。这一阶段的关键在于运用有效的自我调节策略来维持行为并预防倒退。HAPA 理论特别强调行为控制（action control）的重要性，它由三个相互关联的要素构成：①自我监控（self-monitoring），即个体对自身行为执行情况的持续追踪和评估；②标准意识（awareness of standard），即对既定行为规范的认知和觉察；③自我调节努力（self-regulatory effort），即为实现目标而付出的持续性努力（Sniehotta, Scholz & Schwarzer, 2005）。此外，维持自我效能和恢复自我效能（recovery self-efficacy）在预防行为倒退方面具有独特的保护作用。

值得注意的是，HAPA 理论还特别关注外部环境因素的影响。研究表明，感知到的社会支持、环境资源等外部因素对行为意向的形成、行为的启动和维持都具有显著的调节作用。该理论已在多个健康促进项目中得到成功应用，包括青少年体质提升、大学生健康行为干预以及心脏病患者康复计划等，其有效性已获得大量实证研究的支持（Zhang et al., 2019）。

四、拓展：其他心理学理论

在身体活动促进的研究领域中，除了前述的心理学理论框架外，还存在着若干具有重要解释力和实践指导价值的理论模型。这些模型从不同视角阐释了身体活动行为的形成机制，其中最具代表性的包括自我决定理论（self-determination theory, SDT）、能力—机会—动机—行为模型（capability opportunity motivation and behavior, COM-B），以及生态系统理论（ecological system theory）。

自我决定理论（SDT）由美国心理学家德奇和瑞安（Deci & Ryan, 1985）创立，是一个宏观的动机与人格发展理论框架。该理论从个体与环境互动的视角，深入剖析了自我决定行为的心理机制。SDT 理论体系强调，行为的持久性改变主要取决于自主性（autonomy）、关系性（relatedness）和能力感（competence）三个基本心理需求的满足。在健康行为特别是锻炼行为领域，内在动机（intrinsic motivation）被证实是维持长期参与的关键因素。研究表明，通过提供自主选择空间、强化社会联结体验以及提升自我效能感，能够显著增强个体的运动参与动机和坚持度。

能力—机会—动机—行为模型（COM-B）由米奇等（Michie et al., 2011）提出，是一个整合性的行为改变实践框架。该模型将行为改变的核心要素系统性地归纳为能力（capability）、机会（opportunity）和动机（motivation）三个维度。根据这一理论框架，个体行为的产生和维持需要同时满足三个基本条件：具备必要的能力储备、存在适宜的行为机会，以及拥有充分的动机水平。COM-B 模型为身体活动干预提供了全面的理论指导，强调通过能力建设、环境优化和动机激发等多维策略来促进健康行为的改变（Michie et al.，2011）。

生态系统理论由布朗劳布伦纳（Bronfenbrenner，1979）提出，最初用于解释儿童行为发展，强调个体与环境之间的动态交互关系。该理论采用生态学视角，认为人类行为是多层次环境系统协同作用的结果。具体而言，生态系统理论将环境因素划分为四个相互关联的层次：微观系统（microsystem，如家庭、学校等直接影响个体的环境）、中观系统（mesosystem，体现不同微观系统间的交互作用）、外部系统（exosystem，如社会政策、媒体等间接影响环境）以及宏观系统（macrosystem，如社会文化背景和价值观念）。在身体活动促进实践中，该理论强调需要同时关注个体内在动机和外部环境支持的双重影响（Bronfenbrenner，1979）。

这些理论模型已在不同人群的身体活动促进研究中得到广泛验证，为理解健康行为改变提供了多维度的理论视角和实践指导。通过整合这些理论框架，研究者可以更全面地设计和实施身体活动干预策略，从而更有效地促进个体和群体的健康行为改变。

第二节　身体活动促进策略的实践应用

一、身体活动行为干预中应用心理学理论的必要性

在制定促进身体活动的心理学干预策略时，研究者通常面临两种选择：①依托现有的心理学理论框架；②借鉴经实证检验的干预技术。然而，通过对相关文献的系统回顾可以发现，学界普遍倡导基于科学的心理学理论模型来构建干预方案，以强化其理论基础并提升干预效果（Fishbein & Yzer，2003；Lippke & Ziegelmann，2008；Prestwich et al.，2014；Gourlan et al.，2016；Conner & Norman，2017）。这一共识主要基于以下三个方面的理论依据（Michie et al.，2018）。

首先，身体活动的心理学理论模型为描述、预测和解释个体锻炼行为的变化提供了系统的理论框架。这些理论不仅有助于研究者深入理解行为改变的内在机制，包括中介变量和调节因素的作用，还能指导干预设计更精准地针对影响身体活动的关键决定因素，从而提升干预的针对性和有效性。其次，基于理论构建的干预方案在实践可行性方面具有明显优势。通过系统的效果评估，不仅可以验证干预方案的实际效用，还能为相关理论的完善和发展提供实证支持，实现学术研究和实践应用的双向促进。最后，在科学理论的指导下，干预方案能够更系统地识别和验证影响身体活动行为的关键心理学变量，即行为改变的决定因素（determinants）。这种方法论有助于确保干预措施在不同文化背景和人群中的普适性，从而增强身体活动促进项目的推广价值。

实证研究数据支持了理论导向干预方案的有效性。多项元分析研究表明，基于理论的干预方案在效果上显著优于非理论导向的干预（Webb et al.，2010；Conner & Norman，

2017）。戈兰（Gourlan et al., 2016）对190项身体活动干预研究的分析显示，约50%的研究明确采用了特定的心理学理论模型。这些研究在理论应用上呈现两种主要模式：单一理论模型的应用和多理论模型的整合。部分学者认为，整合不同理论模型可以更全面地理解行为改变的复杂过程，并提升理论对行为变化的预测力（Lippke & Ziegelmann, 2008；Hagger, 2009）。例如，布曼等（Buman et al., 2011）在老年人身体活动干预中整合了社会认知理论和自我决定理论的核心要素；平托等（Pinto et al., 2011）则将跨理论模型与社会认知理论相结合，作为干预设计的理论基础。

然而，关于多理论整合的优越性仍存在争议。普雷斯特维奇等（Prestwich et al., 2014）对107项身体活动和饮食行为干预研究的元分析发现，所采用的具体理论对干预效果的影响并不显著。值得注意的是，基于单一理论的干预方案在促进身体活动方面的效果优于多理论整合的方案。这一发现得到了戈兰等（Gourlan et al., 2016）研究的支持，他们对82项随机对照实验的分析表明，基于单一理论的干预效果量（$d = 0.35$，95%置信空间为=[0.26～0.43]）显著高于多理论整合的干预（$d = 0.21$，95%置信空间=[0.11～0.32]）。研究者推测，这一现象可能与多理论整合方案在理论应用上的不完整性有关。

此外，研究还发现，无论采用单一还是多理论模型，干预方案对行为改变的总体效应量仍相对有限（Taylor, Conner & Lawton, 2012；Gourlan et al., 2016；Rhodes, 2017）。这种局限可能源于理论应用和报告的不规范性，特别是许多干预方案并未严格遵循完整的理论框架。亚伯拉罕和米奇（Abraham & Michie, 2008）指出，部分干预方案仅选取了理论中的某些概念，因此更适宜被称为"理论启发式干预"（theory-inspired intervention）而非"基于理论的干预"（theory-based intervention）。

基于这些研究发现，学界普遍呼吁未来研究应更加严格地遵循心理学理论模型来设计干预方案，并深入探究真正影响行为改变的核心理论成分，即"有效成分"（active ingredients）。这种理论导向的研究范式不仅有助于优化干预方案的科学基础，也能提升其在实践应用中的可推广性和可持续性（Conner & Norman, 2017）。

二、行为改变技术

在促进身体活动的心理学干预研究中，虽然基于理论框架的设计具有重要价值，但在实践应用中仍面临显著挑战（Michie et al., 2011）。首要挑战在于心理学理论模型主要提供概念性解释框架，而缺乏具体的操作化指导，这使得理论向实践的转化存在困难。次要挑战在于，现实中的身体活动干预方案往往具有多成分、多层次的复杂性，这种复杂性不仅影响了干预方案的可重复性和可操作性，也阻碍了实证研究的系统整合和知识积累，进而制约了对更有效干预方法的探索。

为应对这些挑战，研究者提出了行为改变技术（behavior change technique，BCT）的概念框架（Michie et al., 2008, 2011, 2013）。行为改变技术被明确定义为"干预方案中旨在改变或重新定向行为因果过程的、可观察且可重复的操作成分；这些技术被视为促进行为改变的潜在有效成分"。典型的BCT包括反馈机制、自我监控技术和强化策略等（Michie et al., 2013；Carey et al., 2019）。目前，学界广泛采用的行为改变技术分类体系是行为改变技术分类表（BCT Taxonomy v1，BCTTv1）。该体系系统整合了93种具体的行为改变技术,并将其归为 16 个主要类别,为健康行为干预研究提供了标准化的操作框架(Michie et al., 2013)。

在身体活动行为干预领域,米奇等(Michie et al., 2011)在原有 26 个条目的 CALO(Coventry, Aberdeen & London)分类体系基础上,通过系统扩展和优化,开发了包含 40 个条目的 CALO-RE(Coventry, Aberdeen & London-Refined)分类表。这一改进版本为身体活动干预提供了更精细的技术分类和操作指导(表 18-2)。实证研究表明,行为改变技术在身体活动促进研究中已得到广泛应用,且多技术整合的干预方案显示出显著优势。普雷斯特维奇等(Prestwich et al., 2014)的元分析证实,相较于单一技术干预,整合多种行为改变技术的干预方案在促进身体活动行为方面具有更显著的效果。

表 18-2 40 条目的行为改变技术分类表示例

行为改变技术	具体描述
1. 行为的普遍性影响	提供关于某一行为可能带来的广泛影响的信息,通常基于流行病学大数据,而非个体案例。例如,可说明缺乏身体活动可能导致慢性疾病风险增加 20%~30%,并提升总体死亡率
2. 行为对个体的影响	针对个体特征(如人口统计学信息、临床状况或心理因素)提供采取或不采取某行为所带来的潜在益处或风险。此类信息不仅限于健康相关内容,还可涉及其他方面的影响。例如,规律锻炼不仅有助于身体健康,还能改善情绪,使人感到愉悦
3. 他人的赞同	涉及社会环境对特定行为的态度,强调他人(如家人、朋友或社会群体)对该行为的认可或反对。例如,家庭成员的支持和鼓励可能会增强个体长期坚持身体锻炼的动力
……	……

三、身体活动促进项目的应用实例

行为改变技术应当与行为改变的内在机制相结合,合理地在行为改变理论模型框架内应用,以充分发挥那些促进行为变化的有效成分,从而提升干预效果,同时确保干预方案的可操作性和高重复性(Michie et al., 2018)。为进一步说明这一点,以下内容以一项基于微信小程序的健康行为干预研究为例(Duan et al., 2018),展示如何在心理学理论的指导下,合理运用行为改变技术设计促进身体活动的干预方案。

通常,研究者在实施一套促进身体活动行为的心理学干预方案时,包含设计、实施和评估应用三个主要环节。具体而言,这三个环节可进一步细分为 10 个步骤(图 18-6)。

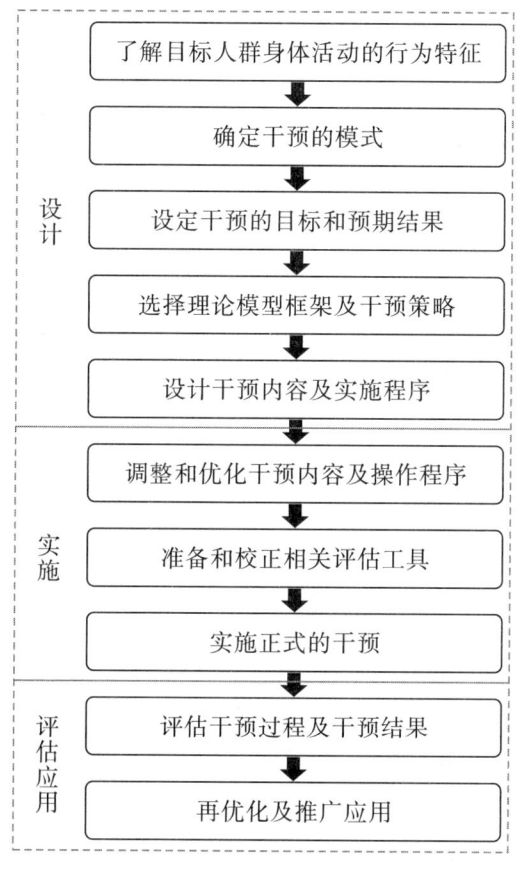

图18-6　促进身体活动的心理学干预的基本流程

在设计整个干预方案之前，研究者首先需要对目标人群的健康问题或需求进行全面评估，进而设计出有针对性的心理学干预。例如，若研究者发现心脏病康复患者在出院后的居家康复阶段难以持续参与身体活动，导致住院期间的康复效果难以延续，研究者可能会设计一套干预方案，旨在促进心脏康复患者在居家期间进行身体活动，从而帮助其更好地恢复健康，早日恢复正常的工作和生活。

在明确了研究问题后，研究者需要深入了解目标人群身体活动的行为特征，充分识别影响该人群身体活动的决定性因素。例如，研究者可以通过回顾相关文献、进行实证研究或对目标人群进行质性访谈，以了解其行为特征及相关影响因素。这些信息有助于设计符合目标人群特点的心理学干预方案。研究表明，心脏病康复患者通常在住院期间接受健康教育，具备一定的知识水平、风险感知以及行为意向，但出院后却难以维持身体活动。

在此基础上，研究者需要选择合适的干预模式。干预模式可能包括传统的面对面干预、通过大众传媒和印制材料等媒介进行干预，或是基于互联网等媒介的数字化干预。在本例中，研究者考虑到数字化干预能够覆盖更大样本，减少人力和物力的消耗，且其成本较低、灵活性高，因此选择了基于网络的干预模式。这使得心脏病康复患者能够方便地进行居家康复。

接着，研究者应明确干预的目标和预期结果。例如，本案例研究的主要目标是促进目标人群进行中高强度的身体活动，同时也旨在增强该群体身体活动的相关心理资源（如动机、意志和社会支持等）以及自评生活质量。

基于既定的目标和预期结果，研究者需选择合适的心理学理论模型及相关干预策略。在此例中，研究者通过文献综述发现健康行为过程理论在类似人群中的适用性较好，因此选择了该理论模型及相关的行为改变技术，以指导干预方案的设计。该理论帮助目标群体在意向到行为转化的过程中增强行为的执行力，并且维持锻炼行为，避免行为倒退。

随后，研究者应设计干预内容与实施程序。具体而言，研究者需要确定干预的频率、周期等细节。考虑到数字化干预模式的选择，干预内容还应包括网页制作、干预材料呈现方式等方面。实施程序通常包括注册、填写知情同意书、填写基本信息以及干预实施安排等内容。为了确保干预的顺利进行，研究者还可以绘制详细的时间表和操作指南。

在此基础上，研究者可进行预实验，并对参与者进行质性访谈，以进一步调整和完善干预内容和实施程序，并了解参与者在干预过程中可能面临的潜在困难和障碍。预实验的结果将有助于提高干预方案的可行性。此外，研究者应制定应急策略，以应对可能的突发事件。例如，突发事件可能对人们的面对面干预产生影响，或者参与者在网络干预中遇到操作困难时，应如何及时解决等。

在正式实验前，研究者还需准备并校正相关的评估工具，包括干预过程质量评估工具以及干预结果测量工具。评估工具（包括国际身体活动问卷等一些常见的测量工具和一些行为改变社会心理学模型中的关键概念的测量条目）的准备通常可以在预实验中进行，同时确保其有效性和可靠性。

完成所有准备工作后，研究者可以进行正式的干预实施。由于本章节重点并非心理学实验设计，故不对实验设计的选择进行详细讨论。实际上，研究者在实施干预时会依据严格的实验设计（如随机对照实验或混合交叉设计等）来开展研究。

最后，研究者应对整个干预过程的质量和干预结果进行评估。研究可以检验干预是否顺利地、高质量地实施，是否达到了预期的干预目标，以及相关结果指标是否显著改善。同时，还需进一步检验干预有效性的调节和中介机制，特别是识别哪些心理学成分是有效且真正促使行为改变的决定性因素。

本章要点

1. 连续体理论在预测行为意向方面具有优势，但对实际行为转化的解释可能存在局限性。

2. 阶段理论能够很好地反映行为改变的非线性特征，但阶段划分的合理性仍需进一步验证，且干预操作较为复杂。

3. 混合理论结合了连续体理论和阶段理论的优点，但干预设计较为复杂且机制验证仍需更多实证证据。

4. 理论模型的选择应结合研究目标和人群特征，综合考虑模型的解释力、适用性和可操作性。

5. 心理学理论通过识别关键行为决定因素（如自我效能、社会支持）为行为改变技术的设计与实施提供理论依据。

6. 干预设计流程包括需求评估、理论模型选择、程序开发、预实验优化及正式实施等环节。

7. 干预效果评估需结合过程指标和结果指标,并深入分析理论机制的作用。

8. 未来研究可进一步探索混合理论的多因素交互机制,并尝试开发更简化的模型或组合不同模型以适应实际应用需求。

本章思考题

1. 健康信念模型的优势和局限性分别体现在哪些方面?
2. 在计划行为理论中,影响行为意向的两个核心概念是什么?它们分别包括哪些具体的类别?
3. 比较跨理论模型和从无活动到保持活动的四步骤模型,它们有哪些区别和相似之处?
4. 健康行为过程理论的连续性特征和阶段特征分别是什么?
5. 为什么基于心理学理论的干预方案通常比没有理论支持的干预效果更好?
6. 请结合某一目标人群(如老年人、肥胖儿童等)提出适合的身体活动干预设计框架,并解释如何评估干预的有效性。

参考文献

毕重增，黄希庭，2007. 中国文化中自信人格的内涵和功能［J］. 心理科学进展，15（2）：224-229.

陈福亮，杨剑，季浏，2015. 锻炼心理效应研究的内容、进展、机制及走向［J］. 武汉体育学院学报，49（6）：94-100.

程勇民，2006. 运动水平、知识表征及其年龄对羽毛球竞赛情景中直觉性运动决策的影响［J］. 体育科学，26（1）：86-95.

代天医，2024. 共获40金，中国奥运金牌有多少块来自"情报战"？［EB/OL］.（2024-08-12）［2025-02-18］. https://www.huxiu.com/article/3349109.html.

丹尼尔，蔡衍，徐培，2000. 心理演练/表象和运动表现：指导应用的研究成果［J］. 体育科学，20（3）：70-73.

邓雷，孙海艳，颜军，2009. 不同持续时间、运动项目和强度的身体锻炼对大学新生人格和心理压力的干预研究［J］. 广州体育学院学报，29（2）：86-90.

邓林园，武永新，孔荣，等，2014. 冲动性人格、亲子沟通对青少年网络成瘾的交互作用分析［J］. 心理发展与教育，30（2）：169-176.

蒂斯代尔，威廉姆斯，西格尔，等，2017. 八周正念之旅：摆脱抑郁与情绪压力［M］. 聂晶，译. 北京：中国轻工业出版社.

丁雪琴，张忠秋，钱铭佳，2000. "$MC^2 Study^{(TM)}$"对减轻优秀运动员心理疲劳和增强表象演练能力的研究［J］. 中国体育科技，36（1）：14-16.

段文杰，2014. 正念研究的分歧：概念与测量［J］. 心理科学进展，22：1616-1627.

段艳平，BREHM W，WAGNER P，2006. 试论当代西方锻炼行为阶段理论［J］. 中国运动医学杂志（4）：487-490.

段艳平，鲍政栋，黄志剑，等，2010. 从无活动到保持活动的四步骤（FIT）模型：一项针对中西方成年人身体活动行为变化的实证研究［C］//全国运动心理学学术会议暨华人运动心理学研讨会.

段艳平，杨剑，张茹，等，2012. 大学生身体活动阶段变化与健康状况关系的研究［J］. 中国体育科技，48：117-121，131.

付全，2004. 运动决策研究综述［J］. 北京体育大学学报，27：863-864.

葛杨，张力为，2014. 运动性心理疲劳的IAT测量［J］. 体育科学，34（9）：72-81.

郭玉江，2009. 优秀运动员应激源与运动心理疲劳关系研究［J］. 天津体育学院学报（5）：449-452.

郭玉江，2015. 运动员运动动机与心理疲劳的关系：时间管理的中介作用［J］. 沈阳体育学院学报，34（5）：43-47.

郭正茂，杨剑，2018. 青少年运动员完美主义与心理疲劳关系的重构：基于基本心理需要的中介效应［J］. 上海体育学院学报，42（1）：95-103.

郭正茂，漆昌柱，杨剑，2021. "教练员-运动员"关系与青少年运动员心理疲劳关系的重构：心理坚韧与运动投入的链式中介作用［J］. 山东体育学院学报，37（5）：32-39.

韩晨，2000. 问题情境及技术等级对运动员直觉性思维的影响：对棒球运动员投-击球判断准确性和时间的实验［D］. 北京：北京体育大学.

洪金涛，陈思同，刘阳，2020. 身体活动汇编（*Compendium of Physical Activities*）：内容、应用与发展［J］. 上海体育学院学报，44（9）：53－63.

胡桂英，黄新红，赵娟，2023. 实用运动心理［M］. 杭州：浙江大学出版社.

季浏，2022. 体育与运动心理学高级教程［M］. 北京：高等教育出版社.

季浏，科克比，1997. 身体锻炼心理学的研究现状和未来方向［J］. 天津体育学院学报，12（3）：1－6.

姜永志，2013. 情境交互作用理论体系：辩证心理学与交互行为心理学［J］. 心理科学（2）：496－500.

蒋长好，陈婷婷，2014. 身体活动对情绪的影响及其脑机制［J］. 心理科学进展，22（12）：1889－1898.

考克斯，2003. 运动心理学：概念与应用［M］. 张力为，等，译. 北京：清华大学出版社.

孔久春，2012. 体育锻炼方式对儿童注意力稳定性的影响［J］. 中国学校卫生，33（4）：485－486.

赖巧珍，2017. 大学生心盛状况及其在心理健康双因素模型中的应用研究［D］. 广州：南方医科大学.

李今亮，2005. 乒乓球运动员接发球判断的思维活动特征［D］. 北京：北京体育大学.

李京诚，2009. 锻炼心理学［M］. 北京：高等教育出版社.

李京诚，徐守森，张森，2006. 体育运动心理领域的眼动研究综述［J］. 首都体育学院学报（3）：3－5，22.

李琳，李鑫，陈薇，2010. 不同运动项目对中学生人格和自我意识的干预研究［J］. 成都体育学院学报，36（8）：68－72.

李小萌，张力为，2013. 运动员的完美主义可以预测心理疲劳吗［J］. 天津体育学院学报，28（2）：129－133.

李旭，杜新，陈天勇，2014. 促进老年人认知健康的主要途径（综述）［J］. 中国心理卫生杂志，28（2）：125－132.

梁东梅，唐文清，骆聪，等，2014. 太极拳锻炼促进老年人认知功能的研究综述［J］. 体育学刊，21（4）：61－65.

林岭，2006. 运动员心理疲劳的概念模型、多维评定、影响因素及干预措施［D］. 北京：北京体育大学.

刘思奇，汤佳豪，2024. 运动心理学科中关于团队凝聚力研究的国际前沿与未来重点［J］. 四川体育科学，43（2）：62－68.

刘兴华，钱铭怡，2005. 焦虑个体对威胁性信息的注意偏向［J］. 中国心理卫生杂志，19（5）：3.

刘运洲，张忠秋，2017. 视觉搜索任务训练对运动员压力下的注意偏向及应激反应的影响［J］. 中国运动医学杂志，36（12）：1076－1080，1111.

刘真，2012. 我国运动员运动性失眠状况调查与特点分析［D］. 苏州：苏州大学.

娄虎，2019. 运动员压力下"choking"的机制：过程理论的证据［J］. 体育科学，39（9）：89－97.

陆雯，张禹，毛志雄，2012. 青少年锻炼相关认知功能测量方法综述［J］. 山东体育科技，34（6）：49－55.

路毅，邓文冲，2021. 不同运动方式对大脑结构及认知功能的调节作用及差异［J］. 中国组织工程研究，25（20）：3252－3258.

毛志雄，迟立忠，2021. 运动心理学［M］. 2版. 北京：中国人民大学出版社.

梅松丽，张明，刘莉，2006. 成瘾行为的心理学分析［J］. 医学与社会，19（10）：38－40.

欧阳一非，何梦洁，张丽敏，等，2021. 中国四省55岁及以上人群身体活动时间与认知功能状况的关系［J］. 卫生研究，50（1）：2－7.

彭聃龄，2012. 普通心理学［M］. 4版. 北京：北京师范大学出版社.

邱华丽，2016. 酒精对郑州大学高水平田径队径赛成绩的影响［J］. 体育科技文献通报，24（1）：121－123.

曲辉，姚家新，石建国，2017. 体育锻炼坚持性、锻炼成瘾与特质流畅关系的研究［J］. 沈阳体育学院学报，36（4）：77－83.

商徽，2016. 音乐放松法对改善高水平乒乓球运动员 choking 现象的实验研究［D］. 扬州大学.

尚尧，杨世勇，2023. 社会支持对举重运动员心理疲劳的影响：双重中介模型与性别差异［J］. 山东体育学院学报，39（3）：99－107.

申甫，2015. 篮球运动员的社会支持、情绪、应对与心理疲劳的相关性分析［J］. 武汉体育学院学报，49（11）：76－81.

石岩，周浩，2017. 体育运动与人格三大研究主题述评及展望［J］. 体育科学，（7）：60－72.

姒刚彦，2006. 追求"最佳"还是强调"应对"：对理想竞技表现的重新定义及心理训练范式变革［J］. 体育科学，26：43－48.

姒刚彦，苏宁，张春青，2020. 运动员正念训练手册［M］. 2 版. 北京：北京体育大学出版社.

孙国晓，张力为，2013. 自我决定动机影响运动员心理疲劳：横向与纵向研究的证据［J］. 体育科学，33（7）：21－28.

孙函，2023. 正念训练对高校高水平排球运动员"choking"现象影响的实验研究［D］. 中央民族大学.

孙文树，葛雪珍，樊申元，2018. 不同运动项群对大学生身体自尊和健康人格的干预研究［J］. 南京体育学院学报，1（8）：32－42.

王斌，2002. 手球运动情境中直觉决策的实验研究与运动直觉理论的初步建构［M］. 北京：北京体育大学.

王洪彪，2013. 运动决策情境中认知加工理论模型的初步构建［J］. 沈阳体育学院学报（3）：28－32.

王积福，漆昌柱，韦晓娜，2019. 身体活动对执行功能影响的元分析［J］. 首都体育学院学报，31（4）：375－384.

王进，2004. 解读"反胜为败"的现象：一个"Choking"过程理论［J］. 心理学报，36（5）：621－629.

王泽军，褚昕宇，2021. 贝叶斯决策理论对复杂运动决策中运动预期的启发：以网球和足球为例［J］. 心理科学进展，29：1300.

王长生，2007. 不同逻辑背景对跆拳道运动员直觉思维准确性及决策速度的影响［D］. 北京：北京体育大学.

吴广宏，徐培，梁斌，2007. 足球与乒乓球锻炼对小学生注意特征的影响［J］. 中国体育科技，43（2）：106－109.

徐雷，2014. 身体活动对主观幸福感影响的元分析：来自实验研究的证据［J］. 体育科学，34（10）：29－38.

许燕，2017. 人格心理学导论［M］. 北京：中国人民大学出版社.

许昭，2009. 心率变异性反馈训练对运动员心理疲劳调节的应用研究［J］. 山东体育学院学报，25（11）：46－48.

晏宁，2003. 运动员训练状态监测量表的研制［D］. 北京：北京体育大学.

殷恒婵，陈爱国，马铮，等，2014. 两种运动干预方案对小学生执行功能影响的追踪研究［J］. 体育科学，34（3）：24－28，75.

殷恒婵，卢敏，王新利，等，2007. 运动对大学生心理健康影响的研究［J］. 体育科学，27（5）：41－46，56.

殷怀刚，韩冬，2019. 中国优秀女子高尔夫运动员心理特征研究［J］. 体育与科学（4）：100－105.

张春兴，2009. 现代心理学：现代人研究自身问题的科学［M］. 3 版. 上海：上海人民出版社.

张力为，梁展鹏，2002. 运动员的生活满意感：个人自尊与集体自尊的贡献［J］. 心理学报，34（2）：160－167.

张力为，林岭，赵福兰，2006. 运动性心理疲劳：性质、成因、诊断及控制［J］. 体育科学（11）：49－56，74.

张力为，毛志雄，2004. 体育科学常用心理量表评定手册［M］. 北京：北京体育大学出版社.

张力为，毛志雄，2021. 运动心理学［M］. 2版. 上海：华东师范大学出版社.

张力为，2001. 赛前情绪的因素结构、特质测量及注意特征［M］. 北京：北京体育大学出版社.

张力为，2004. 现代心理训练方法［M］. 北京：北京体育大学出版社.

张连成，张力为，刘嘉蕙，等，2010. 运动员心理疲劳与运动动机之间的关系［J］. 北京体育大学学报（11）：74-76.

张彦，尹少丰，2022. 大学生运动员完美主义与自我妨碍的关系：成就动机的中介作用［J］. 广州体育学院学报（3）：59-65.

张忠秋，2007. 优秀运动员心理训练实用指南［M］. 北京：人民体育出版社.

赵大亮，2010. 封闭式项目竞赛行为程序的建立［J］. 中国运动医学杂志，29（4）：481-484.

赵文华，李可基，王玉英，等，2022. 中国人群身体活动指南（2021）［J］. 中国公共卫生，38（2）：129-130.

中华医学会精神病学分会，2001. 中国精神障碍分类与诊断标准第三版（精神障碍分类）［J］. 中华精神科杂志，34（3）：184-188.

周浩，龙立荣，2017. 组织员工的工作疏离感：人格特质与工作特征的交互效应［J］. 心理与行为研究，（3）：385-391.

周冉，段锦云，2010. 中央与外周视野的IOR时间进程及其年龄效应比较［J］. 心理科学，4：4.

周毅刚，郭玉江，2007. 优秀运动员运动疲劳、社会支持与心理健康的相关关系［J］. 体育学刊（5）：63-67.

祝蓓里，1995. POMS量表及简式中国常模简介［J］. 天津体育学院学报（1）：35-37.

曾明，刘伟，2013. 运动员心理疲劳与运动动机的关系：心理坚韧性的中介作用［J］. 武汉体育学院学报，47（11）：76-80.

ABRAHAM C，MICHIE S，2008. A taxonomy of behavior change techniques used in interventions［J］. Health Psychol，27：379-387.

ADERKA I M，HOFMANN S G，2021. Social anxiety：A process-based treatment approach［C］//BARLOW D H. Clinical Handbook of Psychological Disorders：A Step-by-Step Treatment Manual. 6th ed. New York：Guilford Press：108-132.

ADIE J W，DUDA J L，NTOUMANIS N，2008. Autonomy support，basic need satisfaction and the optimal functioning of adult male and female sport participants：A test of basic needs theory［J］. Motivation and Emotion，32：189-199.

AJZEN I，1991. The theory of planned behavior［J］. Organizational Behavior and Human Decision Processes，50：179-211.

AJZEN I，1985. From intentions to actions：A theory of planned behavior［C］//J. KUHL J. BECKMANN. Action Control：From Cognition to Behavior. Berlin，Heidelberg：Springer Berlin Heidelberg：11-39.

ÅKESDOTTER C，KENTTÄ G，SPARKES A C，2024. Elite athletes seeking psychiatric treatment：Stigma，impression management strategies，and the dangers of the performance narrative［J］. Journal of Applied Sport Psychology，36（1）：24-44.

ÅKESDOTTER C，KENTTÄ G，ELORANTA S，et al.，2022. Prevalence and comorbidity of psychiatric disorders among treatment-seeking elite athletes and high-performance coaches［J］. BMJ Open Sport and Exercise Medicine，8（1）：e001264.

ALLAIS M，1953. Le comportement de l'homme rationnel devant le risque：Critique des postulats et axiomes de l'école américaine［J］. Econometrica：Journal of the Econometric Society：503-546.

ALLEN J B，HOWE B L，1998. Player ability，coach feedback，and female adolescent athletes' perceived competence and satisfaction［J］. Journal of Sport and Exercise Psychology，20（3）：280-299.

ALLEN M S，GREENLEES I，JONES M，2013. Personality in sport：A comprehensive review［J］.

International Review of Sport and Exercise Psychology, 6(1): 184-208.

AMERICAN PSYCHIATRIC ASSOCIATION, 2013. Diagnostic and Statistical Manual of Mental Disorders: DSM-5TM [M]. 5th ed. Rockville: American Psychiatric Publishing.

AMES C, 1992. Achievement goals, motivational climate, and motivational processes [C] //ROBERTS G C. Motivation in Sport and Exercise. Champaign: Human Kinetics: 161-176.

ANDEL R, CROWE M, PEDERSEN N L, et al., 2008. Physical exercise at midlife and risk of dementia three decades later: A population-based study of Swedish twins [J]. The Journals of Gerontology: Series A, Biological Sciences and Medical Sciences, 63(1): 62-66.

ANDERSON C, PETRIE T A, 2012. Prevalence of disordered eating and pathogenic weight control behaviors among NCAA division I female collegiate gymnasts and swimmers [J]. Research Quarterly for Exercise and Sport, 83(1): 120-124.

ANDERSEN J P, DI NOTA P M, BESTON B, et al., 2018. Reducing lethal force errors by modulating police physiology [J]. Journal of Occupational and Environmental Medicine, 60: 867-874.

ANDERSON J R, BRICE S, 2011. The mood-enhancing benefits of exercise: Memory biases augment the effect [J]. Psychology of Sport and Exercise, 12(2): 79-82.

ANGEVAREN M, VANHEES L, NOOYENS A C J, et al., 2010. Physical activity and 5-year cognitive decline in the Doetinchem cohort study [J]. Annals of Epidemiology, 20(6): 473-479.

ANGEVAREN M, VANHEES L, WENDEL-VOS W, et al., 2007. Intensity, but not duration, of physical activities is related to cognitive function [J]. European Journal of Preventive Cardiology, 14(6): 825-830.

ANNESI J J, 1997. Three-dimensional state anxiety recall: Implications for individual zone of optimal functioning research and application [J]. The Sport Psychologis, 11: 43-52.

APTER M, KERR J, MURGATROYD S, 1993. Advances in Reversal Theory [M]. New York: CRC Press.

ARAÚJO D, HRISTOVSKI R, SEIFERT L, et al., 2019. Ecological cognition: Expert decision-making behaviour in sport [J]. International Review of Sport and Exercise Psychology, 12: 1-25.

ARDERN C L, TAYLOR N F, FELLER J A, et al., 2013. A systematic review of the psychological factors associated with returning to sport following injury [J]. British Journal of Sports Medicine, 47(17): 1120-1126.

ARENT S M, LANDERS D M, 2003. Arousal, anxiety, and performance: A reexamination of the inverted-u hypothesis [J]. Research Quarterly for Exercise and Sport, 74: 436-444.

ARENT S M, LANDERS D M, MATT K S, et al., 2005. Dose-response and mechanistic issues in the resistance training and affect relationship [J]. Journal of Sport and Exercise Psychology, 27(1): 92-110.

ARMITAGE C J, CONNER M, 2000. Social cognition models and health behaviour: A structured review [J]. Psychology and Health, 15: 173-189.

ARONSON E, WILSON T D, AKERT R M, 2002. Social Psychology [M]. 4th ed. Englewood Cliffs: Prentice Hall.

ATTRILL M J, GRESTY K A, HILL R A, et al., 2008. Red shirt colour is associated with long-term team success in English football [J]. Journal of Sports Sciences, 26: 577-582.

AVUGOS S, KÖPPEN J, CZIENSKOWSKI U, et al., 2013. The "hot hand" reconsidered: A meta-analytic approach [J]. Psychology of Sport and Exercise, 14: 21-27.

BABIC M J, MORGAN P J, PLOTNIKOFF R C, et al., 2014. Physical activity and physical self-concept in youth: Systematic review and meta-analysis [J]. Sports Medicine (Auckland, N.Z.), 44(11): 1589-1601.

BAKER L D, FRANK L L, FOSTER-SCHUBERT K, et al., 2010. Effects of aerobic exercise on mild cognitive impairment: A controlled trial [J]. Archives of Neurology, 67 (1): 71-79.

BAR-HAIM Y, LAMY D, PERGAMIN L, et al., 2007. Threat-related attentional bias in anxious and nonanxious individuals: A meta-analytic study [J]. Psychological Bulletin, 133 (1): 1-24.

BANDURA A, 1977a. Social Cognitive Theory [M]. Englewood Cliffs: Prentice Hall.

BANDURA A, 1977b. Self-efficacy: Toward a unifying theory of behavioral change [J]. Psychological Review, 84, 191-215.

BANDURA A, 1986. Social Foundations of Thought and Action [M]. Englewood Cliffs: Prentice Hall.

BANDURA A, 1998. Health promotion from the perspective of social cognitive theory [J]. Psychology and Health, 13 (4): 623-649.

BANDURA A, 1997a. Self-efficacy: The Exercise of Control [M]. New York: Freeman.

BARBOSA A, WHITING S, SIMMONDS P, et al., 2020. Physical activity and academic achievement: An umbrella review [J]. International Journal of Environmental Research and Public Health, 17 (16): 5972.

BARDACH L, OCZLON S, PIETSCHNIG J, et al., 2020. Has achievement goal theory been right? A meta-analysis of the relation between goal structures and personal achievement goals [J]. Journal of Educational Psychology, 112 (6): 1197-1220.

BAR-ELI M, AZAR O H, RITOV I, et al., 2007. Action bias among elite soccer goalkeepers: The case of penalty kicks [J]. Journal of Economic Psychology, 28: 606-621.

BAR-ELI M, PLESSNER H, RAAB M, 2011. Judgment, Decision-Making and Success in Sport [M]. Hoboken: John Wiley & Sons.

BAR-ELI M, RAAB M, 2006. Judgment and decision making in sport and exercise: Rediscovery and new visions [J]. Psychology of Sport and Exercise, 7 (6): 519-524.

BAR-HAIM Y, LAMY D, PERGAMIN L, et al., 2007. Threat-related attentional bias in anxious and nonanxious individuals: A meta-analytic study [J]. Psychological Bulletin, 133: 1-24.

BARTHOLOMEW K J, NTOUMANIS N, THØGERSEN-NTOUMANI C, 2010. The controlling interpersonal style in a coaching context: Development and initial validation of a psychometric scale [J]. Journal of Sport and Exercise Psychology, 32: 193-216.

BAUM A L, 2005. Suicide in athletes: A review and commentary [J]. Clinics in Sports Medicine, 24 (4): 853-869.

BAUMEISTER R F, 1984. Choking under pressure: Self-consciousness and paradoxical effects of incentives on skillful performance [J]. Journal of Personality and Social Psychology, 46 (3): 610-620.

BAUMEISTER R F, HAMILTON J C, TICE D M, 1985. Public versus private expectancy of success: Confidence booster or performance pressure [J]. Journal of Personality and Social Psychology, 48 (6): 1447-1457.

BAUMEISTER R F, SHOWERS C J, 1986. A review of paradoxical performance effects: Choking under pressure in sports and mental tests [J]. European Journal of Social Psychology, 16 (4): 361-383.

BEILOCK S L, CARR T H, MACMAHON C, et al., 2002. When paying attention becomes counterproductive: Impact of divided versus skill-focused attention on novice and experienced performance of sensorimotor skills [J]. Journal of Experimental Psychology: Applied, 8 (1): 6-16.

BERGER B G, MOTL R W, 2000. Exercise and mood: A selective review and synthesis of research employing the profile of mood states [J]. Journal of Applied Sport Psychology, 12 (1): 69-92.

BERGER B G, TABAR D A, 2012. Physical Activity and Quality of Life: Key Considerations [M]. Hoboken: John Wiley & Sons.

BERKOWITZ L, 2014. Towards a general theory of anger and emotional aggression: Implications of the cognitive-neoassociationistic perspective for the analysis of anger and other emotions [C] //ROBERT S W JR, THOMAS K S. Perspectives on Anger and Emotion. London: Taylor & Francis: 1 – 46.

BEUTER A, DUDA J L, 1985. Analysis of the arousal/motor performance relationship in children using movement kinematics [J]. Journal of Sport and Exercise Psychology, 7: 229 – 243.

BEUTER A, DUDA J L, WIDULE C J, 1989. The effect of arousal on joint kinematics and kinetics in children [J]. Research Quarterly for Exercise and Sport, 60: 109 – 116.

BHAVSAR N, NTOUMANIS N, QUESTED E, et al., 2019. Conceptualizing and testing a new tripartite measure of coach interpersonal behaviors [J]. Psychology of Sport and Exercise, 44: 107 – 120.

BHERER L, ERICKSON K I, LIU-AMBROSE T, 2013. A review of the effects of physical activity and exercise on cognitive and brain functions in older adults [J]. Journal of Aging Research, 2013: 657508.

BIDDLE S J H, HANRAHAN S J, SELLARS C N, 2001. Attributions: Past, present, and future [C] // SINGER R, HAUSENBLAS H, JANELLE C. Handbook of Sport Psychology. 2nd ed. New York: Wiley: 444 – 471.

BIDDLE S J, NIGG C R, 2000. Theories of exercise behavior [J]. International Journal of Sport Psychology, 31: 290 – 304.

BIGGINS M, CAHALAN R, COMYNS T, et al., 2018. Poor sleep is related to lower general health, increased stress and increased confusion in elite Gaelic athletes [J]. The Physician and Sports Medicine, 46 (1): 14 – 20.

BISHOP S R, LAU M, SHAPIRO S, et al., 2004. Mindfulness: A proposed operational definition [J]. Clinical Psychology: Science and Practice, 11 (3): 230 – 241.

BIXBY W R, LOCHBAUM M R, 2008. The effects of modality preference on the temporal dynamics of affective response associated with acute exercise in college aged females [J]. Journal of Sport Behavior, 31 (4): 299 – 311.

BLACK S J, WEISS M R, 1992. The relationship among perceived coaching behaviors, perceptions of ability, and motivation in competitive age-group swimmers [J]. Journal of Sport and Exercise Psychology, 14 (3): 309 – 325.

BLANCHFIELD A W, HARDY J, DE MORREE H M, et al., 2014. Talking yourself out of exhaustion: The effects of self-talk on endurance performance [J]. Medicine and Science in Sports and Exercise, 46 (5): 998 – 1007.

BLASCOVICH J, SEERY M D, MUGRIDGE C A, et al., 2004. Predicting athletic performance from cardiovascular indexes of challenge and threat [J]. Journal of Experimental Social Psychology, 40 (5): 683 – 688.

BOECKER H, SPRENGER T, SPILKER M E, et al., 2008. The runner's high: Opioidergic mechanisms in the human brain [J]. Cerebral Cortex, 18 (11): 2523 – 2531.

BOGGIANO A K, FLINK C, SHIELDS A, et al., 1993. Use of techniques promoting students' self-determination: Effects on students' analytic problem-solving skills [J]. Motivation and Emotion, 17 (4): 319 – 336.

BORG G, 1998. Borg's Perceived Exertion and Pain Scales [M]. Champaign: Human Kinetics.

BOSNJAK M, AJZEN I, SCHMIDT P, 2020. The theory of planned behavior: Selected recent advances and applications [J]. Europe's Journal of Psychology, 16 (3): 352 – 356.

BOUTCHER S H, ZINSSER N W, 1990. Cardiac deceleration of elite and beginning golfers during putting [J]. Journal of Sport and Exercise Psychology, 12 (1): 37 – 47.

BRADLEY M M, LANG P J, 2000. Measuring emotion: Behavior, feeling, and physiology [C] //LANE R

D R, NADEL L, AHERN G L. Cognitive Neuroscience of Emotion. Oxford: Oxford University Press: 25-49.

BRAND R, WOLFF W, HOYER J, 2013. Psychological symptoms and chronic mood in representative samples of elite student-athletes, deselected student-athletes and comparison students [J]. School Mental Health, 5 (3): 166-174.

BRONFENBRENNER U, 1979. The Ecology of Human Development: Experiments by Nature and Design [M]. Boston: Harvard University Press.

BROWN B J, 1977. The effect of an isometric strength program on the intellectual and social development of trainable retarded males [J]. American Corrective Therapy Journal, 31 (2): 44-48.

BRUNELLE J P, JANELLE C M, TENNANT L K, 1999. Controlling competitive anger among male soccer players [J]. Journal of Applied Sport Psychology, 11 (2): 283-297.

BRUNER M W, MUNROE-CHANDLER K J, SPINK K S, 2008. Entry into elite sport: A preliminary investigation into the transition experiences of rookie athletes [J]. Journal of Applied Sport Psychology, 20 (2): 236-252.

BUCCIOL A, CASTAGNETTI A, 2020. Choking under pressure in archery [J]. Journal of Behavioral and Experimental Economics, 89: 101581.

BU D, 2021. Mental health literacy and help-seeking in Chinese elite athletes [D]. Hong Kong: Hong Kong Baptist University.

BU D, HAN Z, ZHANG C L, et al., 2023. The effect of a mental health literacy intervention on Chinese team officials and staff in elite sports: A two-arm non-randomised controlled trial [J]. International Journal of Sport and Exercise Psychology, 22 (9): 1-18.

BU D, ZHANG C Q, LIU J D, et al., 2024. Mental health literacy, mental health experiences and help-seeking behaviours of Chinese elite athletes: A qualitative study [J]. Frontiers in Public Health, 12 (13): 1391597.

BUDDE H, WEGNER M, 2018. The Exercise Effect on Mental Health: Neurobiological Mechanisms [M]. New York: CRC Press.

BUECKER S, SIMACEK T, INGWERSEN B, et al., 2021. Physical activity and subjective well-being in healthy individuals: A meta-analytic review [J]. Health Psychology Review, 15 (4): 574-592.

BÜHLMAYER L, BIRRER D, RÖTHLIN P, et al., 2017. Effects of mindfulness practice on performance-relevant parameters and performance outcomes in sports: A meta-analytical review [J]. Sports Medicine, 47: 2309-2321.

BUMAN M P, GIACOBBI P R, DZIERZEWSKI J M, et al., 2011. Peer volunteers improve long-term maintenance of physical activity with older adults: A randomized controlled trial [J]. Journal of Physical Activity and Health, 8 (Suppl 2): S257-S266.

BURNS D, 1993. Ten Days to Self Esteem [M]. New York: William Morrow.

BUSTAMANTE E E, SANTIAGO-RODRIGUEZ M E, RAMER J D, et al., 2019. Physical activity and adhd: Evidence on developmental trajectories, transient and durable neurocognitive effects, and real-world applications [J]. Pensar en Movimiento: Revista de Ciencias del Ejercicio y la Salud, 17 (1): 4-31.

CAI Z, WANG X, YIN J, et al., 2021. Effects of physical exercise on working memory in older adults: A systematic and meta-analytic review [J]. European Review of Aging and Physical Activity: Official Journal of the European Group for Research into Elderly and Physical Activity, 18 (1): 18.

CALLOW N, HARDY L, 1997. Kinesthetic imagery and its interaction with visual imagery perspectives during the acquisition and retention of a short gymnastics sequence [J]. Journal of Sports Sciences, 15: 70-111.

CALLOW N, HARDY L, 2001. Types of imagery associated with sport confidence in netball players of varying skill levels [J]. Journal of Applied Sport Psychology, 13: 1-17.

CAPEL S A, SISLEY B L, DESERTRAIN G S, 1987. The relationship of role conflict and role ambiguity to burnout in high school basketball coaches [J]. Journal of Sport and Exercise Psychology, 9 (2): 106-117.

CAREY R N, CONNELL L E, JOHNSTON M, et al., 2019. Behavior change techniques and their mechanisms of action: A synthesis of links described in published intervention literature [J]. Annals of Behavioral Medicine, 53: 693-707.

CARLESS D, DOUGLAS K, 2013. "In the boat" but "selling myself short": Stories, narratives, and identity development in elite sport [J]. Sport Psychologist, 27 (1): 27-39.

CARMACK M A, MARTENS R, 1979. Measuring Commitment to running: A survey of runners'attitudes and mental states [J]. Journal of Sport Psychology, 1 (1): 25-42.

CARRON A V, 1982. Cohesiveness in sport groups: Interpretations and considerations [J]. Journal of Sport Psychology, 4 (2): 123-138.

CARRON A V, BRAWLEY L R, WIDMEYER W N, 2002. The Group Environment Questionnaire Test Manual [M]. Morgantown: Fitness Information Technology.

CARRON A V, WIDMEYER W N, BRAWLEY L R, 1985. The development of an instrument to assess cohesion in sport teams: The group environment questionnaire [J]. Journal of Sport Psychology, 7 (3): 244-266.

CARVALHO J, ARAÚJO D, TRAVASSOS B, et al., 2014. Interpersonal dynamics in baseline rallies in tennis [J]. International Journal of Sports Science and Coaching, 9: 1043-1056.

CARVER C S, SCHEIER M F, 2001. On the Self-Regulation of Behavior [M]. Cambridge: Cambridge University Press.

CASPERSEN C J, CHRISTENSON P G M, 1985. Physical activity, exercise, and physical fitness: Definitions and distinctions for health-related research [J]. Public Health Reports, 100 (2): 126-131.

CASSILHAS R C, VIANA V A R, GRASSMANN V, et al., 2007. The impact of resistance exercise on the cognitive function of the elderly [J]. Medicine & Science in Sport & Exercise, 39 (8): 1401-1407.

CASTALDELLI-MAIA J M, GALLINARO J G D M E, FALCÃO R S, et al., 2019. Mental health symptoms and disorders in elite athletes: A systematic review on cultural influencers and barriers to athletes seeking treatment [J]. British Journal of Sports Medicine, 53 (11): 707-721.

CAUSER J, BENNETT S J, HOLMES P S, et al., 2010. Quiet eye duration and gun motion in elite shotgun shooting [J]. Medicine & Science in Sports & Exercise, 42 (8): 1599-1608.

CAUSER J, HOLMES P S, SMITH N C, et al., 2011. Anxiety, movement kinematics, and visual attention in elite-level performers [J]. Emotion, 11 (2): 356-365.

CECCHINI J A, FERNANDEZ-RIO J, MENDEZ-GIMENEZ A, et al., 2014. Epstein's TARGET framework and motivational climate in sport: Effects of a field-based, long-term intervention program [J]. International Journal of Sports Science and Coaching, 9 (6): 1325-1340.

CECIĆ ERPIČS S, WYLLEMAN P, ZUPANČIČ M, 2004. The effect of athletic and non-athletic factors on the sports career termination process [J]. Psychology of Sport and Exercise, 5 (1): 45-59.

CHADDOCK L, ERICKSON K I, PRAKASH R S, et al., 2010. Basal ganglia volume is associated with aerobic fitness in preadolescent children [J]. Developmental Neuroscience, 32 (3): 249-256.

CHAVEZ E J, 2008. Flow in sport: A study of college athletes [J]. Imagination, Cognition and Personality, 28 (1): 69-91.

CHAZAN D J, PELLETIER G N, DANIELS L M, 2022. Achievement goal theory review: An application to school psychology [J]. Canadian Journal of School Psychology, 37 (1): 40-56.

CHEKROUD S R, GUEORGUIEVA R, ZHEUTLIN A B, et al., 2018. Association between physical exercise and mental health in 1.2 million individuals in the USA between 2011 and 2015: A cross-sectional study [J]. The Lancet Psychiatry, 5 (9): 739-746.

CHENG K S, CHANG Y F, HAN R P, et al., 2017. Enhanced conflict monitoring via a short-duration, video-assisted deep breathing in healthy young adults: An event-related potential approach through the Go/NoGo paradigm [J]. Peer J, 5 (10): e3857.

CHENG O Y, YAM C L Y, CHEUNG N S, et al., 2019. Extended theory of planned behavior on eating and physical activity [J]. American Journal of Health Behavior, 43: 569-581.

CHEVANCE G, BARETTA D, GOLASZEWSKI N, et al., 2021. Goal setting and achievement for walking: A series of N-of-1 digital interventions [J]. Health Psychology, 40 (1): 30.

CHIA F, CHOW J Y, KAWABATA M, et al., 2016. Quiet eye and its relationship to performance outcomes in bowling [J]. Journal of Sports Sciences, 34 (12): 1157-1164.

CHIDESTER T R, GRIGSBY W C, 1984. A meta-analysis of the goal setting-performance literature [J]. Academy of Management Proceedings, 1: 202-206.

CHOI K W, CHEN C Y, STEIN M B, et al., 2019. Assessment of bidirectional relationships between physical activity and depression among adults: A 2-sample Mendelian randomization study [J]. JAMA Psychiatry, 76 (4): 399-408.

CHOI K W, ZHEUTLIN A B, KARLSON R A, et al., 2020. Physical activity offsets genetic risk for incident depression assessed via electronic health records in a biobank cohort study [J]. Depression and Anxiety, 37 (2): 106-114.

CHUEH T Y, HSIEH S S, TSAI Y J, et al., 2022. Effects of a single bout of moderate-to-vigorous physical activity on executive functions in children with attention-deficit/hyperactivity disorder: A systematic review and meta-analysis [J]. Psychology of Sport and Exercise, 58: 102097

CLOW A, EDMUNDS S, 2013. Physical Activity and Mental Health [M]. Champaign: Human Kinetics.

COAKLEY J, 1992. Burnout among adolescent athletes: A personal failure or social problem? [J]. Sociology of Sport Journal, 9 (3): 271-285.

COAN J A, ALLEN J J B, 2004. Frontal EEG asymmetry as a moderator and mediator of emotion [J]. Biological Psychology, 67 (1-2): 7-49.

COATSWORTH J D, CONROY D E, 2009. The effects of autonomy-supportive coaching, need satisfaction, and self-perceptions on initiative and identity in youth swimmers [J]. Developmental Psychology, 45: 320.

COHN P J, 1990. Preperformance routines in sport: Theoretical support and practical applications [J]. The Sport Psychologist, 4: 301-312.

COLCOMBE S J, ERICKSON K I, RAZ N, et al., 2003. Aerobic fitness reduces brain tissue loss in aging humans [J]. The Journals of Gerontology Series a Biological Sciences and Medical Sciences, 58 (2): 176-180.

COLLINS D J, SMITH D, HALE B D, 1998. Imagery perspectives and karate performance [J]. Journal of Sports Sciences, 16 (1), 103-104.

CONLON A, ARNOLD R, PREATONI E, et al., 2022. Pulling the trigger: The effect of a 5-minute slow diaphragmatic breathing intervention on psychophysiological stress responses and pressurized pistol shooting performance [J]. Journal of Sport and Exercise Psychology, 44: 206-219.

CONNER M, NORMAN P, 2017. Health Behaviour: Current Issues and Challenges [M]. London: Taylor & Francis.

CONWAY C C, KRUEGER R F, CICERO D C, et al., 2021. Rethinking the diagnosis of mental disorders: Data-driven psychological dimensions, not categories, as a framework for mental-health research, treatment, and training [J]. Current Directions in Psychological Science, 30 (2): 151-158.

COOLEY S J, WILLIAMS S E, BURNS V E, et al., 2013. Methodological variations in guided imagery interventions using movement imagery scripts in sport: A systematic review [J]. Journal of Imagery Research in Sport and Physical Activity, 8: 13-34.

COOPER J J, JOHNSON M, RADCLIFFE J, et al, 2021. Optimal emotional profiles for peak performance in strength and conditioning [J]. The Journal of Strength and Conditioning Research, 35: 833-840.

CORDER W O, 1966. Effects of physical education on the intellectual, physical, and social development of educable mentally retarded boys [J]. Exceptional Children, 32 (6): 357-364.

CORMIER D L, KOWALSKI K C, FERGUSON L J, et al., 2023. Self-compassion in sport: A scoping review [J]. International Review of Sport and Exercise Psychology, 1-40.

COSH S M, MCNEIL D G, JEFFREYS A, et al., 2024. Athlete mental health help-seeking: A systematic review and meta-analysis of rates, barriers and facilitators [J]. Psychology of Sport and Exercise, 71 (12): 102586.

COYLE M, GORCZYNSKI P, GIBSON K, 2017. "You have to be mental to jump off a board any way": Elite divers' conceptualizations and perceptions of mental health [J]. Psychology of Sport and Exercise, 29: 10-18.

CRAFT L L, MAGYAR T M, BECKER B J, et al., 2003. The relationship between the Competitive State Anxiety Inventory-2 and sport performance: A meta-analysis [J]. Journal of Sport and Exercise Psychology, 25: 44-65.

CRAIGHERO L, FADIGA L, UMILTÀ C A, 1996. Evidence for visuomotor priming effect [J]. Neuroreport, 8: 347-349.

CREWS D, LOCHBAUM M, KAROLY P, 2001. Self-regulation: Concepts, methods, and strategies in sport and exercise [J]. Handbook of Sport Psychology, 2: 566-581.

CROMER L, KAIER E, DAVIS J, et al., 2017. OCD in college athletes [J]. American Journal of Psychiatry, 174 (6): 595-597.

CSIKSZENTMIHALYI M, LATTER P, WEINKAUFF DURANSO C, 2017. Running Flow [M]. Champaign: Human Kinetics.

CSIKSZENTMIHALYI M, 1975. Beyond Boredom and Anxiety [M]. San Francisco: Jossey-bass.

CSIKSZENTMIHALYI M, 1979. The concept of flow [C] //SUTTON-SMITH B. Play and Learning. New York: Gardner Press: 335-358.

CUMMING J, OLPHIN T, LAW M, 2007. Self-reported psychological states and physiological responses to different types of motivational general imagery [J]. Journal of Sport and Exercise Psychology, 29: 629-644.

CUMMING J, WILLIAMS S E, 2012. The role of imagery in performance [J]. The Oxford Handbook of Sport and Performance Psychology: 213-232.

CUMMING J, WILLIAMS S E, 2013. Introducing the revised applied model of deliberate imagery use for sport, dance, exercise, and rehabilitation [J]. Movement and Sport Sciences-Science and Motricité, 82: 69-81.

CURRAN T, HILL A P, HALL H K, et al., 2015. Relationships between the coach-created motivational climate and athlete engagement in youth sport [J]. Journal of Sport and Exercise Psychology, 37: 193-198.

CZIKSZENTMIHALYI M, 1990. Flow: The Psychology of Optimal Experience [M]. New York: Harper

& Row.

DADDARIO D K, 2007. A review of the use of the health belief model for weight management [J]. Medsurg Nursing: Official Journal of the Academy of Medical-Surgical Nurses, 16 (6): 363-366.

DANIEL M, 1981. Choke and what you can do about it [J]. Scholastic Coach, 51 (5): 70-72.

DAUGHERTY A M, ZWILLING C, PAUL E J, et al., 2018. Multi-modal fitness and cognitive training to enhance fluid intelligence [J]. Intelligence, 66: 32-43.

DAVIES M J, STELLINO M B, NICHOLS B A, et al., 2016. Other-initiated motivational climate and youth Hockey players' good and poor sport behaviors [J]. Journal of Applied Sport Psychology, 28: 78-96.

DAVIS C L, TOMPOROWSKI P D, BOYLE C A, et al., 2007. Effects of aerobic exercise on overweight children's cognitive functioning: A randomized controlled trial [J]. Research Quarterly for Exercise and Sport, 78 (5): 510-519.

DE BOURDEAUDHUIJ I, CROMBEZ G, DEFORCHE B, et al., 2002. Effects of distraction on treadmill running time in severely obese children and adolescents [J]. International Journal of Obesity and Related Metabolic Disorders: Journal of the International Association for the Study of Obesity, 26 (8): 1023-1029.

DE CHARMS R, 1968. Personal Causation: The Internal Affective Determinants of Behavior [M]. New York: Academic Press.

DE CHARMS R, 2013. Personal Causation: The Internal Affective Determinants of Behavior [M]. New York: Routledge.

DE JONGE P, ROEST A M, LIM C C W, et al., 2016. Cross-national epidemiology of panic disorder and panic attacks in the world mental health surveys [J]. Depression and Anxiety, 33 (12): 1155-1177.

DE VAUS J, HORNSEY M J, KUPPENS P, et al., 2018. Exploring the East-West divide in prevalence of affective disorder: A case for cultural differences in coping with negative emotion [J]. Personality and Social Psychology Review, 22 (3): 285-304.

DECETY J, JEANNEROD M, PRABLANC C, 1989. The timing of mentally represented actions [J]. Behavioural Brain Research, 34: 35-42.

DECI E L, EGHRARI H, PATRICK B C, et al., 1994. Facilitating internalization: The self-determination theory perspective [J]. Journal of Personality, 62: 119-142.

DECI E L, RYAN R M, 1985. The general causality orientations scale: Self-determination in personality [J]. Journal of Research in Personality, 19: 109-134.

DECI E L, RYAN R M, 2008. Facilitating optimal motivation and psychological well-being across life's domains [J]. Canadian Psychology, 49 (1): 14-23.

DECI E L, RYAN R M, 1985. Intrinsic Motivation and Self-determination in Human Behavior [M]. New York: Plenum Publishing.

DECI E L, RYAN R M, 2000. The "what" and "why" of goal pursuits: Human needs and the self-determination of behavior [J]. Psychological Inquiry, 11: 227-268.

DEFORCHE B, DE BOURDEAUDHUIJ I, 2015. Attentional distraction during exercise in overweight and normal-weight boys [J]. International Journal of Environmental Research and Public Health, 12 (3): 3077-3090.

DELENARDO S, TERRION J L, 2014. Suck it up: Opinions and attitudes about mental illness stigma and help-seeking behaviour of male varsity football players [J]. Canadian Journal of Community Mental Health, 33 (3): 43-56.

DELRUE J, HAERENS, L MOURATIDIS A, et al., 2017. A game-to-game investigation in the relation between need-supportive and need-thwarting coaching and moral behavior in soccer [J]. Psychology of

Sport and Exercise, 31: 1 – 10.

DELRUE J, REYNDERS B, BROEK G V, et al., 2019. Adopting a helicopter-perspective towards motivating and demotivating coaching: A circumplex approach [J]. Psychology of Sport and Exercise, 40: 110 – 126.

DIAMOND A, 2013. Executive functions [J]. Annual Review of Psychology, 64 (1): 135 – 168.

DÍAZ-OCEJO J, KUITUNNEN S, MORA-MÉRIDA J A, 2013. An intervention to enhance the performance of a 3000 metre steeplechase athlete with the use of segmentation and self-talk [J]. Revista de Psicología del Deporte, 22: 87 – 92.

DIENER E, 1984. Subjective well-being [J]. Psychological Bulletin, 95 (3): 542 – 575.

DIERKES K, MATTONI MATURANA F, ROSEL I, et al., 2021. Different endurance exercise modalities, different affective response: A within-subject study [J]. Frontiers in Psychology, 12: 686661.

DO CARMO C M, ALMEIDA DA ROCHA B, TANAKA C, 2017. Effects of individual and group exercise programs on pain, balance, mobility and perceived benefits in rheumatoid arthritis with pain and foot deformities [J]. Journal of Physical Therapy Science, 29 (11): 1893 – 1898.

DOWELL T L, WATERS A M, USHER W, et al., 2020. Tackling mental health in youth sporting programs: A pilot study of a holistic program [J]. Child Psychiatry and Human Development, 52 (1): 15 – 29.

DREW M, VLAHOVICH N, HUGHES D, et al., 2017. Prevalence of illness, poor mental health and sleep quality and low energy availability prior to the 2016 Summer Olympic Games [J]. British Journal of Sports Medicine, 52 (1): 47 – 53.

DUAN Y P, LIANG W, GUO L, et al., 2018. Evaluation of a web-based intervention for multiple health behavior changes in patients with coronary heart disease in home-based rehabilitation: Pilot randomized controlled trial [J]. J Med Internet Res, 20: e12052.

DUAN Y, BREHM W, WAGNER P, et al., 2015. Transition to adulthood: Relationships among psychosocial correlates, stages of change for physical activity, and health outcomes in a cross-cultural sample [J]. Journal of Physical Activity and Health, 12: 1461 – 1468.

DUAN Y, LIPPKE S, ZHANG R, et al., 2016. Testing the validity of a stage assessment on health enhancing physical activity in a chinese university student sample [J]. BMC Public Health, 16: 260.

DUAN Y, SHANG B, LIANG W, et al., 2020. Psychosocial profiles of physical activity fluctuation in office employees: A latent profile analysis [J]. PLoS One, 15: e0227182.

DUDA J L, BALAGUER I, 1999. Toward an integration of models of leadership with a contemporary theory of motivation [C] //LIDOR R, BAR-ELI. Sport Psychology: Linking Theory and Practice. Morgantown: Fitness Information Technology: 213 – 229.

DUKE A, 2020. How to Decide: Simple Tools for Making Better Choices [M]. New York: Portfolio.

DUNICAN I C, MARTIN D T, HALSON S L, et al., 2017. The effects of the removal of electronic devices for 48 hours on sleep in elite judo athletes [J]. Journal of Strength and Conditioning Research, 31 (10): 2832 – 2839.

DURAND-BUSH N, BAKER J, VAN DEN BERG F, et al., 2023. The gold medal profile for sport psychology (GMP-SP) [J]. Journal of Applied Sport Psychology, 35: 547 – 570.

DWECK C S, 1986. Motivational processes affecting learning [J]. American Psychologist, 41: 1040 – 1048.

DWYER J J, 1995. Effect of perceived choice of music on exercise intrinsic motivation [J]. Health Values: The Journal of Health Behavior, Education and Promotion, 19 (2): 18 – 26.

EADES A, 1991. An investigation of burnout in intercollegiate athletes: The development of the eades athlete burnout inventory [C]. Paper Presented at the North American Society for the Psychology of Sport and Physical Activity National Conference, Asilomar.

EDMONDS W A, TENENBAUM G, 2012. Case studies in applied psychophysiology: Neurofeedback and biofeedback treatments for advances in human performance [M]. London: John Wiley & Sons, Ltd.

EICHSTADT M, LUZIER J, CHO D, 2020. Eating disorders in male athletes [J]. Sports Health, 12 (4): 327–333.

EKENGREN J, STAMBULOVA N B, JOHNSON U, 2021. Toward the career-long psychological support services: Insights from Swedish handball [J]. Journal of Sport Psychology in Action, 12 (4): 245–258.

EKKEKAKIS P, 2009. The Dual-Mode Theory of affective responses to exercise in metatheoretical context: II. Bodiless heads, ethereal cognitive schemata, and other improbable dualistic creatures, exercising [J]. International Review of Sport and Exercise Psychology, 2 (2): 139–160.

EKKEKAKIS P, BACKHOUSE S H, GRAY C, et al., 2008. Walking is popular among adults but is it pleasant? A framework for clarifying the link between walking and affect as illustrated in two studies [J]. Psychology of Sport and Exercise, 9 (3): 246–264.

EKKEKAKIS P, BRAND R, 2019. Affective responses to and automatic affective valuations of physical activity: Fifty years of progress on the seminal question in exercise psychology [J]. Psychology of Sport and Exercise, 42: 130–137.

EKKEKAKIS P, PARFITT G, PETRUZZELLO S J, 2011. The pleasure and displeasure people feel when they exercise at different intensities: Decennial update and progress towards a tripartite rationale for exercise intensity prescription [J]. Sports Medicine, 41 (8): 641–671.

ELAVSKY S, 2010. Longitudinal examination of the exercise and self-esteem model in middle-aged women [J]. Journal of Sport and Exercise Psychology, 32 (6): 862–880.

ELLEMBERG D, ST-LOUIS-DESCH NE S M, 2010. The effect of acute physical exercise on cognitive function during development [J]. Psychology of Sport and Exercise, 11 (2): 122–126.

ELLIOT A J, 1999. Approach and avoidance motivation and achievement goals [J]. Educational Psychologist, 34 (3): 169.

ELLIOT A J, MCGREGOR H A, 2001. A 2×2 achievement goal framework [J]. Journal of Personality and Social Psychology, 80: 501–519.

ELSEY C, 2019. Mental health disclosure in the public eye: Accounting for and managing absences from professional sporting competition [J]. Qualitative Research in Sport, Exercise and Health, 11 (4): 435–459.

EPSTEIN J L, 1988. Effective schools or effective students? Dealing with diversity [C] //HASKINSAND R, MACRAE B. Policies for America's Public Schools. Norwood: Ablex Pub Corp: 89–126.

ERICKSON K I, PRAKASH R S, VOSS M W, et al., 2009. Aerobic fitness is associated with hippocampal volume in elderly humans [J]. Hippocampus, 19 (10): 1030–1039.

ETNIER J L, SALAZAR W, LANDERS D M, et al., 1997. The influence of physical fitness and exercise upon cognitive functioning: A meta-analysis [J]. Journal of Sport and Exercise Psychology, 19 (3): 249–277.

EVANS L, JONES L, MULLEN R, 2004. An imagery intervention during the competitive season with an elite rugby union player [J]. The Sport Psychologist, 18: 252–271.

EYSENCK M W, CALVO M G, 1992. Anxiety and performance: The processing efficiency theory [J]. Cognition & Emotion, 6 (6): 409–434.

EYSENCK M W, DERAKSHAN N, SANTOS R, et al., 2007. Anxiety and cognitive performance: Attentional control theory [J]. Emotion, 7 (2): 336–353.

EYS M A, BRAWLEY L R, 2018. Reflections on cohesion research with sport and exercise groups [J].

Social and Personality Psychology Compass, 12 (4): e12379.

FAN J, GU X, GUISE K G, et al., 2009. Testing the behavioral interaction and integration of attentional networks [J]. Brain and Cognition, 70 (2): 209-220.

FAN J, MCCANDLISS B D, SOMMER T, et al., 2002. Testing the efficiency and independence of attentional networks [J]. Journal of Cognitive Neuroscience, 14 (3): 340-347.

FAWCETT E J, POWER H, FAWCETT J M, 2020. Women are at greater risk of OCD than men: A meta-analytic review of OCD prevalence worldwide [J]. The Journal of Clinical Psychiatry, 81 (4).

FELTZ D L, LIRGG C D, 2001. Self-efficacy beliefs of athletes, teams, and coaches [C] //Gershon T, Eklund R C. Handbook of Sport Psychology. 2nd ed. New York: Wiley: 340-361.

FILHO E, DOBERSEK U, GERSHGOREN L, et al., 2014. The cohesion-performance relationship in sport: A 10-year retrospective meta-analysis [J]. Sport Sciences for Health, 10 (3): 165-177.

FIRTH J, COTTER J, ELLIOTT R, et al., 2015. A systematic review and meta-analysis of exercise interventions in schizophrenia patients [J]. Psychological Medicine, 45 (7): 1343-1361.

FIRTH J, STUBBS B, ROSENBAUM S, et al., 2017. Aerobic exercise improves cognitive functioning in people with schizophrenia: A systematic review and meta-analysis [J]. Schizophrenia Bulletin, 43 (3): 546-556.

FISHBEIN M, YZER M C, 2003. Using theory to design effective health behavior interventions [J]. Communication Theory, 13: 164-183.

FLETT G L, HEWITT P L, BLANKSTEIN K R, et al., 1998. Perfectionism in relation to attributions for success or failure [J]. Current Psychology, 17 (2-3): 249-262.

FOGACA J L, 2021. Combining mental health and performance interventions: Coping and social support for student-athletes [J]. Journal of Applied Sport Psychology, 33 (1): 4-19.

FOOT J, 2012. What makes us healthy? The asset approach in practice: Evidence, action, and evaluation [EB/OL]. [2023-02-20]. http://www.janefoot.co.uk/downloads/fifiles/healthy20FINAL20FINAL.pdf.

FORTE G, FAVIERI F, CASAGRANDE M, 2019. Heart rate variability and cognitive function: A systematic review [J]. Frontiers in Neuroscience, 13: 710.

FRANKISH K, EVANS J, 2009. The duality of mind: An historical perspective [C] //EVANS J ST B T, FRANKISH K. In Two Minds: Dual Processes and Beyond. Oxford: Oxford University Press: 1-29.

FREEDMAN S M, PHILLIPS J S, 1985. The effects of situational performance constraints on intrinsic motivation and satisfaction: The role of perceived competence and self-determination [J]. Organizational Behavior and Human Decision Processes, 35: 397-416.

FREUDENBERGER H J, 1974. Staff burnout [J]. Journal of Social Issues, 1: 159-165.

FRITSCH J, FEIL K, JEKAUC D, et al., 2024. The relationship between self-talk and affective processes in sports: A scoping review [J]. International Review of Sport and Exercise Psychology, 17: 482-515.

FUCHS R, 2001. Entwicklungsstadien des sporttreibens [J]. Sportwissenschaft, 31: 255-281.

FUNG L, NG J, CHEUNG S, 2001. Confirmatory factor analysis of the trait sport-confidence inventory and state sport-confidence inventory on a Chinese sample [J]. International Journal of Sport Psychology, 32 (3): 304-313.

FURLEY P, MOLL T, MEMMERT D, 2015. "Put your Hands up in the Air"? The interpersonal effects of pride and shame expressions on opponents and teammates [J]. Frontiers in Psychology, 6: 1361.

GANO-OVERWAY L, SACKETT S C, 2022. Let's get smart and set goals to ASPIRE [J]. Journal of Sport Psychology in Action, 13: 230-244.

GARDNER F L, MOORE Z E, 2004a. A mindfulness-acceptance-commitment-based approach to athletic performance enhancement: Theoretical considerations [J]. Behavior Therapy, 35: 707-723.

GARDNER F L, MOORE Z E, 2004b. The multi-level classification system for sport psychology (MCS-SP) [J]. The Sport Psychologist, 18: 89-109.

GARDNER F L, MOORE Z E, 2006. Clinical Sport Psychology [M]. Champaign: Human Kinetics.

GEDA Y E, SILBER T C, ROBERTS R O, et al., 2012. Computer activities, physical exercise, aging, and mild cognitive impairment: A population-based study [J]. Mayo Clinic ProceEdings, 87 (5): 437-442.

GERARDIN E, SIRIGU A, LEHÉRICY S, et al., 2000. Partially overlapping neural networks for real and imagined hand movements [J]. Cerebral Cortex, 10: 1093-1104.

GERRITSEN R J, BAND G P, 2018. Breath of life: The respiratory vagal stimulation model of contemplative activity [J]. Frontiers in Human Neuroscience, 12: 397.

GIBSON J J, 2014. The Ecological Approach to Visual Perception: Classic Edition [M]. London: Psychology Press.

GIEL K E, HERMANN-WERNER A, MAYER J, et al., 2016. Eating disorder pathology in elite adolescent athletes [J]. International Journal of Eating Disorders, 49 (6): 553-562.

GIGERENZER G, GOLDSTEIN D G, 1996. Reasoning the fast and frugal way: Models of bounded rationality [J]. Psychological Review, 103: 650.

GILOVICH T, VALLONE R, TVERSKY A, 1985. The hot hand in basketball: On the misperception of random sequences [J]. Cognitive Psychology, 17: 295-314.

GIOVANNETTI S, ROBERTSON J, COLQUHOUN H L, et al., 2019. Mental health services for Canadian university student-athletes: An exploratory survey [J]. Journal of Clinical Sport Psychology, 13 (3): 469-485.

GLASSER W, 2010. Positive Addiction [M]. New York: Harper Collins.

GOMEZ-PIQUERAS P, GONZÁLEZ-VÍLLORA S, GRASSI A, et al., 2018. Are we making SMART decisions regarding return to training of injured football players? Preliminary results from a pilot study [J]. Isokinetics and Exercise Science, 26 (2): 115-123.

GORCZYNSKI P F, COYLE M, GIBSON K, et al., 2017. Depressive symptoms in high-performance athletes and non-athletes: A comparative meta-analysis [J]. British Journal of Sports Medicine, 51 (18): 1348-1354.

GORDON B R, MCDOWELL C P, HALLGREN M, et al., 2018. Association of efficacy of resistance exercise training with depressive symptoms: Meta-analysis and meta-regression analysis of randomized clinical trials [J]. JAMA Psychiatry, 75 (6): 566.

GORDON R A, 2008. Attributional style and athletic performance: Strategic optimism and defensive pessimism [J]. Psychology of Sportand Exercise, 9 (3): 336-350.

GOULD D, TUFFEY S, 1996. Zones of optimal functioning research: A review and critique [J]. Anxiety, Stress, and Coping, 9: 53-68.

GOURLAN M, BERNARD P, BORTOLON C, et al., 2016. Efficacy of theory-based interventions to promote physical activity. A meta-analysis of randomised controlled trials [J]. Health Psychol Rev, 10: 50-66.

GOUTTEBARGE V, BINDRA A, BLAUWET C, et al., 2021. International Olympic Committee (IOC) Sport Mental Health Assessment Tool 1 (SMHAT-1) and Sport Mental Health Recognition Tool 1 (SMHRT-1): Towards better support of athletes' mental health [J]. British Journal of Sports Medicine, 55 (1): 30-37.

GOUTTEBARGE V, CASTALDELLI-MAIA J M, GORCZYNSKI P, et al., 2019. Occurrence of mental health symptoms and disorders in current and former elite athletes: A systematic review and meta-analysis [J]. British Journal of Sports Medicine, 53 (11): 700-706.

GOUTTEBARGE V, KERKHOFFS G, LAMBERT M, et al., 2016. Prevalence and determinants of symptoms of common mental disorders in retired professional Rugby Union players [J]. European Journal of Sport Science, 16 (5): 595–602.

GOW D, TUFFEY S, HARDY L, et al., 1993. Multidimensional state anxiety and middle distance running performance: An exploratory examination of hanin's (1980) zones of optimal functioning hypothesis [J]. Journal of Applied Sport Psychology, 5: 85–94.

GREDIN N V, BISHOP D T, BROADBENT D P, et al., 2018. Experts integrate explicit contextual priors and environmental information to improve anticipation efficiency [J]. Journal of Experimental Psychology: Applied, 24: 509.

GREENLEAF C, PETRIE T, CARTER J, et al., 2009. Female collegiate athletes: Prevalence of eating disorders and disordered eating behaviors [J]. Journal of American College Health, 57 (5): 489–496.

GREENLEES I, LEYLAND A, THELWELL R, et al., 2008. Soccer penalty takers' uniform colour and pre-penalty kick gaze affect the impressions formed of them by opposing goalkeepers [J]. Journal of Sports Sciences, 26: 569–576.

GROSS J J, 1998. The emerging field of emotion regulation: An integrative review [J]. Review of General Psychology, 2: 271–299.

GROSS J J, 2015. Emotion regulation: Current status and future prospects [J]. Psychological Inquiry, 26: 1–26.

GUILLÉN F, SÁNCHEZ R, 2009. Competitive anxiety in expert female athletes: Sources and intensity of anxiety in national team and first division spanish basketball players [J]. Perceptual and Motor Skills, 109: 407–419.

GUILLOT A, COLLET C, 2008. Construction of the motor imagery integrative model in sport: A review and theoretical investigation of motor imagery use [J]. International Review of Sport and Exercise Psychology, 1: 31–44.

GUILLOT A, LEBON F, ROUFFET D, et al., 2007. Muscular responses during motor imagery as a function of muscle contraction types [J]. International Journal of Psychophysiology, 66: 18–27.

GULLIVER A, GRIFFITHS K M, CHRISTENSEN H, 2012. Barriers and facilitators to mental health help-seeking for young elite athletes: A qualitative study [J]. BMC Psychiatry, 12 (1): 157.

GULLIVER A, GRIFFITHS K M, MACKINNON A, et al, 2015. The mental health of Australian elite athletes [J]. Journal of Science and Medicine in Sport, 18 (3): 255–261.

GUSTAFSSON H, KENTTÄ G, HASSMÉN P, 2011. Athlete burnout: An integrated model and future research directions [J]. International Review of Sport and Exercise Psychology, 4 (1): 3–24.

GUSTAFSSON H, LUNDQVIST C, 2016. Working with perfectionism in elite sport: A cognitive behavioral therapy perspective [C] //Hill A. The Psychology of Perfectionism in Sport, Dance and Exercise. New York: Routledge: 203–221.

HAGGER M S, 2009. Theoretical integration in health psychology: Unifying ideas and complementary explanations [J]. British Journal of Health Psychology, 14: 189–194.

HAGGER M S, CHATZISARANTIS N, BIDDLE S J, 2001. The influence of self-efficacy and past behaviour on the physical activity intentions of young people [J]. Journal of Sports Sciences, 19 (9): 711–725.

HAGGER M S, CHEUNG M W, AJZEN I, et al., 2022. Perceived behavioral control moderating effects in the theory of planned behavior: A meta-analysis [J]. Health Psychology, 41: 155–167.

HAJAR M S, RIZAL H, KUAN G, 2019. Effects of physical activity on sustained attention: A systematic review [J]. Scientia Medica, 29 (2): 32864.

HALL E G, ERFFMEYER E S, 1983. The effect of visuo-motor behavior rehearsal with videotaped modeling on free throw accuracy of intercollegiate female basketball players [J]. Journal of Sport Psychology, 5 (3): 343–346.

HALLGREN M A, MOSS N D, GASTIN P, 2010. Regular exercise participation mediates the affective response to acute bouts of vigorous exercise [J]. Journal of Sports Science and Medicine, 9 (4): 629–637.

HALVARI H, GJESME T, 1995. Trait and state anxiety before and after competitive performance [J]. Perceptual and Motor Skills, 81: 1059–1074.

HAMER M, CHIDA Y, 2009. Physical activity and risk of neurodegenerative disease: A systematic review of prospective evidence [J]. Psychological Medicine, 39 (1): 3–11.

HAMMOND T, GIALLORETO C, KUBAS H, et al., 2013. The prevalence of failure based depression among elite athletes [J]. Clinical Journal of Sport Medicine, 23 (4): 273–277.

HANIN Y, 1986. State-trait anxiety research on sports in the USSR [C] //SPIELBERGER R C. DIAS-GUERRERO. Cross-cultural Anxiety. Washington DC: Hemisphere Publications: 45–64.

HANIN Y, SYRJÄ P, 1995. Performance affect in soccer players: An application of the IZOF model [J]. International Journal of Sports Medicine, 16: 260–265.

HANIN Y L, 2000a. Individual zones of optimal functioning (IZOF) model: Emotion-performance relationships in sport [C] //HANIN Y L. Emotions in Sport. Champaign: Human Kinetics: 65–89.

HANIN Y L, 2000b. Successful and poor performance and emotions [C] //HANIN Y L. Emotions in Sport. Champaign: Human Kinetics: 185.

HANIN Y L, 2004. Emotions in sport: An individualized approach [C] //SPIELBERGER C D. Encyclopedia of Applied Psychology. Oxford: Elsevier Academic Press: 739–750.

HANIN Y L, STAMBULOVA N B, 2002. Metaphoric description of performance states: An application of the IZOF model [J]. The Sport Psychologist, 16: 396–415.

HANSEN C J, STEVENS L C, COAST J R, 2001. Exercise duration and mood state: How much is enough to feel better? [J]. Health Psychology, 20 (4): 267.

HARDY J, 2006. Speaking clearly: A critical review of the self-talk literature [J]. Psychology of Sport and Exercise, 7: 81–97.

HARDY L, 1996. Testing the predictions of the cusp catastrophe model of anxiety and performance [J]. The Sport Psychologist, 10: 140–156.

HARDY L, 1997. Three myths about applied consultancy work [J]. Journal of Applied Sport Psychology, 9: 277–294.

HARDY L, JONES G, GOULD D, 2018. Understanding Psychological Preparation for Sport: Theory and Practice of Elite Performers [M]. Hoboken: John Wiley & Sons.

HARDY L, NELSON D, 1988. Self-regulation training in sport and work [J]. Ergonomics, 31: 1573–1583.

HARDY L, PARFITT G, 1991. A catastrophe model of anxiety and performance [J]. British Journal of Psychology, 82: 163–178.

HARDY L, PARFITT G, PATES J, 1994. Performance catastrophes in sport: A test of the hysteresis hypothesis [J]. Journal of Sports Sciences, 12: 327–334.

HARRIS D V, ROBINSON W J, 1986. The effects of skill level on EMG activity during internal and external imagery [J]. Journal of Sport and Exercise Psychology, 8: 105–111.

HARRIS B R, MAHER B M, 2023. Student-athlete mental health, help-seeking, and service utilization: Implications for a multi-tiered, public health approach on college campuses [J]. Journal of College Student Psychotherapy, 37 (4): 371–390.

HARTER S, 1978. Effectance motivation reconsidered: Toward a developmental model [J]. Human

Development, 21 (1): 34 – 64.

HARWOOD C G, 2008. Developmental consulting in a professional football academy: The 5C's coaching efffcacy program [J]. Sport Psychologist, 22: 109 – 133.

HASIN D S, SARVET A L, MEYERS J L, et al., 2018. Epidemiology of adult DSM-5 major depressive disorder and its specifiers in the United States [J]. JAMA Psychiatry, 75 (4): 336 – 346.

HATFIELD B, HAUFLER A, SPALDING T, 2006. A cognitive neuroscience perspective on sport performance [J]. Psychobiology of Physical Activity: 221 – 240.

HATZIGEORGIADIS A, BIDDLE S J, 2000. Assessing cognitive interference in sport: Development of the thought occurrence questionnaire for sport [J]. Anxiety, Stress and Coping, 13: 65 – 86.

HATZIGEORGIADIS A, ZOURBANOS N, GALANIS E, et al., 2011. Self-talk and sports performance: A meta-analysis [J]. Perspectives on Psychological Science, 6: 348 – 356.

HAYES S C, PIERSON H, 2005. Acceptance and Commitment Therapy [M]. Berlin: Springer.

HAYES S C, STROSAHL K D, WILSON K G, 2011. Acceptance and Commitment Therapy: The Process and Practice of Mindful Change [M]. New York: Guilford Press.

HAYES S C, WILSON K G, GIFFORD E V, et al., 1996. Experiential avoidance and behavioral disorders: A functional dimensional approach to diagnosis and treatment [J]. Journal of Consulting and Clinical Psychology, 64 (6): 1152 – 1168.

HEATON A W, SIGALL H, 1991. Self-consciousness, self-presentation, and performance under pressure: Who chokes, and when? [J]. Journal of Applied Social Psychology, 21 (3): 175 – 188.

HECHTLINGER S, SCHULZE C, LEUKER C, et al., 2024. The psychology of life's most important decisions [J]. American Psychologist. DOI: 10.1037/amp0001439.

HEFFERNAN C J, 1988. Social foundations of thought and action: A social cognitive theory [J]. Behaviour Change, 5 (1): 37 – 38.

HEIDER F, 1958. The Psychology of Interpersonal Relations [M]. New York: John Wiley & Sons.

HELM F, CAÑAL-BRULAND R, MANN D L, et al., 2020. Integrating situational probability and kinematic information when anticipating disguised movements [J]. Psychology of Sport and Exercise, 46: 101607.

HENRIKSEN K, DIMENT G, KUETTEL A, 2024a. The Team Denmark applied model of athlete mental health [J]. International Journal of Sport and Exercise Psychology, 22 (9): 2325 – 2341.

HENRIKSEN K, HUANG Z, BARTLEY J, et al., 2024b. The role of high-performance sport environments in mental health: An international society of sport psychology consensus statement [J]. International Journal of Sport and Exercise Psychology: 1 – 23.

HENRIKSEN K, SCHINKE R, MCCANN S, et al., 2020. Athlete mental health in the Olympic/Paralympic quadrennium: A multi-societal consensus statement [J]. International Journal of Sport and Exercise Psychology, 18 (3): 391 – 408.

HENRIKSEN K, SCHINKE R, MOESCH K, et al., 2019. Consensus statement on improving the mental health of high performance athletes [J]. International Journal of Sport and Exercise Psychology: 1 – 8.

HENRIKSEN K, STAMBULOVA N, ROESSLER K K, 2010. Holistic approach to athletic talent development environments: A successful sailing milieu [J]. Psychology of Sport and Exercise, 11 (3): 212 – 222.

HEPLER T J, FELTZ D L, 2012a. Path analysis examining self-efficacy and decision-making performance on a simulated baseball task [J]. Research Quarterly for Exercise and Sport, 83: 55 – 64.

HEPLER T J, FELTZ D L, 2012b. Take the first heuristic, self-efficacy, and decision-making in sport [J]. Journal of Experimental Psychology: Applied, 18: 154.

HERRERO C P, JEJURIKAR N, CARTER C W, 2021. The psychology of the female athlete: How mental health and wellness mediate sports performance, injury and recovery [J]. Annals of Joint, 6: 1 – 8.

HERRING S A, KIBLER W B, PUTUKIAN M, 2017. Psychological issues related to illness and injury in athletes and the team physician: A consensus statement-2016 update [J]. Medicine Science Sports Exercise, 49 (5): 189-201.

HILL D M, HANTON S, MATTHEWS N, et al., 2011. Choking in sport: A review [J]. International Review of Sport and Exercise Psychology, 4 (1): 24-39.

HILLMAN C H, PONTIFEX M, THEMANS J R, 2009. Acute aerobic exercise effects on event-related brain potentials [C] //MCMORRIS T, AUDIFFREN M, TOMPOROWSKI P D. Exercise and Cognitive Function. New York: John Wiley & Sons: 161-178.

HOBFOLL S E, 1989. Conservation of resources: A new attempt at conceptualizing stress [J]. American Psychologist, 44: 513.

HOFFMAN M D, HOFFMAN D R, 2008. Exercisers achieve greater acute exercise-induced mood enhancement than nonexercisers [J]. Archives of Physical Medicine and Rehabilitation, 89 (2): 358-363.

HOFMANN S G, ASMUNDSON G J, BECK A T, 2013. The science of cognitive therapy [J]. Behavior Therapy, 44: 199-212.

HOLMES P S, COLLINS D J, 2001. The PETTLEP approach to motor imagery: A functional equivalence model for sport psychologists [J]. Journal of Applied Sport Psychology, 13: 60-83.

HORN R H, OKUMURA M S G, FÄRBER M A, et al., 2012. Inhibition demands and the functionality of the Quiet Eye in precision aiming tasks [J]. Research Quarterly for Exercise and Sport, 83 (1): 73-76.

HORN T S, LOX C, LABRADOR F, 2006. The self-fulfilling prophecy theory: When coaches' expectations become reality [C] //WILLIAMS J M. Applied Sport Psychology: Personal Growth to Peak Performance. 5th ed. Mountain View: Mayfield: 52-108.

HÖTTING K, RÖDER B, 2013. Beneficial effects of physical exercise on neuroplasticity and cognition [J]. Neuroscience & Biobehavioral Reviews, 37 (9): 2243-2257.

HOWARD J L, GAGNÉ M, VAN DEN BROECK A, et al., 2020. A review and empirical comparison of motivation scoring methods: An application to self-determination theory [J]. Motivation and Emotion, 44: 534-548.

HUDSON J, WALKER N C, 2002. Metamotivational state reversals during matchplay golf: An idiographic approach [J]. The Sport Psychologist, 16: 200-217.

HUNTER J E, SCHMIDT F L, 1983. Quantifying the effects of psychological interventions on employee job performance and work-force productivity [J]. American Psychologist, 38: 473.

International Olympic Committee, 2023. Mental Health Action Plan[EB/OL]. (2023-07-30)[2024-12-08]. https://stillmed.olympics.com/%0Amedia/Documents/News/2023/07/Mental-Health-Action-Plan.

ISMAIL A H, 1967. The effects of a well-organized physical education programme on intellectual performance [J]. Research in Physical Education, 1: 31-38.

ISOARD-GAUTHEUR S, GUILLET-DESCAS E, LEMYRE P N, 2012. A prospective study of the influence of perceived coaching style on burnout propensity in high level young athletes: Using self-determination theory perspective [J]. The Sport Psychologist, 26: 282-298.

IVARSSON A, STAMBULOVA N, JOHNSON U, 2016. Injury as a career transition: Experiences of a Swedish elite handball player [J]. International Journal of Sport and Exercise Psychology, 1-17.

JACKSON M R, 1984. Self-esteem and meaning: A life historical investigation [D]. New York: University of Michigan.

JACKSON R C, 2003. Pre-performance routine consistency: Temporal analysis of goal kicking in the Rugby Union World Cup [J]. Journal of Sports Sciences, 21: 803-814.

JACKSON S A, 1992. Athletes in flow: A qualitative investigation of flow states in elite figure skaters [J]. Journal of Applied Sport Psychology, 4: 161-180.

JACKSON S A, 1995. Factors influencing the occurrence of flow state in elite athletes [J]. Journal of Applied Sport Psychology, 7: 138-166.

JACKSON S A, ROBERTS G C, 1992. Positive performance states of athletes: Toward a conceptual understanding of peak performance [J]. The Sport Psychologist, 6: 156-171.

JEONG Y H, HEALY L C, MCEWAN D, 2023. The application of goal setting theory to goal setting interventions in sport: A systematic review [J]. International Review of Sport and Exercise Psychology, 16: 474-499.

JESSEN F, AMARIGLIO R E, VAN B DRAW M, et al., 2014. A conceptual framework for research on subjective cognitive decline in preclinical Alzheimer's disease [J]. Alzheimer's and Dementia: The Journal of the Alzheimer's Association, 10 (6): 844-852.

JIA J, WEI C, CHEN S, et al., 2018. The cost of Alzheimer's disease in China and re-estimation of costs worldwide [J]. Alzheimer's & Dementia, 14 (4): 483-491.

JÕESAAR H, HEIN V, HAGGER M S, 2011. Peer influence on young athletes' need satisfaction, intrinsic motivation and persistence in sport: A 12-month prospective study [J]. Psychology of Sport and Exercise, 12: 500-508.

JOHNSON J G, 2006. Cognitive modeling of decision making in sports [J]. Psychology of Sport and Exercise, 7: 631-652.

JONES M V, LANE A M, BRAY S R, et al., 2005. Development and validation of the sport emotion questionnaire [J]. Journal of Sport and Exercise Psychology, 27: 407-431.

JONES M, MEIJEN C, MCCARTHY P J, et al., 2009. A theory of challenge and threat states in athletes [J]. International Review of Sport and Exercise Psychology, 2: 161-180.

JORDET G, 2009. When superstars flop: Public status and choking under pressure in international soccer penalty shootouts [J]. Journal of Applied Sport Psychology, 21: 125-130.

JORDET G, HARTMAN E, VISSCHER C, et al., 2007. Kicks from the penalty mark in soccer: The roles of stress, skill, and fatigue for kick outcomes [J]. Journal of Sports Sciences, 25: 121-129.

JOSEFSSON T, TORNBERG R, GUSTAFSSON H, et al., 2020. Practitioners' reflections of working with the Mindfulness-Acceptance-Commitment (MAC) approach in team sport settings [J]. Journal of Sport Psychology in Action, 11: 92-102.

JOY E, KUSSMAN A, NATTIV A, 2016. 2016 update on eating disorders in athletes: A comprehensive narrative review with a focus on clinical assessment and management [J]. British Journal of Sports Medicine, 50 (3): 154-162.

JUNGE A, FEDDERMANN-DEMONT N, 2016. Prevalence of depression and anxiety in top-level male and female football players [J]. BMJ Open Sport and Exercise Medicine, 2 (1): 1-8.

KABAT-ZINN J, 1982. An outpatient program in behavioral medicine for chronic pain patients based on the practice of mindfulness meditation: Theoretical considerations and preliminary results [J]. General Hospital Psychiatry, 4: 33-47.

KABAT-ZINN J, 2003. Mindfulness-based interventions in context: Past, present, and future [J]. Clinical Psychology: Science and Practice, 10 (2): 144-156.

KAHNEMAN D, 2003. Maps of bounded rationality: Psychology for behavioral economics [J]. American Economic Review, 93: 1449-1475.

KAHNEMAN D, 2011. Thinking, Fast and Slow [M]. New York: Farrar, Straus and Giroux.

KAHNEMAN D, TVERSKY A, 1979. Prospect theory: An analysis of decision under risk [J].

Econometrica, 47: 263-291.

KAMIJO K, PONTIFEX M B, O'LEARY K C, et al., 2011. The effects of an afterschool physical activity program on working memory in preadolescent children: Fitness and working memory in children [J]. Developmental Science, 14 (5): 1046-1058.

KAUFMAN K A, GLASS C R, ARNKOFF D B, 2009. Evaluation of Mindful Sport Performance Enhancement (MSPE): A new approach to promote flow in athletes [J]. Journal of Clinical Sport Psychology, 3: 334-356.

KAUSHAL N, PREISSNER C, CHARLES K, et al., 2021. Differences and similarities of physical activity determinants between older adults who have and have not experienced a fall: Testing an extended health belief model [J]. Archives of Gerontology and Geriatrlcs, 92: 104247.

KEE Y H, CHATZISARANTIS N N L D, KONG P W, et al., 2012. Mindfulness, movement control, and attentional focus strategies: Effects of mindfulness on a postural balance task [J]. Journal of Sport and Exercise Psychology, 34 (5): 561-579.

KEGELAERS J, WYLLEMAN P, VAN BREE I N A, et al., 2021. Mental health in elite-level coaches: Prevalence rates and associated impact of coach stressors and psychological resilience [J]. International Sport Coaching Journal, 8 (3): 338-347.

KELLMANN M, BERTOLLO M, BOSQUET L, et al., 2018. Recovery and performance in sport: Consensus statement [J]. International Journal of Sports Physiology and Performance, 13 (2): 240-245.

KERR J H, 1993. An eclectic approach to psychological interventions in sport: Reversal theory [J]. The Sport Psychologist, 7: 400-418.

KESSLER R C, BROMET E J, 2013. The epidemiology of depression across cultures [J]. Annual Review of Public Health, 34, 119-138.

KESSLER R C, AGUILAR-GAXIOLA S, ALONSO J, et al., 2009. The global burden of mental disorders: An update from the WHO World Mental Health (WMH) surveys [J]. Epidemioloy and Psychiatric Sciences, 18 (1): 23-33.

KEYES C L M, 2002. The mental health continuum: From languishing to flourishing in life [J]. Journal of Health and Social Behaviour, 43 (2): 207-222.

KEYES C L M, 2005. Mental illness and/or mental health? Investigating axioms of the complete state model of health [J]. Journal of Consulting and Clinical Psychology, 73 (3): 539-548.

KEYES C L M, 2014. Mental health as a complete state: How the salutogenic perspective completes the picture BT [C] //BAUER G F. Bridging Occupational, Organizational and Public Health: A Transdisciplinary Approach. Berlin: Springer Netherlands: 179-192.

KHANIN I U L V, 2000. Emotions in Sport [M]. Champaign: Human Kinetics.

KINGSTON K M, HARDY L, 1997. Effects of different types of goals on processes that support performance [J]. The Sport Psychologist, 11: 277-293.

KLOSTERMANN A, KREDEL R, HOSSNER E J, 2013. The quiet eye and motor performance: Task demands and individual abilities matter [J]. Psychology of Sport and Exercise, 14 (4): 544-552.

KLOSTERMANN A, KREDEL R, HOSSNER E J, 2014. The quiet eye in aiming tasks: A review and theoretical implications [J]. Frontiers in Psychology, 5: 1107.

KNAPEN J, SOMMERIJNS E, VANCAMPFORT D, et al., 2009. State anxiety and subjective well-being responses to acute bouts of aerobic exercise in patients with depressive and anxiety disorders [J]. British Journal of Sports Medicine, 43 (10): 756-759.

KOLA-PALMER S, LEWIS K, RODRIGUEZ A, et al., 2020. Help-seeking for mental health issues in professional rugby league players [J]. Frontiers in Psychology, 11 (9): 1-9.

KOLATA G, 2007. Training through pregnancy to be Marathon's fastest mom [N]. The New York Times.

KONTTINEN N, LYYTINEN H, KONTTINEN R, 1995. Brain slow potentials reflecting successful shooting performance [J]. Research Quarterly for Exercise and Sport, 66: 64 – 72.

KOSSLYN S M, GANIS G, THOMPSON W L, 2001. Neural foundations of imagery [J]. Nature Reviews Neuroscience, 2: 635 – 642.

KRANE V, 1993. A practical application of the anxiety-athletic performance relationship: The zone of optimal functioning hypothesis [J]. The Sport Psychologist, 7: 113 – 126.

KRANE V, JOYCE D, RAFELD J, 1994. Competitive anxiety, situation criticality and softball performance [J]. The Sport Psychologist, 8: 58 – 72.

KRENN B, 2014. The impact of uniform color on judging tackles in association football [J]. Psychology of Sport and Exercise, 15: 222 – 225.

KUBIAK J, ROTHER S, EGLOFF B, 2019. Keep your cool and win the game: Emotion regulation and performance in table tennis [J]. Journal of Personality, 87: 996 – 1008.

KUETTEL A, LARSEN C H, 2020. Risk and protective factors for mental health in elite athletes: A scoping review [J]. International Review of Sport and Exercise Psychology, 13 (1): 231 – 265.

KYLLO L B, LANDERS D M, 1995. Goal setting in sport and exercise: A research synthesis to resolve the controversy [J]. Journal of Sport and Exercise Psychology, 17: 117 – 137.

LABORDE S, ALLEN M S, KATSCHAK K, et al., 2019. Trait personality in sport and Exercise Psychology: A mapping review and research agenda [J]. International Journal of Sport and Exercise Psychology, 1 – 16.

LAFRENIERE K, COWLES M P, APTER M J, 1988. The reversal phenomenon: Reflections on a laboratory study [C] //Madsen K B. Advances in Psychology. Oxford: Elsevier: 247 – 254.

LAGOS L, VASCHILLO E, VASCHILLO B, et al., 2011. Virtual reality-assisted heart rate variability biofeedback as a strategy to improve golf performance: A case study [J]. Biofeedback, 39: 15 – 20.

LAMERS S M A, WESTERHOF G J, BOHLMEIJER E T, et al., 2011. Evaluating the psychometric properties of the mental health continuum-short form (MHC-SF) [J]. Journal of Clinical Psychology, 67 (1): 99 – 110.

LANCASTER M A, MCCREA M A, NELSON L D, 2016. Psychometric properties and normative data for the brief symptom inventory-18 (BSI-18) in high school and collegiate athletes [J]. Clinical Neuropsychologist, 30 (2): 338 – 350.

LANDERS D M, BOUTCHER S H, 1993. Arousal-performance relationships [C] //WILLIAMS J M. Applied Sport Psychology: Personal Growth to Peak Performance (2nd). Mountain View: Mayfield: 170 – 184.

LANE A M, DEVONPORT T J, SOOS I, et al., 2010. Emotional intelligence and emotions associated with optimal and dysfunctional athletic performance [J]. Journal of Sports Science and Medicine, 9: 388.

LANE A M, THELWELL R C, LOWTHER J, et al., 2009. Emotional intelligence and psychological skills use among athletes [J]. Social Behavior and Personality: An International Journal, 37: 195 – 201.

LANG P J, 1979. A bio-informational theory of emotional imagery [J]. Psychophysiology, 16: 495 – 512.

LANG P J, KOZAK M J, MILLER G A, et al., 1980. Emotional imagery: Conceptual structure and pattern of somato-visceral response [J]. Psychophysiology, 17: 179 – 192.

LARSON E B, WANG L, BOWMAN J D, et al., 2006. Exercise is associated with reduced risk for incident dementia among persons 65 years of age and older [J]. Annals of Internal Medicine, 144 (2): 73 – 81.

LATHAM G P, YUKL G A, 1975. A review of research on the application of goal setting in organizations [J]. Academy of Management Journal, 18: 824 – 845.

LATINJAK A T, FONT-LLADÓ R, ZOURBANOS N, et al., 2016. Goal-directed self-talk interventions: A single-case study with an elite athlete [J]. The Sport Psychologist, 30: 189-194.

LATINJAK A T, HATZIGEORGIADIS A, COMOUTOS N, et al., 2019. Speaking clearly…10 years on: The case for an integrative perspective of self-talk in sport [J]. Sport, Exercise, and Performance Psychology, 8: 353.

LAZARUS R S, 2000. How emotions influence performance in competitive sports [J]. The Sport Psychologist, 14: 229-252.

LEBEAU J C, LIU S, SÁENZ-MONCALEANO C, et al., 2016. Quiet eye and performance in sport: A meta-analysis [J]. Journal of Sport and Exercise Psychology, 38 (5): 441-457.

LEITH K P, BAUMEISTER R F, 1996. Why do bad moods increase self-defeating behavior? Emotion, risk tasking, and self-regulation [J]. Journal of Personality and Social Psychology, 71: 1250.

LEVINE S L, WERNER K M, CAPALDI J S, et al., 2017. Let's play the blame game: The distinct effects of personal standards and self-critical perfectionism on attributions of success and failure during goal pursuit [J]. Journal of Research in Personality, 71: 57-66.

LEWIS B P, LINDER D E, 1997. Thinking about choking? Attentional processes and paradoxical performance [J]. Personality and Social Psychology Bulletin, 23 (9): 937-944.

LIAO C M, MASTERS R S W, 2001. Analogy learning: A means to implicit motor learning [J]. Journal of Sports Sciences, 19 (5): 307-319.

LI C, ZHU Y, ZHANG M, et al., 2019. Mindfulness and athlete burnout: A systematic review and meta-analysis [J]. International Journal of Environmental Research and Public Health, 16 (3): 449.

LIDOR R, SINGER R, 2003. Preperformance routines in self-paced tasks: Developmental and educational considerations [J]. The Psychology of Team Sports: 69-98.

LIN K M, CHEUNG F, 1999. Mental health issues for Asian Americans [J]. Psychiatric Services, 50 (6): 774-780.

LINDAHL J, STENLING A, LINDWALL M, et al., 2015. Trends and knowledge base in sport and exercise psychology research: A bibliometric review study [J]. International Review of Sport and Exercise Psychology, 8: 71-94.

LIPPKE S, ZIEGELMANN J P, 2008. Theory-based health behavior change: Developing, testing, and applying theories for evidence-based interventions [J]. Applied Psychology, 57: 698-716.

LOCKE E A, LATHAM G P, 1990. A Theory of Goal Setting and Task Performance [M]. Upper Saddle Rive: Prentice Hall.

LOCKE E A, LATHAM G P, 2002. Building a practically useful theory of goal setting and task motivation: A 35-year odyssey [J]. American Psychologist, 57: 705.

LOCKE E A, LATHAM G P, 2013. New Developments in Goal Setting and Task Performance [M]. New York: Routledge.

LOCKE E A, LATHAM G P, 2019. The development of goal setting theory: A half century retrospective [J]. Motivation Science, 5: 93.

LOFFING F, STERN R, HAGEMANN N, 2015. Pattern-induced expectation bias in visual anticipation of action outcomes [J]. Acta Psychologica, 161: 45-53.

LONSDALE C, HODGE K, ROSE E, 2009. Athlete burnout in elite sport: A self-determination perspective [J]. Journal of Sports Sciences, 27 (8): 785-795.

LOOMES G, SUGDEN R, 1982. Regret theory: An alternative theory of rational choice under uncertainty [J]. The Economic Journal, 92: 805-824.

LOPES L L, ODEN G C, 1999. The role of aspiration level in risky choice: A comparison of cumulative prospect theory and SP/A theory [J]. Journal of Mathematical Psychology, 43: 286-313.

LOTZE M, HALSBAND U, 2006. Motor imagery [J]. Journal of Physiology-paris, 99: 386-395.

LOTZE M, ZENTGRAF K, 2010. Contribution of the primary motor cortex to motor imagery [J]. The Neurophysiological Foundations of Mental and Motor Imagery, 31: 46.

LUNDQVIST C, SANDIN F, 2014. Well-Being in elite sport: Dimensions of hedonic and eudaimonic well-being among elite orienteers [J]. The Sport Psychologist, 28: 245-254.

LUTZ A, SLAGTER H A, DUNNE J D, et al., 2008. Attention regulation and monitoring in meditation [J]. Trends in Cognitive Sciences, 12 (4): 163-169.

MA X, YUE Z Q, GONG Z Q, et al., 2017. The effect of diaphragmatic breathing on attention, negative affect and stress in healthy adults [J]. Frontiers in Psychology, 8: 234806.

MACLEOD C, MATHEWS A, 2012. Cognitive bias modification approaches to anxiety [J]. Annual Review of Clinical Psychology, 8: 189-217.

MACLEOD J W, LAWRENCE M A, MCCONNELL M M, et al., 2010. Appraising the ANT: Psychometric and theoretical considerations of the Attention Network Test [J]. Neuropsychology, 24 (5): 637.

MADDISON R, PRAPAVESSIS H, CLATWORTHY M, et al., 2012. Guided imagery to improve functional outcomes post-anterior cruciate ligament repair: Randomized-controlled pilot trial [J]. Scandinavian Journal of Medicine and Science in Sports, 22: 816-821.

MADIGAN D J, RUMBOLD J L, GERBER M, et al., 2020. Coping tendencies and changes in athlete burnout over time [J]. Psychology of Sport and Exercise, 48: 101666.

MAGEAU G A, VALLERAND R J, 2003. The coach-athlete relationship: A motivational model [J]. Journal of Sports Science, 21: 883-904.

MAHER C A, 2023. Fostering the mental health of athletes, coaches, and staff a systems approach to developing a mentally healthy sport organization [R/OL]. (2023-08-20) [2024-12-30]. http://scioteca.caf.com/bitstream/handle/123456789/1091/RED2017-Eng-8ene.pdf?sequence=12&isAllowed=y%0Ahttp://dx.doi.org/10.1016/j.regsciurbeco.2008.06.005%0Ahttps://www.researchgate.net/publication/305320484_ SISTEM_ PEMBETUNGAN_ TERPUSAT_ STRATEGI_ MELESTARI.

MAIMAN L A, BECKER M H, 1974. The health belief model: Origins and correlates in psychological theory [J]. Health Education Monographs, 2: 336-353.

MANN D L, SCHAEFERS T, CAÑAL-BRULAND R, 2014. Action preferences and the anticipation of action outcomes [J]. Acta Psychologica, 152: 1-9.

MANN D T Y, WILLIAMS A M, WARD P, et al., 2007. Perceptual-cognitive expertise in sport: A meta-analysis [J]. Journal of Sport and Exercise Psychology, 29 (4): 457-478.

MANSELL W, 2004. Cognition and emotion: A commentary on the anxiety disorders [J]. Behavioural and Cognitive Psychotherapy, 32 (3): 243-254.

MARTENS R, 1990. Competitive Anxiety in Sport [M]. Champaign: Human kinetics.

MARTIN J, WALDRON J J, MCCABE A, et al., 2009. The impact of "Girls on the Run" on self-concept and fat attitudes [J]. Journal of Clinical Sport Psychology, 3: 127-138.

MARTIN K A, MORITZ S E, HALL C R, 1999. Imagery use in sport: A literature review and applied model [J]. The Sport Psychologist, 13: 245-268.

MASCIANA R, VAN RAALTE J, BREWER B, et al., 2001. Effects of cognitive strategies on dart throwing performance [J]. International Sports Journal, 5: 31-39.

MASLACH C, JACKSON S E, 1981. The measurement of experienced burnout [J]. Journal of Organizational Behavior, 2 (2): 99-113.

MASTERS R S W, 2000. Theoretical aspects of implicit learning in sport [J]. International Journal of Sport

Psychology, 31 (4): 530-541.

MATTHEWS M M, WILLIAMS H G, 2008. Can Tai chi enhance cognitive vitality? A pre-liminary study of cognitive executive control in older adults after A Tai chi intervention [J]. J S C Med Assoc, 104 (8): 255-257.

MCCLELLAND D C, 1961. The Achieving Society [M]. Princeton: Van Nostrand.

MCDUFF D R, BARON D, 2005. Substance use in athletics: A sports psychiatry perspective [J]. Clinical Sports Medicine, 24: 885-897.

MEMMERT D, HÜTTERMANN S, HAGEMANN N, et al., 2013. Dueling in the penalty box: Evidence-based recommendations on how shooters and goalkeepers can win penalty shootouts in soccer [J]. International Review of Sport and Exercise Psychology, 6: 209-229.

MEMMERT D, LEMMINK K A, SAMPAIO J, 2017. Current approaches to tactical performance analyses in soccer using position data [J]. Sports Medicine, 47: 1-10.

MENTO A J, STEEL R P, KARREN R J, 1987. A meta-analytic study of the effects of goal setting on task performance: 1966-1984 [J]. Organizational Behavior and Human Decision Processes, 39: 52-83.

MESAGNO C, GEUKES K, 2015. Choking under pressure: Theoretical models and interventions [J]. Current Opinion in Psychology, 5: 78-83.

MESAGNO C, HARVEY J T, JANELLE C M, 2012. Choking under pressure: The role of fear of negative evaluation [J]. Psychology of Sport and Exercise, 13 (1): 60-68.

MESAGNO C, MARCHANT D, MORRIS T, 2008. A pre-performance routine to alleviate choking in "choking-susceptible" athletes [J]. The Sport Psychologist, 22 (4): 439-457.

MESAGNO C, MARCHANT D, MORRIS T, 2009. Using distraction as an effective technique for performance recovery in pressure situations [J]. Journal of Sport and Exercise Psychology, 31 (4): 433-445.

MESAGNO C, MULLANE-GRANT T, 2010. A comparison of different pre-performance routines as possible choking interventions [J]. Journal of Applied Sport Psychology, 22 (3): 343-360.

MICHIE S, ASHFORD S, SNIEHOTTA F F, et al., 2011. A refined taxonomy of behaviour change techniques to help people change their physical activity and healthy eating behaviours: The CALO-RE taxonomy [J]. Psychology & Health, 26: 1479-1498.

MICHIE S, CAREY R N, JOHNSTON M, et al., 2018. From theory-inspired to theory-based interventions: A protocol for developing and testing a methodology for linking behaviour change techniques to theoretical mechanisms of action [J]. Annals of Behavioral Medicine, 52: 501-512.

MICHIE S, JOHNSTON M, FRANCIS J, et al., 2008. From theory to intervention: Mapping theoretically derived behavioural determinants to behaviour change techniques [J]. Applied Psychology, 57: 660-680.

MICHIE S, RICHARDSON M, JOHNSTON M, et al., 2013. The behavior change technique taxonomy (v1) of 93 hierarchically clustered techniques: Building an international consensus for the reporting of behavior change interventions [J]. Annals of Behavioral Medicine, 46: 81-95.

MIDDLETON L E, BARNES D E, LI Y L, et al., 2010. Physical activity over the life course and its association with cognitive performance and impairment in old age [J]. Journal of the American Geriatrics Society, 58 (7): 1322-1326.

MILES C A, WOOD G, VINE S J, et al., 2015. Quiet eye training facilitates visuomotor coordination in children with developmental coordination disorder [J]. Human Movement Science, 50: 183-189.

MIKKELSEN K, STOJANOVSKA L, POLENAKOVIC M, et al., 2017. Exercise and mental health [J]. Maturitas, 106: 48-56.

MILAZZO N, FARROW D, RUFFAULT A, et al., 2016. Do karate fighters use situational probability information to improve decision-making performance during on-mat tasks? [J]. Journal of Sports Sciences, 34: 1547-1556.

MIYAKE A, FRIEDMAN N P, EMERSON M J, et al., 2000. The unity and diversity of executive functions and their contributions to complex "frontal lobe" tasks: A latent variable analysis [J]. Cognitive Psychology, 41 (1): 49-100.

MILLER A D, RAMIREZ E M, MURDOCK T B, 2017. The influence of teachers' self-efficacy on perceptions: Perceived teacher competence and respect and student effort and achievement [J]. Teaching and Teacher Education, 64: 260-269.

MILLER B M, BARTHLOMEW J B, SPRINGER B A, 2005. Post-exercise affect: The effect of mode preference [J]. Journal of Applied Sport Psychology, 17 (4): 263-272.

MIYAMOTO S F, 1986. Problems of interpersonal style among the Nisei [J]. Amerasia Journal, 13: 29-45.

MOESCH K, KENTTÄ G, KLEINERT J, et al., 2018. FEPSAC position statement: Mental health disorders in elite athletes and models of service provision [J]. Psychology of Sport and Exercise, 38: 61-71.

MOORE Z E, BONAGURA K, 2017. Current opinion in clinical sport psychology: From athletic performance to psychological well-being [J]. Current Opinion in Psychology, 16: 176-179.

MORAN A P, 2016. The Psychology of Concentration in Sport Performers: A Cognitive Analysis [M]. London: Psychology Press.

MORGAN W P, BROWN D R, RAGLIN J S, et al., 1987. Psychological monitoring of overtraining and staleness [J]. British Journal of Sports Medicine, 21 (3): 107-114.

MORRIS T, SPITTLE M, WATT A P, 2005. Imagery in Sport [M]. Champaign: Human Kinetics.

MOSSMAN L H, SLEMP G R, LEWIS K J, et al., 2024. Autonomy support in sport and exercise settings: A systematic review and meta-analysis [J]. International Review of Sport and Exercise Psychology, 17: 540-563.

MOUNTJOY M, SUNDGOT-BORGEN J, BURKE L, et al., 2018. International Olympic Committee (IOC) consensus statement on Relative Energy Deficiency in sport (RED-S): 2018 update [J]. International Journal of Sport Nutrition and Exercise Metabolism, 28 (4): 316-331.

MUNZERT J, LOREY B, ZENTGRAF K, 2009. Cognitive motor processes: The role of motor imagery in the study of motor representations [J]. Brain Research Reviews, 60: 306-326.

MURPHY C P, JACKSON R C, WILLIAMS A M, 2018. The role of contextual information during skilled anticipation [J]. Quarterly Journal of Experimental Psychology, 71: 2070-2087.

MURPHY S, 2002. Mental preparation for golf: Achieving optimal performance [J]. Science and Golf II, 11 (9): 217-224.

MURPHY S, NORDIN S, CUMMING J, 2008. Imagery in Sport, Exercise, and Dance [M]. Champaign: Human Kinetics.

MURPHY S M, 2012. The Oxford Handbook of Sport and Performance Psychology [M]. Oxford: Oxford University Press.

MURRAY H A, 1938. Explorations in Personality [M]. Oxford: Oxford University Press.

NAVIA J A, RUIZ L M, 2013. On the use of situational and body information in goalkeeper actions during a soccer penalty kick [J]. International Journal of Sport Psychology, 44: 234-251.

NEIL R, HANTON S, MELLALIEU S D, 2013. Seeing things in a different light: Assessing the effects of a cognitive-behavioral intervention upon the further appraisals and performance of golfers [J]. Journal of Applied Sport Psychology, 25 (1): 106-130.

NEIL R, HANTON S, MELLALIEU S, et al., 2013. Psychological skills usage and competitive anxiety response as a function of skill level in golf [J]. Journal of Sports Science & Medicine, 12 (3): 415-423.

NEWTON M, DUDA J L, YIN Z, 2000. Examination of the psychometric properties of the perceived motivational climate in sport questionnaire-2 in a sample of female athletes [J]. Journal of Sports Sciences, 18: 275-290.

NIAS D, 1982. Winning: The Psychology of Competition [M]. Oxford: Pergamon.

NICHOLLS J G, 1984. Achievement motivation: Conceptions of ability, subjective experience, task choice, and performance [J]. Psychological Review, 91: 328-346.

NIDEFFER R M, 1976. The Inner Athlete: Mind Plus Muscle for Winning [M]. New York: Crowell.

NIDEFFER R M, 1981. Test of attentional and interpersonal style [J]. Journal of Personality and Social Psychology, 34 (3): 394-404.

NIDEFFER R M, 1987. Athletes' guide to mental training [M]. Champaign: Human Kinetics.

NIDEFFER R M, 1992a. Psyched to Win: Strategies for Success in Sports and Life [M]. Champaign: Leisure Press.

NIDEFFER R M, 1992b. The psychology of attention [M] //WILLIAMS J M. Applied Sport Psychology: Personal Growth to Peak Performance. 3rd ed. Mountain View, CA: Mayfield Publishing: 63-75.

NIDEFFER R M, SAGAL M S, 1983. Concentration and attention control training [C] // SILVA J M, WEINBERG R S. Psychological Foundations of Sport. Champaign: Human Kinetics: 157-169.

NIDEFFER R M, SAGAL M S, 1993. Concentration and attention control training [C] // Applied sport Psychology: Personal Growth to Peak Performance. 2: 243-261.

NIEN C L, DUDA J L, 2008. Antecedents and consequences of approach and avoidance achievement goals: A test of gender invariance [J]. Psychology of Sport and Exercise, 9: 352-372.

NIGG C R, COURNEYA K S, 1998. Transtheoretical model: Examining adolescent exercise behavior [J]. Journal of Adolescent Health, 22: 214-224.

NIGG C R, COURNEYA K S, ESTABROOKS P A, 1997. Maintaining attendance at a fitness center: An application of the decision balance sheet [J]. Behavioral Medicine, 23: 130-137.

NIXDORF I, FRANK R, BECKMANN J, 2016. Comparison of athletes' proneness to depressive symptoms in individual and team sports: Research on psychological mediators in junior elite athletes [J]. Frontiers in Psychology, 7: 1-8.

NOBLET A, RODWELL J, MCWILLIAMS J, 2003. Predictors of the strain experienced by professional Australian footballers [J]. Journal of Applied Sport Psychology, 15 (2): 184-193.

NOETEL M, CIARROCHI J, VAN ZANDEN B, et al., 2019. Mindfulness and acceptance approaches to sporting performance enhancement: A systematic review [J]. International Review of Sport and Exercise Psychology, 12: 139-175.

NORDIN S M, CUMMING J, 2005. More than meets the eye: Investigating imagery type, direction, and outcome [J]. The Sport Psychologist, 19: 1-17.

NORDIN S M, CUMMING J, 2008. Types and functions of athletes' imagery: Testing predictions from the applied model of imagery use by examining effectiveness [J]. International Journal of Sport and Exercise Psychology, 6: 189-206.

NTOUMANIS N, TAYLOR I M, STANDAGE M, 2010. Testing a model of antecedents and consequences of defensive pessimism and self-handicapping in school physical education [J]. Journal of Sports Sciences, 28: 1515-1525.

NTOUMANIS N, TAYLOR I M, THØGERSEN-NTOUMANI C, 2012. A longitudinal examination of coach and peer motivational climates in youth sport: Implications for moral attitudes, well-being, and behavioral investment [J]. Developmental Psychology, 48: 213 – 223.

NUZUM H, STICKEL A, CORONA M, et al., 2020. Potential benefits of physical activity in MCI and dementia [J]. Behavioural Neurology, 2020: 7807856.

NYBERG L, ERIKSSON J, LARSSON A, et al., 2006. Learning by doing versus learning by thinking: An fMRI study of motor and mental training [J]. Neuropsychologia, 44: 711 – 717.

O'CALLAGHAN F, O'CALLAGHAN M, WILLIAM S G, et al., 2012. Physical activity and intelligence: A causal exploration [J]. Journal of Physical Activity and Health, 9 (2): 218 – 224.

O'KEEFFE S, CHÉILLEACHAIR N N, CAMPBELL M, et al., 2022. Barriers and facilitators to mental health help-seeking in wlite gaelic footballers post-injury: A qualitative study [J]. Research Quarterly for Exercise and Sport, 93 (3): 488 – 503.

ORLICK T, PARTINGTON J, 1988. Mental links to excellence [J]. The Sport Psychologist, 2 (2): 105 – 130.

OTTEN M, 2009. Choking vs. clutch performance: A study of sport performance under pressure [J]. Journal of Sport and Exercise Psychology, 31: 583 – 601.

OUDEJANS R R D, KUIJPERS W, KOOIJMAN C C, et al., 2011. Thoughts and attention of athletes under pressure: Skill-focus or performance worries? [J]. Anxiety, Stress & Coping, 24 (1): 59 – 73.

OUDEJANS R R D, PIJPERS J R, 2009. Training with anxiety: Short-and long-term effects on police officers' shooting behavior under pressure [J]. Cognitive Processing, 10 (1): 31 – 37.

OUDEJANS R R D, PIJPERS J R, 2010. Training with anxiety has a positive effect on expert perceptual-motor performance under pressure [J]. The Quarterly Journal of Experimental Psychology, 63 (8): 1614 – 1628.

OUDEJANS R R D, VAN DE LANGENBERG R W, HUTTER R I, 2002. Aiming at a far target under different viewing conditions: Visual control in basketball jump shooting [J]. Human Movement Science, 21 (4): 457 – 480.

OUDEJANS R R D, KUIJPERS W, KOOIJMAN C C, et al., 2011. Thoughts and attention of athletes under pressure: Skill-focus or performance worries? [J]. Anxiety, Stress & Coping, 24 (1): 59 – 73.

OXENDINE J B, 1970. Emotional arousal and motor performance [J]. Quest, 13: 23 – 32.

OZKAYA G Y, AYDIN H, TORAMAN F N, et al., 2005. Effect of strength and endurance training on cognition in older people [J]. J Sports Sci Med, 4 (3): 300 – 313.

PAGE S J, SIME W, NORDELL K, 1999. The effects of imagery on female college swimmers' perceptions of anxiety [J]. The Sport Psychologist, 13: 458 – 469.

PAIVIO A, 1985. Cognitive and motivational functions of imagery in human performance [J]. Canadian Journal of Applied Sport sciences, 10: 22S – 28S.

PANCHUK D, VICKERS J N, 2009. Gaze behavior of goaltenders under spatial-temporal constraints [J]. Human Movement Science, 28 (3): 349 – 362.

PARFITT G, GLEDHILL C, 2004. The effect of choice of exercise mode on psychological responses [J]. Psychology of Sport and Exercise, 5 (2): 111 – 117.

PARIITT C G, JONES J G, HARDY L, 1990. Multidimensional anxiety and performance [C] //GRAHAM J J, HARDY L. Stress and Performance in Sport. Chichester: John Wiley & Sons: 43 – 80.

PARRISH S, 2023. Clear thinking: Turning ordinary moments into extraordinary results [J]. Chemical Engineering Progress, 119 (11): 54.

PATRICK H, KAPLAN A, RYAN A M, 2011. Positive classroom motivational environments: Convergence between mastery goal structure and classroom social climate [J]. Journal of Education and Psychology, 103 (2): 367 – 382.

PAUL M, GARG K, 2012. The effect of heart rate variability biofeedback on performance psychology of basketball players [J]. Applied Psychophysiology and Biofeedback, 37: 131–144.

PELLETIER L G, SÉGUIN-LÉVESQUE C, LEGAULT L, 2002. Pressure from above and pressure from below as determinants of teachers' motivation and teaching behaviors [J]. Journal of Educational Psychology, 94: 186.

PENSGAARD A M, SUNDGOT-BORGEN J, EDWARDS C, et al., 2023. Intersection of mental health issues and relative energy deficiency in sport (REDs): A narrative review by a subgroup of the IOC consensus on REDs [J]. British Journal of Sports Medicine, 57 (17): 1127–1135.

PHIPPS D J, HANNAN T E, RHODES R E, et al., 2021. A dual-process model of affective and instrumental attitudes in predicting physical activity [J]. Psychology of Sport and Exercise, 54: 101899.

PIEPIORA P, 2021. Personality profile of individual sports champions [J]. Brain and Behavior, 11 (6): e02145.

PINTO B M, GOLDSTEIN M G, PAPANDONATOS G D, et al., 2011. Maintenance of exercise after phase II cardiac rehabilitation: A randomized controlled trial [J]. American Journal of Preventive Medicine, 41: 274–283.

PIRAS A, VICKERS J N, 2011. Quiet eye and penalty kicks in soccer: The importance of the timing of gaze [J]. Journal of Sport & Exercise Psychology, 33 (3): 326–333.

PLESSNER H, HAAR T, 2006. Sports performance judgments from a social cognitive perspective [J]. Psychology of Sport and Exercise, 7: 555–575.

POPOV VI, 2014. The influence of physical exercises on the personality of overweight and obese students from bucharest economic studies academy [J]. Marathon, 6 (2): 195–203.

POSNER M I, ROTHBART M K, 2007. Research on attention networks as a model for the integration of psychological science [J]. Annual Review of Psychology, 58 (1): 1–23.

POSNER M I, PETERSEN S E, 1990. The attention system of the human brain [J]. Annual Review of Neuroscience, 13 (1): 25–42.

POUCHER Z A, TAMMINEN K A, KERR G, et al., 2021a. A commentary on mental health research in elite sport [J]. Journal of Applied Sport Psychology, 33 (1): 60–82.

POUCHER Z A, TAMMINEN K A, SABISTON C M, et al., 2021b. Prevalence of symptoms of common mental disorders among elite Canadian athletes [J]. Psychology of Sport and Exercise, 57 (11): 102018.

POUCHERZ A, TAMMINEN K, KERR G, 2023. Olympic and Paralympic athletes' perceptions of the Canadian sport environment and mental health [J]. Qualitative Research in Sport, Exercise and Health, 15 (5): 636–653.

PRESTWICH A, SNIEHOTTA F F, WHITTINGTON C, et al., 2014. Does theory influence the effectiveness of health behavior interventions? Meta-analysis [J]. Health Psychology, 33 (5): 465–474.

PROCHASKA J O, DICLEMENTE C C, 1983. Stages and processes of self-change of smoking: Toward an integrative model of change [J]. Journal of Consulting and Clinical Psychology, 51: 390.

PROVENCHER H L, KEYES C L M, 2011. Complete mental health recovery: Bridging mental illness with positive mental health [J]. Journal of Public Mental Health, 10 (1): 57–69.

PURCELL R, GWYTHER K, RICE S M, 2019. Mental health in elite athletes: Increased awareness requires an early intervention framework to respond to athlete needs [J]. Sports Medicine-Open, 5 (1): 46.

PURCELL R, HENDERSON J, TAMMINEN K, et al., 2023. Starting young to protect elite athletes' mental health [J]. British Journal of Sports Medicine, 57 (8): 439–440.

PURCELL R, PILKINGTON V, CARBERRY S, et al., 2022. An evidence-informed framework to promote mental wellbeing in elite sport [J]. Frontiers in Psychology, 13 (2): 1-13.

PUTUKIAN M, 2016. The psychological response to injury in student athletes: A narrative review with a focus on mental health [J]. British Journal of Sports Medicine, 50 (3): 145-148.

QIAN J, WU Y, LIU F, et al., 2022. An update on the prevalence of eating disorders in the general population: A systematic review and meta-analysis [J]. Eating and Weight Disorders, 27 (2): 415-428.

RAAB M, BAR-ELI M, PLESSNER H, et al., 2019. The past, present and future of research on judgment and decision making in sport [J]. Psychology of Sport and Exercise, 42: 25-32.

RAEDEKE T D, 1997. Is athlete burnout more than just stress? A sport commitment perspective [J]. Journal of Sport and Exercise Psychology, 19 (4): 396.

RAEDEKE T D, SMITH A L, 2001. Development and preliminary validation of an athlete burnout measure [J]. Journal of Sport and Exercise Psychology, 23 (4): 281-306.

REARDON C L, CREADO S, 2014. Drug abuse in athletes [J]. Substance Abuse and Rehabilitation, 5: 95-105.

REARDON C L, FACTOR R M, 2010. Sport psychiatry a systematic review of diagnosis and medical treatment of mental illness in athletes [J]. Sports Medicine, 40 (11): 961-980.

REARDON C L, HAINLINE B, ARON C M, et al., 2019. Mental health in elite athletes: International Olympic Committee consensus statement (2019) [J]. British Journal of Sports Medicine, 53 (11): 667-699.

REED J, BUCK S, 2009. The effect of regular aerobic exercise on positive-activated affect: A meta-analysis [J]. Psychology of Sport and Exercise, 10 (6): 581-594.

REED J, ONES D S, 2006. The effect of acute aerobic exercise on positive activated affect: A meta-analysis [J]. Psychology of Sport and Exercise, 7 (5): 477-514.

REES T, INGLEDEW D K, HARDY L, 2005. Attribution in sport psychology: Seeking congruence between theory, research and practice [J]. Psychology of Sport and Exercise, 6: 189-204.

REEVE J, 2009. Why teachers adopt a controlling motivating style toward students and how they can become more autonomy supportive [J]. Educational Psychologist, 44: 159-175.

REEVE J, 2015. Giving and summoning autonomy support in hierarchical relationships [J]. Social and Personality Psychology Compass, 9: 406-418.

REN R, QI J, LIN S, et al., 2022. The China Alzheimer report 2022 [J]. General Psychiatry, 35 (1): e100751.

REYNDERS B, VAN PUYENBROECK S, DECROOS S, et al., 2019. Coaching the coach: Intervention effects on need-supportive coaching behavior and athlete motivation and engagement [J]. Psychology of Sport and Exercise, 43: 288-300.

REZNIK S J, ALLEN J J B, 2018. Frontal asymmetry as a mediator and moderator of emotion: An updated review [J]. Psychophysiology, 55 (1): 1-32.

RHODES R E, DE BRUIJN G J, 2013. How big is the physical activity intention-behaviour gap? A meta-analysis using the action control framework [J]. British Journal of Health Psychology, 18 (2): 296-309.

RHODES R E, SMITH N E, 2006. Personality correlates of physical activity: A review and meta-analysis [J]. British Journal of Sports Medicine, 40 (12): 958-965.

RHODES R E, 2017. The evolving understanding of physical activity behavior: A multi-process action control approach [C] //Advances in Motivation Science. Oxford: Elsevier: 171-205.

RICE S M, PARKER A G, MAWREN D, et al., 2020. Preliminary psychometric validation of a brief screening tool for athlete mental health among male elite athletes: The athlete psychological strain questionnaire [J]. International Journal of Sport and Exercise Psychology, 18 (6): 850 – 865.

RICE S M, PURCELL R, DE SILVA S, et al., 2016. The mental health of elite athletes: A narrative systematic review [J]. Sports Medicine, 46 (9): 1333 – 1353.

RICHARDSON A, 1967. Mental practice: A review and discussion Part I [J]. Research Quarterly. American Association for Health, Physical Education and Recreation, 38 (1): 95 – 107.

ROBAZZA C, BORTOLI L, 2003. Intensity, idiosyncratic content and functional impact of performance-related emotions in athletes [J]. Journal of Sports Sciences, 21: 171 – 189.

ROBERTS G C, TREASURE D, CONROY D E, 2007. Understanding the dynamics of motivation in sport and physical activity: An achievement goal interpretation [C] //TENENBAUM G, EKLUND R C. Handbook of Sport Psychology. 3rd ed. Hoboken: Wiley: 3 – 30.

ROBERTS S S H, TEO W P, WARMINGTON S A, 2019. Effects of training and competition on the sleep of elite athletes: A systematic review and meta-analysis [J]. British Journal of Sports Medicine, 53 (8): 513 – 522.

ROCCAS S, SAGIV L, SCHWARTZ S H, et al., 2002. The big five personality factors and personal values [J]. Personality and Social Psychology Bulletin, 28 (6): 789 – 801.

ROEMER L, EUSTIS E H, ORSILLO S M, 2021. Generalized anxiety disorder: An acceptance-based behavioral therapy [C] //BARLOW D H. Clinical Handbook of Psychological Disorders: A Step-By-Step Treatment Manual. 6th ed. New York: Guilford Press: 184 – 216.

ROGERS R W, 1975. A protection motivation theory of fear appeals and attitude change1 [J]. The Journal of Psychology, 91 (1): 93 – 114.

ROGERS R W, 1983. Cognitive and physiological processes in fear appeals and attitude change: A revised theory of protection motivation [C] //CAICIOPPO B L, PETTY L L, SHAPIRO D. Social Psychology: A Source Book. London: Guilford: 153 – 176.

ROSENTHAL R, JACOBSON L, 1968. Pygmalion in the Classroom: Teacher Expectations and Pupils' Intellectual Development [M]. New York: Holt Rinehart & Winston.

ROUSSELET M, GUÉRINEAU B, PARUIT M C, et al., 2017. Disordered eating in French high-level athletes: Association with type of sport, doping behavior, and psychological features [J]. Eating and Weight Disorders, 22 (1): 61 – 68.

ROWLEY A J, LANDERS D M, KYLLO L B, et al., 1995, Does the iceberg profile discriminate between successful and less successful athletes? A meta-analysis [J]. Journal of Sport and Exercise Psychology, 17 (2): 185 – 199.

RUSCIO A M, HALLION L S, LIM C C W, et al., 2017. Cross-sectional comparison of the epidemiology of DSM-5 generalized anxiety disorder across the globe [J]. JAMA Psychiatry, 74 (5): 465 – 475.

RUSSEL J A, 1980. A circumplex model of affect [J]. Journal of Personality and Social Psychology, 39 (6): 1161 – 1178.

RUSSO M A, SANTARELLI D M, O'ROURKE D, 2017. The physiological effects of slow breathing in the healthy human [J]. Breathe, 13: 298 – 309.

RYAN R M, DECI E L, 2017. Self-determination Theory: Basic Psychological Needs in Motivation, Development, and Wellness [M]. New York: Guilford Press.

SACKETT R S, 1935. The relationship between amount of symbolic rehearsal and retention of a maze habit [J]. The Journal of General Psychology, 13: 113 – 130.

SCHAAL K, TAFFLET M, NASSIF H, et al., 2011. Psychological balance in high level athletes: Gender-based differences and sport-specific patterns [J]. PLOS One, 6 (5): e19007.

SCHACK T, WHITMARSH B, AL R P E, 2005. Routine [C] //Taylor J, Wilson G S. Applying Sport Psychology: Four Perspectives. Champaign: Human Kinetics.

SCHINKE R J, GIFFIN C, COSH S, et al., 2022. International society of sport psychology position stand: Mental health through occupational health and safety in high performance sport [J]. International Journal of Sport and Exercise Psychology, 20 (6): 1711-1733.

SCHINKE R J, HENRIKSEN K, MOORE Z E, et al., 2024. International society of sport psychology position stand: Elite athlete mental health revisited [J]. International Journal of Sport and Exercise Psychology, 22 (4): 775-801.

SCHINKE R J, STAMBULOVA N B, SI G, et al., 2018. International society of sport psychology position stand: Athletes' mental health, performance, and development [J]. International Journal of Sport and Exercise Psychology, 16 (6): 626-629.

SCHMID A B, PEPER E, 1982, April. Mental preparation for optimal performance in rhythmic gymnastics [J] // Annual meeting of the Western Society for Physical Education of College Women, Asilomar, CA.

SCHMID J, 1982. Concentration training in athletes [J]. The Sport Psychologist, 6 (2): 134-143.

SCHUCH F B, STUBBS B, MEYER J, et al., 2019. Physical activity protects from incident anxiety: A meta-analysis of prospective cohort studies [J]. Depression and Anxiety, 36 (9): 846-858.

SCHUCH F B, VANCAMPFORT D, FIRTH J, et al., 2018. Physical activity and incident depression: A meta-analysis of prospective cohort studies [J]. The American Journal of Psychiatry, 175 (7): 631-648.

SCHUCH F B, VANCAMPFORT D, RICHARDS J, et al., 2016. Exercise as a treatment for depression: A meta-analysis adjusting for publication bias [J]. Journal of Psychiatric Research, 77: 42-51.

SCHUCH F, VANCAMPFORT D, 2021. Physical activity, exercise, and mental disorders: It is time to move on [J]. Trends in Psychiatry and Psychotherapy, 43 (3): 177-184.

SCHWARZER R, 2008. Modeling health behavior change: How to predict and modify the adoption and maintenance of health behaviors [J]. Applied Psychology, 57: 1-29.

SCHWARZER R, 2016. Health action process approach (HAPA) as a theoretical framework to understand behavior change [J]. Actualidades en Psicología, 30: 119-130.

SEÇKIN A Ç, ATEÇ B, SEÇKIN M, 2023. Review on wearable technology in sports: concepts, challenges and opportunities [J]. Applied Sciences (Switzerland), 13 (18): 10399.

SEGAL Z V, WILLIAMS M, TEASDALE J, 2012. Mindfulness-based Cognitive Therapy for Depression [M]. New York: Guilford Press.

SHANG B, DUAN Y, HUANG W Y, et al., 2018. Fluctuation-a common but neglected pattern of physical activity behaviour: An exploratory review of studies in recent 20 years [J]. European Journal of Sport Science, 18: 266-278.

SHANNON S, SHEVLIN M, BRICK N, et al., 2024. Psychometric analysis of the International Olympic Committee's Sport Mental Health Assessment Triage Tool among non-elite amateur adult athletes [J]. International Journal of Sport and Exercise Psychology: 1-22.

SHAO C, WANG J, LIU J, et al., 2018. Effect of a Health Belief Model-based education program on patients' belief, physical activity, and serum uric acid: A randomized controlled trial [J]. Patient Preference and Adherence, 12: 1239-1245.

SHEERAN P, WEBB T L, 2016. The intention-behavior gap [J]. Social and Personality Psychology Compass, 10: 503-518.

SHELDON E, SIMMONDS-BUCKLEY M, BONE C, et al., 2021. Prevalence and risk factors for mental health problems in university undergraduate students: A systematic review with meta-analysis [J]. Journal of Affective Disorders, 287 (3): 282 – 292.

SHEPHARD R J, 2012. The association between school-based physical activity, including physical education, and academic performance: A systematic review of the literature [J]. The Year Book of Sports Medicine: 358 – 359.

SHORT S E, MONSMA E V, SHORT M W, 2004. Is what you see really what you get? Athletes' perceptions of imagery's functions [J]. Sport Psychologist, 18 (3): 341 – 349.

SI G, LI X, HUANG Z, et al., 2021. The mental health of Chinese elite athletes: Revisiting the assessment methods and introducing a management framework [J]. International Journal of Sport and Exercise Psychology (3): 1 – 15.

SIEBERS M, BIEDERMANN S V, FUSS J, 2023. Do endocannabinoids cause the runner's high? Evidence and open questions [J]. Neuroscientist, 29 (3): 352 – 369.

SILVA Ⅲ J M, 1990. An analysis of the training stress syndrome in competitive athletics [J]. Journal of Applied Sport Psychology, 2 (1): 5 – 20.

SIMONSMEIER B A, ANDRONIE M, BUECKER S, et al., 2021. The effects of imagery interventions in sports: A meta-analysis [J]. International Review of Sport and Exercise Psychology, 14: 186 – 207.

SIMPSON N S, GIBBS E L, MATHESON G O, 2017. Optimizing sleep to maximize performance: Implications and recommendations for elite athletes [J]. Scandinavian Journal of Medicine and Science in Sports, 27 (3): 266 – 274.

SINGER R N, 1988. Strategies and metastrategies in learning and performing self-paced athletic skills [J]. The Sport Psychologist, 2: 49 – 68.

SINGER R N, 2000. Performance and human factors: Considerations about cognition and attention for self-paced and externally-paced events [J]. Ergonomics, 43: 1661 – 1680.

SINGER R N, 2002. Preperformance state, routines, and automaticity: What does it take to realize expertise in self-paced events? [J]. Journal of Sport and Exercise Psychology, 24: 359 – 375.

SINGER R N, CAURAUGH J H, 1986. Attention and human performance: Test of a conceptual model [J]. Journal of Sport Psychology, 8 (3): 243 – 259.

SLAWINSKA M M, DAVIS P A, 2020. Recall of affective responses to exercise: Examining the influence of intensity and time [J]. Frontiers in Sports and Active Living, 2: 573525.

SMITH A L, GUSTAFSSON H, HASSMÉN P, 2010. Peer motivational climate and burnout perceptions of adolescent athletes [J]. Psychology of Sport and Exercise, 11: 453 – 460.

SMITH D, CHRISTENSEN D, 1995. Psychological skills as predictors of performance and survival in professional baseball [J]. Journal of Sport and Exercise Psychology, 17 (4): 399 – 415.

SMITH D, HOLMES P, 2004. The effect of imagery modality on golf putting performance [J]. Journal of Sport and Exercise Psychology, 26: 385 – 395.

SMITH R E, 1999. Generalization effects in coping skills training [J]. Journal of Sport and Exercise Psychology, 21 (3): 189 – 204.

SMITH R E, 1986. Toward a cognitive-affective model of athletic burnout [J]. Journal of Sport and Exercise Psychology, 8 (1): 36 – 50.

SNIEHOTTA F F, SCHOLZ U, SCHWARZER R, 2005. Bridging the intention-behaviour gap: Planning, self-efficacy, and action control in the adoption and maintenance of physical exercise [J]. Psychology and Health, 20: 143 – 160.

SPIELBERGER C D, GORSUCH R L, LUSHENE R E, 1970. Manual for Thestate-Trait Anxiety Inventory [M]. Palo Alto: Consulting Psychologists.

STAMBULOVA N, 2023. Helping athletes to cope with developmental crises [C] //TOD D, HODGE K,

KRANE V. Routledge Handbook of Applied Sport Psychology. London: Routledge: 357 – 368.

STAMBULOVA N B, RYBA T V, HENRIKSEN K, 2021. Career development and transitions of athletes: The international society of sport psychology position stand revisited [J]. International Journal of Sport and Exercise Psychology, 19 (4): 524 – 550.

STAMBULOVA N, WYLLEMAN P, TORREGROSSA M, et al., 2024. FEPSAC position statement: Athletes' dual careers in the European context [J]. Psychology of Sport and Exercise, 71 (11): 102572.

STANGER N, CHETTLE R, WHITTLE J, et al., 2018. The role of preperformance and in-game emotions in cognitive interference during sport performance: The moderating role of self-confidence and reappraisal [J]. The Sport Psychologist, 32: 114 – 124.

STANOVICH K E, WEST R F, 1991. Individual differences in reasoning: Implications for the rationality debate [J]. Behavioral and Brain Sciences, 5: 24.

STELLINGWERFF T, HEIKURA I A, MEEUSEN R, et al., 2021. Overtraining syndrome (OTS) and relative energy deficiency in sport (RED-S): Shared pathways, symptoms and complexities [J]. Sports Medicine, 51 (11): 2251 – 2280.

STEPHAN Y, SUTIN A R, TERRACCIANO A, 2014. Physical activity and personality development across adulthood and old age: Evidence from two longitudinal studies [J]. Journal of Research in Personality, 49: 1 – 7.

STEPHENS-DAVIDOWITZ S, 2022. Don't Trust Your Gut: Using Data to Get What You Really Want in Life [M]. London: Bloomsbury Publishing.

STRACK B W, LINDEN J K, WILSON V E, 2011. Biofeedback and neurofeedback in sport psychology [M]. Wheatridge: AAPB.

STRÖHLE A, HÖFLER M, PFISTER H, et al., 2007. Physical activity and prevalence and incidence of mental disorders in adolescents and young adults [J]. Psychological Medicine, 37 (11): 1657 – 1666.

STUBBS B, VANCAMPFORT D, ROSENBAUM S, et al., 2017. An examination of the anxiolytic effects of exercise for people with anxiety and stress-related disorders: A meta-analysis [J]. Psychiatry Research, 249: 102 – 108.

SUINN R M, 1985. Imagery rehearsal applications to performance enhancement [J]. The Behavior Therapist, 8 (8): 155 – 159.

SUMIC A, MICHAEL Y L, CARLSON N E, et al., 2007. Physical activity and the risk of dementia in oldest old [J]. Journal of Aging and Health, 19 (2): 242 – 259.

SUN H, GAO X, QUE X, et al., 2020. The causal relationships of device-measured physical activity with bipolar disorder and schizophrenia in adults: A2-Sample mendelian randomization study [J]. Journal of Affective Disorders, 263: 598 – 604.

SUN G, VICKERS J, VINE S J, et al., 2016. Quiet eye facilitates sensorimotor preprogramming and online control of precision aiming in golf putting [J]. Cognitive Processing, 17 (3): 395 – 406.

SUN N, SI G, ZHANG C-Q, 2019. Mindfulness and acceptance-based training for Chinese athletes: The mindfulness-acceptance-insight-commitment (MAIC) program [J]. Journal of Sport Psychology in Action, 10: 255 – 263.

SUNDGOT-BORGEN J, TORSTVEIT M K, 2004. Prevalence of eating disorders in elite athletes is higher than in the general population [J]. Clinical Journal of Sport Medicine, 14 (1): 25 – 32.

SWANN C, CRUST L, JACKMAN P, et al., 2017. Performing under pressure: Exploring the psychological state underlying clutch performance in sport [J]. Journal of Sports Sciences, 35: 2272 – 2280.

SWANN C, DRISCOLL J, GODDARD S G, et al., 2022. The Flow-Clutch Scale: Development and preliminary validation in sport and exercise [J]. Psychology of Sport and Exercise, 58: 102066.

SWANN C, JACKMAN P C, SCHWEICKLE M J, et al., 2019. Optimal experiences in exercise: A qualitative investigation of flow and clutch states [J]. Psychology of Sport and Exercise, 40: 87-98.

SWANN C, KEEGAN R J, PIGGOTT D, et al., 2012. A systematic review of the experience, occurrence, and controllability of flow states in elite sport [J]. Psychology of Sport and Exercise, 13: 807-819.

SWANN C, KEEGAN R, CRUST L, et al., 2016. Psychological states underlying excellent performance in professional golfers: "Letting it happen" vs. "making it happen" [J]. Psychology of Sport and Exercise, 23: 101-113.

SWANN C, PIGGOTT D, SCHWEICKLE M, et al., 2018. A review of scientific progress in flow in sport and exercise: Normal science, crisis, and a progressive shift [J]. Journal of Applied Sport Psychology, 30: 249-271.

TALIAFERRO L A, RIENZO B A, PIGG R M, et al., 2009. Associations between physical activity and reduced rates of hopelessness, depression, and suicidal behavior among college students [J]. Journal of American College Health, 57 (4): 427-436.

TAN B W, POOLEY J A, SPEELMAN C P, 2016. A meta-analytic review of the efficacy of physical exercise interventions on cognition in individuals with autism spectrum disorder and ADHD [J]. Journal of Autism and Developmental Disorders, 46 (9): 3126-3143.

TAYLOR N, CONNER M, LAWTON R, 2012. The impact of theory on the effectiveness of worksite physical activity interventions: A meta-analysis and meta-regression [J]. Health Psychology Review, 6 (1): 33-73.

TENENBAUM G, ELRAN E, 2003. Congruence between actual and retrospective reports of emotions for pre- and postcompetition states [J]. Journal of Sport and Exercise Psychology, 25: 323-340.

TERRY A, SZABO A, GRIFFITHS M, 2004. The exercise addiction inventory: A new brief screening tool [J]. Addiction Research and Theory, 12 (5): 489-499.

THAYER J F, LANE R D, 2009. Claude Bernard and the heart-brain connection: Further elaboration of a model of neurovisceral integration [J]. Neuroscience and Biobehavioral Reviews, 33: 81-88.

THEEBOOM M, DE KNOP P, WEISS M R, 1995. Motivational climate, psychological responses, and motor skill development in children's sport: A field-based intervention study [J]. Journal of Sport and Exercise Psychology, 17 (3): 294-311.

THELWELL R C, GREENLEES I A, WESTON N J, 2009. The influence of game location and level of experience on psychological skill usage [J]. International Journal of Sport and Exercise Psychology, 7: 203-211.

THEODORAKIS Y, HATZIGEORGIADIS A, ZOURBANOS N, 2012. 10 Cognitions: Self-talk and performance [C] //MURPHY S M. The Oxford Handbook of Sport and Performance Psychology. Oxford: Oxford University Press: 191.

THOMPSON M A, NICHOLLS A R, TONER J, et al., 2021. Pleasant Emotions Widen Thought-Action repertoires, develop long-term resources, and improve reaction time performance: A multistudy examination of the broaden-and-build theory among athletes [J]. Journal of Sport and Exercise Psychology, 43: 155-170.

TIKAC G, UNAL A, ALTUG F, 2022. Regular exercise improves the levels of self-efficacy, self-esteem and body awareness of young adults [J]. The Journal of Sports Medicine and Physical Fitness, 62 (1): 157-161.

TORREGROSSA M, REGUELA S, MATEOS M, 2020. Career assistance programs [J] //HACKFORT D, SCHINKE R J. The Routledge International Encyclopedia of Sport and Exercise Psychology. Vol. 2: Applied and Practical Measures. London: Routledge: 73-88.

TORSTVEIT M K, ROSENVINGE J H, SUNDGOT-BORGEN J, 2008. Prevalence of eating disorders and the predictive power of risk models in female elite athletes: A controlled study [J]. Scandinavian Journal of Medicine and Science in Sports, 18 (1): 108-118.

TSCHÄPPELER R, KROGERUS M, 2011. The Decision Book: Fifty Models for Strategic Thinking [M]. London: Profile Books.

TUBBS M E, 1986. Goal setting: A meta-analytic examination of the empirical evidence [J]. Journal of Applied Psychology, 71: 474.

TUCKMAN B W, 1965. Developmental sequence in small groups [J]. Psychological Bulletin, 63 (6): 384-399.

TURNER M J, BARKER J B, 2014. Using rational emotive behavior therapy with athletes [J]. The Sport Psychologist, 28: 75-90.

UNESTÅHL L-E, 1983. Better Sport by IMT—Inner Mental Training [M]. rebro, Sweden: Veje International Publications.

UPHILL M, SLY D, SWAIN J, 2016. From mental health to mental wealth in athletes: Looking back and moving forward [J]. Frontiers in Psychology, 7 (6): 935.

VALLERAND J R, RHODES R E, WALKER G J, et al., 2016. Understanding strength exercise intentions and behavior in hematologic cancer survivors: An analysis of the intention-behavior gap [J]. Journal of Cancer Survivorship, 10: 945-955.

VALLERAND R J, 1997. Toward a hierarchical model of intrinsic and extrinsic motivation [J]. Advances in Experimental Social Psychology, 29: 271-360.

VAN RAALTE J L, BREWER B W, LEWIS B P, et al., 1995. Cork! The effects of positive and negative self-talk on dart throwing performance [J]. Journal of Sport Behavior, 18: 50-58.

VAN RAALTE J L, VINCENT A, BREWER B W, 2016. Self-talk: Review and sport-specific model [J]. Psychology of Sport and Exercise, 22: 139-148.

VAN RAALTE J L, VINCENT A, BREWER B W, 2017. Self-talk interventions for athletes: A theoretically grounded approach [J]. Journal of Sport Psychology in Action, 8: 141-151.

VANHELS J, B DIGIN L, DUHAMEL A, et al., 2016. Physical activity is associated with attention capacity in adolescents [J]. The Journal of Pediatrics, 168: 126-131.

VANSTEENKISTE M, SIERENS E, SOENENS B, et al., 2009. Motivational profiles from a self-determination perspective: The quality of motivation matters [J]. Journal of Educational Psychology, 101: 671.

VAST R L, YOUNG R L, THOMAS P R, 2010. Emotions in sport: Perceived effects on attention, concentration, and performance [J]. Australian Psychologist, 45: 132-140.

VAZOU S, NTOUMANIS N, DUDA J L, 2006. Predicting young athletes' motivational indices as a function of their perceptions of the coach-and peer-created climate [J]. Psychology of Sport and Exercise, 7: 215-233.

VEALEY R S, 1986. Conceptualization of sport-confidence and competitive orientation: Preliminary investigation and instrument development [J]. Journal of Sport and Exercise Psychology, 8 (3): 221-246.

VEALEY R S, LOW W, PIERCE S, et al., 2014. Choking in sport: Act on it! [J]. Journal of Sport Psychology in Action, 5 (3): 156-169.

VEALEY R S, UDRY E M, ZIMMERMAN V, et al., 1992. Intrapersonal and situational predictors of coaching burnout [J]. Journal of Sport and Exercise Psychology, 14 (1): 40-58.

VELLA S A, SWANN C, BATTERHAM M, et al., 2018. Ahead of the game protocol: A multi-component, community sport-based program targeting prevention, promotion and early intervention for mental health among adolescent males [J]. BMC Public Health, 18 (1): 1-12.

VICKERS J N, 1992. Gaze control in putting [J]. Perception & Psychophysics, 51 (6): 583-590.

VICKERS J N, 1996. Visual control when aiming at a far target [J]. Journal of Experimental Psychology: Human Perception and Performance, 22 (2): 342-354.

VICKERS J N, 2007. Perception, cognition, and decision training: The quiet eye in action [M]. Champaign: Human Kinetics.

VICKERS J N, 2011. Perception, cognition, and decision training: The quiet eye in action [M]. Human Kinetics.

VICKERS J N, WILLIAMS A M, 2007. Performing under pressure: The effects of physiological arousal, cognitive anxiety, and gaze control in biathlon [J]. Journal of Motor Behavior, 39 (5): 381-394.

VINE S J, MOORE L J, WILSON M R, 2011. Quiet eye training facilitates competitive putting performance in elite golfers [J]. Frontiers in Psychology, 2: 8.

VINE S J, MOORE L J, WILSON M R, 2013. The quiet eye and choking: Online control breaks down at the point of performance failure [J]. Medicine & Science in Sports & Exercise, 45 (10): 1988-1994.

VINE S J, MOORE L J, WILSON M R, 2015. Inspecting quiet eye's role in preprogramming and online control of precision aiming: Evidence from visual occlusion [J]. Cognitive Processing, 17 (3): 395-406.

VINE S J, WILSON M R, 2010. The influence of quiet eye training and pressure on attention and visuo-motor control [J]. Acta Psychologica, 136 (3): 340-346.

VON NEUMANN J, MORGENSTERN O, 1947. Theory of Games and Economic Behavior [M]. 2nd rev. Princeton: Princeton University Press.

WAGSTAFF C R D, QUARTIROLI A, 2023. A systems-led approach to developing psychologically informed environments [J]. Journal of Sport Psychology in Action, 14 (4): 227-242.

WALERIAŃCZYK W, STOLARSKI M, 2020. Personality and sport performance: The role of perfectionism, Big Five traits, and anticipated performance in predicting the results of distance running competitions [J]. Personality and Individual Differences, 169: 109993.

WALKER S H, 1980. Winning: The Psychology of Competition [M]. New York: Norton.

WALSH J M E, WHEAT M E, FREUND K, 2000. Detection, evaluation, and treatment of eating disorders: The role of the primary care physician [J]. Journal of General Internal Medicine, 15 (8): 577-590.

WALTERS J, APTER M J, SVEBAK S, 1982. Color preference, arousal, and the theory of psychological reversals [J]. Motivation and Emotion, 6: 193-215.

WALTON C C, PURCELL R, PILKINGTON V, et al., 2023. Psychological safety for mental health in elite sport: A theoretically informed model [J]. Sports Medicine, 54 (5): 557-564.

WANG J, MARCHANT D, MORRIS T, 2004. Coping style and susceptibility to choking under pressure [J]. Journal of Sport Behavior, 27 (1): 75-93.

WANG L, ZHANG Y, 2016. An extended version of the theory of planned behaviour: The role of self-efficacy and past behaviour in predicting the physical activity of Chinese adolescents [J]. Journal of Sports Sciences, 34: 587-597.

WATKINS D, STILLA E A, 1980. Self-esteem and causal attribution of achievement: A filipino investigation [J]. Australian Psychologist, 15 (2): 219-225.

WATSON D, CLARK L A, TELEGENG A, 1988. Development and validation of brief measures of positive and negative affect: The PANAS scales [J]. Journal of Personality and Social Psychology, 54 (6): 1063-1070.

WATSON J C, 2005. College student-athletes' attitudes toward help-seeking behavior and expectations of counseling services [J]. Journal of College Student Development, 46 (4): 442-449.

WATSON N F, BADR M S, BELENKY G, et al., 2015. Joint consensus statement of the American academy of sleep medicine and sleep research society on the recommended amount of sleep for a healthy adult: Methodology and discussion [J]. Sleep, 38 (8): 1161-1183.

WEBB T L, JOSEPH J, YARDLEY L, et al., 2010. Using the internet to promote health behavior change: A systematic review and meta-analysis of the impact of theoretical basis, use of behavior change techniques, and mode of delivery on efficacy [J]. Journal of Medical Internet Research, 12 (1): e1376.

WEBER S, PUTA C, LESINSKI M, et al., 2018. Symptoms of anxiety and depression in young athletes using the hospital anxiety and depression scale [J]. Frontiers in Physiology, 9 (3): 1-12.

WEINBERG R S, 1981. The relationship between mental preparation strategies and motor performance: A review and critique [J]. Quest, 33: 195-213.

WEINBERG R S, HUNT V V, 1976. The interrelationships between anxiety, motor performance and electromyography [J]. Journal of Motor Behavior, 8: 219-224.

WEINER B, 1986. An Attributional Theory of Motivation and Emotion [M]. New York: Springer.

WEINSTEIN N D, ROTHMAN A J, SUTTON S R, 1998. Stage theories of health behavior: Conceptual and methodological issues [J]. Health Psychology, 17: 290.

WEINSTOCK J, WHELAN E J P, MEYERS A W, et al., 2007. Gambling behavior of student-athletes and a student cohort: What are the odds? [J]. Journal of Gambling Studies, 23 (1): 13-24.

WEISS M R, HORN T, 1990. Children's accuracy in estimating physical competence and its relation to achievement-related characteristics [J]. Research Quarterly for Exercise and Sport, 61: 250-258.

WEST R, 2005. Time for a change: Putting the Transtheoretical (Stages of Change) Model to rest [J]. Addiction, 100 (8): 1036-1039.

WESTLYE L T, GRYDELAND H, WALHOVD K B, et al., 2011. Associations between regional cortical thickness and attentional networks as measured by the attention network test [J]. Cerebral Cortex, 21 (2): 345-356.

WHITE A, HARDY L, 1998. An in-depth analysis of the uses of imagery by high-level slalom canoeists and artistic gymnasts [J]. The Sport Psychologist, 12: 387-403.

WILLIAMS A M, BURWITZ L, 2003. Advance cue utilization in soccer [C] //Science and Football II. London: Taylor & Francis: 239-243.

WILLIAMS A M, ELLIOTT D, 1999. Anxiety, expertise, and visual search strategy in karate [J]. Journal of Sport and Exercise Psychology, 21 (4): 362-375.

WILLIAMS A M, SINGER R N, FREHLICH S, 2002. Quiet eye predicts accuracy in basketball and billiard players on a large and small scale target [J]. Journal of Motor Behavior, 34 (4): 285-292.

WILLIAMS S E, COOLEY S J, NEWELL E, et al., 2013. Seeing the difference: Developing effective imagery scripts for athletes [J]. Journal of Sport Psychology in Action, 4: 109-121.

WILSON M R, VINE S J, WOOD G, 2009. The influence of anxiety on visual attentional control in basketball free throw shooting [J]. Journal of Sport and Exercise Psychology, 31 (2): 152-168.

WILSON M R, VINE S J, WOOD G, 2015. The quiet eye: A novel test of the efficacy of gaze behavior in sports [J]. Frontiers in Psychology, 6: 76.

WILSON M R, SMITH N C, 2007. Psychophysiological factors in sport performance [J]. Sports Medicine, 37 (8): 707-726.

WILSON M R, WOOD G, VINE S J, 2009. Anxiety, attentional control, and performance impairment in penalty kicks [J]. Journal of Sport and Exercise Psychology, 31 (6): 761-775.

WILSON V E, SHAW L, 2011. Clinical use of a one hertz bin Electroencephalography assessment to distinguish elite from less elite and typical from atypical athlete profiles [J]. Biofeedback, 39: 78-84.

WIPPERT P M, WIPPERT J, 2008. Perceived stress and prevalence of traumatic stress symptoms following athletic career termination [J]. Journal of Clinical Sport Psychology, 2 (1): 1-16.

WOLANIN A, HONG E, MARKS D, et al., 2016. Prevalence of clinically elevated depressive symptoms in college athletes and differences by gender and sport [J]. British Journal of Sports Medicine, 50 (3): 167-171.

WOLFRAMM I A, MICKLEWRIGHT D, 2011. The effect of a mental training program on state anxiety and competitive dressage performance [J]. Journal of Veterinary Behavior, 6: 267-275.

WOLPE J, 1968. Psychotherapy by reciprocal inhibition [J]. Conditional Reflex: A Pavlovian Journal of Research and Therapy, 3: 234-240.

WOOD A G, BARKER J B, TURNER M J, 2017. Developing performance using rational emotive behavior therapy (REBT): A case study with an elite archer [J]. The Sport Psychologist, 31: 78-87.

WOOD G, WILSON M R, 2010. A moving goalkeeper distracts penalty takers and impairs shooting accuracy [J]. Journal of Sports Sciences, 28: 937-946.

WOOD R E, MENTO A J, LOCKE E A, 1987. Task complexity as a moderator of goal effects: A meta-analysis [J]. Journal of Applied Psychology, 72: 416.

WOODMAN T, DAVIS P A, HARDY L, et al., 2009. Emotions and sport performance: An exploration of happiness, hope, and anger [J]. Journal of Sport and Exercise Psychology, 31: 169-188.

World Health Organization, 2016. World Health Organization [EB/OL]. (2016-07-19) [2024-12-05]. http://www.who.int/about/definition/en/print.htm.

World Health Organization, 2017. Depression and other common mental disorders [R/OL]. (2017-03-03) [2024-12-05]. https://www.who.int/publications/i/item/depression-global-health-estimates.

WRISBERG C A, PEIN R L, 1992. The preshot interval and free throw shooting accuracy: An exploratory investigation [J]. The Sport Psychologist, 6 (1): 14-23.

WULF G, LEWTHWAITE R, 2016. Optimizing performance through intrinsic motivation and attention for learning: The OPTIMAL theory of motor learning [J]. Psychonomic Bulletin & Review, 23 (5): 1382-1414.

WUYAM B, MOOSAVI S, DECETY J, et al., 1995. Imagination of dynamic exercise produced ventilatory responses which were more apparent in competitive sportsmen [J]. The Journal of Physiology, 482: 713-724.

WYLLEMAN P, ROSIER N, DE KNOP P, 2015. Transitional challenges and elite athletes' mental health [C] //BAKER J. Health and Elite Sport: Is High Performance Sport a Healthy Pursuit?. London: Routledge: 99-116.

YAFFE K, BARNES D, NEVITT M, et al., 2001. A prospective study of physical activity and cognitive decline in elderly women: Women who walk [J]. Archives of Internal Medicine, 161 (14): 1703.

YERKES R M, DODSON J D, 1908. The relation of strength of stimulus to rapidity of habit-formation [J]. Journal of Comparative Neurology, 18 (5): 459-482.

YEROKHIN V, ANDERSON-HANLEY C, HOGAN M J, et al., 2012. Neuropsychological and neurophysiological effects of strengthening exercise for early dementia: A pilot study [J]. Neuropsychology, Development, and Cognition. Section B, Aging, Neuropsychology and Cognition, 19 (3): 380-401.

YOON S J, IRIE K, LEE J H, et al., 2021. Perfectionism, mood states, and choking in Asian University baseball players under pressure during a game [J]. International Journal of Environmental Research and Public Health, 18 (23): 12856.

YOU M, LABORDE S, SALVOTTI C, et al., 2022. Influence of a single slow-paced breathing session on cardiac vagal activity in athletes [J]. International Journal of Mental Health and Addiction, 20 (3): 1632-1644.

ZARGHMI M, GHAMARY A, SHAYKHSHABANI S, et al., 2010. Perfectionism and achievement goals in adult male elite athletes who compete at the national level and above [J]. Journal of Human Kinetics, 26 (1): 147-154.

ZETOU E, VERNADAKIS N, BEBETSOS E, et al., 2012. The effect of self-talk in learning the volleyball service skill and self-efficacy improvement [J]. Journal of Human Sport and Exercise, 7 (4): 794-805.

ZHANG C Q, ZHANG R, SCHWARZER R, et al., 2019. A meta-analysis of the health action process approach [J]. Health Psychology, 38 (7): 623-637.

ZHANG X, ZONG B, ZHAOH W, et al., 2021. Effects of mind-body exercise on brain structure and function: A systematic review on MRI studies [J]. Brain Sciences, 11 (2): 205.

ZHANG Y, LI G, ZOU L, et al., 2018. The effects of mind-body exercise on cognitive performance in elderly: A systematic review and meta-analysis [J]. International Journal of Environmental Research and Public Health, 15 (12): 2791.

ZHANG C Q, LI X, CHUNG P K, et al., 2021. The effects of mindfulness on athlete burnout, subjective well-being, and flourishing among elite athletes: A test of multiple mediators [J]. Mindfulness, 12 (8): 1899-1908.

ZHAO Y, LI D, WANG L, et al., 2022. Physical activity and cognition in sedentary older adults: A systematic review and meta-analysis [J]. Journal of Alzheimer's Disease, 87 (3): 957-968.

ZIEGLER S G, 1994. The effects of attentional shift training on the execution of soccer skills: A preliminary investigation [J]. Journal of Applied Behavior Analysis, 27 (3): 545-552.

ZUCCHETTI G, CANDELA F, VILLOSIO C, 2015. Psychological and social correlates of doping attitudes among Italian athletes [J]. International Journal of Drug Policy, 26 (2): 162-168.